BÜTÜN [illegible]

(1888 - 1891)

DÜNYA KLASİKLERİ

BÜTÜN ÖYKÜLER
(1888-1891)
Anton ÇEHOV
Türkçesi: Mehmet Özgül

3. Basım Eylül 2001
ISBN: 975-406-643-4
Dizgi: Cem Yayınevi
Baskı: Umut Matbaacılık
(0212) 637 09 34

CEM YAYINEVİ
Küçükparmakkapı İpek Sk. No:10
80060 Beyoğlu - İstanbul
Tel: (0212) 293 41 70 Faks: (0212) 244 15 33

ANTON ÇEHOV

BÜTÜN ÖYKÜLER
(1888 – 1891)

Türkçesi
Mehmet Özgül

cem yayınevi

İÇİNDEKİLER

BAYAN X'İN ANILARI

Bundan dokuz yıl kadar önce ot biçme mevsiminde bir akşam üstü sorgu yargıcı Piyotr Sergeyeviç'le birlikte mektuplarımızı almak üzere atlarla istasyona gitmiştik.

Hava çok güzeldi, ama dönüşte uzaktan uzağa gök gürültüleri duyuldu, öfkeli kara bir bulutun üzerimize doğru yürüdüğünü gördük. Bulut bize, biz ona yaklaşıyorduk.

Bulutun koyu zemininde bizim ev ile kilise beyaz beyaz gözüküyor, yüksek kavakların gümüş rengi yaprakları ışıldıyordu. Havaya yağmur ve biçilmiş ot kokusu sinmişti. Yol arkadaşım neşeli bir günündeydi nedense. Durmadan gülüyor, saçma sapan şeyler söylüyordu. Diyordu ki: Birdenbire yolumuzun üstüne surları mazgallı, sarmaşıklarla örülü, baykuşların yuva yaptığı, ortaçağdan kalma bir şato çıksa, yağmurdan kaçıp oraya sığınsak, sonra yıldırım düşüp bizi öldürse ne güzel olur! İşte ilk rüzgâr dalgası yulaf tarlalarını yalayarak geçti, ardından bir kasırga koptu, yoldan kıvrıla kıvrıla bir toz bulutu yükseldi. Piyotr Sergeyiç bir kahkaha atarak atını mahmuzladı.

—Ne güzel! Yaşamak ne güzel!.

Neşesi bana da geçmişti. Bir anda iliklerime değin ıslanacağımı, yıldırım çarpmasıyla ölebileceğimi düşünerek ben de gülmeye başladım.

Fırtınada at üstünde dörtnala koşarken rüzgârdan soluğunuzun tıkandığını sanırsınız, kanatlanarak uçtuğunuzu hissetmek size büyük bir coşku verir, göğsünüz tuhaf bir gıcıklanmayla dolar. İşte böyle at koşturarak bizim evin bahçesine girdiğimizde rüzgâr şıp diye kesildi, iri damlaları otları, damları döven şakırtılı bir sağanak boşandı. Ahırın çevresinde kimsecikler kalmamıştı.

Piyotr Sergeyeviç atların kantarmalarını çıkardı, kendi eliyle götürüp yerlerine bağladı. Onun işini bitirmesini beklerken ben eşikte dikiliyor, yağmur damlalarının havadaki yatay çizgilerini seyrediyordum. Tarlalardakinden daha yoğun biçilmiş ot kokusu doldurmuştu havayı; bulutlardan, sağanaktan dolayı alacakaranlık çökmüştü her yere.

Gökyüzünün ikiye ayrıldığını sandıracak, şiddetli bir çatırtının ardından Piyotr Sergeyeviç yanıma yaklaşarak;

—İşte ben gök gürlemesi diye buna derim! dedi. Nasıl, beğendiniz mi?

Yanıbaşımda, eşikte duruyor; biraz önceki çılgın koşunun etkisiyle derin derin soluk alarak beni seyrediyordu.

—Natalya Vladimirovna, dedi. Uzun zaman şöyle durup size bakabilmek için neler vermezdim? Bugün çok güzelsiniz!

Bakışlarından hayranlık, yalvarış okunuyordu. Yüzü soluktu; sakalında, bıyıklarında ışıldayan yağmur damlaları da sanki beni sevgiyle seyrediyor gibiydi.

—Sizi seviyorum, diye sürdürdü konuşmasını. Sizi seviyorum, yüzünüzü görebildiğim için çok mutluyum! Biliyorum, karım olmayacaksınız; onun için sizden hiçbir şey istemiyor, hiçbir şey beklemiyorum. Sizi sevdiğimi bilmeniz yeter bana. Hayır, hayır, susun, bir şey söylemeyin! Benim neler dediğime de aldırmayın, benim için çok değerli olduğunuzu bilip sizi seyretmeme izin verin! Işte sizden tek istediğim bu...

Coşkusu bana da geçmişti. Heyecan dolu yüzüne bakıyor, yağmur gürültüsüne karışan sesini büyülenmişçesine dinliyor, yerimden kıpırdayamıyordum. Onun ışıl ışıl gözlerine bakmak, söylediklerini doya doya içime sindirmek o anki tek isteğimdi.

—Susun, bir şey söylemeyin! dedi. Sizi sessiz seyretmek hoşuma gidiyor.

Benim de öylesine hoşuma gidiyordu ki, sevincimden güldüm, bütün hızıyla yağan yağmurun altında eve koştum. Piyotr

Sergeyiç de gülerek, su birikintileri arasında zıplaya zıplaya koştu arkamdan.

Çocuklar gibi gürültü-patırtı ederek, koşa koşa merdivenlerden yukarı çıktık, hızla oturma odasına girdik. Sırılsıklam olmuş, koşmaktan dolayı soluk soluğa kalmıştık. Benim kahkahayla gülmeme alışık olmayan babam ile ağabeyim şaşkın şaşkın baktılar yüzüme, onlar da gülmeye başladılar.

Fırtına bulutları dağılmış, gök gürlemeleri kesilmişti, gene de Piyotr Sergeyiç'in sakalında yağmur damlaları ışıldıyordu. O gün akşam yemeğine değin şarkı söyledi, ıslık çaldı, gürültü çıkararak köpekle oynadı, hatta köpekle birlikte odadan odaya koşarken az kaldı semaver taşıyan bir uşağı deviriyordu. Yemekte de tıka basa karnını doyurdu, gene saçma-sapan şeyler söyledi, kış günü insan hıyar yerse ağzının bahar kokacağını ileri sürdü.

Gece yatağıma yatarken mumu yaktım, pencere kanatlarını ardına değin açtım. İçimde tarif edilmesi zor duygular vardı. Özgür, sağlıklı, zengin olduğumu, soylu bir aileden geldiğimi, herkesin beni sevdiğini düşünüyordum. En önemlisi de soylu, zengin olmamdı. Soylu ve zengin olmak ne güzel bir şeydi, Tanrım! Sonra bahçeden esen nemli soğuk havanın etkisiyle yatağımda büzüşerek Piyotr Sergeyiç'i sevip sevmediğimi sordum kendime. Ancak kesin bir sonuca varamadan uyuyakalmışım...

Sabahleyin yatağımın üstüne düşen güneş lekeleri ile ıhlamur yapraklarının gölgesi arasında gözlerimi açtığımda bir gün öncesinin olayları canlandı zihnimde. Yaşam bana her zamankinden daha zengin, binbir renkte, son derece güzel gözüktü. Şarkı söyleyerek çabuk çabuk giyindim, bahçeye koştum.

«Peki, sonra ne oldu?» diye soracaksınız. Hiç, hiçbir şey... Kente taşındığımız kış aylarında Piyotr Sergeyiç ara sıra köyden gelip bizi ziyaret ediyordu. Aslında köyden tanıdıklar, dostlar ancak yazın, köy yerindeyken ilginç gelir insana, kış aylarında ise güzelliklerinin yarısını yitirirler. Kentte onlara çay ikram ettiğiniz zaman giydikleri setrenin başkasının sırtından ödünç alındığını, çaylarını gerektiğinden fazla karıştırdıklarını düşünürsünüz. Piyotr Alekseyiç kentte de beni sevdiğini söylüyordu, ama bu, köydekinden çok farklıydı. Kentte onunla aramızda bir duvar örülmüş gibi hissediyorduk. Ben soylu bir ailedendim, zengindim. O ise yoksuldu, soylulukla ilgisi olmayan bir papazın oğluydu, yargıçlık yapıyordu, hepsi o kadar... Ikimiz de –ben geçliğimden dolayı, o da kim bilir neden– aramızdaki bu duvarı çok kalın, çok yüksek buluyorduk. Piyotr Sergeyiç bize geldiği zamanlar gülümsemeleri zorakiye kaçıyordu, toplumun ileri gelenlerini durmadan eleştiriyor gibiydi. Eğer konuk odasında yabancı biri varsa bu sefer de somurtup oturuyordu. Bence aşılması zor duvar yoktur; ancak çok iyi tanıdığım, çağımızın roman kahramanları fazla çekingen, gevşek, tembeldirler, kendilerine güvenleri yoktur. Bir işi başaramayacaklarına çabucak inanıp zorluklar karşısında boyun eğerler, özel yaşamlarında sık sık aldatıldıklarını ileri sürerler. Zorluklarla boğuşmak yerine kendilerinin dışındaki dünyayı basitlikle suçlayıp eleştirirler, oysa eleştirileri çok geçmeden yavanlaşır, bunun farkında bile değillerdir...

Sevildiğimi biliyordum; mutluluk hemen yanıbaşımda, benimle omuz omuzaydı. Ancak kendimi anlamaya çalışmadan, yaşamdan ne beklediğimi, ne istediğimi bilmeden gamsız, kedersiz yaşıyordum. Zamansa hızla akıp gidiyordu. Yürekleri sevgi dolu insanlar yanımdan gelip geçiyorlar, aydınlık günler, ılık geceler birbirini kovalıyor, bülbüller ötüyor, havayı biçilmiş ot kokuları dolduruyordu... Ama ben sanki aldırmıyordum hiçbirine. Şimdi anılarda kalan bu sevimli, hoş günler fazla iz bırakmadan, değeri bilinmeden çabucak geçip gittiler. Hani, nerede o günler?

Babam öldü, ben gitgide yaşlandım. O hoşlandığım, gönlümü okşayan, yüreğimi umutla dolduran sağanak şakırtıları, gök gürültüleri, mutluluk düşünceleri, sevgi sözleri hepsi birer anı oldu. Şimdi önümde sonsuz, ıpıssız bir boşluk uzanıyor, orada tek canlı yaratık yok, ufukta her şey karanlık, korkunç...

...İşte gene çıngırak çaldı. Piyotr Sergeyiç gelmiş olmalı. Kışın ağaçlara baktığım zaman onların yazın yalnız benim için yeşerdiklerini düşünür, şöyle fısıldarım:

—Ah, sevgili ağaçlar!

Yaşamımın baharını birlikte geçirdiğim insanları gördüğüm zaman ise içimi bir hüzün kaplar, yüreğimde bir ılıklık duyar, aynı şeyleri fısıldarım.

Piyotr Sergeyiç babamın araya girmesiyle yıllar önce görev yerini kente aldırmıştı. Şimdi o da biraz yaşlanıp çöktü. Artık eski aşk sözlerini söylemiyor, saçmalıklar yapmıyor, görevini de sevmiyor... Belli ki gizli bir hastalığı var; düş kırıklığına uğradığı, yaşamda her şeye boş verdiği açıkça ortada. Gene gelip şöminenin önüne oturdu, sessizce alevlere bakmaya başladı. Ben ne diyeceğimi bilemediğim için;

—E, ne var, ne yok? diye sordum.

O da;

—Ne olsun? dedi.

Ortalığa bir sessizlik çöktü, ateşin kızıllığı hüzünlü yüzüne vurdu.

Birden geçmiş günlerimizi anımsadım, omuzlarım titredi, başım önüme düşerek sarsıla sarsıla ağlamaya başladım. Hem kendime acıyor, hem karşımdaki adam için büyük bir üzüntü duyuyordum. Geçmişte kalan, şimdi yaşantımızın bize vermeyi reddettiği o güzel şeyleri öylesine çok istiyordum ki! Artık soyluluğumu da düşündüğüm yoktu, zengin olduğumu da...

Ellerimi şakaklarıma bastırarak yüksek sesle hıçkırıyor, şöyle mırıldanıyordum:

—Tanrım, Tanrım, mahvettim her şeyi!

O ise suskun oturuyor, bana «Ağlamayın!» bile demiyordu, çünkü ağlamanın gerektiğini, bunun için zamanın geldiğini biliyordu. Onun da bana acıdığını gözlerinden okudum. Ona tüm yüreğimle acıyor, hatta ne benim, ne kendisinin yaşamını bir düzene sokamayan bu çekingen, başarısız adama karşı için için kin besliyordum.

Onu geçirmek için hole geldiğim zaman paltosunu giymekte ağırdan alıyormuş gibi geldi bana. Birkaç kez elimi sessizce öptü, göz yaşlarından ıslanan yüzüme uzun uzun baktı. Sanıyorum, yaşadığımız o fırtınalı günü, yağmurun yatay çizgilerini, kahkahalarımızı, o zaman yüzümdeki mutluluğu düşünüyordu. Bana bir şey söylemek istiyormuş gibi geldi, söylemeye can atıyordu, ama hiçbir şey söylemedi, başını sallayıp elimi sertçe sıktı. Hadi, yolun açık olsun!

Onu uğurladıktan sonra salona döndüm, şöminenin önüne serili halının üstüne oturdum.

Kızıl korlar küllenip kararmaya başlamıştı. Dışardaki ayazın çatırtısı pencereye vuruyordu sanki, şöminenin bacasında rüzgâr kendi şarkısını tutturmuştu.

Hizmetçim girdi içeriye, halının üstünde uyukladığımı sanarak bana seslendi...

ADSIZ ÖYKÜ

V. yüzyılda şimdiki gibi güneş her gün sabahleyin doğar, akşamleyin de batardı. Sabahları güneş ışınları çiyle öpüştüğünde toprak yeniden dirilir, hava sevinç çığlıkları, coşku ve umutla dolar; akşamları ise her şey sessizleşerek koyu bir karanlığa gömülürdü. Gündüzler gündüzlere, geceler gecelere benzerdi. Arada bir bulutlar toplaşır, gök öfkeyle gürler ya da yolunu şaşıran bir yıldız gökyüzünden kayar giderdi. Solgun yüzlü bir keşiş koşa koşa manastıra gelir, keşiş kardeşlerine yolda bir kaplan gördüğünü anlatırdı, hepsi o kadar. Bunun dışında gün günün, gece gecenin aynısıydı.

Keşişler durmadan çalışır, Tanrı'ya dua ederlerdi. Başkeşiş ise bir yandan şiir yazarken, bir yandan da org çalıp kutsal müzik bestelerdi. Bu olağanüstü ihtiyarın inanılmaz yetenekleri vardı. Orgu öyle güzel çalardı ki, en yaşlı keşişler bile kulakları iyice ağırlaştığı halde enfes müziğin ezgileri hücrelerine ulaşınca göz yaşlarını tutamazlardı. Başkeşiş en olağan şeylerden, diyelim ağaçlardan, hayvanlardan, denizden söz ettiğinde keşişler onu dinlerken ya gülümser ya da ağlarlardı. Sanırdınız ki, orgun telleri gibi onların gönül telleri de titreşiyor. Başkeşiş öfkelendiğinde, karşı konulmaz bir sevince kapıldığında ya da çok korkunç, çok yüce bir şeyden söz etmeye başladığında tutkulu bir esin sarardı tüm benliğini; gözlerinde yaşlar ışıldar, yüzü pembeleşir, sesi gürleşirdi. O zaman onu dinleyen keşişler yaşlı pirin esinlenmesinin onların ruhlarını da tutsak ettiğini hissederlerdi. Böyle olağandışı, görkemli dakikalarda ulu ihtiyarın etkisi sınırsız gözükürdü. Keşişlerine «Denize atın kendinizi!» dese gözlerini kırpmadan yerine getirirlerdi buyruğunu.

Onun Yüce Tanrı'yı, yeri, göğü övdüğü müziği, sesi, şiirleri keşişlerin sürekli sevinç kaynağı gibiydi. Öyle günler olurdu ki, yaşamın tekdüzeliği içinde ağaçlar, çiçekler, birbirini kovalayan mevsimler, denizlerin gümbürtüsü can sıkıntısı verirdi onlara, kuş ötüşleri tatsız gelmeye başlardı. İşte böyle günlerde yaşlı pirin yetenekleri onları ekmek gibi doyurur, su gibi kandırırdı...

Böylece aradan 20-30 yıl aktı gitti. Günün günden, gecenin geceden hiçbir farkı yoktu. Manastırın kapısının önünden yaban hayvanlarından, yırtıcı kuşlardan başka kimse gelip geçmiyordu.

En yakın insan yerleşim birimi çok uzaklardaydı; oradan manastıra, manastırdan oraya gitmek için insanın çölde en azından yüz fersah yürümesi gerekiyordu. Çölü aşmak isteyen biri ya yaşamaktan nefret emeli ya bile bile ölümü göze alarak mezara girer gibi çöle salmalıydı kendini.

İşte bu yüzden bir gece manastırın kapısını yabancı bir adam çaldığı zaman keşişlerin şaşkınlığını görmeliydiniz. Adam uzak kentlerden birinden gelmişti; üstelik yaşamayı seven, sıradan günahlılardan biriydi. Manastırdan içeri girer girmez başkeşişin dua okuyup onu kutsamasını isteyeceği yerde şarap ve yemek vermelerini söyledi. Böyle uzak bir kentten nasıl olup da yolunun çöle düştüğünü sormaları üzerine uzun bir avcılık öyküsü anlatmaya başladı. Sözde ava çıkmış, geçtiği yerlerde içkiyi fazla kaçırıp yolunu şaşırarak ta buralara kadar gelmiş... Kendisine keşiş olmasını, böylece ruhunu kurtarmasını önerdikleri zaman ise gülerek, «Ben sizlere yoldaş olamam!» diye karşılık verdi.

Karnını doyurup bir güzel kafayı çektikten sonra anlattıklarını ilgiyle dinleyen keşişlere döndü, onları suçlarcasına başını salladı.

—Ey keşişler, sizler burada ne yaptığınızı sanıyorsunuz?

Bana kalırsa yiyip içmekten başka bir şey yaptığınız yok. İnsanın ruhu böyle mi kurtulur? Siz burada huzur içinde yer içerken, mutluluk hayalleri kurarken dış dünyada yakınlarınız yok olup gidiyor, sonunda cehennemi boyluyorlar. Bir bölümü açlıktan kırılıyor, bir bölümü de altınlarını nereye harcayacaklarını bilemedikleri için, işrete dalarak, bala saplanan sinekler gibi geberip gidiyorlar. İnsanlarda ne inanç kalmış, ne de gerçeklik duygusu! Peki, onları kurtarmak kimin işi? Doğru yolu onlara kim gösterecek? Sabahtan akşama dek içki içen benim gibi biri mi? Ulu Tanrı dört duvar arasında oturup bir şey yapmayasınız diye mi sizlere derin bir inanç, dingin bir ruh, seven bir yürek verdi?

Kentli adamın sarhoşluktan dolayı söylediği bu cüretli sözler terbiye sınırlarını aşıyordu, gelgelelim başkeşişi garip bir biçimde etkilemişti. Keşişleriyle şöyle bir bakıştıktan sonra sapsarı bir yüzle dedi ki:

—Kardeşlerim, adam doğru söylüyor! Gerçekten zavallı insanlar akılsızlıkları, zayıflıkları yüzünden günaha giriyor, inançsızlık içinde yok olup gidiyorlar. Bizler de sanki hiçbirimizi ilgilendirmiyormuş gibi kılımızı kıpırdatmadan oturuyoruz. Bu duruma göre ben niçin onların arasına karışıp unuttukları İsa'yı akıllarına getirmeyeyim?

Ertesi gün bastonunu aldı, keşiş kardeşleriyle uğurlaştı, yabancının geldiği kentin yolunu tuttu. Keşişler ise onun müziğinden, konuşmalarından, şiirlerinden yoksun, manastırda yalnız başlarına kaldılar.

Aradan bir ay geçti, ikinci ay geçti, başkeşişi çok özlediler, ama ondan tek haber yoktu. Üçüncü ayın bitiminde bastonunun tanıdık tıkırtısını duydular manastırın kapısında. Bütün keşişler başkanlarını karşılamak üzere kapıya üşüştüler, onu soru yağmuruna tuttular, başkeşiş ise onları sevindirecek yerde acı acı ağlamaya başladı, ağzından tek söz çıkmadı. Keşişler başkanlarının iyice yaşlanıp çöktüğünü fark etmişlerdi, yüzünden yorgunluğu yanında derin bir üzüntü okunuyordu, ağlaması gücendirilmiş bir adamın ağlamasına benziyordu.

Bunun üzerine keşişler de ağlamaya başladılar, ona niçin ağladığını, yüzünün niçin asık olduğunu sordular. Ama başkeşiş gene bir şey söylemedi, gidip hücresine kapandı. Böylece tam yedi gün bir şey yiyip içmeden kaldı orada; yalnız org çaldı, hıçkırıkları duyuldu... Keşişler kapısını çalıp üzüntüsünü paylaşmak istediklerini söyledikleri zaman derin bir sessizlikle karşılaştılar.

Sonunda çıktı hücresinden...

Bütün keşişleri çevresine topladı; ağlamaklı, öfkeli, üzüntülü bir yüzle son üç ayda başından geçenleri anlatmaya başladı. Manastırdan kente kadar geçen yolculuğunu anlatırken sesi sakindi, yüzünde gülücükler oynaşıyordu. Kente değin kuşların ötüşünü, derelerin çağıltısını dinlemiş; yüreğini tatlı gençlik umutları doldurmuş. Tıpkı savaşa giden, utku kazanacağına inanan bir savaşçı gibi hissediyormuş kendini. Böyle hayaller kurup şiirler dizer, marşlar söylerken yolun nasıl bittiğini farketmemiş...

Sıra kentte insanlar arasında geçirdiği günleri anlatmaya gelince birden sesi titredi, gözlerinde bir öfke parladı. Kente girerken karşılaştığı görüntüyü daha önce ne görmüş, ne de böyle bir şeyi tasarlamaya kalkışmış. Ancak orada bu geçkin yaşında ilk kez şeytanın bunca güçlü, insanların ise böylesine zayıf, zavallı olduklarında görüp anlayabilmiş. Şu bahtsız raslantıya bakın ki, ilk karşılaştığı yer ahlaksızlık yuvası bir evmiş. Buraya bol paralı elli kadar adam doluşmuş, ölçüsüz biçimde yiyip içerek eğleniyorlarmış. Şaraptan kafaları dumanlandıktan sonra şarkılar-türküler arasında öyle iğrenç sözler söylemeye başlamışlar ki, Tanrı'dan korkan insanlar bu sözleri ağızlarına almaya çekinirlermiş. Sınırsız derecede mutlu, atak, özgür sarhoşların şeytandan da, ölümden de korktukları yokmuş. Her istediklerini yapıyor, şehvetleri onları nereye sürüklerse oraya koşuyorlarmış. Üzerinden altın rengi zerreler uçuşan kehribar duruluğundaki şarap öylesine lezzetli ve güzel kokuluymuş ki, içenler bir daha içmek ister, yüzlerinde mutlu gülücükler oynaşırmış. İçinde sakladığı şeytanca güzelliği biliyormuş gibi neşeli kıvılcımlar saçan şarap, onu içenlerin yüzündeki gülücüklere sanki gülücükle karşılık verirmiş...

Başkeşiş kızgınlığı gittikçe artarak, öfkesinden ağlayarak gördüklerini anlatmayı sürdürüyordu. İşrete dalan bu insanlar ortaya bir masa koymuşlar, üzerine de yarı çıplak bir kadın çıkarmışlar. Böylesine güzel, böylesine büyüleyici bir kadını tasavvur etmek, yeryüzünde onun gibisine raslamak zormuş. Uzun saçlı, kara gözlü, kara kaşlı, etli dudaklı, esmer tenli kadın kar gibi beyaz dişlerini göstererek; «Görüyorsunuz, ben ne kadar güzelim, ne kadar cesurum!» dercesine utanmazca, küstahça gülümsermiş. Kadının giydiği atlaslar, ipekliler güzelliğini örtmek istercesine omuzlarından aşağı dökülüyormuş, ama güzellik kolay kolay gizlenemeyeceği için bahar toprağının altından fışkıran körpe yeşillikler gibi onun gençliği, güzelliği de giydiklerinin kıvrımları arasından görünürmüş. Işte utanmaz kadın böyle gülümseyerek şarap içip şarkı söylerken her istiyene de teslim olurmuş...

Yaşlı başkeşiş iffetsiz kadını bırakıp öfkeyle ellerini sallayarak at yarışlarına, boğa güreşlerine, tiyatrolara, çıplak kadın resimlerinin çizildiği, çamurdan yontularının yapıldığı sanatçı işliklerine geçti. Kendinden geçercesine, orgunun görünmez tellere vururcasına, çoşkuyla, ballandıra ballandıra anlatıyordu; keşişler ise donup kalmış bir halde onun anlattıklarını can kulağıyla dinliyor, heyecandan solukları kesiliyordu. Başkeşiş böylece şerrin güzelliklerini, şeytanın baş döndürücülüğünü, iğrenç kadın bedeninin büyüleyiciliğini bir bir ortaya döktükten sonra iblisi lanetleyerek hücresine çekildi, kapısını sımsıkı kapattı.

Ertesi gün hücresinden çıktığında manastırda tek bir keşiş bile kalmamıştı. Hepsi kente kaçıp gitmişlerdi.

UYUMAK İSTİYORUM

Gece yarısı. On iki-on üç yaşlarında bir kız çocuğu olan Varka bakıcılığını yaptığı bebeğin beşiğini sallıyor, mırıldanarak ninni söylüyor:

Uyusun da büyüsün, ninni,
Tıpış tıpış yürüsün, ninni...

Köşede kutsal tasvirin önünde yeşil bir lamba yanmakta. Odada bir uçtan öbür uca ip gerili, ipin üzerine çocuk bezleri ile kocaman siyah bir pantolon asılmış. Lambadan tavana yeşil bir ışık lekesi düşerken çocuk kundaklarının, pantolonunun gölgesi sobanın, beşiğin, dadı kız Varka'nın üzerinde uzayıp gidiyor. Lambanın alevi arada bir titriyor kendiliğinden. O zaman tavandaki ışık halkası ile gölgeler rüzgâra tutulmuş gibi yalpalıyor. Odanın boğucu bir havası var; lahana çorbası ve pis deri kokusu birbirine karışmış.

Beşikteki bebek ağlıyor. Ağlamaktan bitkin düşüp sesi kısılmış, gene de durmadan bağırıyor. Sesinin ne zaman kesileceği belli değil. Oysa dadı kızın öyle uykusu var ki! Göz kapakları kavuşuyor, boynu sızlıyor, başı aşağıya düştü düşecek... Kızcağız göz kapaklarını, dudaklarını oynatamıyor; sanki yüzünün derisi gerilip uyuşmuş, başı küçülerek toplu iğne başı kadar kalmış.

Uyusun da yavrum uyusun, ninni,
Sana ninni söyleyeyim, ninni...

diye ninni söylüyor bir yandan da.

Sobanın içinde bir cırcır böceği cırıldıyor. Bitişik odadan

ev sahibi adam ile kalfası Afanasi'nin horultuları gelmekte... Sallanan beşiğin acıklı gıcırtısı, Varka'nın mırıldanması, öbür sesler birbirine karışınca insanın uykusunu getiren tatlı bir ninniye dönüşüyor. Ama dadı kızın uyuması yasak. Uyumaya kalksa bir güzel sopa yiyecektir. O yüzden oturduğu yerde kıvranıyor, acı çekiyor...

Gece lambası göz kırpıyor, gölgeler ile tavandaki yeşil ışık lekesi kıpırdanıyor, bütün bunlar kızcağızın yarı açık göz kapaklarından içeri girerek uyuklayan beyninde sis içinde hayallere dönüşüyor. Gözünün önünde koyu bulutlar canlanıyor birdenbire. Bulutlar gökyüzünde birbirini kovalayarak bebek viyaklamasıyla ağlamaya başlıyorlar... Derken, ansızın bir rüzgâr esiyor, dağılan bulutların ardından geniş bir şose açılıyor. Şose vıcık vıcık çamurla kaplı. Dizi dizi arabalar, sırtı torbalı insanlar, koyu gölgeler ileri-geri gidip geliyorlar yol boyunca... Yolun her iki yanını kuşatan soğuk, somurtkan sisin arasından kapkara ormanlar gözüküyor. Gölgeleri yola düşen sırtı torbalı insanlar hepsi birden yola uzanıyorlar. Varka «Çamurun içine niçin yatıyorsunuz?» diye soruyor onlara. «Uyumak istiyoruz...» diyorlar, sonra da derin bir uykuya dalarak mışıl mışıl uyuyorlar. Telgraf tellerine konan kargalar, saksağanlar adamları uyandırmak için bebek sesiyle ağlıyor, çığlık çığlığa bağırıyor.

Varka hayalleri bırakıp havası boğucu, yarı karanlık odaya dönüyor:

Uyusun da büyüsün, ninni,
Tıpış tıpış yürüsün, ninni...

Derken, yerde can çekişen babası Yefim Stepanov canlanıyor gözünün önünde. Varka onu tam olarak seçemiyorsa da ağrıdan kıvrandığını işitiyor. Babası «kasık fıtığının tuttuğu»nu söylüyor iniltiler arasında. Dişleri birbirine kenetli, havayı derin derin içine çekerek;

—Buu-buu-buu! diye sesler çıkarıyor...

Annesi Pelageya, kocasının ölmek üzere olduğunu haber vermek için bey konağına koşuyor. Yefim ölmek üzeredir. Pelageya gideli çok olduğu halde bir türlü dönmek bilmiyor. Varka fırının üzerinde yatarken bir yandan da babasının «buu-buu-buu» seslerini dinliyor. Derken, bir araba yanaşıyor kapıya. Çiflik sahibi, evine konuk gelen genç bir doktoru hastaya bakması için göndermiştir. Doktor kapıdan içeri giriyor, karanlıkta yüzü görünmemektedir, ama onun kapıyı açıp kapadığını işitiyor Varka.

—Işığı yakın! diyor doktor.

Babasının «buu-buu-buu» sesleri yanıt veriyor ona.

Annesi fırının yanına koşuyor, bir saksı parçasının üzerine koyduğu kibritleri arıyor. Böylece bir dakika kadar geçiyor sessizlik içinde. Neden sonra doktor cebinden kendi kibritini çıkarıp çakıyor.

Annesi;

—Şimdi mumu getiririm! diyerek dışarı koşuyor, elinde bir mum dibiyle dönüyor.

Babası Yefim'in yanakları pembe pembe, odanın içinde her şeyi yeni görmüş gibi dikkatle bakınıyor çevresine. Doktor hastasının üzerine eğilerek;

—E, nen var, bakayım? diye soruyor. Durup dururken hastalanmayı da nereden çıkardın? Çoktan beri mi yatıyorsun?

—Ah, beyim, artık ölme zamanım geldi. Benim gibiler yaşayıp da ne olacak?

—Hadi, saçmalama! Bu dertten kurtaracağız seni!

—Orası sizin bileceğiniz iş, beyciğim. Tanrım sizden razı olsun. Ancak anlamadığım bir şey var. İnsanın eceli gelmişse kim ne yapabilir?

Doktor bir çeyrek saat uğraşıyor, sonra doğrularak diyor ki:

—Anlaşıldı, bu durumda benim yapacağım bir şey yok... Bir an önce hastaneye götürülüp ameliyat edilmen gerekiyor. Hemen gitmelisin! Vakit biraz geç, şimdi herkes uyumuştur, ama eline bir pusula yazıp veririm. Beni işitiyorsun, değil mi?

—Beyim, hastaneye nasıl giderim ben? Ne atımız var, ne arabamız...

—Orası önemli değil. Çiftlik ağasına söylerim, sana bir araba verirler.

Doktorun gidişinin ardından mum sönüyor, yeniden «buu-buu-buu» sesleri başlıyor. Aradan yarım saat geçiyor-geçmiyor, bir araba yaklaşıyor kapıya. Bey konağından gönderilen arabadır bu. Yefim hazırlanıp yola çıkıyor...

Aydınlık, güzel bir sabah. Annesi yok evde, Varka onun, babasının durumunu öğrenmek için hastaneye gittiğini biliyor. Çocuk ağlaması geliyor bir yerlerden, Varka'nın sesiyle biri ninni söylüyor:

Uyusun da yavrum uyusun, ninni,
Sana ninni söyleyeyim, ninni...

Neden sonra annesi hastaneden dönüyor. İstavroz çıkardıktan sonra;

—Babanı gece ameliyata aldılar, ama sabaha karşı ruhunu teslim etti, diye fısıldıyor. Tanrım rahmet eyleye, huzur içinde yatsın. Çok geç kalmışız. Daha erken götürsek kurtarırlarmış...

Varka ormana atıyor kendini, orada doya doya ağlayacaktır. Ama biri ensesine öyle şiddetle vuruyor ki, kızcağızın alnı kayınağacına çarpıyor. Varka gözlerini açınca karşısında ev sahibini görüyor.

—Horul horul uyursun, değil mi? Beşiği sallamazsan çocuk böyle ağlar, seni aşağılık! diye bağırıyor ayakkabıcı.

Adam kulağını çekiyor, Varka kurtulmak için başını silkeliyor, bir yandan da beşik sallayarak ninni söylüyor. Tavandaki yeşil halka, ipte asılı pantolondan, çocuk bezlerinden duvarlara düşen gölgeler kıpırdanıyor, dadı kıza göz tırpıyor, yeniden beynini uyuşturuyor. Varka karşısında vıcık vıcık çamurla kaplı aynı şoseyi görüyor. Sırtı torbalı adamlar, başka gölgeler bir baştan bir başa yollara serilmişler, mışıl mışıl uyuyorlar. Onları gören Varka da uyumak istiyor ama uyuyamaz ki... Yanında annesi var, birlikte kente dilenmeye gidiyorlar.

Gelip geçenlere;

—Allah rızası için bir sadaka verin, diye el açıyor annesi. Tanrı'nın iyiliği üzerinize olsun. Yardım edin yoksula!

O sırada tanıdık bir ses;

—Çocuğu bana ver! diyor. Çocuğu versen e! diye üsteliyor daha sertçe. Uyursun, değil mi, sürtük!

Varka silkelenip kendine geliyor, aynı anda da durumu anlıyor: Ortada ne şose var, ne annesi, ne de gelip geçen adamlar... Odanın ortasında ev sahibi kadın durmaktadır. Bebeğini emzirmeye gelmiştir. Erkek gibi geniş omuzlu, şişman kadın çocuğu emzirip yatıştırmaya çalışırken Varka ayakta dikilerek bebeği geri vermesini bekliyor. Bu arada dışarda yavaş yavaş hava bozarıyor, tavandaki, duvarlardaki gölgeler soluklaşıyor. Belli ki, sabah olmak üzere...

Ev sahibi kadın entarisinin önünü ilikleyerek;

—Al şunu! diyor. Ağlıyor... Göz mü değirmişler, nedir!

Varka bebeği alıyor, beşiğe yatırıyor, sallamaya başlıyor. Yeşil halka ile gölgeler tümüyle yok oluyorlar, artık Varka'nın beynini sislendirecek bir şey kalmamıştır. Bununla birlikte hep uyumak istiyor, hem de ne uyumak! Bunun üzerine başını beşiğin kıyısına dayıyor, uykuyu yenmek için bütün gövdesi ileri-geri gidip geliyor, ama göz kapakları kavuşuyor gene de, başı ağırlaşıyor.

Kapının arkasından ayakkabıcının sesi duyuluyor:

—Varka, sobayı yak!

Ayağa kalkıp işlere sıvanmak gerektiğini anlıyor Varka. Beşiği olduğu gibi bırakıyor, odun getirmek üzere kömürlüğe koşuyor. Bu duruma seviniyor ne de olsa. Koşup yürürken insan o kadar uyumak istemiyor. Odun getiriyor, sobayı yakıyor, bu arada gerilip uyuşan yüzünün gevşediğini, düşüncelerinin netleştiğini hissediyor.

—Varka, semaveri koy! diye sesleniyor ev sahibi kadın.

Varka çıta kırıyor, bunları tutuşturup semaverin içine soktuğu anda yeni bir buyruk geliyor:

—Varka, ustanın ayakkabısını boya!

Varka yere çömeliyor, ustanın ayakkıbılarını boyarken başını kocaman, derin ayakkabıların içine sokup biraz kestirmek istiyor. Derken, ayakkabılar daha bir irileşiyor, şişe şişe odanın içini dolduruyor. Fırça elinden düşüyor kızcağızın, başını silkeleyip gözlerini belerterek kendine gelmeye çalışıyor. Istiyor ki, çevresindeki nesneler büyümesin, gözlerinin önünde kıpırdanıp durmasınlar...

—Varka, müşterilere karşı ayıp oluyor, dış merdiveni yıka! Varka'cık merdiveni güzelce yıkıyor, odaları topluyor, ikinci sobayı yakıyor, alış-veriş etmeye dükkâna koşuyor. Boş geçen bir dakikası yok, hep bir şeyler yapıyor...

Ama oturduğu yerde kıpırdanmadan mutfak masasında patates ayıklamak en zoru. Başı ağırlaşıp masaya düşer, patatesler gözünde pul pul olur, bıçak elinden fırlar... Yanıbaşında dikilen şişman ev sahibi kadın, kolları sıvalı, öfkeyle öyle bağırıp çağırır ki, kulakları çın çın öter zavallı kızın. Sofrada hizmet etmek, çamaşır yıkamak, dikiş dikmek de kolay değildir. Öyle dakikalar olur ki, insan hiçbir şeye aldırmadan döşemeye devrilsin, horul horul uyusun ister...

Böylece gündüz sona erer. Pencerelerin kararmasına bakan Varka uyuşan şakaklarını ellerinin arasında sıkar, hiçbir neden yokken kendi kendine gülümser. Akşamın alacakaranlığı kavuşan gözlerini okşamakta, sanki yakın, tatlı bir uyku sözü vermektedir. Akşam eve konuklar gelir.

—Varka, semaveri koy! diye bağırır ev sahibi kadın.

Semaver ufacık bir şeydir, konukların kana kana çay içmeleri en azından beş kez doldurulup kaynatılması gerekir. Çaydan sonra Varka bir saat daha ayakta dikilir, konukların bir buyruğu var mı, diye bekler.

—Varka, koş, üç şişe bira getir!

Varka'cık ileri atılır, uykusunu dağıtmak için olanca hızıyla koşar.

—Varka, votka al bakkaldan! Varka, şişe açacağı nerede! Varka, ringa balığı ayıkla!

Neyse, konuklar evlerine gitti, ışıklar söndü, ev sahipleri yataklarına girdiler. Son buyruk duyulur yan odadan:

—Varka, bebeği salla!

Sönen sobada cırcır böceği cırıldar, tavandaki yeşil halka ile pantolonun ve çocuk kundaklarının duvardaki gölgesi yeniden oynaşmaya başlar, kızcağızın yarı açık gözlerine girerek başını döndürüp dumanlandırır. Ninni söyler bir yandan:

Uyusun da büyüsün, ninni,
Tıpış tıpış yürüsün, ninni...

Zavallı bebek bağırır durmadan, ağlaya ağlaya kendinden geçer. Çamurlu soşe ile sırtı torbalı adamlar canlanır Varka'nın gözünde. Babasını, annesi Pelageya'yı görür. Her şeyi anlamakta, tanımakta, ama yarı uykusu arasında ellerini, kollarını bağlayan, canını sıkan, yaşamasını engelleyen şeyin ne olduğunu bir türlü kavrayamamaktadır. Bu şeyi görmek, ondan kurtulmak için çevresine bakınır, ama göremez. Sonunda canından öylesine bezer ki, tüm dikkatini toplayarak tepesinde kırpışıp duran ışıklı halkaya bakar, bebek çığlıklarına kulak kabartırken yaşamasını engelleyen düşmanını keşfeder.

Düşmanı bebektir.

Güler... Nasıl olmuş da böylesine basit bir şeyi daha önce anlamamıştır? Yeşil halka, gölgeler, sobadaki cırcır böceği de tanır onun düşmanını, düştüğü duruma şaşıp kalırlar.

Bu bir yanılgıdır, gelgelelim tümüyle duygularına egemen olmuştur. Dadı kız oturduğu tabureden kalkar. Yüzünde bir gülümseme, gözlerini kırpıştırmadan odanın içinde bir-iki kez dolanır. Ellerini-kollarını bağlayan bebekten az sonra kurtulacağı düşüncesi hoşuna gider, onu rahatlatır. Önce çocuğu öldürecek, sonra uyuyacak, uyuyacak, hep uyuyacak...

Yüzünde aynı gülümseme, yeşil lekeye göz kırpıp parmağıyla tehdit ederek yavaş yavaş beşiğe sokulur, bebeğin üzerine abanır. Çocuğun, boğazını sıkıp öldürür, sonra döşemeye uzanır, uyuyabileceği için sevincinden güler, bir dakika sonra da kütük gibi uyur...

BOZKIR

(Bir Yolculuğun Öyküsü)

–I–

Bir temmuz sabahının erken saatlerinde Z. iline bağlı N. kasabasından çıkan, Nuh Nebi'den kalma, yaysız, köhne bir araba, kasabanın önündeki ana yola saptı. Briçka adı verilen bu tür ufak arabalara şimdi Rusya'da yalnız tüccar kâhyaları, celepler, bir de yoksul papazlar binerler.

Araba en ufak bir harekette takur tukur sesler çıkarıyor, cızırtılar koyveriyor, arkaya bağlı boş bir kova da tangırtılarla bu gürültüye katılıyordu. Yalnız bu gürültülere, arabanın gövdesinden sarkan deri parçalarına bakarak, bu külüstür binek aracının hani nerdeyse kırılıp dökülüvereceğini sanırdınız.

Briçka'da N. kasabasından iki adam oturuyordu. Bunlardan biri, gözlüklü, hasır şapkalı, yüzü sinekkaydı tıraşlı, ilk bakışta tüccardan çok memura benzeyen, tüccar İvan İvaniç Kuzmiçov'du. Öteki ise, yelken bezinden kurşuni bir kaftan ile geniş kenarlı bir silindir şapka giyen, beline renk renk işlemeli bir kemer takmış, uzun saçlı, ufak tefek bir ihtiyar, Nikolayevsk Kilisesi vaizi Papaz Kristofor Şiriyski... İvan İvaniç dalgın dalgın düşünüyor, bir yandan da uykusunu dağıtmak için ikide bir başını silkeliyordu. Yüzünde, işten başka bir şey düşünmeyen bir adamın kuruluğu yanında, yakınlarından yeni ayrılmış bir sarhoşun duygusallığı vardı. Papaz Kristofor ise ıslak gözlerle, Tanrı'nın yarattığı bu güzel dünyaya hayran hayran bakıyordu. Yüzüne öylesine tatlı bir gülümseme yayılmıştı ki, gülümseme, sanki silindir şapkasının kenarlarına değin taşmış sanırdınız. İyimser yüzü üşümüş gibi kıpkırmızıydı.

Kuzmiçov ile Peder Kristofor yün satmaya gidiyorlardı. Evlerinden ayrılmadan önce tıka basa puf böreği yemişler, sabahın erken saatine bakmadan iyice kafaları çekmişlerdi. Şimdi ikisi de çakırkeyifti, neşeleri yerindeydi...

Anlatılan bu iki kişiden ve arabaya koşulu bir çift kıvrak doru atı yorulmadan kırbaçlayan arabacı Deniska'dan başka bir yolcu daha vardı. Bu, yüzü güneşten yanmış, gözyaşlarıyla ıslanmış bir çocuktu. Yegoruşka adındaki bu çocuk da onayını aldıktan sonra uzak bir kentte Gimnaziya'ya[1] girmek için götürülüyordu. Okumuş insanlara, soylular topluluğuna hayranlık besleyen, Kuzmiçov'un küçük bir devlet memurundan dul kalmış kız kardeşi Olga İvanovna, yün satmaya giden ağabeyinden, oğlu Yegoruşka'yı da yanına almasını, gideceği yerdeki okula vermesini istemişti. İşte şimdi Yegoruşka arabanın önünde Deniska'nın yanında oturuyor; nereye gittiğini bilmemenin şaşkınlığı içinde, aşağı düşmemek için sık sık arabacının dirseğine tutunurken, kaynayan semaverin üstündeki demlik gibi hop hop hopluyordu. Arabanın hızından dolayı al gömleği sırtında şişip kabarıyor, tavus tüyü takılmış yeni şapkası ikide bir ensesine kayıyordu.

Araba, kasaba dışındaki hapishanenin önünden geçerken Yegoruşka yüksek beyaz duvar dibinde sessiz sessiz gezinen nöbetçilere, parmaklıklı küçük pencerelere, damda parlayan haça baktı ve bir hafta önce Kazan Meryem Anası gününde annesiyle birlikte buraya gelişlerini, yortuyu hapishane kilisesinde kutlamalarını anımsadı. Paskalya yortusunda da aşçı Lyudmilya ve Deniska ile birlikte gene buraya gelmişlerdi. Yanlarında börek, haşlanmış yumurta, kızarmış sığır eti ve çeşit çeşit çörekler getirmişler; bunları verdikleri mahpuslar teşekkür e-

1 Bugünkü ortaokul–lise dengi ortaöğrenim kurumu. (Ç. N.)

dip istavroz çıkarmışlar; mahpuslardan biri, yiyeceklere karşılık olarak Yegoruşka'ya kalayla kaplı bir çift kol düğmesi armağan etmişti.

Çocuk tanıdığı bu yerlere baktı; densiz araba hızla savuşup gidiyor, her şeyi geride bırakıyordu. Hapishaneden sonra isten kararmış demirci dükkânlarını, bunların ardından parça taşlardan örülmüş bir duvarın çevrelediği, suskun, yeşil mezarlığı geçip gittiler. Duvarın arkasından, vişne ağaçlarının yeşillikleri arasına gizlenmiş beyaz mezar taşları, sıra sıra haçlar gözüküyor; uzaktan bakılınca bunlar beyaz benekler gibi duruyordu. Yegoruşka, vişneler çiçek açınca mezar taşları ile haçların vişne çiçeklerinden oluşan beyaz bir denize karıştığını, vişneler olgunlaşınca da beyaz taşların kan kırmızısı beneklerle kaplandığını anımsadı. Orada, vişnelerin altında babası ile ninesi Zinaida Danilovna gece–gündüz bitmez bir uykuya dalmışlardı. Ninesi öldüğü zaman onu uzun, dar bir tabuta koymuşlar, kapanmak bilmeyen gözlerini iki bakır beşlikle kapatmışlardı. Yaşlı nine ölümüne kadar dinç kalmış bir kadındı, pazardan haşhaş tohumu serpili yumuşak simitler aldırır, yerdi. Şimdi ise uyuyor, uyuyordu... Mezarlığın ilerisinde tuğla fırınları tütüyordu. Uzun kamışlarla örtülü basık damların altından çıkan koyu, kara dumanlar iri kümeler oluşturduktan sonra usul usul göğe yükseliyorlardı. Fırınlar ve mezarlık üzerindeki gökyüzü esmerleşmişti; duman öbeklerinin geniş gölgeleri yolda, tarlalarda sürünüyordu. Damların yöresinde, koyu duman içinde kırmızı tozla örtülmüş gibi görünen insanlar, atlar kımıldanıyordu.

Fırınların hemen yanında kasabanın son canlılığı da bitiyor, kırlar başlıyordu. Yegoruşka son bir kez dönüp kasabaya baktı, bunun ardından yüzünü Deniska'nın dirseğine dayayarak acı acı ağlamaya başladı.

Kuzmiçov, yeğeninin ağlamasına öfkelenmişti.

—Hadi, hadi, gene hüngürdeme, hüngürdek! Şımarıklığı

bırak da salyanı akıtma bakayım! dedi. Madem gitmek istemiyorsun, gitme! Seni zorla götüren yok!

Peder Kristofor ise çabuk çabuk şunları söyledi:

—Ağlama yavrum, yok bir şey. Yegor, oğlum, yok bir şey. Yok bir şey... Tanrı'ya sığın, oğlum. Kötülük için değil, iyilik için gidiyorsun. Okuma aydınlıktır demişler, cahillik de karanlık. Ya, işte...

Kuzmiçov aynı öfkeyle sordu:

—Hadi, söyle! Geriye dönmek istiyor musun?

Yegoruşka hıçkırıklar arasında yanıt verdi:

—I–istiyoruuuum!..

—Dön öyleyse! Zaten boşu boşuna gidiyorsun. Okumaya niyeti olan böyle davranmaz.

Peder Kristofor öğütlerini elden bırakmıyordu.

Yok bir şey, yok bir şey, oğlum. Tanrı'ya sığın sen. Lomonosov da senin gibi gitmişti okula, onu balıkçıların yanına katmışlardı. Ne var ki, Avrupa çapında bir adam oldu sonunda. İnançla kazanılan bilgi Tanrı'yı sevindirecek ürünler verir. Hani, duada bile nasıl söyleriz: «Yaradan'ın şanına, ana–babamızın avunmasına, yurdumuzun, kilisenin yararına olsun.» Öyle değil mi?

Ucuz yaprak sigaralarından bir tanesini yakan Kuzmiçov:

—Yarar dediğin çeşit çeşittir, dedi. Bakarsın adam yirmi yıl okur okur da kafası gene nah, mermer!

—Öylesi de var...

—Bilim kimisinin işine yarar, kimisinin de yalnızca aklını karıştırır. Düşüncesiz bir kadındır kız kardeşim, soylulukla bozmuş aklını. Oğlu okuyacakmış da adam olacakmış. Oysa bilmez ki, mal varlığım, kazancım oğlunun yaşam boyu rahat etmesine yeter de artar bile... Şunun için söylüyorum bunları: Eğer herkes okuyacak olsa, tarlayı–tapanı kim ekecek, kim ticaretle uğraşacak? Kimse ürün yetiştirip mal satmazsa acımızdan ölürüz...

—Öyle diyorsun ama herkes tarlada, dükkânda çalışmaya

kalkarsa bu sefer de bilimle uğraşacak kimse kalmaz.

Oturaklı laflar ettiklerine inanan Kuzmiçov ile Peder Kristofor, her ikisi de yüzlerini ciddileştirdiler, aynı anda öksürdüler. Konuşmalara kulak kabartan Deniska bunlardan fazla bir şey anlamadığı için başını salladı, hafifçe doğrularak doru atlara kırbaç salladı, sonra ortalığa bir sessizlik çöktü.

Bu arada yolcuların gözleri önünde, tepeler zincirinin art arda uzayıp gittiği sonsuz bir ova açılmış bulunuyordu. Birbirinin arkasından sıklaşarak gözüken bu tepeler, yolun sağında ta ufka değin uzanırken, menekşe rengi enginlerde gözden yiten bir yüksekliğe karışıyorlardı. Gidersiniz, gidersiniz, bu yüksekliğin nerede başlayıp nerede bittiğini anlayamazsınız... Güneş de gerilerden, kasabanın üstünden bir yerden doğmuş; kendi sessiz, acelesiz işine koyulmuştu. İlk güneş ışınları, yerin gökle birleştiği tepeciklerin ve uzakta kollarını sallarken minicik bir adamı andıran yüksekçe yel değirmeninin yöresinde geniş, parlak, sarı bir şerit olup boylu boyunca uzandı. Bir dakika sonra böyle bir şerit, daha berilerde sağa doğru kaydı, yakındaki tepeleri sardı. Aradan fazla bir zaman geçmeden ılık bir şey Yegoruşka'nın sırtına dokundu; bir ışık demeti arkasından gizlice süzülüp, atların, arabanın üzerinden aştı, karşıdan yayılarak gelen şeritlerle birleşti. Geniş bozkır, üzerinden sabahın loşluğunu atıp birdenbire gülümsedi, çiğler ışıl ışıl ışıldadı.

Bir gün önce güneşten kavrulmuş olan, yanık rengi, yarı canlı, şimdi ise çiğlerin yıkayıp güneşin ilk ışıklarıyla okşadığı, biçilmiş çavdar, kangal, sütleğen, dağ kenevirleri yeniden çiçeklenmek için dirildiler. Dedemen kuşları yolun üstünden şen çığlıklara uçuştu, geleniler otların arasından seslendi, sol yandan, uzak bir yerden tarla kuşlarının cıvıldaştığı duyuldu. Arabadan ürken bir keklik sürüsü kanat çırptı, gevrek «pırr» sesleriyle tepelere doğru uçtu. Çekirgeler, cırcırlar, ağustos böcekleri, çayır çekirgeleri otların içinden cızırdayan tekdüze türkülerini tutturdular...

Fakat zaman ilerledikçe çiğler buğulaşıp uçtu, háva donuklaştı, aldatılmış bozkır gene o hüzünlü, ölgün temmuz görünümüne büründü. Otlar pörsüdü, yaşam söndü. Gölge gibi yumuşak renkleriyle uzaklardaki yanık yeşil, kavrulmuş, mor tepeler; puslu enginlere gömülmüş düz ova; bütün bunların tepesindeki, ormanların, yüksek dağların bulunmadığı bozkırlarda çok daha derin, çok daha duru gözüken gökyüzü, o sonsuzluk içinde sıkıntıdan donup kalmış gibiydiler.

Ne boğucu bir sıcak, ne sıkıntılı bir hava! Yegoruşka karşısında durmadan aynı şeyleri görüyor: Gökyüzü, ova, tepeler... Otların arasındaki müzik son buldu, dedemenler sustu, keklikler bir yerlere çekip gitti. Yalnız saksağanlar solmuş otlar üzerinde iş olsun diye uçuşuyor, hepsi de birbirine benzedikleri için, bozkıra daha tekdüze bir görünüm veriyorlar.

Kanatlarını usul usul sallayan bir çaylak tepede süzülüyor, yaşamın sıkıcılığını anlamış gibi havada bir an duruyor, sonra kanat çırpıyor ve bozkırın üstünde ok gibi kayıyor. Niçin uçtuğu, nereye uçtuğu belli değil... Uzaktaki yel değirmeni durmadan kanatlarını oynatıyor.

Tek değişiklik, yabani otlar arasında beyaz bir kafatasının ya da kaya parçasının birden görünüp kaybolması. İri bir taş, dallarına gökçerge konmuş kuru bir aksöğüt bir an için gözünüzün önünde beliriveriyor, bir geleni, koşarak yoldan geçiyor; sonra yeniden yabani otlardan, yayvan tepelerden, ekin kargalarından başka bir şey görülmez oluyor.

Çok şükür, işte karşıdan ekin demetleriyle dolu bir araba geliyor. Yığının ta tepesine bir kız çocuğu yatmış. Küçük kız sıcaktan bitkin, uykulu; karşıdan beliren arabayı görünce başını kaldırıp bakıyor. Deniska da ona bakıyor, Briçka'ya koşulu doru atlar başlarını demetlere uzatıyorlar. Ekin arabası gıcırdayarak berikine bindirdi bindirecek, kılçıklı başaklar Peder Kristofor'un silindir şapkasını süpürge gibi sıyırıp geçiyorlar. Deniska bağırmaya başlıyor:

—Arabanı doğru sür, şişik! Şuna bak, suratını eşek arısı mı sokmuş ne! Davul gibi şişmiş!..

Kız uykulu uykulu gülümsüyor, dudaklarını kıpırdatıp kendi kendine bir şeyler mırıldandıktan sonra yığının üstüne yeniden yatıyor... Hah, ilerdeki tepede bir kavak gözüktü. Onu oraya kimin diktiğini, tek başına orada niçin durup durduğunu Tanrı bilir! Yeşil giysileri içindeki sülün gibi kavaktan gözleri ayırmak zor. Mutlu mudur bu güzel yaratık durduğu yerde? Yazın yakıcı sıcağından, kışın donundan, tipisinden, güzün kapalı havalarından başka ne görür bu yerlerde? O korkunç geceler, öfkeyle uğuldayan azgın rüzgârlardan başka bir şey işitilmeyen kış geceleri, daha da önemlisi ömür boyu hep yalnız, yalnız... Kavağın ötesinde bir tepeden başlayıp aşağıda yola kadar uzanan sapsarı bir buğday tarlası var. Tepede ekin biçilip yığın yapılmış, aşağıda ise yeni biçiliyor. Altı tırpancı yan yana durmuşlar, tırpanlarını sallıyorlar. Tırpanlar güneşte parlıyor, hepsi aynı tempoda «Vıjj! Vıjj!» diye sesler çıkarıyor. Demet bağlayan kadınların terlerini silmesinden, tırpancıların yüzlerinden, tırpanların pırıl pırıl parlamasından sarı sıcağın yaktığı, bunalttığı belli. Dili bir karış dışarı çıkmış kara bir köpek, belki havlamak niyetiyle tırpancıların yanından arabaya doğru koşuyor, fakat yarı yolda duruyor, kamçısını «Çok sıcak, sakın havlama ha!» dercesine sallayan Deniska'ya kayıtsızca bakıyor. Demetçi kadınlardan biri doğruluyor, ağrımış belini iki eliyle birden tutarak, Yegoruşka'nın al gömleğini gözleriyle izliyor. Kırmızı renk mi dikkatini çekmişti, yoksa evde bıraktığı çocuklarını mı anımsamıştı? Öylece, uzun süre kımıldamadan durup, geçenlerin ardından bakıyor.

İşte ekin biçenler de arkada kaldı. Yine kavrulmuş ova, yanmış tepeler, sıcak gökyüzü uzanıyor gözler önünde; yine bir çaylak tepede süzülüyor. Uzaktaki yel değirmeni hâlâ kollarını sallıyor, gene eskisi gibi kollarını sallayan küçük bir adamı andırıyor. Uzakta dikilip durması ne can sıkıcı! Sanki yanına varılamazmış, arabadan kaçarmış gibi bir görünüşü var.

Peder Kristofor ile Kuzmiçov hep susuyorlar. Deniska doru tayları arada bir kırbaçlarken bağırıyor, ağlamasını kesmiş bulunan Yegoruşka sağa–sola umursamazca bakıyor. Sıcağın, sıkıcı bozkırın onu yorduğu, canından bezdirdiği belli. Sanki çoktandır yol gidiyormuş, çoktandır arabada sarsılıyormuş, güneş çoktandır sırtını yakıyormuş gibi bir duygu içinde. On versta[1] bile ilerlemedikleri halde, «Dinlenme zamanı geldi,» diye düşünüyor. Dayısının yüzündeki duygusallık silinmiş, işten başka bir şey düşünmeyen bir tüccarın katılığı kalmıştı. Özellikle gözlüklü olduğu, burnunun, şakaklarının toza bulandığı şu sırada bu katılık, tıraşlı yüzüne acımasız bir zalimin havasını veriyordu. Peder Kristofor ise Tanrı'nın özüne bezene yarattığı dünyaya bakmaya doyamamıştı daha, yüzünden eksilmeyen gülümsemesiyle çevresini hayran hayran seyrediyordu. Kafasının içine ne kadar iç açıcı, neşe verici düşünceler dolmuş olmalı ki, gülümseme yüzünden hiç silinmiyordu. Yüzünde donmuş gibi duran gülümsemeye bakarak kafasındaki iç açıcı, neşe verici düşüncelerin sıcaktan beynine pişip yapıştığını sanırdınız.

Kuzmiçov bir ara:

—Hey, Deniska, bugün araba kervanına yetişir miyiz? diye sordu. Hani dün kasabadan geçmişlerdi ya? Onları söylüyorum...

Deniska gökyüzüne baktı, yerinden hafifçe doğrulup atları kırbaçladı, ancak ondan sonra soruyu yanıtladı:

—Gece bastırdıktan sonra yetişebiliriz belki de...

O sırada köpek havlamaları duyuldu. Bunun ardından altı tane iri bozkır çoban köpeği pusudan fırlarcasına azgın, uluyan havlamalarla arabaya saldırdı. Örümcek ağı gibi kıllı suratlarından kin kusarak, öfkeli gözleriyle arabadakilere yercesine bakarak arabayı dört bir yandan kuşattılar; sanki avlarını birbirlerinden kıskandıkları için itişip kakışarak hep bir ağızdan boğuk bir uğultu tutturdular. Öfkeden kudurmuş gibiydiler; atları, arabayı, arabanın içindeki insanları bir anda paramparça

---

1 Versta; 1060 m. (Ç.N.)

etmeye hazır görünüyorlardı. Köpekleri kamçılayıp kızdırmayı seven Deniska karşısına çıkan bu fırsattan ötürü son derece kıvançlıydı. O da suratını öfkeyle buruşturup öne doğru eğilerek çomarlardan birine esaslı bir kırbaç yapıştırdı. İtler hep bir ağızdan uludular, atlar hızlarını artırdılar. Arabanın önünde zorlukla tutunan Yegoruşka köpeklerin kinli gözlerine, sivri dişlerine bakarken, boş bulunup aşağı yuvarlanıverse bu canavarların onu bir anda parça parça edeceklerini düşündü. Ama nedense hiçbir korku duymuyor, Deniska gibi o da köpeklere öfkeli öfkeli bakıyor, onun da elinde bir kırbacın bulunmayışına yeriniyordu.

Araba büyük bir koyun sürüsüyle aynı hizaya gelince Kuzmiçov, Deniska'ya bağırdı:

—Dur! Durdur arabayı! Durrr!

Deniska bütün gövdesini geriye verdi, atları güçlükle durdurdu. Araba sarsılarak durunca Kuzmiçov çobana bağırmaya başladı:

—Hay, körolası, gel buraya! Sustur şu köpekleri!

Kışlık bir şapka giyen, üstü–başı yırtık pırtık, kalçasından kirli bir çuval sarkan, ucu çengelli sopasına dayanmış yalınayak, Nuh Nebi'den kalma yaşlı bir çoban, azgın köpekleri yatıştırdı; şapkasını çıkararak arabaya yaklaştı. Tıpkı onun gibi eski püskü giysili biri de sürünün öbür başında kımıldamadan duruyor, arabayla geçenlere vurdumduymazca bakıyordu.

—Bu sürü kimin? diye sordu Kuzmiçov yaşlı çobana.

—Varlamov'un!

Sürünün öbür başındaki çoban, aynı soru kendisine sorulmuş gibi:

—Varlamov'un, diye karşılık verdi.

—Dün Varlamov'un, buradan geçtiğini gördünüz mü?

—Hayır, efendim. Daha doğrusu kâhyaları geçtiler.

—Hadi öyleyse, sür arabayı!

Kuzmiçov'un buyruğu üzerine araba yeniden yola koyuldu, kudurgan köpekler ile çobanlar geride kaldılar. Yegoruşka elinde olmadan ilerilere, mor renge bürünmüş enginlere bakıyordu. Kanatlarını sallayan değirmen gittikçe yaklaşıyormuş gibi bir duyguya kapılmıştı. Çünkü gittikçe büyüyerek kocaman bir şey olmuştu sonunda. Şimdi dönen iki kanadını da açıkça görebiliyordu. Kanatlardan biri eskiydi, şurasına burasına yamalar konulmuştu; öteki kanat ise yeni yapıldığı için güneşte parlıyordu.

Araba yolda dümdüz gittiği halde değirmen hep sola kayıyor gibiydi. Gidiyorlar gidiyorlar, değirmen durmadan sola kayıyor, bir türlü gözden kaybolmuyordu.

Deniska da aynı şeyleri düşünüyor olmalı ki:

—Boltva oğluna iyi bir yel değirmeni kurdu, dedi. Kendi çiftliği de yakındadır.

—Çiftlik mi dedin? Hani, nerede?

—Şurada. Değirmenin arkasına düşer.

Gerçekten, çok geçmeden Boltva'nın çiftliği de gözüktü. Değirmen bir türlü gözden uzaklaşmıyor, pırıl pırıl parlayan kanadıyla Yegoruşka'ya bakıyor, hep dönüyordu. Ne yaman bir büyücüydü bu?

II

Öğleye doğru araba ana yoldan sağa saptı, yavaş yavaş biraz daha ilerledikten sonra durdu. Yegoruşka iç rahatlatıcı, okşayıcı bir su şırıltısı duydu. Sanki başka yerlerden gelen bir hava, kadife yumuşaklığıyla yüzüne süründü. Doğanın kocaman, biçimsiz taşlardan oluşturduğu bir tepeden gelip, bilinmeyen birinin soktuğu baldıran otu sapından yapılmış bir oluktan akan incecik bir pınarın başında durmuşlardı. Güneşte ışıl ışıl parlayan, duru, neşeli pınar ince bir şırıltıyla toprağa dökülüyor; kendini gür, coşkun bir sel sanarak hızla sola kıvrılıyordu. Oysa tepenin ilerisindeki su birikintisine karışan bu coşkun sel, parmak inceliğinde bir şeydi. İlerki birikintisine doğru koşturan bu incecik derenin hızı, güneşin yakıcı ışıkları altında sımsıcak toprakta giderek azalıyor, sonra kendisi gibi başka bir derecikle birleşerek biraz canlanıyordu. Araba geçerken üç çulluğun uçtuğu, gür kamışlarla örtülü bir gölcük görünümündeydi su birikintisi.

Yolcular biraz dinlenmek, atları yemlemek için dereciğin kıyısında mola verdiler. Peder Kristofor, Kuzmiçov, Yegoruşka; araba ile koşumlarından çıkarılmış atlardan yere düşen açık gölgeye bir keçe sererek oturdular, yol azıklarını çıkarıp yemeye başladılar. Sıcak yüzünden Peder Kristofor'un beyninde katılaşıp kalan iyi, neşeli düşünceler, saygıdeğer papaz haşlanmış bir yumurta yiyip bir bardak da su içince birdenbire çözülüverdi. Peder, Yegoruşka'nın yüzüne okşayıcı bakışlarını çevirdi, bir yandan yemeğini yerken bir yandan da anlatmaya başladı:

—Bak, oğlum, okula ben de senin yaşında gitmiş bir adamım. Daha küçücükten Tanrı içime nasıl bir akıl, anlama yeteneği koymuşsa, anamı, babamı, öğretmenlerimi şaşkına çevirirdim. Evet öyleydim, arkadaşlarım benim gibi değillerdi. On beş yaşıma bastığımda Rusça'nın yanında Latince de okur, şiirler yazardım. O yıllarda Başpiskopos Aziz Kristofor'un asa taşıyıcısıydım. Sanki dün olmuş gibi hiç unutmam: Bir gün İmparator Aleksandr Pavloviç'in doğum gününü kutlarken kilisede duayı bitirmiş, soyunuyorduk. Başpiskopos Aziz Kristofor mihrapta yanıma geldi, bana gülerek baktıktan sonra sordu: «Puer bone, quam appellaris?»[1]. Ben hemen atıldım: «Christoforus sum.»[2] O da: «Ergo connominati sumus,» yani biz adaşız, dedi. Gene Latince olarak kimlerden olduğumu sordu. Ben de Latince, Lebedino köyünden Zangoç Siriyaki'nin oğlu olduğumu söyledim. Aziz Başpiskopos benim bu çokbilmişliğim, konuşmalarımın çabukluğu karşısında pek memnun kalmış ola-

1 İyi çocuk, adın nedir?
2 Kristofor'dur.

cak ki, kutsadı beni, sonra da; «Babana yaz, kendisini unutmayacağım seni de hep göz önünde bulunduracağım,» dedi. Mihrapta toplanan piskoposlar, papazlar bizim Latince konuşmamızı ağızları bir karış açık dinliyorlardı.

Her biri bana övgü dolu sözler söylediler. İşte oğlum, daha bıyıkları yeni terlemiş bir delikanlıyken Latince, Yunanca, Fransızca okur; felsefe, matematik, anayurt tarihi gibi bilimlerden anlardım. Tanrı bana öylesine şaşırtıcı bir bellek vermiş olmalı ki, bir kez okuduğum yazıları çoğu kez ezberleyiveriyordum. Öğretmenlerim, bana yardım edip elimden tutanlar hayran kalırlardı bu duruma. Hepsi de benim ilerde büyük bir bilgin, kilisenin çırası olacağıma inanırlardı. Papaz okulunu bitirdikten sonra Kiyev'e gidip ilahiyat okuluna girmek istediysem de anam–babam uygun bulmadılar. Babam ayrılığa katlanamayacağa benziyordu. Bana, «Bak oğlum, bıraksam yaşam boyu okumaya heveslisin. Seni daha ne kadar bekleyeceğim?» dedi. Onun ağzından bu sözleri işitince öğrenimimi yarıda kestim, kiliselerden birinde göreve başladım. Sonunda bilgin bir adam olmadım ama anamın–babamın gönlünü de kırmadım. Onları düşkün dönemlerinde rahat ettirdim, öldüklerinde şanlarına yakışır biçimde gömdüm. Büyüklere saygı; oruçtan, her türlü tapınmadan üstündür.

Kuzmiçov o sırada düşündüklerini açığa vurmadan duramadı:

—Herhalde zamanla öğrendiğiniz bütün bilimleri unutmuşsunuzdur.

—Nasıl unutmazsınız? Çok şükür seksenindeyim. Felsefe ve söylev bilimlerinden kimi şeyler hatırımda. Ama yabancı dilleri, matematiği tümüyle unuttum gibi bir şey...

Kristofor bunları söyledikten sonra gözlerini yumdu, kısık sesiyle şunları ekledi:

—Madde nedir? Madde, bütün olması için başka bir şeye gerek duymayan, kendi başına, bağımsız bir varlıktır. (Sevecen bir gülümsemeyle güldü, başını salladı.) Ruhun besinidir madde. Madde bedenimizi besler, bedenimiz de ruhumuzu barındırır.

Kuzmiçov daha fazla dayanamadı:

—Peder, şimdi felsefenin sırası değil. Varlamov'a yetişemezsek felsefeyi siz o zaman görürsünüz.

—İnsan iğne değildir, istediğimiz zaman buluruz. Varlamov buralardan başka bir yere gidecek değil ya...

Gölcüğün kıyısına geldikleri sırada kamışların arasından kaçan çulluklar bir daha gelip suyun üstünde dolandılar, sonra tedirginliğin verdiği telaşla bağıra bağıra uçtular gittiler. Atlar yemlerini büyük bir iştahla çiğniyorlar, pofur pofur sesler çıkarıyorlardı. Deniska, efendilerinin önündeki yumurta, börek ve hıyarlara aldırmıyormuş gibi tavırlar takınırken atların çevresinde dolaşıyor; hayranların sırtlarına, karınlarına üşüşen karasinekleri, at sineklerini kovma işine fazlaca dalmış görünüyordu. Sinekleri kıyasıya vururken boğazından çıkardığı öfkeli hırıltılar, oflama–puflamalar, kaçırdığı bir sineğin ardından üzüntüyle bakışı görmeye değerdi...

Karnını tıka basa doyuran Kuzmiçov:

—Hey, Deniska, gel yemeğini ye! diye seslendi.

Deniska korka korka yaklaştı, «turşuluk» denilen sararmış, iri hıyarlardan beş tane seçti (ufak ve körpelerini almaya kıyamamıştı), iki tane kara, çatlak, haşlanmış yumurta aldı, sonra çekine çekine, sanki uzattığı eline biri vuracakmış gibi, böreklerden birine dokundu.

—Hadi, korkma, al al! diye çıkıştı Kuzmiçov.

Bunun üzerine Deniska böreği aldı, azığını kucağına yığdıktan sonra arabadan uzakça bir yere, sırtını onlara dönerek oturdu. Az sonra oturduğu yerden öyle ağız şapırtıları yükselmeye başladı ki, atlar bile kuşkuyla başlarını o yana çevirip baktılar.

Kuzmiçov arabadan, içinde bir şeyler bulunan bir torba çıkardı, Yegoruşka'ya:

—Ben yatıp uyuyacağım. Gözünü dört aç, torbayı başımın altından çekip almasınlar, dedi.

Peder Kristofor cüppesini, kemerini, kaftanını çıkardı. Yegoruşka ona bakınca şaşkınlıktan donakaldı. Bir papazın pantolon giydiğini kendi gözleriyle görmezse, böyle bir şeye öldürseler inanmazdı. İnanmazdı ama Peder Kristofor'un pantolonu vardı işte, hem de paçalarını çizmeleri içine soktuğu, yelken bezinden, esaslı bir pantolon. Bunun üstüne de alacalı bulacalı bir ceket giymişti. Şaşkın bakışlarını papazdan ayıramayan Yegoruşka, onun böyle şanına pek yaraşmayan cicili bicili giysileri, uzun saç ve sakalıyla tıpkı Robenson Cruzoe'ye benzediğini düşündü. Soyunma işi bittikten sonra Peder Kristofor ile Kuzmiçov arabanın altındaki gölgeye yüz yüze uzandılar, gözlerini yumdular. O sırada ağız şapırtıları kesilen Deniska, güneş altındaki bir yere sırtüstü uzandı, gözlerini kapatırken Yegoruşka'ya:

—Aman atlara iyi bak, birisi gelip götürmesin! dedikten sonra hemen horlamaya başladı.

Atların yem yerken çıkardıkları kıtır kıtır sesler, pofurdamalar, uyuyanların horultuları dışında ortalığa bir sessizlik çöktü. Arada bir uzaktan bir kuşun ağlar gibi ötmesi, çağrısız konukların gidip gitmediklerine bakmak için gelen çullukların çığlıkları duyuluyordu. Pınarın derinden gelen, gevrek, yumuşak bir şırıltısı vardı. Fakat bütün bu sesler çevredeki durgunluğu bozmuyor, donakalan havayı canlandırmıyor, tam tersine, doğayı derin bir uykuya gömüyordu.

Yemekten sonra sıcağın etkisini daha çok hisseden Yegoruşka iyice bunalarak kamışlığa koştu, oradan çevreyi seyretmeye başladı. Yolculuğunun başından beri gördüğü aynı şeyler vardı dört bir yanda: Engin ova, alçak tepeler, mora çalan ufuklar, bütün bunların üstünde sonsuz gökyüzü... Tepeler buradan daha yakınmış gibi duruyordu, gerilerde kalan değirmen de görünürlerde yoktu. Dibinden pınarın çıktığı kayalık tepenin arkasında daha düzgün, yayvan bir tepe daha yükseliyordu. Bu yayvan tepenin üstünde beş–altı evlik bir köy vardı. Ufacık bir köy öğle sıcağının altında kurumuş, uyuşup kalmış gibiydi. Yegoruşka iş olsun diye otlar arasından bir cırcır böceği yakaladı, avcunun içine koyup kulağına tuttu. Böcek, tekdüze kemanını çalarken Yegoruşka onu uzun uzun dinledi. Müzik dinlemekten bıkınca kargılığa, su başına konan bir küme sarı kelebeğin ardına düştü. Onları böyle kovalarken döne döne arabanın yanına nasıl geldiğine kendisi de pek şaştı. Dayısı ile Peder Kristofor horul horul uyuyorlardı. Atlar dinleninceye kadar, birkaç saat uyumaya niyetleri vardı anlaşılan. Bu uzun zamanı nasıl geçirecek, sarı sıcaktan nereye kaçacaktı? Yegoruşka bilinçsiz bir hareketle ağzını şırıl şırıl akan pınara dayadı, ağzının içi bir anda büyük bir serinlik ve baldıran sapı oluktan gelen bayıltıcı kokuyla doldu. Yegoruşka buz gibi suyu önce istekle, sonra soğuk iliklerine işlediği halde kendini zorlayarak, gömleğinin önü sırsıklam ıslanıncaya kadar içti. Sonra arabaya yaklaştı, uyuyanları seyre koyuldu. Dayısının yüzünde, işinden başka bir şey düşünmeyen bir adamın katılığı vardı gene. Gerçekten de Kuzmiçov uyanıkken olsun, uyurken düşlerinde olsun, hatta kilisede «ije heruvimi» duasını okurken olsun, işlerini nasıl düzene koyacağını düşünürdü hep. Şimdi de anlaşılan düşünde yün denklerini, arabaları, yün pazarını, Varlamov'u görüyor olmalıydı. Tatlı sözlü, yumuşak yüzlü, güleç bir adam olan Peder Kristofor ise onu boğa yılanı gibi sıkacak hiçbir tasa ya da dert tanımazdı. Yaşam boyu tuttuğu işlerin hepsinde de onu, işin kendisinden çok, karşılaştığı insanlarla ilişkiler çekmişti. Bu iş yolculuğunda da onu yün piyasasından, büyük yün üreticisi Varlamov'dan çok yol söyleşileri, arabanın gölgesine çekilip uyumalar, zamanlı zamansız yemekler ilgilendiriyordu. Uyurken bile yüzünün gülümsemesine bakılırsa, düşünde Başpiskopos Kristofor'la Latince konuşmasını, karısını, karısının pişirdiği puf böreklerini ve daha Kuzmiçov'un göremeyeceği bir nice şeyi görüyor olmalıydı.

Yegoruşka uykulu yüzlere bakarken birdenbire, hafiften

bir şarkı duydu. Uzaklarda bir yerde bir kadın şarkı söylüyordu. Ama nereden geliyordu bu ses, hiç belli değildi. Güçlükle duyulabilen, şarkıdan çok ağlamaya benzeyen bu durgun, ezik, hüzünlü şarkı, bir sağdan, bir soldan, bir yukardan, bir yerin altından geliyor gibiydi. Yegoruşka çevresine bakındı, tuhaf şarkının hangi yönden geldiğini anlayamadı. Sonra iyice kulak kabartınca, bunu otların söylediği sanısına kapıldı. Pörsümüş, yarı ölmüş otlar, söyledikleri bu sözsüz fakat acıklı, içli şarkıyla kendilerinin hiçbir suçları olmadığını, güneşin onları boşu boşuna yaktığını anlatıyor gibiydiler. Daha yaşamak istediklerini, ölmek için çok genç olduklarını, kuraklık ile yakıcı sıcak onları kurutmaya çalışmasa, daha uzun süre güzel kalabileceklerini dile getiriyorlardı. Hiçbir suçları yoktu onların, gene de birilerinden bağışlanmalarını diliyorlar; dayanılmaz acılarını, dertlerini içli içli anlatıyorlardı.

Yegoruşka bir süre sessizce dinledi; bu hüzünlü, ezik şarkıdan dolayı havanın daha boğucu, daha sıcak, daha durgun bir hale geldiğini düşündü. Şarkının etkisini azaltmak için o da bir türkü tutturdu ve ayaklarını patır patır vurarak kargılığa doğru koştu. Kamışlara varınca şarkıyı kimin söylediğini birden görüverdi. Köyün kıyısındaki evlerden birinin yanında kısa eteklikli, uzun bacaklı, balıkçıl gibi dizlerini kırmış bir kadın, elindeki kalburla bir şey eliyor; kalburun altından çıkan toz, boz bir şerit gibi tepeden aşağıya süzülüyordu. Şarkıyı o kadının söylediği kesindi. Kadından birkaç adım ilerde, sırtında iç gömleğinden başka bir şey olmayan, başı kabak, ayakları çıplak bir oğlan çocuğu, büyülenmiş gibi dikilmekteydi. Onun, gözlerini Yegoruşka'nın al gömleğinden ayırmadan bakması, şarkıdan daha çok gömleğin çarpıcı renginden etkilendiğini gösteriyordu.

Şarkı sona erince Yegoruşka da, yapacak başka bir işi olmadığı için sallana sallana arabanın yanına gitti, yeniden pınarın suyuyla oynamaya başladı.

Derken baygın şarkı aynı eziklikle bir daha duyuldu. Köyün yanında kalburuyla iş gören kıvrık bacaklı kadın olmalıydı gene. Yegoruşka'nın içine bir bezginlik, bir can sıkıntısı çöktü, baldıran boruyla oynamayı bırakarak başını köyden yana çevirdi. Fakat çevirmesiyle birlikte karşılaştığı görüntüden ürpermesi bir oldu. Kayalardan birinin üstünde, demin şarkı söyleyen kadının yanında gördüğü, sırtında iç gömleğinden başka bir şey bulunmayan, iri fırlak karınlı, incecik bacaklı, şişik yüzlü çocuk az ilerde çakılmış gibi dikiliyordu. Küçük oğlan, sanki karşısında başka dünyadan gelen insanlar varmış gibi, Yegoruşka'nın al gömleğine, arabaya, arabanın dibinde uyuyanlara ağzı bir karış açık, gözlerini kırpmaksızın, yüzünde korku ve şaşkınlığın donukluğuyla aval aval bakıyordu. Yegoruşka'nın kırmızı gömleği, arabanın altında uyuyan insanlar onun için ne kadar ilgi çekici şeylerdi, kim bilir! Çocuk, belki de onu köyden beri çekip getiren şeyin gömleğin kırmızısı ile yabancı insanlara karşı duyduğu merak olduğunu bilmiyordu bile. Şimdi korkmadan buralara nasıl geldiğine kendisi de şaşıyor olmalıydı. Yegoruşka ile karşılıklı birbirlerine baktılar; sonunda ikisi de bundan sıkılmaya, utanmaya başladılar. Uzun bir sessizlikten sonra Yegoruşka dayanamadı, sordu:

—Adın ne senin?

Küçüğün yanakları daha bir şişti, sırtını kayaya yapıştırdı, gözlerini belertti, dudaklarını oynattı, ağzından kısık, kalın bir ses çıktı:

—Tit...

Çocukların arasında bundan başka bir konuşma geçmedi. Küçük oğlan bir süre daha sessizce bekledikten sonra gözlerini Yegoruşka'dan ayırmaksızın bir ayağını arkaya, yukarı doğru kaldırdı, topuğuyla arkasındaki kayada bir çıkıntı aradı, aradığı şeyi bulup yoklayarak ayağını oraya bastı, yükseldi; sannki Yegoruşka'nın onu dövmesinden korkuyormuş gibi, bakışları hep onda, öbür ayağını arkaya kaldırıp biraz daha yükseldi, böylece kayadan kayaya tırmanarak geldiği gibi gizemli bir biçimde tepenin ardında gözden silinip gitti.

Köylü çocuk tepeye böyle arka arka tırmanırken Yegoruşka da oturduğu yerde bacaklarını kucaklamış, başını dizlerinin üstüne koymuştu. Kızgın güneş ensesini, omuzlarını, sırtını yakıyordu. Hüzünlü şarkı bir kesilip, bir yeniden başlıyordu. Pınarın tekdüze şırıltısı hep aynıydı. Yemlerini geveleyen atlardan aynı kıtırtılar, pofurtular duyuluyordu. Zaman, büyük bir durgunluk içinde donmuş kalmış gibiydi; sabahtan beri sanki koskoca bir yüzyıl geçmişti. Yoksa Tanrı, Yegoruşka'nın, atların, arabanın, arabanın altında uyuyanların bu durgunluk içinde katılaşmalarını, yöredeki yayvan tepeler gibi taşlaşıp kalmalarını mı istiyordu?

Yegoruşka başını kaldırdı, ağırlaşan gözkapaklarını aralayarak ilerlere baktı. O zamana değin kıpırtısız duran mor enginlikler salınmaya, gökyüzüyle birlikte yavaş yavaş uzaklaşmaya başladı ansızın. Güneşten kavrulan kangal dikenleri, sararmaya yüz tutmuş kamışlar da onlarla birlikte sürükleniyordu. Yegoruşka hiçbir çaba harcamadığı halde kendisinin de onların ardına takıldığını hissetti. Karşı konulmaz bir güç onu zorla çekip götürüyor, kavurucu sıcak ile bezdirici şarkı da onu bırakmaksızın arkasından geliyordu. Yegoruşka başını eğdi, gözlerini yumdu...

Önce Deniska uyandı. Uyurken bir şey ısırmış olmalı ki, birden hopladı, elini omzuna götürüp hatır hatır kaşınmaya başladı.

—Tüh, mendebur hayvan! Tanrı cezanı versin, e mi? diye sövüyordu bir yandan da.

Sonra kalkıp pınara yanaştı, kana kana su içtikten sonra ellerini, yüzünü yıkadı. Onun yıkanırken atlar gibi pofurdaması, su şıpırtıları Yegoruşka'yı da uykusundan uyandırdı. Çocuk, Deniska'nın iri çillerle, su damlalarıyla kaplı, mermeri andıran ıslak yüzüne bakarak:

—Ne zaman gideceğiz? diye sordu.

Deniska başını kaldırıp güneşin yüksekliğine baktı.

—Çok geçmez gideriz herhalde...

Yüzünü gömleğinin eteğine sildikten sonra birden ciddileşti, sanki önemli bir şey yapıyormuş gibi tek ayağının üstünde sıçrayarak:

—Hadi, kargılığa kadar kim daha çabuk sekecek? dedi.

Yegoruşka sıcaktan, ansızın bastıran uykudan bitkin düşmüştü; gene de Deniska'nan arkasından sekmeye başladı. Deniska arabacılıkla geçimini sağlayan, yakında evlenmeyi tasarlayan, yirmi yaşlarında kocaman bir herifti ama, çocukluğu bir türlü elden bırakmıyordu. Uçurtma uçurmaya, kavga etmeye bayılırdı. Efendilerinin azıcık bir yerlere uzaklaşmaları ya da uyumaları, onun tek ayak üstünde sıçrama, taş fırlatma cinsinden bir oyuna dalması için yeter de artardı bile. Deniska'nın küçüklerle böyle kendinden geçercesine oynadığını görenler, «Vay sırık vay!» demekten alamazlardı kendilerini. Çocuklar ise aralarına koca bir herifin karışmış olmasına hiç aldırmazlar, onunla kendi arkadaşlarıymış gibi oynarlardı: Ne olacak, varsın oynasın, yeter ki dövüşmesin de!.. Küçük köpekler de aralarına karışan şakacı, iri bir köpekle dalaşmakta yadırganacak bir şey görmezler.

Deniska tek ayak üstünde sekme yarışında Yegoruşka'yı geçmiş, bundan da son derece memnun kalmıştı. Bunun üzerine Yegoruşka'ya göz kırparak, her uzaklığa tek ayak üzerine gidip gelebileceğini, isterse onunla birlikte yolun ötesine dek sekebileceklerini söyledi. O kadar büyük mesafeye sekmeyi göze alamayan Yegoruşka onun bu önerisini geri çevirdi; çok yorgundu, bacaklarının gücü kesilmişti.

Tam o sırada Deniska, Kuzmiçov onu döverken ya da sopasını vurmak için kaldırdığı sırada yaptığı gibi, yüzü ansızın ciddileşerek tek dizi üstüne çöktü; gözlerini bir noktaya dikip yavaşça eğildi; yüzünde ürkmüş, biraz da kızmış bir adamın gerginliği ile, çukurlaştırdığı avcunu havaya kaldırıp ileri atılarak bir küme otun üstüne boylu boyunca kapaklandı.

—Yakaladım! dedi büyük iş başarmış bir adamın coşkusuyla.

Kalktığı zaman avcunun içinde kocaman bir ot çekirgesi

tutuyordu. Deniska ile Yegoruşka, çekirgenin pek hoşlanacağını düşünerek geniş, yeşil sırtını sıvazladılar, bıyıklarına dokundular. Sonra Deniska kan eme eme şişmiş, semiz bir sinek yakaladı, yemesi için bunu çekirgenin ağzına yaklaştırdı. Çekirge, sanki Deniska ile çoktandır tanışıyormuş gibi, umursamaz bir tavırla, kıskaca benzeyen çenelerini oynattı, sineğin karnını tuttuğu gibi kopardı. Çekirgeyi saldılar, özgürlüğüne kavuşan hayvan pembe kırmalarını açtı, az ilerdeki bir ot kümesine konarak cırlamaya başladı. Sineği bıraktıkları zaman beriki örselenen kanatlarını düzeltti, karınsız kalmasına aldırmaksızın, atların yanına doğru uçtu gitti.

Arabanın altından derin bir iç çekiş işitildi. Kuzmiçov uyanmıştı. Adam gözlerini açınca ilk yaptığı hareket, başını kaldırıp uzaklara tasayla bakmak oldu. Onun böyle Deniska'yı, Yegoruşka'yı görmeksizin gözlerini uzaklara çevirmesi uyanır uyanmaz gene Varlamov'u, yün piyasasını düşündüğünü gösteriyordu. Vaktin hayli ilerlediğini anlayınca telaşa kapıldı.

—Hadi Peder Kristofor, kalkın artık; gitme zamanı geldi! Herkes işini–gücünü düşünürken biz uyumuş kalmışız. Deniska, atları koş çabuk!

Peder Kristofor, uyurken yüzünde donup kalan aynı gülümsemeyle uyandı. Yüzü uyku sırasında kırışıp pörsümüş, sanki yarı yarıya küçülmüştü. Elini–yüzünü yıkayıp giyindikten sonra hiç telaş etmeden cebinden küçük dua kitabını çıkardı, yüzünü doğuya döndü, fısır fısır bir şeyler okuyup istavroz çıkarmaya başladı. Bu sırada Kuzmiçov telaştan ne yapacağını bilemiyordu.

—Hadi, Peder Kristofor! Geç kalıyoruz! Bakın, atlar da hazır. Siz de tam zamanını buldunuz!..

—Hemen, şimdi. Kofizma duasını da okuyayım. Bugün kitabın yüzünü açmadık...

—Kofizmanız da eksik kalaydı...

—İvan İvanıç, beni niçin her gün yaptığım bir şeyden alıkoyuyorsunuz? Olur mu hiç?

—Tanrı bağışlayıcıdır. Bu seferlik kusuruna bakmaz. Ne olacak...

Peder Kristofor çeyrek saat daha yüzü doğuya dönük, kıpırdamadan dua okudu. Bu sırada Kuzmiçov dokuz doğruyor; Peder Kristofor'a arkadan kin dolu bakışlarla, yiyecekmiş gibi bakıyordu. Peder Kristofor duasını bitirip derin derin içini çekerek istavroz çıkarmaya, ötekilerin de istavroz çıkarması için yüksek sesle;

—Alliluya! Alliluya! Alliluya! diye bağırmaya başlayınca iyice deliye döndü.

En sonunda peder gülümsedi, gökyüzüne sevinçle baktı, dua kitabını cebine sokarak;

—Fini![1] dedi.

Bir dakika sonra yeniden yola koyuldular. Sanki ileriye değil de geriye gidiyor gibiydiler, çünkü sabahki geçtikleri aynı şeyler uzanıyordu gözleri önünde. Mor tepeler gene art arda sıralanıyor, bir türlü sonu gelmek bilmiyordu. Yabani ot kümeleri, iri taşlar, biçilmiş tarlalar aynı sırayla birbirini izliyor; daha önce gördükleri saksağanlar tarlalara inip inip kalkıyor, gene tek çaylak gökyüzünde dönüp duruyordu. Gittikçe ısınan, sessizleşen hava daha durgun bir hal alıyordu sanki, güneşin sıcaklığına karşı koyamayan doğa, sessizlik içinde donup kalmış gibiydi. Ne ufak bir esinti, ne küçük bir çıtırtı, ne de kıpırdayan bir bulutçuk...

Fakat işte güneşin batıya doğru yöneldiği bir sırada bozkır, yayvan tepeler, durgun gökyüzü; artık üzerlerindeki baskıya dayanamayıp baş kaldırmaya, bu katlanılmaz baskıyı kaldırıp atmaya niyetlenmiş gibi kıpırdanmaya başladılar. Tepelerin arkasından ansızın bir bulut sıyrıldı; bu kül rengi, boz, katmer katmer bulut, «Ben hazırım!» dercesine bozkırla bakıştı, suratını iyice astı. Durgun havada bir kımıldanma oldu, birdenbire çıkan bir yel hışırdayarak, ıslık çalarak bozkırda şöyle bir do-

1 Bitti. (Latince).

landı. Kurumaya yüz tutmuş otlar, geçen yıldan kalma kangallar kıpır kıpır ettiler, rüzgârın ıslığına hışırtıyla karşılık verdiler. Yoldan kalkan bir toz bulutu helezon gibi kıvrıldı, bozkırda koşturmaya başladı, ardından samanları, böcekleri, kuştüylerini sürükleyerekten kıvrılan bir direk olup gökyüzüne yükseldi, güneşin yüzünü kararttı. Bozkırın dört bir yanında hoplayan, zıplayan kevenler arasında bir kovalamacadır gidiyordu. Top kevenlerden biri hortumun burgacına kapılarak döne döne yükseldi, yükseldi; ta yukarlarda kara bir nokta olup gözden silindi. Bunun peşinden ikincisi, sonra üçüncüsü havalandı. Yegoruşka, iki kevenin mavi yükseklikler de nasıl çarpıştıklarını, düello yapıyorlarmış gibi nasıl birbirine girip ayrıldıklarını seyretti bir süre.

Tam yolun kıyısından bir toy havalandı. Kanatları, kuyruğu güneşte parlayan kuş, suyun içinden gelirken pırıl pırıl oynayan bir balıkçı zokasına benziyor; suyun üzerinde uçarken kanatları bıyıklarıyla karışan, dört bir yanından bıyıkları çıkıyormuş gibi görünen bir su kelebeğini andırıyordu. Küçük bir böcek gibi gökyüzünde kımıldayan, kımıldadıkça kanatlarında güneşin yansımasıyla alaca bulaca gözüken toy kuşu, dik bir çizgi boyunca yücelere yükseldi; orada kıvrılıp duran toz bulutundan ürkmüş olacak ki, yana doğru kaydı, böylece gökyüzünde art arda parlayıp sönmesi sürdü gitti...

İşte, kargaşadan kaygılanan bir çalıkuşu neye uğradığını anlayamadığı için otların arasından fırladı bir anda; öbür kuşlar gibi rüzgâra karşı uçtukça tüyleri havaya kalkıyor, kabaran tüyleriyle irileşerek öfkeli, korku verici bir görünüm alıyordu. Bozkırdan başka bir yere gitmeyen, tüm yaşamlarını bozkırda geçiren saksağanlar ise hiçbir şeyi umursamadan rahatça uçuyorlar ya da kalın gagalarıyla sert toprağı eşeliyorlardı.

Tepelerin ardında gök boğuk boğuk gürledi, ortalığa serin bir hava yayıldı. Keyfe gelen Deniska neşeli bir ıslık tutturdu, atları kırbaçladı. Peder Kristofor ile Kuzmiçov elleriyle şapkalarını tutarak bulutun yükseldiği tepelere baktılar. Yağmur biraz serpiştirse iyi olacaktı.

Bozkır biraz daha dayansa, üstün gelmek için biraz daha dirense istediğini elde ederdi. Ne yazık ki, görünmeyen bir güç yavaş yavaş rüzgârı bastırdı, havayı dinginleştirdi, toz bulutlarını yatıştırdı, az sonra hiçbir şey olmamış gibi ortalığa bir sessizlik çöktü. Bulut bir yerlere gizlendi, yanık rengi tepeler somurtkanlaştı, hava durgunlaştı. Yalnızca rahatları kaçan kuşlar uzaklarda ağlaşıyor, başlarını gelenlerden dolayı için için sızlanıyorlardı.

Sonra çabucak akşam oldu.

III

Akşamın alacakaranlığında tek katlı, damının saçı pas tutmuş, pencereleri karanlık, büyük bir ev gözüktü. Evin çevresinde avlu cinsinden bir şey yoktu, fakat burası nedense han olarak adlandırılmıştı, bozkırın ortasında yalnız başına dikilip duruyordu. Evin biraz gerisinde alçak çitli, bakımsız bir vişne bahçesi göze çarpıyordu. Karanlık pencerelerin dibinde sırayla dizili ayçiçekleri iri başlarını önlerine eğmiş, yarı karanlıkta uykulu uykulu dikiliyorlardı. Yakınlarda, herhalde takırtısıyla tavşanları ürkütsün diye kurulmuş ufak bir değirmen vardı. Evin yöresinde bozkırdan başka bir şey görülmüyor, değirmenin takırtısından başka bir ses işitilmiyordu.

Briçka giriş kapısının önünde durur durmaz, biri kadın, biri erkek iki kişinin sevinç çığlıkları yükseldi evin içinden. Bunun ardından bir kapı cızırdadı, elleriyle birlikte eteğini de sallayan uzun boylu zayıf bir adam bir anda arabanın yanında bitiverdi. Bu solgun benizli, biçimli sakalı çini mürekkebiyle boyanmış gibi kapkara, yaşı da hayli ilerlemiş adam, hanın sahibi Moisey Moiseyiç'ti. Sırtına eski bir redingot geçirmişti; redingot adamın dar omuzlarında askıdaymış gibi duruyor, yaşlı han sahibi sevinçten ya da korkudan ellerini çırparken eteklerinin ilerisi birden kanat gibi havaya kalkıyordu. Redingotun altına geniş paçalı, beyaz bir pantolon; kırmızı çiçekleri uzaktan dev tahtakurularına benzeyen kadife bir yelek giymişti.

Moisey Moiseyiç gelenleri tanıyınca, bir an, yüreğini dolduran duyguların coşkusuna dayanamayarak yerinde dondu kaldı, sonra ellerini sevinçle şaklattı, inledi. Redingotun etekleri havalanıp sallandı, yaşlı adamın sırtı yay gibi büküldü, arabayla gelenleri görmesi onun için çok hoş, çok tatlı bir şeymiş gibi, solgun yüzü sevinç gülümsemesiyle kırış kırış oldu. Kıvranan, gelenlerin önünde eğilip kalkan gövdesiyle yolcuların arabadan inmesine engel oluyor, soluğu tıkanarak bir oraya bir buraya koşturuyor, bir yandan da ince sesiyle şarkı söylüyormuş gibi;

—Ah, aman Tanrım, aman Tanrım! Benim için ne mutlu bir gün bu! Ah, şimdi ben ne yapacağım? İvan İvanıç? Aziz Kristofor! Ah, gözüm kör olsun, az kaldı görmüyordum, arabanın önünde güzel bir de beyzade oturuyormuş! Ah, nedir benim başıma gelenler! Yerimde kıvranıp duruyorum da konukları içeri buyur etmek aklıma gelmiyor!.. Buyursunlar, yalvarırım efendim! Lütfen eşyalarını taşırım ben. Hadi, girin içeri! Ah, hey Tanrım! diyordu.

Moisey Moiseyiç arabanın içini didik didik ederek yolcuların tüm öteberisini dışarı çıkardı, sonra sanki boğulmak üzereymiş de yardıma çağırıyormuş gibi bağırmaya başladı:

—Hey, Salamon! Nerdesin Salamon?

Evden de bir kadın sesi yükseldi:

—Salamon! Salamon!

Dış kapı cızırdadı; kızıl, sert, kıvırcık saçlarının tam orta yerinden kafası dazlaklaşmış, orta boylu, iri gaga burunlu genç bir Yahudi eşikte gözüktü. Genç Yahudi kendisini kısa boylu, tüyleri yolunmuş bir kuş gibi güdük gösteren, değirmi etekli, kısa kollu, eskiyip tiftimiş dar bir ceket; paçaları kısa ve dar, şayak bir pantolon giymişti. Moisey Moiseyiç'in çağırdığı Salamon buydu işti. Han sahibinin öz kardeşi. Salamon yeni gelenlere tek söz söylemeksizin, hatta selam bile vermeden, yalnızca kendi kendine tuhaf tuhaf gülümseyerek arabaya yaklaştı. Moisey Moiseyiç, kardeşinin kendisine inanmayacağından korkuyormuş gibi bir tavırla:

—Ivan İvanıç ile Aziz Kristofor onurlandırdılar bizi, dedi. Ay, ay, olağanüstü bir şey bu! Böyle iyi insanlar tutsunlar da ansızın hanımıza geliversinler! Hadi, Salamon, al eşyaları! Değerli konuklarım, içeri buyurun!

Biraz sonra Kuzmiçov, peder Kristofor ve Yegoruşka iç karartıcı, geniş, hemen hemen boş bir odada külüstür bir meşe masanın çevresinde toplanmışlardı. Ordada bundan başka da masa yoktu; zaten koca odada bu masayla birlikte muşambası yırtık, geniş bir sedirden ve üç sandalyeden başka eşya gözükmüyordu. Hoş, sandalyelere de sandalye denemezdi ya! Ömrünü çoktan tüketmiş muşambaları, çocuk kızağı gibi geriye yatık arkalıklarıyla birer sandalye kalıntısıydı bunlar. Sandalyeleri yapan marangozun, arkalıkları böyle insafsızca geriye eğmekte ne gibi bir rahatlık gözettiğini anlamak olanaksızdı. İnsan bunların böyle olmasında bir marangozdan çok, güç gösterisi yaparken sandalyelerin arkalıklarını büken, sonra düzelteyim derken daha çok büken pehlivan yapılı bir yolcunun suçlu olduğunu düşünüyordu ister istemez. Oda yarı karanlıktı. Duvarlar zamanla kurşuni bir renk almış, tavan kararmış, kornişler eskimişti. Döşemede boylu boyunca çatlaklar uzanıyor, şurasında burasında nasıl açıldığı bilinmeyen kara kara delikler göze çarpıyordu. (Aynı pehlivan ökçesiyle açmış olamaz mıydı bu delikleri?) Geniş odaya bir değil, tam on lamba asılsa herhalde gene loşluktan kurtulamazdı. Pencerelerde olsun, duvarlarda olsun süse benzer tek nesne yoktu. Bununla birlikte duvarlardan birine, ağaç çerçevesi kararmış, tepesinde iki başlı kartal resmi bulunan bir han yönetmeliği ile başka bir duvarda da gene böyle bir çerçevede, altına «İnsanlığın vurdumduymazlığı» diye yazılmış taş basması bir resim asılıydı. İnsanlar neye karşı ve niçin vurdumduymazdılar, orası pek anlaşılmıyordu, çünkü resim zamanla silikleşmiş, sinekler tarafından cömertçe kirletilmişti. Odanın içi sasımış, ekşimsi bir kokuyla doluydu.

Konuklarının önünde iki kat yere eğilen, süklüm püklüm dolaşan, ellerini çırpan, sevinç çığlıkları atan, kırıtan Moisey Moiseyiç bu hareketleri konukseverliğin bir gereği olarak yaptığına inanıyordu herhalde. Adam böyle önlerinde kıvranıp dururken Kuzmiçov sordu:

—Yün yüklü arabalar geçti mi buradan?

—Evet, kafilelerden biri bu sabah geçti. Başka bir kafile de sizin önünüzden kalktı gitti. Öğle dinlenmesini handa yaptılar.

—Şey... Varlamov'u merak ediyorum en çok. Gelenler arasında o da var mıydı?

—Yoktu, İvan İvanıç! Kâhyası Grigori Yegoriç dün sabah geldi hana. Varlamov'un belki de bugün Malakov'un çiftliğine uğrayacağını söylüyordu.

—Çok güzel. Ilk yapacağımız iş, önce öndeki yük arabalarına yetişmek. Sonra da ver elini Malakov'un çiftliği!..

Ivan İvanıç'ın söylediklerinden büyük bir korkuya kapılan Moisey Moiseyiç ellerini çırpmaya başladı.

—Tanrı korusun, İvan Ivanıç! Gece yarısı hanı bırakıp da nerelere gidiyorsunuz? Akşam yemeğini yersiniz, geceyi birlikte geçiririz, yarın sabah da erkenden gideceğiniz yere gidersiniz.

—Bağışlayın, Moisey Moiseyiç, hiç vaktimiz yok. Çeyrek saat kadar dinlendikten sonra yola diziliriz. İster istemez geceyi Malakov'da geçireceğiz.

Moisey Moiseyiç bir çığlık attı:

—Çeyrek saat mi? Tanrı'dan korkun, İvan İvanıç! Şapkalarınızı saklatıp, kapıları kilitleteceksiniz bana. Bari bir şeyler yiyip çay içseydiniz!

Peder Kristofor içini çekti, acıklı bir sesle:

—Çay içmekle yolumuzdan geri kalmayız herhalde, dedi. Bir çay molası verelim bari.

İvan İvanıç da razı olmuş görünüyordu.

—Hadi, getirin çayı öyleyse.

Moisey Moiseyiç canlandı, sevinçle ah çekti. Soğuk sudan yeni çıkmış gibi titreyerek kapıya seğirtti. Salamon'u çağırdığı zamanki yabani sesiyle bir daha bağırdı:

—Roza! Roza! Semaveri hazırla!

Bir dakika sonra kapı açıldı, elinde büyük bir tepsiyle Salamon girdi içeriye. Tepsiyi masaya koyarken gözlerini başka tarafa kaçırıyor, yolcularla ilk karşılaştığı zamanki gibi garip garip gülümsüyordu. Odanın tek lambası altında delikanlının yüzü daha belirgindi, birçok duyguyu açığa vuran bu tuhaf gülümseyişin başlıca özelliği, karşısındakileri küçümsemesiydi. Sanki aklından gülünç, budalaca şeyler geçiyor, karşısındaki adamın hareketlerine dayanamıyor, onu hor görüyor, alayla iğnelemek, gülmekten katılmak için uygun bir fırsat kolluyor gibiydi. Uzun burnu, kalın dudakları, iri iri açılmış sinsi gözleri kahkaha atmak için gerilmişti sanki.

Kuzmiçov, Salamon'un yüzüne bakınca kendini tutamadı, güldü.

—Salamon, bu yaz bizim N. panayırına çıfıtları temsil etmek için neden gelmedin?

Yegoruşka çok iyi anımsıyordu: İki yıl önce Salamon, N. kasabası panayırında bir barakada Yahudi yaşayışından sahneler anlatmış, bunda da büyük başarı kazanmıştı. Bu olayın anımsatılması, Salamon'un hoşuna gitmemiş olmalıydı, çünkü suratını buruşturarak soruyu yanıtsız bıraktı, biraz sonra da gidip semaveri getirdi.

Masadaki işini bitirince yana çekildi, ellerini göğsünde çaprazlayıp bir ayağını ileri atarak durdu, alaylı bakışlarını Peder Kristofor'a dikti. Duruşunda böbürlenen, hor gören, meydan okuyan, aynı zamanda son derece zavallı, gülünç bir hal vardı. Onun orada cakalı cakalı dikilişi; güdük ceketi, kısa pantolonu, karikatürümsü burnu ve tüyleri yolunmuş kuş görünüşüyle birleşince, gülünçlüğü daha bir göze çarpıyordu.

Mosiye Moiseyiç içeriden bir tabure getirip masanın biraz ilerisine oturdu, sözde konuklarının gönlünü hoş tutmak için konuşmaya başladı:

—Afiyet olsun. Çayınızı afiyetle için. Öyle az bulunan konuklarsınız ki, sizler gibisini her zaman ağırlayamam. Aziz Kristofor'u görmeyeli beş yıl olmuştur herhalde... Şey, biriniz çıkıp da bu beyzadenin kim olduğunu söylemeyecek misiniz?

Kuzmiçov;

—Yeğenimdir. Kız kardeşim Olga İvanovna'nın oğlu, dedi.

—Nereye götürüyorsunuz onu?

—Okumaya. Gimnaziya'ya girecek.

Moisey Moiseyiç, nezaket gereği, şaşırmış gibi bir tavır takındı, başını anlamlı anlamlı salladı. Tehdit edercesine parmağını semavere doğru kaldırarak:

—Oh, iyi iyi! Gimnaziya'yı bitirince hepimizin saygı duyacağı bir beyefendi olursun, inşallah. Akıllı, zengin, onurlu kişiler çıkar gimnaziya'dan. Anneciğin de sevinir. Çok iyi! Çok iyi!

Sustu, dizlerini sıvazladı, saygılı, yarı şakacı bir tavırla konuşmasını sürdürdü:

—Aziz Kristofor, kusuruma bakmazsınız, piskoposluğa bir mektup döşenip, tüccarların ekmeğini ellerinden aldığınızı yazacağım. «Aziz Peder,» diyeceğim, «parasını çoğaltmak için yün satma işine el atmıştır.»

—Ya, öyle. Geçkin yaşımızda bu da geldi başımıza. Papaz sınıfından tüccar sınıfına kaydolacağım nerdeyse. Evde oturup Tanrı'ya dua etmek varken, savaş arabasına kurulan firavun gibi ekmek kavgasına çıktık. İşin yoksa uğraş, didin...

—Boşuna uğraşacak değilsiniz ya, para kazanacaksınız.

—Öyle mi sanıyorsun? Para yerine birisi burnumuzun dibine yumruğunu dayamasın da... Satacağım mal benim değil ki, güveyim Mihaylo'nun.

—Peki, neden kendisi gitmiyor yününü satmaya?

—Neden olacak, ağzında daha annesinin sütü kokuyor da ondan... Yünü almasına almış ama satmaya gelince beceremeyeceği ortaya çıktı. Dedik ya, anne kuzusu, toy delikanlı. Üstelik çok da akılsız... Para kazanmak, gösteriş yapmak için götürdü tüm parasını yüne yatırdı; ondan sonra yünü satmak için sağa–sola ne kadar koşturduysa eli boşa çıktı, kimse ona ödediği fiyatı bile vermedi. Bir yıl kadar böyle sürttükten sonra geldi bana: «Ee, babacığım, ne olur yünü siz satın. Ben bu işlerden anlamıyorum.» Yemin ederim, tıpkı böyle söyledi. İşi düşünce «babacığı» oluyoruz, oysa eskiden yüzümüze bakmıyordu. İşi düşmese yeryüzünde bir babacığı olduğunu bile unutup gidecekti. Hoş, babacığı da işe yarar bir adam olsa bari! İvan İvanıç yardım etmese benim kıvıracağım şey değil bunlar. Bütün kaçıp koşmamız onlar için...

—Öyle öyle, çocuklar için kaçıp koşuyoruz. Benim de altı çocuğum var. Birini okut, öbürünün hastalığıyla uğraş, bir başkasını kucağında taşı. Büyüyünce zahmetleri azalsa bari! Yalnız bu zamanda olmuyor bunlar, kutsal kitapta da aynı şeyleri yazıyor. Yakup Peygamber çocukları olunca ağladı, çocuklar büyüyünce daha çok ağladı.

Peder Kristofor önündeki çay bardağına düşünceli düşünceli baktı.

—Doğru söylüyorsun. Tanrı'nın bildiğini kulundan niçin saklayayım, artık son günlerimi yaşıyor sayılırım. Tanrı bu yaşa gelmeyi herkese nasip etsin... Kızlarımı iyi insanlarla evlendirdim, oğullarımı adam ettim, şimdi ise unumu elemiş, eleğimi asmışım, kuşlar gibi özgürüm. İstersem canımın istediği yerde gezer dolaşırım. Kocakarıyla son günlerimizi huzur içinde yaşıyor, yiyor, içiyor, uyuyor, torunlarımla avunuyor, Yaradan'a dua ediyorum. Bundan başka ne gibi bir isteğim olabilir? Yaşam boyu sıkıntı yüzü görmedim, hiçbir şeyden yakınacak değilim. Karşıma yüce Çar çıksa da; «Dile benden ne dilersen?» diye sorsa nasıl bir istekte bulunabilirim? Çok şükür, her şeyim var, hiçbir dileğim olamaz. Kasabamızda benden daha mutlu bir insan arasanız bulamazsınız. Yalnız bir şey var ki, ona üzülüyorum. Bu da günahımın çok olması. Doğrusunu isterseniz, günahsız olan yalnız Tanrı'dır... Öyle değil mi?

—Doğrusu öyle...

—Eh, yaş dolayısıyla dişler döküldü, bel ağrıları, nefes darlığı, ne ararsan hepsi var... Beden güçsüz düştüğü için sık sık hastalanıyorum.

—Desenize ki, nüfus kâğıdın iyice eskidi, artık senden hayır gelmez!

—Orası öyle, seksenindeyim... Bundan ötesini isteyip yüz yaşımı bulacak değilim ya. Haddini bilmeli insan...

Peder Kristofor ansızın bir şey anımsamış gibi kıkırdadı, ağzındaki çayı bardağa püskürttü, gülmesi öksürmeye dönüştü. Moisey Moiseyiç de nezaketen gülmeye, öksürmeye başlamıştı.

Peder Kristofor:

—Anlatayım da siz de gülün! dedi. Büyük oğlum birkaç günlüğüne kalmak için bize gelmişti. Kendisi doktordur, hükümet tabipliği yapar. Neyse... Ona dedim ki; «Bak oğlum, bende nefes darlığı, şu, bu, ne hastalık ararsan bulursun. Hazır gelmişken babanı bir güzel gözden geçir, gerekli tedaviyi yap. Oğlan beni hemen soydu, şurama–burama tak tak vurdu, karnıma bastı, aklınıza ne gelirse hepsini yaptı. Sonra bana ne dese beğenirsiniz? «Babacığım, seni sıkıştırılmış havayla tedavi etmekten başka yol yok!»

Peder Kristofor kahkahayla gülmeye başladı. Gülerken oturamadığı için ayağa kalktı, sonra da sarsıla sarsıla, gözlerinden yaşlar gelesiye kadar güldü. Kahkahalar arasında bir yandan elini–kolunu sallıyor, bir yandan da konuşmaya çalışıyordu:

—İşittiniz mi oğlumun sözlerini? Basınçlı havayla tedavi edilmeliymişim? Tanrı müstahakını versin sıkıştırılmış havasının! O nasıl şeymiş!

Kristofor'un ayağa kalkması üzerine Moisey Moiseyiç de kalkmış, karnını tuta tuta, fino köpeğinin havlamasını andırır bir gülüş koyvermişti. Kahkahalar arasında Peder Kristofor hep aynı şeyi söylüyordu:

—Sıkıştırılmış hava verecekmiş bana! Tanrı müstahakını versin senin sıkıştırılmış havanın! Kah–kah–kah!..

Pederin kahkahaları durmak bilmeyince Moisey Moiseyiç de sesini iki nota yükseltti, onun gibi sarsıla sarsıla kahkaha atmaya başladı. Bu sırada az kaldı ayağı kayıp düşüyordu.

—Oh, aman aman, çok güldürdünüz aziz peder! Bırakın da biraz dinleneyim! Gülmekten kasıklarım patlayacak!

Moisey Moiseyiç kahkahalar arasında bir yandan konuşmaya çalışıyor, bir yandan da kuşkuyla Salamon'a bakıyordu. Beriki başlangıçtaki duruşunu hiç bozmamıştı, yüzündeki garip gülümseme donup kalmış gibiydi. Gülümsemesine, meydan okuyan bakışlarına bakılırsa çevresindeki insanları küçümsediği, onlardan nefret ettiği açıkça belliydi. Fakat onun bu tavırları, tüyü yolunmuş duruşuyla öylesine çelişkiliydi ki, Yegoruşka, bir an onun maskaralık etmek, konukları eğlendirmek için böyle tuhaf tavırlar takındığını düşündü.

Konuşmadan ardı ardına altı bardak çay içen Kuzmiçov altıncı bardaktan sonra önünü temizledi, arabanın altında yatarken başının altına koyduğu torbayı aldı, bağını çözdü, ters çevirip içindekileri masanın üstüne silkeledi. Torbadan masaya banknot desteleri saçıldı.

—Hadi, Peder Kristofor, vaktimiz varken yüne vereceğimiz parayı sayıp ayıralım.

Moisey Moseyiç paraları görünce utanarak kalktı, başkalarının gizlerine öğrenmekten kaçınan terbiyeli bir insan tavrıyla ayak uçlarına basarak, kollarını iki yana açıp kendini dengeleyerek odadan sessizce çıktı gitti. Salamon yerinde kalmıştı.

Peder Kristofor:

—Bir rublelik destelerde kaç banknot var? diye sordu.

—Elli... Üç rublelikler doksanlar, yirmi beş ve yüz rublelikler biner ruble olarak destelenmiştir. Varlamov için yedi bin sekiz yüz ruble sayın. Ben de Guseviç'in parasını ayıracağım. Sakın yanlış saymayın!

Yegoruşka bunca parayı birarada hiç görmemişti. Masadaki para pek çok olmalıydı, çünkü Peder Kristofor'un Varlamov için ayırdığı para geriye kalan yığınla karşılaştırılınca küçücük kalıyordu. Belki başka bir zaman olsa bu kadar parayla kaç simit, pasta, haşhaşlı çörek alabileceğini düşünürdü. Fakat şimdi paralara şaşkınlık duymadan, kayıtsızca bakıyor; para yığınından burnuna çalınan gaz yağı ve çürük elma kokusundan başka bir şey hissetmiyordu. Arabayla yaptığı sarsıcı yolculuktan sonra yorulmuş, bitkin düşmüştü; bıraksalar bir güzel uyurdu. Başı önüne düşüyor, gözkapakları yaşıyor, düşünceleri iplik iplik birbirine dolaşıyordu. Elinden gelse büyük bir istekle başını masanın üstüne koyar, masada, lambanın aydınlığında kıpır kıpır oynayan parmakları görmemek için gözlerini kapar, gevşeyen, karışan düşüncelerinin daha da karışmasına razı olurdu. Uyumamaya çalıştıkça lambanın alevi, çay bardakları, para sayan parmaklar çatallaşıyor; odayı dolduran çürük elma kokusu daha pis, daha dayanılmaz bir hal alıyordu.

Peder Kristofor gülümseyerek:

—Ah, para para! dedi. Başımızın belası! Güveyim Mihaylo şimdi tatlı tatlı uyuyor, düşünde kendisine böyle bir yığın para getireceğimi görüyordur.

—Bana kalırsa Mihaylo Timofeyeviç ciğeri beş para etmezin biri. Kafası böyle şeylere hiç çalışmıyor. Oysa siz onun gibi değilsiniz, alışveriş işlerine aklınız eriyor. Daha önce de söylediğim gibi, yününüzü bana bırakıp geri dönmek isterseniz, aldığınız fiyattan yarım ruble fazlasını seve seve veririm. Bunu da size karşı duyduğum saygıdan ötürü yapıyorum...

Peder Kristofor içini çekti:

—Teşekkür ederim, İvan İvanıç. Bizim iyiliğimizi düşündüğümüzü anlıyorum. Ama siz de biliyorsunuz ki, mal benim değil, bu konuda bir şey söyleyemem...

Moisey Moiseyiç gene parmak uçlarına basarak usul usul içeri girdi, terbiyelilik gereği para yığınına bakmamaya çalışarak Yegoruşka'ya sokuldu, arkasından gömleğini yavaşça çekti.

—Gel, beyzadem, içeri gidelim. Sana öyle güzel bir ayı göstereceğim ki, bayılacaksın! Kızgın mı kızgın, korkunç bir ayı bu! Uuuh!

Masada pinekleyen Yegoruşka kalktı, ayıya bakmak için Moisey Moiseyiç'in arkasından yürüdü. Gözleri henüz karanlığa iyice alışmamıştı ki, sasımış, ekşimsi bir kokunun burun direğini sızlattığı ufak bir odaya girdiğini anladı. Bu koku büyük odaya, evin her yerine buradan yayılıyor olmalıydı. Küçük odanın yarısı, yağdalı bir yorgan örtülmüş büyük bir karyolayla, öbür yarısı ise, komodinle ve sarı kolalı eteklikIerden başlayıp çocuk pantolonları, askılarıyla biten bir paçavra yığınıyla doldurulmuştu. Komodinin üstünde bir yağ kandili yanıyordu.

Yegoruşka sözü edilen korkunç ayı yerine, entarisinin benekleri kırmızı, saçları dağınık, iriyarı, çok şişman bir Yahudi kadınıyla karşılaştı. Kadın, komodin ile karyola arasındaki dar boşlukta güçlükle kımıldanıyor, dişi ağrıyormuş gibi uzun iniltiler, ahlar koyveriyordu. Yegoruşka'yı görünce ağlamaklı bir yüz takındı, uzun uzun içini çekti, daha nerede bulunduğunu iyice kestiremeyen çocuğun ağzına bal sürülmüş bir ekmek dilimi tıktı.

—Ye, çocuğum, ye. Burada annesizsin, seni doyuracak kismeciğin yok.

Yegoruşka evden ayrılmadan önce tıka basa yediği akide şekerleri ve haşhaşlı çöreklerden sonra, yarı yarıya balmumu, arı kanatlarıyla karışık balda fazla bir tat bulamadıysa da, istemeye istemeye yedi. O, ekmek dilimini çiğnerken, Moisey Moiseyiç ile karısı bakıyorlar, ah çekiyorlardı.

—Böyle nereye gidiyorsun, çocuğum?

—Okumaya.

—Annenin kaç çocuğu var?

—Yalnız ben. Başka yok.

Kadın ahlarla, oflarla başını yukarı kaldırdı.

—Zavallı anne! Zavallı anne! Kim bilir ne üzülüyor, ne ağlıyordur! Bir yıl sonra biz de Naum'umuzu okumaya götüreceğiz. Ah, ah!

Moisey Moiseyiç içini çekti, solgun yüzünün derisi sinirli sinirli gerildi.

—Ah Naum, ah Naum! Öyle de cılız ki!

Yağdalı yorgan kımıldadı, altından, ipince boyun üzerinde, kıvırcık saçlı bir çocuk başı göründü; parıldayan bir çift kara göz merakla Yegoruşka'nın yüzüne dikildi. Moisey Moiseyiç ile karısı ahlara, oflara ara vermeksizin komodine yaklaştılar, aralarında Yahudice bir şeyler konuşmaya başladılar. Moisey Moiseyiç kalın sesle, alçaktan alçaktan konuşuyordu; onun konuşması genellikle ardı arkası kesilmeyen «gal gal»lara sürüp gidiyordu. Karısı ise ona tiz hindi sesiyle karşılık veriyor, «tu tu» çeşidinden bir şeyler çıkarıyordu. Onlar böyle karşılıklı danışadursunlar, kirli yorganın altından incecik boyunlu ikinci bir kıvırcık baş, sonra üçüncüsü, dördüncüsü gözüktü. Yegoruşka'nın zengin bir hayal gücü olsaydı, yorganın altında yüz başlı bir devin yattığını düşünebilirdi.

—Gal gal gal, diyordu Moisey Moiseyiç.

—Tu tu tu, diye karşılık veriyordu karısı da.

Bu uzun süreli danışma, kadının ahlar, oflarla komodine yanaşması, oradan aldığı yeşil bir çaputu çözüp, içinden yürek biçiminde, çavdar unundan yapılmış, iri bir çörek çıkarmasıyla son buldu. Kadın çöreği Yegoruşka'ya verirken:

—Al, çocuğum, dedi. Şimdi anneciğinin yanında değilsin, sana tatlı şeyler verecek kimsen yok.

Yegoruşka çöreği cebine soktu, geri geri yürüyerek odadan dışarı çıktı; artık, ev sahiplerinin içinde yaşadığı sasımış, ekşi havayı daha fazla soluyacak gücü kalmamıştı. Büyük odaya dönünce sedire rahatça oturdu, kafasına üşüşen düşünceleri kendi haline bıraktı.

Kuzmiçov para saymayı yeni bitirmiş, desteleri gerisin geriye torbaya dolduruyordu. Hareketlerine bakılırsa paralara karşı son derece umursamazdı, çünkü kâğıt süprüntüsü tıkıştırıyormuş gibi banknot destelerini alıp alıp sokuyordu kirli torbaya.

Peder Kristofor, Salamon'la konuşmaya dalmıştı. Tam esnediği sırada ağzında istavroz çıkararak sordu:

—Söyle bakalım, Hazreti Süleyman, işler nasıl gidiyor?

Salamon yanıt vermeden önce sanki işlediği bir suçu ima ediyorlarmış gibi kuşkulu kuşkulu baktı.

—Hangi işlerden söz ediyorsunuz?

—Genel olarak canım!.. Neler yaptığını, nasıl vakit geçirdiğini soruyorum.

Salamon omuz silkti, yanıt vereceği yerde o da bir soru sordu:

—Ne mi yapıyorum? Herkes ne yapıyorsa... Görüyorsunuz, uşaklık ediyorum. Ağabeyimin uşağıyım ben. Ağabeyim han yolcularının, yolcular Varlamov'un uşağıdır; eğer on milyonum olsaydı Varlamov da benim uşağım olurdu.

—Dur hele! Varlamov senin nereden uşağın oluyormuş?

—Bunu anlamayacak ne var? Fazladan birkaç metelik kazanmak için pis bir çıfıtın elini öpmeyecek bey ya da milyoner yoktur da ondan. Şimdi ben pis bir çıfıtım, dilenciyim; herkes suratıma köpeğe bakar gibi bakıyor. Ama cebim para dolu olsaydı o Varlamov dediğiniz adam, Moisey'in sizin önünüzde yaptığı gibi, kıvır kıvır dönerdi önümde.

Peder Kristofor ile Kuzmiçov bakıştılar. Salamon'un ne demek istediğini anlamamışlardı. Kuzmiçov sert bakışlarını Salamon'un yüzüne dikerek sordu:

—Nasıl olur da senin gibi bir aptal, Varlamov'la kendini bir tutar?

Salamon da karşısındakileri dik dik süzdü.

—Merak etmeyin, kendimi Varlamov'la bir tutacak denli aptal değilim. Kendisi soyca Rus'tur ama ruhça pis bir çıfıttan farkı yoktur. Adamın varı–yoğu para, tek düşüncesi kazanç nasıl sağlanır... Oysa ben paralarımı sobada yakıverdim. Ne para–pul isterim, ne toprak, ne koyun, ne de önümden geçerlerken benden çekinip şapka çıkarmalarını... Demek oluyor ki, sizin Varlamov'unuzdan daha akıllıyım ve insana daha çok benziyorum.

Aradan bir süre daha geçince Yegoruşka, uykusunun ortasında, Salamon'un nefretten tıkanmış, kısık, boğuk sesiyle, peltek peltek, Yahudilerden, Yahudi yaşamından söz ettiğini işitti. Önceleri temiz bir Rusça'yla konuşuyordu, ama kendisini anlattığı öykülerin havasına kaptırdıkça, panayırlardaki Yahudi taklitçilerin bozuk şivesiyle konuşmaya başladı.

Onun konuşması Peder Kristofor'un hoşuna gitmediği için:

—Dur bir dakika, dedi. Madem dinini beğenmiyorsun, hemen değiştir. Dinle alay etmek günahtır, dinini küçümseyen, en aşağılık adamdır.

Bu sefer Salamon, pederin sözünü kabaca keşti:

—Benim ne demek istediğimi anlamıyorsunuz ki! Ben ne diyorum, siz ne anlıyorsunuz!..

Peder Kristofor içini çekti.

—Anladığım kadarıyla sen aptalın birisin. Sana elimden geldiğince öğüt vermeye çalışıyorum, sen gene kendi bildiğini okuyorsun. Yaşlı bir kişi olduğum için yavaş yavaş konuşuyorum. Ya sen ne yapıyorsun! Gulu gulu gulu diye üstüme yürüyorsun. Tuhaf adamsın doğrusu...

O sırada Moiseyiç içeri girdi. Adam önce Salamon'a, sonra konuklara baktı, yüzünün derisi yeniden sinirli sinirli titredi. Bir ara uyanan Yegoruşka başını kaldırıp çevresine bakındı. Salamon' un ona dönük yüzüne vuran ölgün lamba ışığı uzun burnunun gölgesini sol yanağına düşürmüştü. Genç Yahudi'nin yarı gölgeli yüzündeki küçümseyen gülümseme, gözlerinin alaycı, ışıl ışıl bakışları, cakalı tavırları, bütün bunların yanında tüyü yolunmuş kuş görünüşü, Yegoruşka'nın uykulu gözlerinde çatallaşarak birbirine karıştı. Salamon o anda bir panayır maskarası değildi artık, çocukların düşlerine giren cinlere benziyordu.

Peder Kristofor gülümseyerek konuşmasını sürdürdü:

—Sizinki iyice aklını oynatmış, Moisey Moiseyiç. Tanrı yardımcısınız olsun. En iyisi bunu evlendirin ya da bir işe yerleştirin. İnsana benzeyen bir yanı kalmamış.

Kuzmiçov öfkeyle somurtuyordu. Moiseyiç, kardeşine, konuklara bir daha baktıktan sonra kardeşine sertçe çıkıştı:

—Salamon, çık dışarı. Çık diyorum sana!

Bu çıkışmanın ardından Yahudice bir şeyler daha ekledi. Salamon giderken kesik kesik gülümsüyordu.

Moisey Moiseyiç yüzünde bir korkuyla Peder Kristofor'a döndü:

—Ne oldu? Bir şey mi geçti aranızda?

Ona yanıtı, Kuzmiçov verdi:

—Kim olduğunu unutuyor, kaba herif! Kendisini bir şey sanıyor!

Moisey Moiseyiç telaşa kapıldı, ellerini korkuyla çırpmaya başladı.

—Böyle olacağını biliyordum. Ah, aman Tanrım, aman Tanrım! Siz onun kusuruna bakmayın, kızmayın ona, ne olur! Kardeşimin patavatsızlığını hoş görün! Nedir benim çektiklerim bu heriften! Öz kardeşimdir ama üzüntüsünden başka bir şeyini görmedim. Zaten biliyorsunuz, biraz şeydir...

Moisey Moiseyiç böyle diyerek parmağını alnının önünde çevirdi.

—Akıldan noksandır yani... Mahvetti kendini. Onu ne yapacağımı bilemiyorum. Kimseyle bağdaşmıyor, kimseyi sevip saymıyor, kimseden korkmuyor. Herkesle alay ettiğini, neler saçmaladığını, herkese «sen» dediğini kendiniz gördünüz. İnanmayacaksınız, bir gün hana Varlamov gelmişti; Salamon onun yanında neler yumurtladıysa, adam kamçısını hem bana, hem terbiyesiz kardeşime yapıştırdı. Peki, ama neden bana?

Benim ne suçum vardı? Tanrı onun aklını başından aldıyasa, bunda benim suçum ne?..

Aradan beş–on dakika geçmişti. Moisey Moiseyiç hâlâ sızlanıyor, kardeşini çekiştiriyordu.

Geceleri uyku tünek bilmez, hep düşünür, düşünür... Ne düşündüğünü Tanrı'dan başka kimse bilmez. Gece yarısı yanına gidersin, kızar alaylı alaylı güler. Benden de hoşlanmaz. Bari sevdiği, istediği bir şey olsa! Nerdee?.. Babacığım ölürken ona da, bana da altı biner ruble bıraktıydı. Ben kendime bir han aldım, evlendim, çoluk çocuğa karıştım. Ama bizimkisi paraları sobaya attı. Yazık değil mi? Para yakılır mı hiç? Madem senin işine yaramıyormuş, ver bana! Parayı yakmak da ne oluyor?

O sırada odanın kapısı cızırdadı, döşemenin tahtası birinin adımlarından titredi. Yarı uyku arasında hafif bir rüzgârın yüzünü okşadığını hissetti Yegoruşka. Sanki kocaman kanatlarını açarak uçan kara bir kuşun gelip yanına konduğunu sandı, birden gözlerini açtı. Dayısı, para torbası elinde, gitmeye hazır, sedirin yanında duruyordu. Peder Kristofor geniş kenarlı silindirini elinde tutarken selam verircesine eğiliyor; yüzüne pek yaraşan o yumuşak, sevecen gülüşle değil, saygılı, zoraki bir gülümsemeyle sırıtıyordu. Moisey Moiseyiç ise, sanki üç parçaya bölünmüş de bedeninin dağılıp üç parça halinde yere düşmesini önlemek için kollarıyla dengeyi sağlamaya çalışıyor gibiydi. Odaya geri gelmiş bulunan Salamon'dan başka herkes gergin bir bekleyiş içerisindeydi. Genç Yahudi her zamanki gibi umursamazdı; bir köşede kollarını çaprazlamış dururken, yüzünde aynı küçümseyen, çarpık gülümseme vardı.

Peder Kristofor'u da, Kuzmiçov'u da göze görmeyen, üçe bölünüp parçalanmamak için kollarıyla dengesini sağlamaya çalışan Moisey Moiseyiç yılışık bir gülücükle:

—Bizi bağışlayın, hanımefendi, size göre odamız yok, diye inledi. Basit insanlarız biz, hanımız temiz değildir.

Yegoruşka gözlerini ovuşturdu. Odanın ortasında hasır şapkalı, siyah giysili, tombul ve güzel bir kadın, gerçek bir hanımefendi duruyordu. Kadının yüz çizgilerini iyice incelemeye fırsat bulamayan Yegoruşka'nın aklına nedense gündüzleyin tepede gördüğü, tek başına duran, ince, uzun kavak ağacı geldi.

Kadın:

—Bugün buradan Varlamov geçti mi? diye sordu.

Moisey Moiseyiç yılıştı, saygıyla eğildi.

—Hanımefendi hazretleri, gelmediler bugün.

—Eğer yarın uğrayacak olursa beni görmesini söyleyiniz. Olur mu?

Yegoruşka hiç beklemediği bir sırada, yüzünden bir karış ötede, ansızın, siyah kadife kaşlar, iri iri bal rengi gözler, tombul yanaklar ve bu yanaklar güneş ışığı saçarcasına tatlı tatlı gülümserken çukurlaşan bir çift gamze gördü. Mis gibi bir koku geldi burnuna.

—Ne şeker çocuk, dedi yabancı kadın. Kimin oğlu bu? Kazimir Mihayloviç, bakın, ne olağanüstü bir şey! Ne de güzel uyuyor? Aman, tatlım benim!

Kadın eğilerek Yegoruşka'nın yanağına bir öpücük kondurdu, Yegoruşka, uyuyormuş süsü vererek gözlerini yumdu, gülümsedi. O sırada kapı yeniden gıcırdadı, telaşlı ayak sesleri duyuldu, birileri girip çıktı.

Birisi, herhalde Deniska olacak, gelip Yegoruşka'yı ayağa kaldırdı, elinden ututp dışarı doğru çekti. Yegoruşka sendeleyerek yürürken gözlerini araladı, kendisini öpen siyah giysili kadını bir daha gördü. Kadın, odanın ortasında dikilirken Yegoruşka'ya bakıyor, başını dostça sallıyordu. Yegoruşka kapıya iyice yaklaştığı sırada kadının yanında, şapkasını başına sımsıkı geçirmiş, tozluklu, yakışıklı, dolgun vücutlu, esmer bir adam gördü. Güzel kadının yol arkadaşı olmalıydı bu.

Avludan «durrr» diye sesler geliyordu.

Adımını eşikten dışarı atarken, Yegoruşka avluda bir çift yağız atın çektiği lüks bir kupa arabasının durduğunu gördü. Üniformalı, eli kamçılı bir uşak oturuyordu sürücü yerinde. Handan ayrılan Peder Kristofor'u, Kuzmiçov'u, Yegoruşka'yı yalnız Salamon uğurlamaya çıktı. Genç adamın yüzü kahkaha atmak üzereymiş gibi gergin duruyordu. Konuklar gittikten sonra arkalarından rahatça alay etmek için bir an önce çekip gitmelerini gözlüyordu sanki.

Briçka'ya binerlerken Peder Kristofor saygıyla fısıldadı:

—Kontes Dranistkaya!

Kontesle karşılaşmalarının etkisi ne derece büyük olmalıydı ki, Deniska bile, araba, üç versta yol aldıktan, han yerine gerilerde sönük bir ışık kaldıktan sonra doru atlara kırbacını sallayıp, neşeyle haykırmayı göze alabildi.

IV

Salamon'un adam yerine koymadığı, Kontes Dranitskaya'nın bile arayıp sorduğu bu gizemli, bu ele geçmez Varlamov kimdi acaba? Arabanın önüne, Deniska'nın yanı başına oturan Yegoruşka her şeyden önce bunu düşündü. Hakkında çok şeyler işittiği, adı sık sık anılan bu adamı bir kerecik görmemişti, ama onu gözlerinin önünde birçok kez canlandırmaya çalışmıştı. Onunla ilgili olarak bildiği şeyler; 200–300 dönümlük arazisi ile yüz bin başa yakın koyunu ve pek çok parası olduğu, durmadan dolaştığı için arandığı zaman kolay kolay bulunamadığıydı.

Yegoruşka evde dayısından, Kontes Dranistkaya hakkında da çok şeyler öğrenmişti. Onun da 200–300 dönümlük arazisi, koyun sürüleri, tavlası ve çok parası vardı. Fakat o, Varlamov gibi durmadan dolaşmaz; onu arayanların kolayca bulacakları, işi gereği birçok kez onu görmeye giden İvan İvanıç'ın övgüyle sözünü ettiği, bir eşi daha bulunmaz çiftliğinden pek dışarı çıkmazdı. Anlatılanlara bakılırsa, duvarlarında Leh krallarının portreleri asılı bulunan kontesin konağının büyük salonunda sivri kaya biçiminde bir saat varmış. Kayanın üzerinde gözleri pırlanta kakmalı, altından bir at duruyormuş; ata ise, saat çaldıkça elindeki kılıcı sağa–sola sallayan, altından bir süvari binmekteymiş. İşte bu zengin kontes, yılda iki kez, il sınırları içindeki tüm toprak ağalarını, bütün devlet memurlarını çağırdığı, bu arada Varlamov'un da katıldığı görkemli balolar verirmiş. Konuklara gümüş semaverlerde çay kaynatılır, kışın ortasında bulunup getirilen ahududu, çilek cinsinden eşsiz yiyecekler sunulur, baloya gelenler gece–gündüz çalan müzik eşliğinde dans eder, eğlenirlermiş.

Yegoruşka, kontesin yüzünü, tatlı gülümsemesini anımsadı: «Ne güzel kadın!» diye düşündü.

Kuzmiçov'un da aklında hep kontes olmalıydı, çünkü araba iki versta daha yol aldıktan sonra:

—Şu Kazimir Mihoylaviç, kadını soyup soğana çeviriyor, dedi. Anımsar mısınız, birkaç yıl önce kontesten yün almıştım. İşte, yalnız bu alışverişten üç bin ruble kazancım oldu.

Peder Kristofor:

—Bir Polonyalı'dan başka ne beklenir? karşılığını verdi.

—Derdi yok kadının. Genç olduğu için çok toy. Kafasında kavak yelleri esiyor.

Yegoruşka'nın düşünceleri hep Varlamov'la, Kontes Dranitskaya ile, özellikle bu ikincisiyle doluydu. Uykulu zihni olağan şeyler üzerinde durmak istemiyor, aklına böyle şeyler gelince dumanlanıp karışıyordu. O anda kafasını kurcalayan düşünceler, kendiliğinden geliverip, kafasını silkeleyince de duman iz bırakmadan dağılan, masalımsı, düşümsü konularla ilgiliydi. O sırada çevresinde gördüğü şeyler de olağanüstü özellikler taşıyordu. Sağ yanda, ürküntü verici, akıl almaz gizler saklıyormuş gibi yükselen, kara kara tepeler vardı. Sol yanda, ufkun üstündeki gökyüzü şeridi boylu boyunca kırmızı renge bürünmüştü; bu kızıllığın uzaklarda çıkan bir yangından mı, yoksa doğmaya hazırlanan aydan mı yansıdığını anlamak güçtü. Enginler sanki gündüzmüş gibi gözüküyordu, fakat akşam pusunun gölgelediği hafif morluklar kaybolmuş, bütün bozkır, Moisey Moiseyiç'in çocuklarının yorgan altına saklanmaları gibi, loş bir sis altına gizlenmişti.

Temmuz gecelerinde bıldırcınlar, çalıkuşları ötmez, orman vadilerinde bülbüller şakımaz, yaşam doludur. Güneş batar batmaz gündüzki eziyetler unutulmuş, boğucu sıcağın çektirdikleri bağışlanmış gibi, ince bir sis doğayı kaplar, engin bozkır geniş göğsüyle hafif hafif solur. Karanlıkta pörsümüşlüğü gözükmeyen otlar arasından gündüzleyin işitilmeyen şakrak, gür sesli bir şamata yükselir. Çıtırtılar, ıslıklar, cırıltılar, bozkır basları, tenorları, sopranoları birbirine karışır; akışına kendinizi kaptırıp iyi şeyle anımsayacağınız, hüzünlenip duygulanacağınız kesintisiz, tekdüze bir curcuna oluşur. Bu gözlerinize uyku ağırlığının çöktüğünü hissedersiniz, bir ara, ansızın, uyumamış bir kuşun kesik kesik çığlıkları ya da şaşkınlığa kapılan birinin «Aaa!» diye bağırmasını andıran belirsiz bir ses çalınır kulağınıza; sonra uyku yavaş yavaş gözkapaklarınızı kavuşturur. Çalılıkların bulunduğu dere büklerinin yanından geçerken, bozkırda yaşayanların «splyu!»[1] diye seslenir; bir başkası sanki kahkahayla güler, ardından kaprisli bir ağlayış tutturur. Baykuştur bu. Bu yaratıkların kime seslendiklerini, onları kimin dinlediğini Tanrı bilir; fakat ağlayışlarında, çığlıklarında insana hüzün veren bir sızlanış vardır. Dört bir yanda kurumuş ot, geç açmış körpe çiçek kokar; bu kokular keskin, iç bayıltıcı derecede tatlı, kimi zaman da taptazedir.

Sis arasından her şey görülür, fakat cisimlerin biçim ve renkleri tam olarak seçilemez. Gidersiniz, gidersiniz, birden yolun kıyısında keşişe benzeyen bir karaltının dimdik ayakta durduğunu görürsünüz. Sakın yol kesen bir haydut olmasın bu? Siz ilerledikçe karaltı da yaklaşır, büyür, arabanızla aynı hizaya gelir; o zaman haydut sandığınız şeyin yol kıyısında dikilen bir çalı ya da kaya parçası olduğunu anlarsınız. Böyle kımıltı-

1 Splyu: Uyuyorum. Bu ses benzerliğinden dolayı böyle bağıran kuşlara «splyuk» adı verilmiş. (Ç. N.)

sız, birilerini gözleyen karaltılar tepelerde dururlar, tümseklerde saklanırlar, yabani otların arasına gizlenirler; bunların hepsi de insana benzer, kuşku uyandırır.

Ay doğunca, gece solgun, donuk bir aydınlığa bürünür, sis ortadan kalkmış gibidir. Hava saydam, taze ve ılıktır. Her yer açıkça gözükür, hatta yol kenarındaki ot saplarını bile seçmek olanaklıdır. Ta uzaklardan kayaları, taşları, çalıları, hayvan kafataslarını görürsünüz. Kara giysili keşişe benzeyen karaltılar gecenin parlak fonunda daha belirgin, buna karşılık daha somurtkandır. Tekdüze böcek curcunası arasında uykusu kaçan, sayıklayan kuş sesleri, birilerinin şaşkın «Aaa»ları daha açık-seçik işitilir. Düzlük yerlerde, gökyüzündeki bulutlar benzeri geniş gölgeler dolaşır. Bu gölgeler uzaklarda üst üste yığılıp yükselerek bulanık, düşsel biçimlere girer... Bunlara baktıkça korku basar insanın yüreğini. Başınızı kaldırıp üzerinde tek bulutçuk, ufacık bir leke bile bulunmayan sayısız yıldızların serpiştirildiği donuk yeşil gökyüzüne bakarsınız ve ılık havanın niçin durgun, doğanın niçin kımıltısız, kulağı kirişte bekler durduğunu anlarsınız: Yeriyle, göğüyle tüm doğa büyük bir korku içindedir, bir an olsun yaşamdan kopmak istememektedir.

Gökyüzünün erişilmez derinliği, uçsuz–bucaksızlığı konusunda yalnız engin denizlerde, bir de gece ay ışıklı bozkırlarda fikir sahibi olunabilir. Böyle zamanlarda gökyüzü ürküntü vericidir, güzeldir, okşayıcıdır, insanı büyüleyerek kendine çeker, okşaması baş döndürür.

Saatlerce ilerlersiniz... Yolunuza, suskun, yaşlı bir tepe; kimin, ne zaman diktiğine akıl erdiremediğiniz bir kilometre taşı çıkar. Bir gece kuşu ansızın «pırr» diye havalanır; ürpertiyle birlikte hatırınıza bozkır söylenceleri, bir zamanlar yollarda dinlediğiniz öyküler, çocukluğunuzda köylü dadınızın anlattığı masallar, o anda hayal gücünüzle canlandırabileceğiniz her şey gelir. İşte o zaman böceklerin curcunasında, kuşku verici karaltı ve tümseklerde, mavi gökyüzünde, hülyalı ay ışığında, gece kuşunun ansızın uçuşunda, görüp işitebildiğiniz her şeyde gençliğin, güzelliğin görkemini, doğadaki canlıların gelişip serpilme özlemini, yaşama karşı duydukları doyumsuz tutkuyu, ta derinden sezerseniz; anayurdun bu katı yürekli ama güzel parçasına, bozkıra karşı içinizde bir yakınlık duyarsınız, gece kuşuyla birlikte sizin de havalanıp uçasınız gelir. Güzelliğin görkeminde, doğanın bu coşkulu mutluluğunda bozkırın gene de bir şeylerin özlemini çektiğini, bir tedirginlik duyduğunu hissedersiniz.

Bozkır, yalnızlığının bilincinde gibidir, sanki zenginliği, ilham gücü kimsenin işine yaramadığı, kimse şarkılarda bu niteliklerini yüceltmediği için kendini boş yere harcadığına inanmaktadır. Böceklerin canlı curcunası arasında onun özlemle yanan umutsuz çağrısını işitirsiniz; «Bir ozan, ne olur bir ozan!» diye seslenir gibidir.

—Durrr! Selam Panteley! İşler iyi gidiyor mu?

—Çok şükür, İvan İvanıç.

—Hey çocuklar, Varlamov'u görmediniz mi?

—Hayır, rastlamadık ona.

Yegoruşka uyandı, gözlerini açtı. Brişka yolun ortasında duruyordu. İlerde, sağda art arda dizilmiş uzun bir araba kervanı gözüküyor, birtakım adamlar arabaların yöresinde gidip geliyorlardı. Üzerlerinde büyük yün denkleri bulunduğundan arabaların hepsi de son derece yüksek ve kabarık, atlar ise ufacık ufacık, kısa bacaklı görünüyordu.

Kuzmiçov:

—Anlaşıldığına göre doğruca Malakov'a gideceğiz, dedi. Hancı çıfıt, Varlamov'un Malakov'da geceleyeceğini söylüyordu. Sizlere iyi yolculuklar dileyelim. Hoşça kalın, ağalar!

Birkaç arabacı birden karşılık verdi:

—Güle güle, İvan İvanıç!

Kuzmiçov birden canlandı.

—Ha, çocuklar, bizim küçüğü de alır mısınız yanınıza? Yollarda bizimle boşuna yorulmasın. Panteley, denklerden birine oturtuver şunu! Sizinle birlikte yavaş yavaş gitsin. Biz arkanızdan yetişiriz. Yegor, hadi git! Korkma, bir şey olmaz.

Yegoruşka arabanın önünden indi. Yaklaştığı arabaların yanında birkaç el onu sımsıkı yakaladı, yukarı doğru kaldırdı; çiyden hafifçe ıslanmış, yumuşacık, kocaman bir şeyin üstüne oturttu. Çocuk kendini birden göğe yaklaşmış, yerden ise uzaklaşmış hissetti.

Deniska aşağıdan, uzaktan gelen bir sesle bağırıyordu:

—Hey, paltonu unuttun. Alsana şunu da!

Çıkınıyla birlikte fırlatılan palto yanına düştü. O anda uyumaktan başka bir şey düşünmeyen Yegoruşka çıkını hemen başının altına koydu, paltoyla örtündü, bacaklarını boylu boyunca uzattı, çiyin verdiği serinlikten ürperip büzüşerek keyifle gülümsedi.

Aşağıdan Deniska'nın şöyle bağırdığı duyuluyordu:

—Bakın arkadaşlar, bizim delikanlıyı gücendireyim demeyin!

Kuzmiçov da:

—Eh, hoşça kalın ağalar! dedi. Yolunuz açık olsun. Göreyim sizi, oğlana iyi bakın!

—Gözünüz arkada kalmasın, İvan İvanıç!

Deniska atları hayladı, köhne brіçka, gıcırtılar koparak yürüdü. Fakat yoldan değil de yana doğru gittiler. Yegoruşka büyük bir sessizlik içinde, dayısının arabasının uzaklaştığını, arkaya bağlı kovanın gittikçe azalan tıngırtılar çıkardığını işitiyordu.

Duran araba kervanının önünden de biri bağırdı:

—Kiryuha, hadi, sür arabayı!

En öndeki araba gıcırtılar koyverdi, onun ardından ikincisi, üçüncüsü... Yegoruşka, tepesinde uzandığı arabanın gıcırdayarak sarsıldığı hissetti. Bütün kervan yola koyulmuştu. Yegoruşka balyaları saran sicime tutundu, bir daha keyifle gülümsedi, cebindeki çöreği düzeltti; evde, yatağında uyuyormuş gibi rahat bir uykuya daldı.

Gözlerini açtığı zaman güneş doğuyordu. Tepelerden biri

güneşin önüne gerilmiş, yeryüzünü aydınlığa boğmaya hazırlanan ışıkları tutmaya çalışıyor gibiydi. Ama dört bir yana ışık püsküren güneş uzun ışınlarını sağa–sola uzatıyor, ufku parlak yaldızıyla boyuyordu. Bir gün önce güneşi hep ensesinde hisseden Yegoruşka, onun bugün solundan doğduğunu görünce onun doğuş yerini niçin değiştirdiğini anlayamadı. Zaten çevresindeki görüntü de değişmişti. Tepecikler yol olmuş, göz alabildiğine uzanan, tekdüze yanık rengiyle insanın içine sıkıntı veren, dümdüz bir ova bu yayvan tepelerin yerini almıştı. Şurada–burada ufak tümsekçikler göze çarpıyor, bunların üstlerinde ise bir gün önceki saksağanlar uçuyordu. İşte uzakta bir köyün çan kulesi ile beyaz beyaz evleri gözüktü. Pazar günü dolayısıyla evlerinde oturan Ukraynalılar tatilde bol bol yiyecekleri yemekleri pişiriyor olmalıydılar. Bu, her evin bacasından çıkan, sonra köyün üstünde saydam bir örtü gibi toplanan toz dumanlardan anlaşılıyordu. Evlerin arasındaki boşluklardan bakılınca, kilisenin arkasından göğümsü bir ırmağın geçtiği, ırmak ufka doğru yaklaştıkça puslar içinde gözden silindiği görülüyordu. Bütün bunlar arasında bir gün önceki görüntülere en az benzerliği olan şey yoldu. Burada bozkırın bağrından geçen yol, genişliği, düzgünlüğü, bozkırı boydan boya aşışıyla masal kahramanlarının geçtikleri yolları andırıyordu. Gerçekten de 30–40 sajen[1] genişliğindeki, arabaların gide–gele çökerttiği, tozla kaplı, koyu renkli yoldan bir zamanlar İlya Murcomets, Haydut Solovey gibi devlerin, masal kahramanlarının gelip geçmediğini, küheylan atların bu yolları iri nallarıyla ezmediğini düşünmemek zordu. Yegoruşka eğilip aşağıya baktı ve kutsal tarihtaki resimlerde gördüğü arabalar cinsinden altı tane heybetli savaş arabasını hemen yanında yürüyor olarak düşündü. Her bir arabaya altışar yabanıl at koşulmuştu; dev tekerlerden çıkan tozlar göklere yükseliyor, atların yanında, ancak düşlerde raslanabilecek türden, masalsı adamlar, geniş adımlar-

1 Sajen: 2,13 m. (Ç. N.)

la yürüyorlardı. Eğer destanlarda yaşayan bu kahramanlar, atları ve arabalarıyla birlikte bugün de var olsalardı, bu engin bozkırda, bu geniş yola öylesine yaraşırlardı ki!

Yolun sağında iki telli telgraf direkleri dizilmişti. Direkler gitgide küçülerek köyün yöresindeki yeşillikler, evcikler yakınında gözden yitiyor, sonra yeniden ortaya çıkarak toprağa saplanmış minicik kurşunkalemler biçiminde mor enginliklere doğru uzayıp gidiyordu. Tellerde sıralanmış atmacalar, bozdoğanlar, kargalar yoldan geçip giden araba kervanına kayıtsızca bakıyorlardı.

Arabalardan sonuncusunda yatan Yegoruşka'nın bütün arabaları görmesi böylece kolaylaşmış oluyordu. Yirmi kadar araba vardı kervanda, her üç arabaya bir sürücü verilmişti. Yegoruşka'nın bindiği sonuncusunun başında Peder Kristofor gibi kısa boylu, sıska, fakat güneş yanığı yüzünün tasalı, sert anlatımıyla ona hiç benzemeyen, sakallı bir ihtiyar vardı. Bu ihtiyarcık belki de aslında ciddi, sert yüzlü biri değildi, ama kızarmış gözkapakları, uzun sivri burnu istese de istemese de yüzüne ciddi şeyler düşünmeye alışkın, sert bir adam anlatımı veriyordu. Bu ihtiyar da başına, Peder Kristofor'unki gibi geniş kenarlı, fakat soylu kişilerin giydiği cinsten değil de, halktan tiplerin giydiği cinsten keçe bir silindir, silindirden çok kesik koniye benzeyen bir şapka geçirmişti. Ayakları çıplaktı. Arabasının başında giderken birçok kez donma tehlikesiyle karşılaştığı soğuk kış günlerinden kalma bir alışkanlıktan dolayı ellerini kalçalarına, ayaklarını da yere vuruyordu. İhtiyar, Yegoruşka'nın uyandığını fark edince soğuktan titreyen sesiyle şunları söyledi:

—E, delikanlım, uyandın mı? İvan İvanıç'ın oğlu mu oluyorsun?

—Hayır, yeğeniyim.

—Demek yeğeni oluyorsun... Ben de çizmelerimi çıkardım da, yalınayak zıplayıp duruyorum işte... Ayaklarım hastalıklı, bir zamanlar üşütmüştüm, onun için çizmesiz daha rahat yürünüyor. Ayaklarım rahat ediyor, delikanlım... Çizmesiz iyi... Yeğenisin demek ki... İyi adamdır, tanırım. Tanrı ömürler versin... Bir kötülüğünü görmedim... Dayından, İvan İvanıç'tan söz ediyorum... Malakov'a gitmesi gerekiyormuş... Tanrım, sen bizleri esirge!..

Yaşlı adam sanki hava çok soğukmuş da soluk almada güçlük çekiyormuş gibi, sözlerine ara vererek, ağzını fazla açmadan konuşuyordu. Belki de dudaklarının uyuşmasından olacak, dudak ünsüzlerini (sessizlerini) tam çıkaramıyor, bir söylediğini bir daha söyleyerek kekeliyormuş izlenimi veriyordu.

İki araba ilerde uzun kızıl paltolu, kasketli, ayaklarında kısa konçlu çizmeler bulunan, eli kırbaçlı bir adam yürümekteydi. Yaşı kırk ya var, ya yoktu, ilk bakışta fazla yaşlı göstermiyordu. Adam bir ara geriye dönünce, Yegoruşka, seyrek keçi sakallı, sağ gözünün altında sünger gibi bir şişlik bulunan, uzun, kırmızı bir yüz gördü. Bu çirkin şişten başka adamın hemen göze çarpıveren bir özelliği daha vardı: Kırbacı sol eliyle tutuyor, sağ elini ise, sanki koro yönetiyormuş gibi, sağa–sola sallayıp duruyordu. Kimi zaman kırbacı koltuğunun altına kıstırıyor, o zaman da iki kolunu birden sallamaya başlayarak, kendi kendine bir şeyler mırıldanıyordu.

Onu izleyen arabacı, tahta gibi düz sırtı, fazlaca düşük omuzları ile sivri, uzun bir insan görüntüsü veriyordu. Sanki askerlik eğitimi yapıyormuş ya da oklava yutmuş gibi dik yürüyor, sallanmayan kolları iki yanında sopa gibi sarkıyordu. Onun böyle gövdesini dik tutup, dizlerini kırmadan, adımlarını elinden geldiğince geniş atarak yürüdüğünü görenler, adamcağızı tahtadan yapılmış oyuncak bir askere benzetebilirdi. Yegoruşka'nın yakınındaki yaşlı sürücü ile gözünün altı urlu arabacı iki adım atarlarken beriki yalnızca tek adım atıyor, bundan ötürü onlara göre daha yavaş yürüyerek geride kalmış izlenimi veriyordu. Yüzü çenesinin altından bir sargıyla bağlanmıştı, başında keşiş külahı cinsinden bir şapka vardı. Bol şalvarının üstüne kırk yamalı bir Ukraynalı gömleği giymiş, ayaklarına da dolak sarmıştı.

Yegoruşka daha ilerki arabacıları seçemiyordu. Yüzükoyun yatıp denkte bulduğu bir deliğe parmağını soktu, eline geçen yün parçasını kıvırarak ip yaptı. Arabanın dibinde yürüyen ihtiyar, yüzünün duruşundan sanıldığı gibi sert biri çıkmadı; ağzını bir kez açmıştı ya, artık kapatmak bilmiyordu. Ayaklarını hep yere vurarak yürürken:

—Ee, nereye gidiyorsun bakalım? diye sordu.

—Okumaya gidiyorum.

—Okumaya mı? Eh, hadi bakalım, Meryem Ana yardımcın olsun. Öyle ya, bir akıl iyi, iki akıl daha iyi. Tanrı, kullarından kimine tek akıl, kimine iki, kimine de üç tane birden verir... Hem de üç tane birden... Bunlardan biri doğarken aldığın akıl, biri okumaktan, biri de yaşarken görüp kazandığın akıl... İşte yavrum, üç aklı birden kazanana ne mutlu! Böyle insanlara değil yaşamak, ölmek bile kolay gelir. Ya, ölmek bile... Nasıl olsa bir gün hepimiz öleceğiz...

İhtiyar alnını kaşıdı, başını kaldırıp kızarmış gözlerle Yegoruşka'ya baktı.

—Slavyanoserbsk kasabası ağalarından Maksim Nikolayiç bıldır oğlunu okumaya götürdüydü. Delikanlının kafası bilim almaya yeterli mi, orasını bilmem ama iyi çocuktur doğrusu... Ne yalan söyleyeyim, bir kötülüğünü görmedim. Ailece iyi insanlardır hepsi de. Ya işte, bu delikanlıyı okusun diye kente gönderdiler. Demek oluyor ki, Slavyanoserbsk'te bilim verecek okul yokmuş, o yüzden kente göndermişler. İyidir, iyidir. Gitti de kötü mü yaptı? Kasabada küçük rütbeler için basit okul varmış, oğlanın yükseköğrenim almasını istiyorlarmış. Olur ya, yoktur öyle bir okul orada... Adın neydi bakalım?

—Yegoruşka.

—Yegori de sen şuna. Doğum günün nisanın yirmi üçü, aziz Yegori Pobedonosets'in adını vermişler sana.[1] Benim adım da Panteley... Panteley Zaharov Holodov... Holodovlar'danız... Belki bilirsin, Kursk diye büyük bir kent vardır, işte bu kentin Tim köyünde doğmuşum. Kardeşlerim esnaf sınıfına kaydoldular, kente yerleşip kendi zanaatlarıyla uğraşıyorlar. Bense köyde kaldım. Yedi yıl önce gidip gördüm orasını. Eve gittiğimi söylemek istiyorum. Kendim köyde de oturdum, kentte de... Anla sen canım, Tim'e gittiğimi söylüyorum. Şükür Tanrı'ya o zaman hepsinin sağlığı yerindeydi. Şimdi nasıllar, bilmem... Belki ölenler olmuştur. Artık ölmek zamanı çoktan geldi, hepsi de yaşlı–başlı insanlar. Aralarında benden büyükleri bile var. Ölüm sanıldığı gibi kötü değildir, gel gelelim tövbesiz ölmemeli insan. Tövbesiz ölümden kötüsü yoktur. Tövbesiz ölüm yalnız şeytanı kıvrandırır. Eğer Tanrı katının sana yasak kılınmaması için tövbe edip ölmek istersen Azize Varvara'ya duanı eksik etme. Bağışlayıcıdır, inananları korur. Herkes tövbe edip yalvarsın diye Tanrı ona yüce katından yer verdi.

Yegoruşka'nın, kendisini işitip işitmediğinden en ufak bir kuşkuya düşmeyen Panteley mırıldanıp duruyordu. Sesini yükseltip alçaltmaksızın sürdürdüğü bu tekdüze, ölgün konuşmasıyla kısa zamanda çok şey anlatmıştı. Anlattıklarının hepsi de, aralarında en ufak bağlantı bulunmayan, Yegoruşka'ya ise hiç de ilgi çekici gelmeyen şeylerdi. Adamcağız belki de susarak geçirdiği bir geceden sonra yüksek sesle düşünüp, böylece düşüncelerinin yerlerinde durup durmadıklarını yoklamak istiyor olabilirdi. Tövbe konusunu bitirince Slavyanovserbsk'li bilmem hangi toprak ağası Maksim Nikolayeviç'e yeniden döndü:

—Ya, delikanlıyı alıp götürdüler okumaya. Götürdüler de iyi ettiler...

---

1 Takvimin her günü bir ya da birkaç Hıristiyan azizinin doğum günü sayılmıştır. (Ç.N.)

İlerde yürüyen arabacılardan biri kırlara doğru koştu, yere eğilerek kırbacını vurmaya başladı. Bu, 30 yaşlarında, geniş omuzlu, uzun boylu, sarı kıvırcık saçlı, görünüşe bakılırsa son derece sağlıklı, güçlü–kuvvetli bir adamdı. Kırbacıyla birlikte kolunun inip inip kalkmasından, gövdesinin duruşuyla anlattığı öfkeden, kırbacını vurduğu şeyin canlı bir yaratık olduğunu anlaşılabilirdi. Adamın yanına; sırtında yeleği, etekleri dışarı çıkmış gömleği ile, alçak boylu, tıknaz, kopkoyu tahta sakallı bir arabacı daha koştu geldi. Oraya varınca öksürüklü tok sesiyle bir kahkaha attı.

—Amanın çocuklar, Dımov bir yılan öldürmüş. Bakın, boylu boyunca sermiş yere!

Sesinden, gülüşünden zekâ durumu konusunda yargıya varabileceğimiz kişiler vardır. İşte kara sakallı da bu talihlilerden biriydi: Sesinden, gülüşünden süzme bir aptal olduğu anlaşılıyordu. Sarı saçlı Dımov kırbacıyla vurmaktan vazgeçti, yerden ipe benzer bir şey takıp aldı, kahkahalar arasında bunu arabalara doğru fırlattı.

Arabacılardan biri bir çığlık attı.

—Yazık be! Zehirli değil, kara yılan bu!

Yüzü çenesinin altından bağlı, oklava yutmuş yürüyüşlü adam koşar adımlarla ölü yılanın yanına vardı, ona baktı, sopa biçimindeki kollarını sallamaya, boğuk boğuk çıkan, ağlamaklı sesiyle bağırmaya başladı:

—Tüh, Tanrı'nın cezası! Neden öldürdün yılancağızı? Sana ne yaptı, mendebur herif? Vah vah, acımadan kıyıverdi yılancığın canına! Seni de böyle birinin geberttiğini görmeyecek miyim?

—Karayılanı öldürmemeli, diye söylendi Panteley de durgun bir sesle. Olmaz... Engerek değildir ki... Gerçi görünüşü yılandır ama zararsız yaratıktır. İnsanları sever karayılanlar...

Herhalde Dımov ile kara sakallı sürücü yaptıklarından dolayı utanmışlardı, çünkü suçlu suçlu gülerek, arkadaşlarının yakınmalarına karşılık vermeden, arabalara doğru tembel tembel yürüdüler. Sonuncu araba yılanın öldürüldüğü yerle aynı hizaya gelince, yılanın başucunda dikilen, yüzü çenesinin altından bağlı adam Panteley'e döndü, ağlamaklı bir sesle sordu:

—Dede, söylesene, bu adam ne diye öldürdü yılancağızı?

Yegoruşka, iyice yaklaşınca fark etmişti. Adamın ufak ufak donuk gözleri, solmaktan kül rengi almış, hastalıklı bir yüzü, kızarıp şişmiş bir çenesi vardı.

Panteley'le yan yana yürüyerek sorusunu üsteledi:

—Neden öldürdü karayılanı, söyler misin, dede?

—Neden olacak, budalanın elleri kaşınmıştır da ondan. Bilirsin, hiç rahat durmaz. Karayılanın öldürülmeyeceğini herkes bilir. Ama vız gelir Dımov'a. Böylesi az bulunur yeryüzünde, eline geçeni öldürür. Ama Kiryuha da hayvancağızı onun elinden almamakla iyi etmedi. Onun engel olmasını beklerdim. Üstelik kah-kah-kah, kih-kih-kih! Vasya, sen canını sıkma! Bunda üzülecek bir şey yok. Onlar bir yaratığın canına kıydılar, Tanrı cezasını verir böylelerinin. Dımov yaramazın tekidir, Kiryuha ise kafasızlığından uyar ona... Aldırma sen o haylazlara! Aklı kıt insanlar anlamaz öyle şeylerden... Tanrı kusurlarını bağışlasın. Bak, Yemelyan onlara benziyor mu? Kendisine zarar vermeyene dokunmuyor. Ben böylesine iyi insan derim. Çünkü iyi terbiye görmüştür, öbürleri gibi akılsızca işler yapmaz. Yemelyan demişler ona, kimsenin girdisine çıktısına karışmaz.

Görünmez koroyu yöneten, gözünün altı urlu, kızıl paltolu arabacı, adının söylendiğini işitince durdu; Panteley ile Vasya kendi hizasına gelene dek bekledi, sonra onlarla birlikte yürüdü.

—Konuşmanız ne üzerineydi? diye sordu, kısık, çatallaşmış bir sesle.

—Bizim Vasya, diyorum, boşu boşuna canını sıkıyor. Canını sıkmamasını söylüyordum ona... Of, hasta ayaklarım, ağrılı bacaklarım! O–of!.. Kutsal pazar günü gene karıncalanıp duruyor.

—Yürümekten olacak, dedi Vasya.

—Hayır, delikanlım, hayır, yürümekten değil. Yürüdüğüm zaman tüy gibiyim, ama yatıp ısınınca sızlamaya başlar. Yürüdükçe açılıyor, bir şeyciği kalmıyor.

Kızıl paltolu Yemelyan, Panteley ile Vasya'nın arasında yürürken, sanki şarkı söylemeye hazırlanıyormuş gibi kollarını sallamaya başladı, ama bir süre sonra kollarını sallamaktan vazgeçerek:

—Ah, güzel bir sesim olaydı! dedi. Alnımın karayazısı! Bir zamanlar vardı ama kalmadı şimdi. Maronivski Bey'in nikâhında üç sesli koroyla okuduğumuz «Yarabbi, esirge bizi» ilahisini unutamıyorum, gece sabaha dek hatırımdan çıkmadı, şimdi bile ağzını açsam, söyleyiverecekmişim gibime geliyor. Oysa yapamam artık, o güzel ses çoktan gitti...

Aklına bir şey gelmiş olmalı ki, bir süre sustu, konuşmasını sürdürdü:

—Kiliselerde 15 yıl ilahicilik yaptım, koskoca Lugansk fabrikasında benimki gibi güzel sesi kimsede bulamazdınız. Gel gelelim üç yıl önce Donets ırmağında yıkandığım bir gün boğazımı üşüttüm, o günden beri temiz ses çıkaramıyorum. Işçi kolunu yitirince ne duruma düşerse, işte ben de aynı durumdayım.

—Doğrudur, dedi Panteley içini çekerek.

—Artık benden hayır gelmez; ben bunu bilir, bunu söylerim.

Bu konuşmalar sırasında Vasya'nın gözü arabanın tepesindeki Yegoruşka'ya takıldı; o anda gözleri ıslandı, minicik minicik kaldı. Utanmış gibi yeniyle yüzünü örterek:

—Aa, beyzadem de bizimle birlikte mi gidiyor? dedi. Aman, arabanın tepesine ne güzel de kurulmuş! Sen hep bizimle kal, olmaz mı? Kervancılık eder, yün taşırsın.

Bir beyzade ile arabacının aynı kişide birleşmesi düşüncesi ona çok tuhaf, aynı zamanda zekice bir buluş olarak görünmeli ki, adam kıkır kıkır güldü, bu düşünceyi geliştirmek için büyük bir istek duydu. Onun ardından Yemelyan da başını kaldırıp baktı Yegoruşka'ya, fakat bu, soğuk, kısa bir bakıştı. Herhalde o anda gömüldüğü kendi düşünceleri içinde çırpınıp duruyordu. Vasya olmasa arabada kimin bulunduğunu görmez, görse bile aldırmazdı. Aradan beş dakika geçmeden kolunun birini yeniden sallamaya başladı, bütün gece hatırından çıkmayan «Yarabbi, esirge bizi» ilahisini bir zamanlar ne denli güzel olduklarını yol arkadaşlarına anlatırken kamçısını koltuğunun altına aldı, bu sefer iki kolunu birden salladı.

Araba kervanı yol kıyısındaki bir köyün bir versta ilerisindeki tapıncaklı bir kuyu başında mola verdi. En başta koşan kara sakallı Kiryuha, kuyunun üstüne yüzükoyun kapandı; karanlık deliğe tapıncağın ucundaki kovayla birlikte kıllı başını, omuzlarını, gövdesinin yarısını soktu. Dışarda yalnızca sırtı, kısa bacakları, uçları yere zor dokunan ayakları kalmıştı. Adam kuyunun derinliklerinde kendi başının yansımasını görünce pek hoşuna gitti, aptalca, tok bir kahkaha koyverdi; kuyunun yankısı aynı kahkahalara karşılık verdi. Kova elinde kalktığında yüzü, boynu al bezler gibi kızarmıştı. Su içmeye ilk koşan Dımov oldu. Ağzını kovadan ikide bir ayırarak, Kiryuha'ya gülünç şeyler anlatıp kahkahayla gülerek içti; sonra geriye döndü, tüm bozkıra bağıra bağıra, ağza alınmayacak çirkin küfürler savurdu. Yegoruşka bu küfürlerin ne anlama geldiğini bilmiyordu, fakat bunların kötü şeyler olduğunu da anlamıyor değildi. Akrabalarının, yakından tanıdığı kişilerin bu sözlere karşı duydukları tiksintiyi bilir, nedenini anlamadan o da aynı tiksintiyi paylaşırdı. Böyle çirkin sözleri bağıra bağıra söyleme yetkisini yalnız sarhoşlarla kopukların taşıdığını düşünmeye alışmıştı artık. Karayılanın öldürülme olayını anımsadı, Dımov'un sövgülü kahkahalarını dinledi ve bu adama karşı nefret çeşidinden bir duygu beslemeye başladı. Terslik bu ya, tam o sırada Dımov da su içmek için arabadan inen Yegoruşka'yı gördü; bir kahkaha atarak bağırmaya başladı:

—Amanın, çocuklar, bakın! Bizim moruk geceleyin bir çocuk doğurmuş!

Onun ardında Kiryuha tok sesiyle güldü, ama fazla gülemeden öksürüğe tutuldu. Onların peşinden bir üçüncüsü kahkahayı bastı. Yegoruşka'nın yüzü kıpkırmızı kesti. Dımov'un kötü bir insan olduğuna iyice inanmıştı şimdi.

Kıvırcık sarı saçlı, şapkasız, mintanının önü açık, son derece güçlü görünen, yakışıklı Dımov'un her hareketinden bir kabadayının, değerini bilen bir yiğidin cakası okunuyordu. Konuşurken omuzlarını oynatıyor, ellerini kalçalarına koyuyor, sesini herkesten çok yükseltiyor, kahkahalarla gülüyor, bir eliyle ağır bir şey kaldıracakmış da bununla tüm dünyayı şaşkına döndürecekmiş gibi tavırlar takınıyordu. Arsız bakışları yoldan arabalara, arabalardan gökyüzüne kayıyor; hiçbir yerde uzunboylu kalamadığı ve yapacak başka bir işi olmadığı için sataşacak, alay edecek, öldürecek birini ararcasına şuna–buna takılıyordu. Dımov belli ki hiçbir şeyden korkmuyor, kendine hiçbir şeyi dert etmiyor, hele Yegoruşka'nın, onun hakkında neler düşündüğüyle hiç mi hiç ilgilenmiyordu. Peki, Yegoruşka neler düşünüyordu o sırada? Adamın sarı saçlarından, aydınlık, güleç yüzünden, kendisine güvenen, cakalı duruşundan tüm yüreğiyle nefret ediyor, kahkahalarını tiksintiyle, korkuyla dinliyor; ondan öç almak için neler söylemesi gerektiğini tasarlıyordu. Kuyuya yanaşan sonuncu arabacı Panteley'di. Yaşlı adam cebinden yeşil bir kandil çömleği çıkardı, bunu bir bezle güzelce sildi, kovadan suyla doldurdu ve tepesine dikti. Sonra çömleğe biraz daha su doldurdu, beze özenle sardı, gerisin geriye cebine soktu.

Yegoruşka bu işe çok şaşırmıştı.

—Dede, suyu niçin kandil çömleğiyle içiyorsun? diye sordu.

—Kimi doğrudan doğruya kovadan içer, kimi de kandille alır içer. Her yiğidin bir yoğurt yiyişi vardır, derler... Eğer canın kovadan içmek istiyorsa sağlıklı iç, sana kimse karışmaz...

Vasya kimsenin beklemediği bir anda, sevinçli, ağlamaklı bir sesle bağırdı:

—Oy, iki gözüm benim, anacığım, canım, canımın içi!

Uzaklara çevirdiği gözleri yaşarmıştı, gülümsüyordu. Yüzü, daha önce Yegoruşka'ya bakarken büründüğü aynı anlatıma bürünmüştü.

—Kime söylüyorsun bu sözleri? diye sordu Kiryuha.

—Tilkiye... Köpek enciği gibi yatmış, kendi kendine oynuyor.

Arabacılar gözlerini uzaklara çevirdiler, Kirhuya'nın gördüğü tilkiyi aramaya başladılar, fakat kimse ona benzer bir yaratığa rastlamadı. Yalnızca Vasya donuk bakışlı, kül rengi, minicik gözleriyle bir şeyler görüyor; bu görüntüden dolayı da sevincinden kabına sığamıyordu. Yegoruşka daha sonra durumu öğrendi. Vasya'nın şaşılası keskin gözleri vardı. O denli uzaklardaki şeyleri görüyordu ki, boza bulanmış, yanık rengi bozkır onun için her zaman yaşam dolu, meraklı şeylerle kaynaşan bir yerdi. Bir tilkiyi, bir tavşanı, gökteki bir akbabayı, insanlardan kaçan başka bir hayvanı görmesi için uzaklara şöyle bir bakıvermesi yeterdi. Kaçan tavşanı ya da gökte süzülen akbabayı görmek zor değildir, bozkırda yolculuk yapan herkes böyle şeyleri görebilir; fakat kaçmadıkları, saklanmadıkları, kaygıyla sağa–sola bakmadıkları zaman yaban hayvanlarını kendi yuva yaşamları içinde görmek pek kolay olmaz. Oysa Vasya neler neler görmezdi ki bozkırın ortasında! Oynaşan tilkiler mi, patileriyle yüzlerini yıkayan tavşanlar mı, kanatlarını düzelten akbabalar mı, kondukları yeri eşeleyip duran toy kuşları mı?.. Gözünün bu keskinliği sayesinde Vasya'nın, herkesin gördüğünden ayrı, kendine özgü başka bir dünyası, kimsenin erişemediği, o bakıp sevinirken de kıskanmaktan kendilerini alamadıkları, güzelin güzeli bir dünyası vardı.

Araba kervanı yeniden yola koyulduğunda köy kilisesinin çanı öğle ayinini vuruyordu.

V

Kervan, ırmağın kıyısındaki bir köyün yanına konakladı. Güneş bir gün önceki gibi cayır cayır yakıyordu; hava durgun, sıkıntılıydı. Kıyıda birkaç tane salkımsöğüt vardı, fakat bunların gölgesi toprağa değil, suya düştüğü için boşa gidiyordu. Arabaların altındaki gölge ise bunaltıcı, o derece de iç kapayıcıydı. İçinde gökyüzü yansıdığı için masmavi görünen suyun yüzeyi «gel bana!» dercesine insanı kendine kendine çağırıyordu.

Yegoruşka'nın daha önce fark etmediği, yürürken paçaları bayrak gibi sallanan bol bir şalvar ile uzun bir mintan giymiş, 18 yaşlarında bir Ukraynalı olan Styopka çabuk çabuk soyundu, ırmağın dik kıyısından aşağı doğru koştu ve kendini suyun içine atıverdi. Su yüzüne çıktıktan sonra birkaç kez daha batıp çıktı, sonra sırtüstü yüzmeye başladı, zevkten gözlerini yumdu. Sudan gıdıklanıyormuş, bir yerleri ağrıyormuş, serin suda yüzmek tuhafına gidiyormuş gibi gülümsüyor, yüzünü buruşturuyordu.

Boğucu, bunaltıcı sıcaktan kaçıp kurtulamadığımız böyle bir günde su şıpırtısı, serin suda yıkanan birinin hızlı soluk alışları kulağa hoş gelen, güzel bir müzik etkisi yapar insana. Styopka'ya bakarak Dımov ile Kiryuha da çabuk çabuk soyundular. Daha ırmağa dalmadan, suyun tadını duyarcasına çınlatıcı kahkahalar atarak ırmağa atıldılar. Durgun akan, ağırbaşlı ırmak onların pofurdamalarına, şıpırtılarına karşılık veriyordu. Kiryuha öksürüyor, gülüyor, kendisini boğmak isteyen biri varmış gibi bağırıyordu. Dımov ise arkadaşını kovalıyor, ayaklarından yakalamaya çalışıyordu.

—Heeeey! Yakalayın, tutun şunu!..

Kiryuha her ne kadar keyifli kahkahalar atıyorsa da yüzünün anlatımı karadakinin aynısıydı. Birisi gizlice arkasından yaklaşmış da baltanın dövdüsünü kafasına indirivermiş gibi aptalca, şaşkın bir görünüşü vardı. Yegoruşka da soyundu, ötekiler gibi kıyıya inmedi, sarp yarın tepesinden geriye çekilerek hızla koştu, bir buçuk metre yukarıdan suya atladı. Bu atlayışla biraz daha yükselerek havada bir yay çizdi, suyun ta derinlerine gömüldüyse de dibini bulamadı. Dokunuşu serin, hoş bir güç onu suyun altından kaptığı gibi gerisin geriye yukarıya, suyun yüzüne çıkardı. Yüze çıkınca derin bir soluk verdi, beyaz kabarcıklar arasında gözlerini açtı. Gözlerini açmasıyla kamaşması bir oldu: Tam başının yanında güneş yansıyordu suda. Parıltılı, kör edici kıvılcımlardan sonra gökkuşakları, kara kara benekler doldurdu gözlerini. Bunun üzerine yeniden dibe daldı, suyun içinde gözlerini bir daha açtı, ay ışıklı gecelerdeki gökyüzüne benzeyen, bulanık yeşil bir yoğunlukla karşılaştı. Gene aynı güç, dibe varmasına fırsat vermeden, Yegoruşka, serinliği bedeninde doya doya duymadan onu yukarı itti. Yegoruşka su yüzüne çıkınca derin bir soluk aldı; soluklanmasıyla birlikte göğsü, karnının içi rahatlayıp serinledi. Bundan sonra sudan alınabilecek çeşitli zevklere kaptırdı kendini: Sırtüstü yattı, suyun içinde debelendi, takla attı, suyu ağzına doldurup püskürttü; yoruluncaya, bıkıncaya kadar karınüstü, yan, sırtüstü yatarak, diklemesine durarak yüzdü yüzdü... Irmağın karşı yakası silme kamışlarla örtülüydü, kamış yaprakları güneşte pırıl pırıldı, salkım salkım kamış çiçekleri suya sarkmıştı. Bir ara kamışlar karıştı, titreyen yaprakların arasından hışırtılar yükseldi. Styopka ile Kiryuha yengeç yakalıyorlardı.

Kiryuha böbürlenerek:

—Yengeç, yengeç! Bakın çocuklar, yengeç diye bağırdı.

Gerçekten de elinde bir yengeç tutuyordu.

Bunun üzerine Yegoruşka da kamışlı kıyıya yüzdü, dibe dalarak kamış kökleri arasını araştırmaya koyuldu. Cıvık, kaygan gömüğü (çamuru) elleriyle didiklerken sivri, iğrenç bir şey, belki de bir yengece dokundu, fakat bu sırada biri ayağından yakaladı, yukarı çekti. Yutkunarak, öksürerek gözlerini açtığında Yegoruşka, sataşkan Dımov'un sırıtan, ıslak yüzüyle karşılaştı. Dımov yavaş yavaş soluyor, yaramazlığı elden bırakmayacağı gözlerinden okunuyordu. Bir eliyle Yegoruşka'nın bacağından sımsıkı yapışmıştı. Öbür elini, boynundan da yakalamak için kaldırmıştı ki, Yegoruşka bu güçlü-kuvvetli adamın kendisini boğacağından korkarak tiksintiyle, nefretle çırpındı, iğrenç herifin kollarının arasından sıyrıldı.

—Aptal, suratına patlatırsam! diye haykırdı olanca gücüyle.

Sonra, bunun öfkesini anlatmada yetersiz kaldığını görerek biraz düşündü;

—Namussuz! İt oğlu it! diye bağırdı.

Dımov, sanki bu küfürler kendine değilmiş gibi, Yegoruşka'ya aldırmadan Kiryuha'ya doğru yüzdü. Bir yandan da:

—Heeey, çocuklar! Gelin balık avlayalım. Hadi balık avına! diye bağırıyordu.

Kiryuha da ona katıldı:

—Durmayın hadi! Burada çok balık vardır...

Dımov, ırmaktaki genç Ukraynalı'ya seslendi:

—Styopka! Çabuk köye git! Köylülerden bir ağ iste!..

—Vermezler!

—Niçin vermesinler? Sen iste hele! İsa Peygamber adına de! Biz de burada garibiz!

—Peki, isteyeyim!

Yegoruşka:

—Neden yıkanmıyorsun? diye sordu Vasya'ya.

—Hiç... Sevmiyorum da ondan...

—Çenen niçin şişti? Bu yüzden mi yıkanmıyorsun?

—Hastalıklıdır çenem, beyzadem. Kibrit fabrikasında çalışırken hastalandı. Doktor çenemin şişeceğini söylediydi, dediği gibi de çıktı. Orasının havası sağlığa zararlıymış, çoğu kişiye dokunurmuş. Benden başka üç kişinin daha çenesi şişti. Hele birisinin çenesi büsbütün sakat kaldı.

Aradan fazla bir zaman geçmedi, elinde bir ağla Styopka köyden döndü geldi. Dımov ile Kiryuha suda uzun süre kalmaktan dolayı mosmor kestikleri, sesleri de kısıldığı halde balık avlama işine dört elle sarıldılar; kamışlığın dibinden ayrılarak derin yerlere gittiler. Burada su Dınov'un gırtlağına geliyor, kısa boylu Kiryuha'yı ise boyluyordu. Kiryuha ağı çekerken yutkuna yutkuna, kabarcıklar çıkarta çıkarta ilerliyor; Dımov'un ayakları ağa dolaşıyor, köklere takılıyordu. İki delikanlının su içinde debelenmesinden, cıbıldamasından dolayı, yaptıkları iş balık avından başka her şeye benziyordu.

Kiryuha kısık kısık bağırırken:

—Burası çok derin! Bu suda balık avlanmaz! dedi.

Gergin ağa gereken durumu vermek için suyun içinde dolanan Dımov öbür uçtan bağırdı:

—Dikkat et ulan! Sımsıkı tut şu mereti!

Onların böyle boşuna çırpındıklarını gören Panteley oturduğu yerden seslendi:

—Orada balık filan yakalayamazsınız! Balıkları ürkütmekten başka bir iş yapmıyorsunuz, budalalar! Sola doğru gidin. Orada sığ yerler var.

Bir ara ağın üstünde iri bir balığın pırıldadığı görüldü. Hep birden derin bir ah çektiler, Dımov balığın sıçrayıp kaybolduğu yere yumruğunu savurdu, yüzü üzüntüden buruştu. Ayağa fırlayan Panteley tepinerek haykırdı:

—Tüh, aptallar! Koca bir balığı kaçırdınız!

Sola doğru gide gide Dımov ile Kiryuha sığ yerlere vardılar, gerçek balık avı orada başladı. Bu arada arabalardan da 300 metre kadar uzaklaşmışlardı. İki kişi ağı sığ yerden kamışlığa doğru ağır ağır çekerek, bir yandan da balıkları ürkütüp ağın içine sürmek için suyu şamarlayaraktan, kamışları hışırdataraktan ilerlediler. Kamışların yanına yaklaşınca geriye döndüler, yeniden sığ yere vardıkları zaman da ağı kıyıya çektiler. İçinden bir şey çıkmadığını görünce düş kırıklığı içinde tekrar kamışlara doğru yürüdüler. Böyle dizlerini yukarı kaldıra kaldıra giderlerken aralarında konuşuyorlar, fakat ne konuştukları kıyıdan işitilmiyordu. Güneş, sırtlarını iyice kızdırmış, ısırgan sinekler başlarına üşüşmüştü. Başlangıçta serin sudan mosmor kesen tenleri şimdi kıpkırmızıydı. Mintanını omzuna kadar sıvayan Styopka eteğinin bir ucunu dişiyle tutarak, elinde kova, ağ çekenlerin peşinden yürüyor, eğer ağdan balık çıkarsa, güneşte parlayan balığı havaya kaldırıp kıyıdakilere gösteriyordu.

—Hey, bakın ne iri bir balık! Kovada bunun gibi beş tane daha var!

Ağı kenara çektikten sonra Dımov, Kiryuha ve Styopka'nın her seferinde çamuru didik didik ettikleri, kovaya bir şeyler fırlattıkları, ağdan çıkardıkları bir nesneyi bazen elden ele gezdirerek ilgiyle inceledikleri, sonra da kovaya attıkları görülüyordu.

Styopka sudan çıktı, çabuk çabuk giyindi, başı çıplak, bol şalvarının paçalarını savura savura köye doğru koştu.

Dımov'la çatışmasından sonra ırmak, Yegoruşka için tüm çekiciliğini yitirmişti. O da dışarı çıktı, giyinmeye başladı. Panteley ile Vasya ayaklarını sarkıtarak dik sahilde oturuyorlar, yüzenlere bakıyorlardı. Yemelyan hemen kıyıda diz boyu suya girmiş, düşmemek için bir eliyle kenardaki otlara tutunurken bir eliyle de gövdesini ovuyordu. Kupkuru kürek kemikleri ve gözünün altındaki şişle, besbelli sudan korktuğu için öne abanmış dururken çok gülünç bir görünüşü vardı. Yüzünün anlatımı ciddi, sertti; bir zamanlar Donets'te üşütüp sesini aldığı için, azarlıyormuş gibi suya öfkeli öfkeli bakıyordu.

Kıyıdan:

—Hey, nedir o çıkardığınız? diye bağırıyorlardı.

Buna Kiryuha karşılık veriyor, fakat onun ne dediği pek anlaşılmıyordu. En sonunda Styopka sudan çıktı, mintanını boşlamayı unutup kovayı iki eliyle birden tutarak arabalara doğru koştu. Güçlükle soluk alırken şöyle bağırıyordu:

—Arkadaşlar, bu kova doldu, başkasını verin!

Yegoruşka kovaya bir göz attı: İçerisi balıkla doluydu. Genç bir çapakbalığı çirkin suratını sudan dışarı çıkarıyor, onun yanında yengeçler, küçük balıklar kaynaşıyordu. Yegoruşka elini suya daldırdı, karıştırdı; çapakbalığı avcunun içinden kaydı, onun yerine yukarıya bir sudak ile çayır sazanı çıktı. Vasya da yaklaşıp baktı kovaya, bakar bakmaz gözleri ıslandı. Tilkiyi gördüğü zamanki gibi yüzüne sevecen bir yumuşaklık yayıldı. Az sonra kovanın içinden bir şey çıkardı, bunu ağzına atıp çiğnemeye başladı. Dişlerinin arasından kıtır kıtır sesler geliyordu.

Styopka şaşırarak bağırmaya başladı:

—Amanın kardeşlerim! Vasya kayabalığını çiğ çiğ yiyor! Tüh sana, e mi!

Vasya hiç istifini bozmadı, çiğ balığı çiğnerken:

—Yok canım! Bu, kayabalığı değil, kilbalığı, dedi.

Ağzından balığın ezilmiş kuyruğunu çıkardı, sevgiyle baktıktan sonra yeniden ağzına soktu. O böyle balığı çiğneyip çıtır çıtır sesler çıkarırken, Yegoruşka, insandan başka bir yaratıkla karşı karşıya bulunduğunu düşündü. Şişik çenesi, donuk bakışlı, olağanüstü keskin gözleri, ağzına tıkıştırdığı balık kuyruğu, çiğ balığı çiğnerken yüzünün aldığı yumuşaklık onu insandan çok bir hayvana benzetiyordu. Vasya'nın yanında dikilmekten Yegoruşka'nın canı sıkılmıştı. Zaten balık avı da son bulmuştu. Arabaların yanında tembel tembel biraz gezindi, başka yapacak bir şey bulamadığı için köye doğru yollandı.

Kilisedeydi şimdi. Bir köylünün kenevir kokan sırtına alnını dayamış, mimberde okunan ilahiyi dinliyordu kımıldamadan. Öğle ayini bitmek üzereydi. Yegoruşka kilise şarkısından bir şey anlamıyor, o yüzden kaytısız duruyordu. Az önceki ırmak eğlencesinden dolayı ıslak kızıl saçlarından Yemelyan'ı hemen tanıdı. Ensesi tostoparlak, saçlar hayli yukardan kesilmişti; şakakları da öyle, gereğinden fazla kısaydı. Kırmızı kulakları iki aslanağzı yaprağı gibi yanlara açılmıştı, yerlerini pek yadırgamış görünüyorlardı. Yusyuvarlak ensesine, kepçe kulaklarına bakarken Yegoruşka, Yemelyan'ın çok mutsuz bir insan olduğunu düşündü. Yürürken kollarını sallamasını, hırıltılı sesini, ırmakta yıkanırken ürkek ürkek otlara tutunuşunu gözünün önüne getirince ona karşı sonsuz bir acıma duydu, içinden ona okşayıcı şeyler söylemek geldi. Adamı yeniden çekerek:

—Yemelyan, ben de buradayım, dedi.

Kilise korosunda tenor ya da bas sesle ilahi söyleyenler, özellikle bir kerecik olsun koroyu yönetme mutluluğuna erişenler çocuklara sert sert bakma, gerektiğinde de azarlama alışkanlığını edinirler. Koro şarkıcılığından ayrıldıktan sonra bile bu alışkanlıkları sürer gider. Yemelyan da yüzünü Yegoruşka'ya çevirip kaşlarının altından sert sert baktı:

—Kilisede şımarıklık edilmez! dedi.

Yegoruşka orada fazla kalmadı, kalabalık arasından ilerleyerek aziz tasvirlerinin bulunduğu köşeye ulaştı. Burada ilginç insanlar çarptı gözüne. Herkesten önce, yere serili halının sağında bir bay ile bir bayan dikiliyorlardı. Her ikisinin arkasında birer boş sandalye vardı. Üstünde yeni ütülenmiş keten bir giysi bulunan bay, selam veren bir asker gibi dimdik, tıraşlı, mavimsi görünen çenesini yukarı kaldırıyordu. Dik yakasında, mavimsi çenesinde, tepesindeki ufacık dazlağında, elindeki bastonda son derece kibirli bir hava vardı. Adamın kurumlanması o denli aşırıydı ki, boynu geriye doğru iyice gerilmişti. Çenesini arkaya itip boynunu gerişinden kafasının her an kopup havaya fırlayıvereceğini sanırdınız. Beyaz ipek şallı, tombul, yaşlıca bayan ise başını yana eğmiş; sanki az önce birine bir iyilikte bulunmuş da, berikinin teşekkür etmesi üzerine, «Ah, teşekküre ne gerek var? Ben böyle şeyleri sevmem!» demek istiyormuş gibi bakıyordu. Halıyı dört bir yandan Ukraynalı köylüler kuşatmıştı.

Yegoruşka, aziz tasvirleri bölmesine yaklaştı, tanıdığı azizlerin resimlerinin önünde eğilmeye başladı. Her azizin önünde telaş etmeden yere değin eğiliyor, doğrulmadan önce arkada duranlara şöyle bir göz gezdiriyor, sonra kalkıp resmi öpüyordu. Alnının soğuk taş döşemeye değmesi çok hoşa gidici bir şeydi. Elinde uzun mum maşasıyla kilise bekçisi mumları söndürmek için mihraptan çıkınca Yegoruşka ayağa fırladı, ona doğru seğirterek sordu:

—Ekmek–şarap ayini tamamlandı mı? Şaraplı ekmek dağıtıldı mı?

Bekçi somurttu.

—Hayır, hayır! Böyle bir günde şaraplı ekmek dağıtılmaz.

Nikâh töreni sona ermişti. Yegoruşka ağırdan alarak kiliseden çıktı, köyün çarşısını gezmeye gitti. Eskiden de birçok köy görmüş, çarşılar gezmiş, çeşit çeşit insan tanımıştı; o yüzden burada karşılaştığı şeyler pek ilgisini çekmiyordu. Iş olsun diye, kapısının önünde geniş, kırmızı kumaş parçası asılı bir dükkânın kapısından içeri girdi. İçerisi geniş, yarı karanlıktı; dükkân iki bölümden oluşuyordu. Bölümlerden birinde tuhafiye ve bakkaliye malları satılıyordu. Öbürüne katran fıçıları dizilmişti; tavandan hamutlar, koşum kayışları sarkıyordu. Her iki bölüme de hoş bir katran ve meşin kokusu sinmişti. Dükkânı serinletmek için yerleri sulamışlardı; bu işi yapan kişi düş gücü zengin, aynı zamanda özgür düşünceli biri olmalıydı, çünkü taban baştan başa nakışlarla, büyü işaretleriyle süslüydü. görünüşe bakılırsa kuzeyli bir Rus olan, ablak suratlı, değirmi sakallı, şişko dükkân sahibi, göbeğini tezgâhın arkasındaki yazı masasına dayamış, ayakta dikiliyordu. Adamın elinde kıtlama içtiği bir bardak çay vardı. Çayı yudumlarken ofluyor, derin derin içini çekiyordu. Yüzünden büyük bir vurdumduymazlık okunmakla birlikte her iç çekişiyle; «Sen biraz dur hele! Ben de senin gözünü patlatmazsam!» der gibiydi.

Yegoruşka, adamın çalımına aldırmaksızın:

—Bana bir kapiklik ayçiçeği verir misiniz? dedi.

Dükkâncı kaşlarını kaldırdı, tezgâhın arkasından çıktı, Yegoruşka'nın cebine bir kapiklik ayçiçeği doldurdu. Ölçek görevini boş bir pomat kutusu yapmıştı. Yegoruşka'nın canı dükkândan çıkıp gitmek istemiyordu. Çörek dolu gözlere uzun uzun baktı, bir şeyler düşündü, yıllarca beklemekten üzerlerine toz çöken, ufak Vyazemsk çöreklerini göstererek:

—Bunlar kaça? diye sordu.

—Çifti bir kapik.

Yegoruşka bir gün önce Yahudi kadının armağan ettiği çöreği cebinden çıkardı.

—Peki, böyleleri sizde kaça?

Dükkâncı çöreği eline aldı, evirdi–çevirdi, bir kaşını kaldırarak:

—Böyleleri mi? diye sordu.

Sonra öbür kaşını da kaldırdı, böyle bir süre daha düşündü, sonra yanıt verdi:

—Çifti üç kapiktir.

Ortalığa bir sessizlik çöktü. Kırmızı bakır çaydanlıktan kendine bir çay daha dolduran dükkân sahibi, göbeğini yeniden masaya dayadıktan sonra:

—Kimin oğlusunuz? diye sordu.

—İvan İvanıç'ın yeğeniyim ben.

—Hangi İvan İvanıç? Her yerde İvan İvanıç dolu...

Dükkâncı içini çekti, Yegoruşka'nın başının üstünden kapıya bir göz attı, kısa bir sessizlikten sonra:

—Çay ister misiniz? dedi.

Yegoruşka çay içmek için büyük bir istek duymuyordu.

—Eh, içebilirim...

Adam ona da bir bardak çay doldurdu, bir topak şekeri dişleriyle parçalayarak çay tabağına koydu. Kırma sandalyelerden birine oturan Yegoruşka çayını içmeye başladı. Şimdi de badem şekerlerinin ederini sormak istiyordu. Sözü tam bu konuya getirmek üzereydi ki, içeriye bir müşteri girdi, bardağını bir kenara iten dükkâncı, adama doğru koştu. Onlar müşteriyle birlikte keskin keskin katran kokan bölüme gittiler, konuşmaya başladılar. Müşteri işini bilen, inatçının biri olmalıydı, çünkü eder konusunda bir türlü pazarlığa yanaşmıyor, «olmaz» anlamında başını sallarken kapıya doğru geri geri yürüyordu. Sonunda dükkâncıyla bir anlaşmaya vardılar, beriki büyük bir çuvala yulaf doldurmaya başladı.

Müşteri bir yandan mırın kırın ediyordu:

—Siz buna da yulaf mı diyorsunuz? Yulaf değil, harman elentisi bu. Tavukların önüne atsanız onlar bile güler. Hayır, ben Bondarenko'nun dükkânına gideceğim.

Yegoruşka ırmak kıyısına döndüğü zaman suya yakın yerde ateş yakmışlardı. Arabacılar yemek hazırlığı yapıyorlardı. Styopka elinde büyük bir kevgirle dumanlar içinde dikiliyor, durmadan önündeki kazanı karıştırıyordu. Biraz ötede de Kiryuha ile Vasya vardı; balık ayıklayan bu ikisinin gözleri dumandan kızarmıştı. Yerde, çamura, yosunlara bulanmış, üzerinde balıkların parladığı, yengeçlerin oynaştığı ıslak ağ duruyordu.

Biraz önce kiliseden dönen Yemelyan gelip Panteley'in yanına dikilmişti. Adam bir yandan koro yönetir gibi kollarını sallıyor, bir yandan da zor işitilir, hırıltılı sesiyle «Senin için Tanrım...» ilahisini okuyordu. Dımov, atların yanındaydı.

Balık ayıklamayı bitiren Kiryuha ile Vasya, temizledikleri balıkları, canlı yengeçleri bir kovaya doldurdular, bol suyla çalkaladılar, sonra hepsini birden kazandaki kaynar suya boca ettiler.

Kevgirle köpükleri toplayan Styopka:

—Yağ da koyayım mı? diye sordu.

Kiryuha:

—Ne diye boşuna yağ harcayacaksın? dedi. Balık kendi suyunu bırakır.

Kazanı ateşten çekmeden önce Styopka suya üç avuç dolusu darı ile bir avuç tuz attı. Kazanı karıştırıp biraz bekledikten sonra çorbanın tadına baktı, dudaklarını şapırdattı, kevgiri yaladı, yaptığı işten kıvançlı, boğazını temizledi. Balık çorbası yenmeye hazır demekti bu.

Panteley dışında arabacılar kazanın çevresini kuşattılar, kaşıklarını daldırıp daldırıp çıkarmaya başladılar.

Panteley, kazanın başındakilere çıkıştı:

—Hey, delikanlıma da bir kaşık vermek yok mu? Belki onun da karnı acıkmıştır.

Kiryuha içini çekerek:

—Bizim azığımız köylücedir, belki beğenmez, dedi.

—Yemeğin köylücesi mi olurmuş? Canı çeken oturur yer.

Eline bir kaşık tutuşturulan Yegoruşka, kazanın başına öbürleri gibi çökmedi; ayakta durup bir çukura bakar gibi kazana bakarak, kaşıklamaya başladı. Yemekten taze balık kokusu yayılıyor, ara sıra darılar arasından pullar çıkıyordu. Yengeçleri kaşıkla çekip çıkarmak zor olduğundan, arabacılar doğrudan doğruya ellerini çorbaya daldırıp alıyorlardı. Çorbanın suyuna yalnız ellerini değil, yenlerini bile sokmuş bulunan Vasya bu konuda özellikle becerikliydi! Çorba gene de Yegoruşka'ya pek lezzetli geldi, perhiz günleri annesinin pişirdiği yengeç çorbasını anımsattı. Panteley, kazandan uzak bir yerde oturuyor, kendi kendine ekmek geveliyordu.

Yemelyan dayanamadı, sordu:

—Dede, çorbadan sen niye yemiyorsun?

—İğğğ! Yengeçten iğrenirim ben!

Yaşlı adam gerçekten de tiksintiyle yüzünü geriye çevirdi.

Yemek yenirken havadan–sudan konuşuluyordu. Yegoruşka arabacıların bu konuşmalarından, aralarında yaş ve huy ayrımı olmakla birlikte, onları birbirlerine yaklaştıran bir şeylerin varlığını hemen sezdi: Hepsi de çok iyi geçmişleri olan, buna karşılık geçirmekte oldukları günlerden hiç hoşnut kalmayan kimselerdi. Geçmiş günler hakkında her biri coşkuyla konuşuyor, ama içinde bulundukları güne gelince ağızlarını bıçak açmıyordu. Öyledir her zaman, Rus insanı yaşamayı değil, anımsamayı sever. Yegoruşka daha bu gerçeği bilmiyor; çorba kazanı başına toplanmış bu insanların hepsinin de birilerince incitildiklerine, dünyaya küstürüldüklerine inanıyordu. Panteley, geçmiş zamanlarda, henüz demiryolu yokken at arabalarıyla Moskova'ya, Nijin'e yük taşıdıklarını, kazandıkları bol parayı koyacak yer bulamadıklarını anlatıyordu. O zamanın tüccarları bir başkaymış, balık bile daha bol, her şey ucuzmuş. Ya şimdi? Son zamanlarda yollar kısalmış, tüccarlar pintileşmiş, halk yoksullaşmış, tahıl pahalanmış, her şey ufalıp küçülmüştü. Yemelyan da dertliydi. Bir zamanlar Lugansk fabrikasında kilise şarkıcılığı yaptığını, ama şimdi o güzel sesten; notaya bakıp şarkı okumadan eser kalmadığını söyledi. Şimdi bir köylü parçasına dönmüş, geçimi ise, onu arabaların başına koyup yollayan, yoldan döndükten sonra da kazancının yarısını elinden alan ağabeyinin insafına kalmıştı. Vasya eskiden bir kibrit fabrikasında çalışıyor, çok da iyi kazanıyormuş. Kiryuha iyi insanların yanında arabacılık yapmış, yörede üçlü at koşulu arabaları onun gibi süren başka bir arabacı daha yokmuş. Varlıklı bir köylünün oğlu olan Dımov ise günlerini zevk, eğlence içinde geçirmiş, gezmiş–tozmuş, üzüntü nedir tanımamış. Fakat sert yapılı bir adam olan babası, çocuk 20 yaşını doldurunca, daha fazla aylak dolaşmasından korkmuş; oğlunun bir baltaya sap olmasını istediğinden, kimsiz–kimsesiz çocuklar gibi arabacıların yanına katıvermiş. Ötekilerin arasında konuşmayan yalnız Styopka'ydı, ancak onun yüzünün duruşundan da esik yaşamının şimdikine göre bin kat iyi olduğu anlaşılabilirdi.

Aklına babası gelen Dımov, somutarak yemeği bıraktı, çatık kaşlarının altından arkadaşlarını teker teker süzdü, arsız bakışları Yegoruşka'nın üzerinde durdurdu.

—Hey, şapkanı çıkarsana sen! dedi. Gavur musun yoksa? Yemek yerken şapka giymek nerede görülmüş? Bir de efendi olmaya niyetleniyor!

Yegoruşka tek söz bile söylemeden şapkasını çıkardı. Artık ne yediği çorbanın tadı kalmıştı, ne de Panteley ile Vasya'nın ona arka çıkmalarını işitiyordu. Onu gücendiren kabadayıya karşı içinde kabardıkça kabaran bir kin vardı şimdi. İlk fırsatta bu küstah adamdan hıncını çıkaracaktı.

Yemekten sonra arabacılar arabaların yanına gidip altlarındaki gölgelik yerlere yuvarlandılar.

Yegoruşka, Panteley'in yanına yaklaştı.

—Dede, ne zaman gideceğiz?

—Ulu Tanrı ne zaman izin verirse biz de o zaman gideriz, delikanlım. Şimdi yola çıkılmaz, sıcaktır... Oh, Ulu Tanrım, sen bizi esirge! Meryem Ana koru bizi!.. Hadi, sen de yat, oğul!

Çok geçmeden arabaların altından horultular yükseldi. Yegoruşka yeniden köye gitmeyi düşündüyse de uyuyanların arasında biraz daha oyalandı, sonra kendisi de ihtiyarın yanına kıvrıldı.

VI

Kervan, gün boyu ırmak kıyısından ayrılmadı, ancak güneş batarken yola koyuldu.

Yegoruşka gene dengin üstünde yatarken araba cızırdıyor, iki yana ağır ağır ırgalanıyordu. Panteley arabanın yanındaydı gene. Yaşlı adam yürürken ayaklarını yere, ellerini de kalçalarına vuruyor, bir yandan da kendi kendine mırıldanıyordu. Havada bir gün önceki müzik, bozkırın tekdüze curcunası vardı.

Yegoruşka arabanın tepesinde sırtüstü yattı, ellerini başının altına koydu, gökyüzünü seyre koyuldu. Akşam kızıllığı yavaş yavaş azalıyor, koruyucu melekler, ufku dört bir yandan yaldızlı kanatlarıyla örterken, gece yatısı için yerlerini alıyorlardı. Olaysız geçen bir gündüzden sonra beklenen, istenen gece bastırmıştı; melekler göklerdeki evlerinde rahatça oturabilirlerdi... Yegoruşka havanın yavaş yavaş karardığını, karanlıkla birlikte bozkıra sis çöktüğünü, yıldızların birbiri ardından gökyüzünde parladığını gördü.

Uçsuz–bucaksız gökten gözlerinizi ayırmadan bakarken, her nedense düşüncelerinizde, duygularınızda yalnız olduğunuz bilinci uyanır. Kendinizi umarsızlık içinde yalnız, en yakınınız saydığınız kimselerden uzak, çok uzak bulursunuz. Koca evrende değersiz bir varlık olarak görürsünüz kendinizi. Binlerce yıldır gökyüzünden bakan yıldızlar, insanın kışacık yaşamını umursamayan, bilinmeyenlerle dolu gökyüzü ve karanlık, siz onlarla göz göze gelip anlamlarını çözmeye çalıştıkça suskunluklarıyla içinizi ezerler. İşte o anda mezarda bizleri bekleyen yalnızlık aklınıza gelir; yaşam gerçeği, tüm korkunçluğu, umarsızlığıyla beyninizde çakar.

Yegoruşka gömütlükte, vişne ağaçları altında sonsuz uykusuna yatan ninesini düşündü. Gözlerini bakır beşliklerle kapayıp tabuta koyduklarını, sonra tabutun kapağını örtüp gömüte indirdiklerini anımsadı. Toprak keseklerinin tabutun kapağından çıkardığı tok sesler kulaklarında çınladı. Karanlık dar tabut içinde herkesin tek başına bırakıp gittiği zavallı ninesi gözünün önüne geldi. ninesinin, birdenbire uyanıp nerede olduğunu anlayamadığını, açmaları için kapağa vurduğunu, onu kurtarmalarını isteyerek yalvardığını, sonunda korkudan bitkin düşüp yeniden öldüğünü canlandırdı zihninde. Daha sonra annesini, Peder Kristofor'u, kontes Dranitskaya'yı, Salamon'u ölü olarak düşledi, fakat kendisini evden uzaklarda, karanlık bir gömütte yalnız başına bırakılmış, güçsüz ve ölü olarak hayal etmeye ne denli çalıştıysa da başaramadı. Kendisinin ölebileceğine inanmıyor, hiçbir zaman ölmeyecekmiş gibi duyguya kapılıyordu...

Öte yandan ölme vakti çoktan gelmiş bulunan Panteley, arabanın yanında, ayaklarını yere vurarak yürüyor, bir yandan da düşüncelerinin yerlerinde durup durmadıklarını yokluyordu:

—... Bir kötülüklerini görmedim, iyi efendilerdir doğrusu. Delikanlıyı okumaya gönderdiler, ama oğlan iyi okuyor mu, orasını bilmem artık... Slavyanoserbsk'te yüksek bilim öğrenebilecek okul yokmuş, yokmuş ya... Onun için kente göndermişler delikanlıyı... Oğlan da iyi oğlandır ha!.. Büyüsün, adam olsun, anasına–babasına yardım eder... Sen de öyle, Yegori, şimdi daha küçüksün, büyüyünce anana–babana bakacaksın. Ulu Tanrı'nın buyruğudur bu... Ananı–babanı sayacaksın. Benim de çocuklarım vardı, yandılar... Karım da yandı, çocuklarım da... Ya işte, böyle... Noel gecesi yangın çıkmış. Yoktum ben evde, Aryol'a gitmiştim. Keşke gitmez olaydım. Yangını görür görmez Marya sokağa fırlamış, sonra çocukların içerde kaldıklarını anımsayınca gerisin geriye içeri koşmuş. Hepsi birlikte yanmışlar, hiçbiri kurtulamamış... Ya işte... Ertesi gün kemiklerinden başka bir şey bulamamışlar...

Gece yarısı olmalıydı; arabacılar, Yegoruşka gene ufak bir ateşin çevresinde oturmaktaydılar. Kuru yabani otlar çatır çatır yanarken Kiryuha ile Vasya dereye su getirmeye gittiler. Az sonra karanlıkta gözden kaybolan iki kişinin konuşmaları, kovalarını suya daldırışları duyulduğuna göre dere pek uzakta değildi. O koyu karanlıkta ateş, durmadan kıpırdayan koca bir kırmızı leke gibiydi. Gökte her ne kadar ay ışıldıyorsa da, kırmızı lekenin ötesinde her şey ışık geçirmez bir karanlığın içine gömülmüştü. Alevler arabacıların gözünü kamaştırdığından yolun bir bölümünün dışında hiçbir şey gözükmüyordu. Yün balyaları yüklü arabalar, ayakta dikilen atlar yarı karanlıkta yüce dağları andırıyordu. Ateşin 20 adım ötesinde, yol ile tarla sınırı arasında, yana yatmış bir mezar haçı vardı. Ateş yakılmadan önce uzaklar daha iyi gözüktüğü için Yegoruşka bu eğik haçın orada durduğunu görmüştü.

Dolu kovalarla geriye dönünce Kiryuha ile Vasya kazanı taşıra taşıra doldurdular, ateşin üstüne oturttular. Elinde kenarları kertik kertik olmuş bir kaşık, Styopka kazanın yanında, dumanlar içindeki yerini aldı; suya düşünceli düşünceli bakarak köpüğün çıkmasını beklemeye başladı. Yan yana oturan Panteley ile Yemelyan da büyük bir suskunluk içinde düşüncelere dalmışlardı. Dımov, yumruklarını başına destek yapmış, yüzükoyun yatıyor, ateşe bakıyordu. O böyle uzanmış yatarken ayakta dikilen Styopka'nın gölgesi onun üzerinde sıçrıyor, güzel yüzü bazen loşluğa bürünürken bazen de aydınlanıp parlayıveriyordu. Kiryuha ile Vasya yakınlarda dolaşıyorlar, ateşe atmak için kuru ot, kayınağacı kabuğu topluyorlardı. Ellerini ceplerine sokan Yegoruşka, Panteley'in yanında durmuştu. Ateşe dalıp gitmişti gözleri, ateşin kuru otları yutu–yutuvermesi görülecek şeydi...

Yorgunluk gideren arabacıların hepsinin duruşları da düşünceliydi. Arada bir başlarını çevirip, üzerinde kırmızı beneklerin oynaştığı tahta haça çabuk çabuk bakıyorlardı. Karanlıktaki bu tek mezarın hüzünlü, hülyalı, son derece şiirsel bir görünüşü vardı. Gecenin sessizliği içinde suskunluğu, bu suskunluk içinde ise toprak altında yatan, tanımadıkları kişinin ruhunun varlığı tam anlamıyla seziliyordu. Acaba bu ruh, bozkırın ortasında huzurlu muydu? Ayışıklı gecelerde yalnız başına sıkılmıyor muydu? Bozkır daha bir hüzünlü, keder verici, düşünceliydi gömütün yanında. Otlar daha bir üzüntülü görünüyor, çekirgelerin çıtırtıları daha neşesiz geliyordu insana. Yoldan geçerken bu tek başına kalmış ruhu düşünmeyen, gömüt çok gerilerde kalıp sisle örtülünceye dek dönüp dönüp arkasına bakmayan tek yolcu çıkmamıştır herhalde...

—Dede, neden dikmişler bu haçı? diye sordu Yegoruşka.

Panteley ilkin haça baktı, sonra gözlerini Dımov'a çevirerek sordu:

—Hey, Mikola, tırpancıların tüccarları çevirip öldürdükleri yer burası mı?

Dımov isteksiz isteksiz dirseklerine dayanıp doğruldu, mezara bir göz atarak:

—Ta kendisi, dedi.

Ortalığa bir sessizlik çöktü. Bir tutam kuru ot alan Kiryuha, otları çıtırdata çıtırdata topak yaptı, bunu kazanın altına soktu. Ateş canlandı, alevler yükseldi, alevle birlikte yükselen bir yumak duman Styopka'nın üstüne sıvandı. Haçın gölgeleri uzayarak yarı karanlıktaki arabalara doğru koştu.

Dımov başladığı sözü sürdürmek isterken bir yandan da isteksiz görünüyordu.

—Evet, öldürdükleri yer burası. İki tüccar, biri baba, biri oğul, kutsal tasvirler, aziz resimleri satmaya çıkmışlar. İlerde, şimdi İgnat Fomiç'in işlettiği bir han vardır, geceleyin orada konaklamışlar. Baba içkiyi biraz fazla kaçırmış anlaşılan, parasının çokluğuyla övünmeye başlamış. Bilmez misiniz, tüccar milleti övünmeyi sever... Sanki herkesten üstün olduklarını ortaya koyacaklar da ellerine bir şey geçecek!.. Her neyse, o gece handa buralara ekin biçmeye gelen tırpancılar da varmış. Tüccarın övündüğünü duyunca kulaklarını dikmişler...

Panteley içini çekti.

—Sen büyüksün Tanrım! Bizleri koru, Meryem Ana!

—Ertesi gün, gün ucuyla birlikte tüccarlar yola koyulmuşlar, tırpancılar da onların peşinden... «Efendim, birlikte yolculuk yapalım, zaman çabuk geçer, hem tehlikeleri de azaltmış oluruz. Kuş uçmaz, kervan geçmez yerler burası,» demişler. Aziz tasvirleri zedelenmesin diye tüccarlar yavaş yol alıyorlarmış, bu da tırpancıların işine yaramış...

Dımov dizlerinin üstüne oturdu, gerindi esneyerek anlatmasını sürdürdü:

—Ya işte... Başlangıçta güzel güzel konuşmuşlar, ahbaplık etmişler. Ama buraya gelince ırgatlar ansızın tırpanlarını kaldırıp baba–oğula saldırmışlar. Oğlan yiğit bir delikanlıymış, tırpanlardan birini kaptığı gibi o da ötekilere veryansın etmiş. Ne var ki, sekiz kişiymiş tırpancılar, sonunda tüccarları delik–deşik etmişler, kesmedikleri yerlerini bırakmamışlar. İkisinin de işini bitirince sürükleye sürükleye götürmüşler, yaşlı tüccarı buraya, oğlunu da yolun öbür yanına gömmüşler. Şu haçın karşısında birkaç daha vardır. Sağlam kalmış mıdır, bilmem ama karanlıkta görülmez...

Kiryuha gözlerini karanlığa dikti.

—Sağlam, duruyor yerinde...

—Tüccarların fazla parası çıkmamış, dedi Dımov.

Onu Panteley de onayladı:

—Doğru, çok paraları yokmuş. Topu topu yüz ruble çıkmış üstlerinden.

—Sonra tırpancılardan da üç kişi ölmüş. Genç tüccar onları iyice hırpalamış meğer. Yaralılardan üçü çok kan kaybetmişler. Birinin kolu kopmuş, anlatılanlara bakılırsa dört versta gittikten sonra Kurikov köyü yakınlarında bir tümsekte bulmuşlar. Çömelip başını dizlerine dayamış, onu oturduğu yerde düşünüyor sanmışlar. Bir de bakmışlar ki, canı yok, ölmüş adam...

Panteley:

—Kanlı izlerden bulmuşlar onu, dedi.

Hepsi birden dönüp haça baktılar, ortalığa bir sessizlik çöktü. Bir yerlerden, belki de dere kıyısından bir kuşun hüzünlü çığlığı yükseldi: «Splyu, splyu, splyu!..»

Yemelyan:

—Dünyada kötü insan çok! dedi.

Ürkmüş bir yüzle ateşe doğru sokulan Panteley:

—Evet, çoktur, pek çoktur, diye onayladı onu. Böyleleriyle her yerde karşılaşmışımdır... Öte yandan iyilerini, anasından temiz süt emmişleri de gördüm. İnsanların günaha girmişleri daha çoktur yeryüzünde... Göklerin Kraliçesi, Meryem Anamız esirgesin, korusun bizleri... Hiç unutmam, 30 yıl, belki daha da önceydi; Moşçansky'dan bir tüccar binmişti arabama. İyi bir adamdı doğrusu, yörenin varlıklı, tanınmış tüccarlarındandı. Bir kötülüğünü görmedim, neme gerek, iyi insandı. İşte bu tüccarla yola çıktık, hayli gittikten sonra hanlardan birinde konakladık. Rusya'da hanlar buradakiler gibi değildir.[1] Hanların ahır gibi üstleri kapalıdır orada, zengin çiftliklerinin ambarını andırır biraz. Yalnız, ambarların tavanı yüksekçe olur. İşte böyle bir hana indik, ikimizin de keyfine diyecek yok, doğrusu... Tüccar odasında, ben atların yanında; gel keyfim gel! Neyse, vakit ilerledi, yatma zamanı geldi. Tanrı'ya gereken duamı yaptım, yapmadan önce avluyu şöyle bir dolaşayım, dedim. Şimdiki gibi kapkaranlık bir gece bastırmış, göz gözü görmüyor. Usul usul yürüdüm, sözün gelişi şu arabalara kadar gittim, gitmedim. Bir de baktım: İlerisi ateş yakmışlar gibi aydınlık. Olur şey değil! Gecenin bu saatinde kim ateş yakabilir? Herhalde han sahibi

1 Yolculuk, Ukrayna'da, Çehov'un doğup büyüdüğü bölgeye yakın yerlerde geçmektedir: Rusya olarak adlandırılan yerler, Ukrayna'nın kuzeyindedir. (Ç.N.)

çoktan yatmıştı, tüccarla benden başka yolcu da yoktu. Beni bir kuşkudur aldı... İyice sokuldum, aydınlığın nereden geldiğini görmek istedim. Aman Tanrım, sen bizi koru, Göklerin Kraliçesi!.. Bir de ne göreyim: Hanın altındaki parmaklıklı bir pencereden gelmiyor mu ışık? Yere yattım usulca, başımı uzatıp baktım. Nasıl baktıysam bütün tüylerim ayağa kalktı, buz gibi oldum...

Gürültü etmemeye çalışarak ateşe bir tutam ot attı, otun çıtırtıları, cızırtıları geçinceye dek bekledikten sonra atlatmasını sürdürdü.

—İçeriye baktım: Genişçe, isli, karanlık bir bodrum. Fıçının üstünde bir fener konulmuş. Demek, ışık bu fenerden geliyormuş... Odanın ortasında kırmızı gömlekli on kadar adam duruyor; kollarını sıvamışlar, ellerindeki bıçakları biliyorlar. Ya, demek böyle! Tam da çetenin kucağına düşmüşüz!.. Bu durumda ne yapmak gerekir? Hemen tüccarın yattığı odaya koştum, yavaşçacık uyandırdım. «Böyle böyle... Sakın korkayım deme, efendim, ama haydutların eline düştüğümüzü de bil...» Beti benzi attı adamcağızın. «Dur, Panteley, ne yapacağız şimdi? diye sordu. Yanımda öksüzlerin hakkı, pek çok para var. Canımdan korktuğum yok, Tanrı verdi, Tanrı alır, ama benim tüm korkum öksüzler için kazandığım paralar...» Tüccar bana güveniyor ya, benim elimden ne gelir? Bütün kapılar kapalı, dışarı kaçacak tek delik yok. Avlu yalnız duvarlarla çevrilmiş olsaydı kolaydı, duvarın üstünden aşmaya çalışırdık. Ama avlunun üstü kapalı. Tüccara dedim ki: «Efendim, sen yüreğini berk tut. Korkuya kapılmadan, yerini değiştirmeden dua et Yaradan'a. Belki Ulu Tanrı öksüzleri yerindirmek istemez. Burada kal, hiç renk verme. Ben elimden geleni yapmaya çalışacağım.» İşte böyle dedim tüccara. Oturup dua ettim, Tanrı bana akıl verdi. Usulcacık arabaya çıktım, oradan da yukarı tırmandım. Kimsecikler duymasın diye yavaş yavaş tavandaki samanları çekmeye başladım. Ellerimle çektim, çektim, bir adam sığacak genişlikte bir delik açtım. Oradan çıktım dışarıya, çatıya demek istiyorum yani. Çatıdan aşağı atladım, var gücümle koşmaya başladım. Koştum, koştum, koştum... Az kaldı düşüp bayılıyordum. Bir solukta beş versta, belki de daha çok koşmuşum. Tanrı'ya şükür, bir de bakıyorum: Bir köy... Koşa koşa evlerden birine yaklaştım. «Açın kapıyı Ortodokslar! diye bağırdım. Bir Hıristiyan'ın canını kurtarın!» Herkesi ayağa kaldırdım. Köylüler toplandılar, yollara döküldüler. Kimisinde sicim, kimisinde sopa, kimisinde dirgen... Hanın kapısını kırdık, oradan doğruca bodruma. Haydutlar bıçaklarını iyice bilemişler, tüccarı kesmeye hazırlanıyorlarmış. Köylüler tümünü de yaka–paça topladılar, muhtara teslim ettiler. Tüccar öyle sevindi ki, yardıma gelenlere yüz ruble bağışladı. Bana da beş altın verdi. Unutmamak için adımı deftere yazdı. Sonra o bodrumda birçok insan kemiği bulmuşlar. Kemik, kemik... Doldurmuşlar her yeri. Demek oluyor ki, hana gelenleri soyuyorlar, sonra kimse öğrenmesin diye öldürüp gömüyorlarmış... İşte böyle, haydutları Moşçank'a götürdüler, cellatlar cezalarını verdi.

Panteley öyküsünü bitirince dinleyenlere baktı. Onlar da çıt çıkarmadan gözlerini ihtiyara dikmişlerdi. Su durmadan kaynıyor, Styopka bir yandan köpüğünü alıyordu.

Kiryuha sesini yükseltmekten korkarak:

—Yağ hazır mı? diye sordu.

—Bekle bir dakika. Hemen getiririm.

Onun yokluğunda yeni bir şey anlatmasını istemediği için, gözlerini Panteley'den ayırmayan Styopka arabalara doğru koştu, ufak tahta bir çanakla birlikte çabucak geriye döndü. Çanağın içinde domuz yağı vardı.

Panteley gene alçak sesle, gözlerini kırpmadan anlatmaya başladı:

—Başka bir seferinde gene bir tüccar almıştım arabama. Dün olmuş gibi anımsarım, adı Piyotr Grigoryiç'ti. İyi adamdı, doğrusu. Aynı biçimde, onunla da bir hana indik. O gene odasında, ben de atların başında. Karı–koca han sahipleri iyi insanlara benziyorlardı, yanaşmaları da öyle. Her şey iyi, güzel de, benim içim rahat değil. Gene içime bir kurt düştü. Böyle yerlerde sen gel de huylanma! Kapılar açık, giren–çıkan pek çok ama gene de korkuyorum, içim rahat etmiyor... Aradan zaman geçti, yolcular yatıp uyudular. Vakit hayli ilerledi, neredeyse sabah olacak. Arabada tek başıma yatıyorum, baykuş gibi gözlerimi kırpmıyorum... Derken, amanın yavrularım, «tap tap, tap» diye sesler işitmeyeyim mi yattığım yerden? Birinin arabaya yaklaştığını anladım. Başımı çıkarıp baktım: Üstünde gecelikten başka bir şey bulunmayan bir kadın dikiliyor karşımda. «Ne var, ne istiyorsun kadın?» diye soruyorum. Seninkisi zangır zangır titriyor, bet beniz atmış, «Çabuk kalk!» diyor. «Canına kurban. Tüccar tehlikede, han sahipleri onun için hiç de iyi şeyler düşünmüyorlar. Adamın, karısıyla fiskos ettiklerini kendi kulaklarımla işittim.» Ya, işte... Yüreğim boşuna sızlayıp durmamış, boşuna işkillenmemişim... «Peki, sen kimsin?» diye soruyorum. «Ben mi? Ben onların aşçısıyım,» diyor. Bunun üzerine doğruca tüccarın yanına vardım, onu usulca uyandırdım. «Böyle böyle, Piyotr Grigoryiç, durumun hiç de iç açıcı değil. Bak, efendim, sen hemen kalk yataktan. Uykunu sonra alırsın. Vakit varken buradan uzaklaşıp gidelim,» dedim. Tüccar kalktı, giyinmeye başladı. Tam o sırada kapı ardına kadar açıldı. Ee, gözünüz aydın... Aman Ana Kraliçem, bu gözlerim neler görüyor? Odaya han sahibi karı–koca ile üç tane da yanaşma girmezler mi? Demek, körolasılar uşakları da kandırmışlar... «Parası çoktur, tüccarı öldürür, parasını paylaşırız,» demişler. Beşinin de ellerinde uzun birer bıçak... Han sahibi adam kapıyı arkadan kilitledikten sonra; «Ee, hadi bakalım, ecel saatiniz geldi, çabuk duanızı yapın! dedi. Eğer bağırmaya kalkarsanız dua etmenize de izin vermem.» Bağırıp da ne olacaktı sanki? Üstelik korkudan soluğumuz kesilmiş, bu durumda bağıracak güç kalır mı insanda?» Tüccar ağlamaya, yalvarmaya başladı: «Ey, Ortodokslar! Siz,» dedi, «parama göz dikip beni öldürmeyi tasarladınız. Aklınıza koyduğunuzu yapmanıza engel olamam.

Ben yolcu hanlarında öldürülen ne ilk tüccarım, ne de son... Benim gibi kaç tüccar kardeşim can vermiştir bu yerlerde! Ama arabacımın bunda suçu ne? Benim param yüzünden ona ne eziyet çektiriyor, kesmeye kalkıyorsunuz?» Tüccarın bu acıklı konuşması karşısında han sahibi ne dese beğenirsiniz? «Eğer arabacıyı kesmezsek yarın mahkemede ilk tanıklığı o yapar. Onun için diri bırakamayız. Zaten bizim için pek fark etmez; ha bir kişi öldürmüşüz, ha iki kişi... On günah işlesen de bir tövbe yeterli. Siz şimdi konuşmayı bırakın da duanızı bitirin. Boşuna vakit yitirtiyorsunuz bize.» Tüccarla yan yana durarak, gözlerimizden yaşlar aka aka Ulu Tanrı'ya yakarmaya başladık. Tüccarın aklından çocukları çıkmıyordu. Bense daha gençtim, yaşamaya doyamamıştım. Azizlerin resimlerine bakıyor, öyle acı acı ağlıyorduk ki, düşündükçe şimdi bile gözlerim yaşarıyor. Han sahibi ile karısı bize acımaya başladılar nerdeyse. Dediler ki; «Ey, Tanrı'nın garip kulları! Yarın öbür dünyada yakamıza yapışmayın, Tanrı katında bizler için kötü dua etmeyin! Size bu işi yapıyorsak, geçim zorluğu yüzünden yaptığımızı bilin! Bundan başka çıkış yolumuz yok.» Tanrı'ya yalvardık, yakardık, ağladık, sızladık, ama sonunda Yüce Tanrım dualarımızı işitti, acıdı bize... Han sahibi, tüccarın sakalından yakalayıp tam bıçağı boğazına çalacağı sırada biri avlu penceresine küt–küt vurmaya başlamasın mı! Tüccarla ben şaşkınlıktan donakaldık. Han sahibinin iki eli yanına düştü. Dışardan pencereye vuruyorlar, bir yandan da bağırıyorlardı: «Piyotr Grigoryiç! Piyotr Grigoryiç! Hadi, çabuk hazırlan, gidiyoruz!..» Tüccarı almak için adamlarının geldiğini sanan han sahipleri hemen oradan tabanları yağladılar, biz de doğruca avluya koştuk, oradan arabaya atladığımız gibi artık bizi koydunsa bul!..

Dımov:

—Pencereye vuran kimmiş? diye sordu.

—Pencereye vuran mı? Kim olacak! Meleklerden ya da ermişlerden biri... Çünkü avludan dışarı çıktığımızda kimseyi göremedik. Tanrı'nın hikmeti, bize yardıma göndermiştir...

Panteley bunun gibi daha birçok öykü anlattı dinleyenlere. Öykülerinin hepsinde de «uzun bıçaklılar» başlıca rolü oynuyor, hepsinden de bir uydurma kokusu geliyordu. Bu öyküleri başkalarından mı işitmişti, yoksa bir zamanlar kendisi uydurup belleği zayıfladıkça gerçeklerle uydurduklarını karıştırmaya mı başlamıştı, orası pek belli değildi. Ancak, hangisi doğru olursa olsun, insanın tuhafına giden bir şey var: Yaşlı adam gerek yolda giderken, gerekse dinlenirken bir şeyler anlatma isteği duyduğu zaman, yaşadıklarını değil de, uyduruk olayları anlatmayı açıkça yeğliyordu. Her işittiğini geçer akçe sayan saf Yegoruşka, Panteley'in anlattıklarına hemen inanıyor, fakat gün görmüş, bütün Rusya'yı gezmiş, birçok olay yaşamış, bu arada çoluğunu çocuğunu yangında yitirmiş bir adamın, sanki bütün bunlar onun başından geçmemiş gibi, kendi yaşantısıyla ilgili konulara gelince susmasına, uyduruk şeyleri bol bol anlatırken o konulara aldırış etmemesine şaşıp kalıyordu.

Pişirdikleri lapayı yerken hepsi susuyor, az önce dinledikleri öyküleri düşünüyorlardı. Yaşam korku vericidir, mucizelerle doludur; o nedenle Ruslar'ın ülkesinde anlatacağınız öykü ne denli korkulu olursa olsun, öykülerinizi haydut yuvalarıyla, uzun bıçaklarla, mucizelerle ne denli çok süslerseniz süsleyin, anlatacağınız öyküler dinleyiciler üzerinde olmuş şeyler etkisi bırakır, belki yalnız okumuş–yazmış kişiler size inanmadıklarını gösterircesine yan yan bakarlar, fakat onlar bile karşı çıkmaz, susmayı yeğlerler. Yolun kıyısındaki haç, karanlığa gömülmüş yün denkleri, görünmeyen koyu enginlikler, ateşin başında toplanmış insanların karanlık gelecekleri; topu birden alınınca öylesine ürküntü verici, mucizeli görünüyordu ki, uydurma olayların, masalların korku vericiliği bunların yanında soluklaşıyor, gerçek gibi gözüküyordu.

Arabacılar kaşıklarını aynı kazana daldırıp çıkarıyorlar, yalnız Panteley lapasını bir köşede tek başına tahta çanağından yiyordu. Panteley'in kaşığı da ötekilerinki gibi değildi; selvi ağacından yapılmış, üzerine haç resmi işlenmişti. Yegoruşka yaşlı adamın kaşığını görünce hatırına su içtiği kandil çömleği geldi. Styopka'ya sokularak usulca sordu:

—Dede niçin ayrı yiyor yemeğini?

Styopka ile Vasya bir ayıptan, gizli kalmış bir suçtan söz ediyorlarmış gibi birbirlerine bakarak fısıltıyla:

—Eski tarikattandır da ondan, karşılığını verdiler.

Hepsi de susuyor, düşünüyorlardı. Anlatılan korkulu yükülerden sonra olağan şeylerden söz etmek gelmiyordu içlerinden. Bu koyu sessizlik ortasında Vasya birdenbire doğruldu, donuk gözlerini bir noktaya dikerek kulak kabarttı.

—Ne var? Bir şey mi oldu? diye sordu Dımov.

—Bize doğru biri geliyor uzaktan.

—Hani, nerede?

—Bak, işte orada. Belli belirsiz parlıyor.

Vasya'nın baktığı yönde koyu karanlıktan başka bir şey gözükmüyordu, hepsi birden kulak kesildiler, hiçbir ses de yoktu.

Dımov:

—Yoldan mı geliyor? diye sordu.

—Yoo, tarladan. Bize doğru yaklaşıyor.

Bir dakika kadar sessizlik içinde geçti. Dımov:

—Belki tüccarlardan biri hortlamıştır da tarlada dolaşıyordur, dedi.

Başlarını haça döndürüp ürkek ürkek baktılar, sonra gözlerini birbirlerine çevirip gülüştüler. Duydukları korkudan dolayı utanmışlardı.

İşte ayak sesleri işitildi, birisi hızlı hızlı yürüyordu onlara doğru.

Vasya:

—Elinde de bir şey var, dedi.

Yürüyen kişinin ayakları altında otların hışırdadığı, çatırdadığı duyulmaya başladı, fakat ateşin aydınlattığı bölgenin dışında tek canlı varlık gözükmüyordu. Sonunda ayak sesleri iyice yaklaştı, birisi öksürdü, sanki ateşin titreyen aydınlığı birdenbire genişleyerek arabacıların gözlerindeki sis perdesi düşüverdi: Önlerinde koskoca bir adam duruyordu.

Ateşin aydınlığı mı adamın yüzünde bir ışık oyunu yapmıştı, yoksa ona bakanlar önce bu yüzü mü dikkatle incelemişlerdi, orası pek belli değil; fakat her şeyden önce adamın yüzündeki gülümsemenin etkileyiciliği hepsinin dikkatini çekti. Uykusundan yeni uyandırılmış bir çocuğun gülücüklerine benzeyen, bakar bakmaz insanın içini ısıtan, bütün yüze yayılmış, hoş bir gülümsemeydi bu. Görür görmez bu gülücüğe gülümsemeyle karşılık vermek gelirdi içinizden. Adama daha yakından bakınca olağanüstü bulunmayan, 30 yaşlarında, çirkince biri olduğu göze çarpıyordu. Uzun boylu, uzun burunlu, uzun bacaklı, uzun kollu bir Ukraynalı'ydı bu; kısa olan yalnız boynuydu, bu da ona kamburumsu bir görünüş veriyordu. Yakası işlemeli, tertemiz, beyaz bir mintan, beyaz bir şalvar, beyaz çizmeler giymişti. Beyazlar içindeki yabancı çevresine ışık saçıyor gibiydi. İlk bakışta ne olduğu anlaşılmayan, iri, beyaz bir şey tutuyordu elinde; sırtında uzun namlulu tüfeği vardı.

Karanlıktan ışık harmanının ortasına çıkınca mıhlanmışçasına durdu; «Bakın ben ne güzel gülümsüyorum!» dercesine, yarım dakika kadar arabacıları gözden geçirdi, sonra ateşin yanına yürüyerek:

—Afiyet şeker olsun ağalar! dedi.

Şaşkınlıktan ağızlarını bir karış açan arabacılar adına Panteley karşılık verdi:

—Hoş geldiniz. Buyurun...

Yabancı elinde tuttuğu şeyi ateşin yanına bıraktı – Ölü bir toydu bu– oturanları bir daha selamladı.

Arabacılar toyun başına toplandılar. Dımov:

—Aman ne büyük bir kuş bu! Neyle vurdunuz! dedi.

—Kurşunla... Saçma ulaşmaz o yüksekliğe... Satın almak ister misiniz? Yirmi kapiğe bırakırım size.

—Toyu ne yapalım biz? Ancak kızartması işe yarar. Haşlaması yapılmaz bunun, diş geçmez etine.

—Çok yazık... Şuradaki çiftliğe götürülebilseydim efendiler en azından 50 kapik verirlerdi. Ama uzak, 15 verstadan aşağı değil.

Yabancı adam oturdu, tüfeğini çıkarıp yanına koydu. Yüzü yorgun, uykulu görünüyor, durmadan gülümsüyor, ateşe bakarken gözlerini kısıyordu. Gülümsemesine bakarak zihninden hep iyi şeyler geçtiği düşünülebilirdi. Ona da bir kaşık verdiler, yemek yiyenlere o da katıldı.

Dımov:

—Kimlerden oluyorsun arkadaş? diye sordu.

Adam soruyu işitmemişti, çünkü Dımov'a yanıt vermedi, hatta dönüp bakmadı bile. Durmadan gülümseyen yabancı, lapanın tadını dahi almıyor olmalıydı; kaşığı bazen dolu, bazen boş, ağzına getirip götürmesinden anlaşılıyordu bu. Ağzını tembel tembel, makine gibi oynatmasından, sarhoş değilse bile, kafasında sersemletici düşüncelerin dolaşığı kestirilebilirdi.

Dımov:

—Sana soruyorum; kimsin, kimlerdensin? diye sordu bir daha.

Yabancı irkildi.

—Ben mi? Adım Konstantin Zvonık, Rovnı'lıyım. Köyümüz dört versta ilerdedir.

Yeni tanıştığı bu insanlara başka köylülere benzemediğini göstermek istercesine:

—Kovanlarımız var, domuz yetiştirir satarız, dedi böbürlenen bir tavırla.

—Ananla–babanla birlikte mi yaşıyorsun, yoksa ayrı mısın?

—Şimdi ayrı yaşıyorum. Bu ay Petrov Yortusu'nun ardından evlendim. Evlenince ayrıldım anadan–babadan. Evleneli bugün tam 18 gün oluyor.

—Eh, iyi bir iş yapmışsın oğul, dedi Panteley. Evlenmek iyidir. Ulu Tanrı da böyle buyurmuştur.

Kiryuha gülmeye başladı.

—Kah–kah–kah! Genç karısı evde tek başına uyuyor, seninkisi dağ–bayır dolaşıyor. Böylesi de görülmüş mü?

Konstantin, en nazik yerinden çimdiklenmiş gibi irkildi, sonra güldü, yüzü utançtan kıpkırmızı kesildi. Ağzına soktuğu kaşığı gerisin geriye çıkarıp çevresindekileri şaşkınlıkla, sevinçle süzerek:

—Ama karım yok ki evde! dedi. Yok, gitti... İki günlüğüne anasının evine gönderdim. İnanmıyor musunuz yoksa? Sanki hiç evlenmemiş gibiyim şimdi. Vallahi doğru söylüyorum.

Nasıl olup da durumunu anlamadıklarına şaşarcasına ellerini çırptı, başını iki yana salladı. Bütün düşüncelerini açığa vurmak istiyor, fakat yüzünü aydınlatan sevinç buna engel oluyor gibiydi. Oturduğu yer batmışçasına kalkıp başka bir yere oturdu, güldü, ellerini bir daha çırptı. Bir yandan, içini dolduran hoş düşünceleri çevresindekilere açmaktan utanıyor, bir yandan da yüreğindeki sevinci paylaşmak için karşı konulmaz bir istek duyuyordu.

Öfkelenmiş gibi bir tavırla tüfeğini alıp başka bir yere koyduktan sonra:

—Demidova köyüne, annesinin yanına gitti, dedi. Yarın dönecek. Öğle yemeğine kalmaz dönerim, dediydi.

—Karını çok mu özledin? diye sordu Dımov.

—Özlenmez olur mu? Evleneli daha dün bir, bugün iki... Evlenir evlenmez anasının evine koştu. Benim için cehennem azabı canım! Yalan söylüyorsam gözüm çıksın! Ah, ne güzel, ne cana yakın, ne güler yüzlü, ne neşeli kadındır, karıcığım! Kısacası bir yudum su... Yanımda durduğu sürece başım fırıl fırıl dönüyor, ayrılıp gittiği zaman da böyle serseri serseri bozkırda dolaşıyorum. Ta öğle vakti çıkmıştım evden, gözüme uyku girmiyor.

Gözlerini uykulu uykulu ovuşturdu, ateşe baktı, gülümsedi.

Panteley:

—Karını seviyorsun, demek ki, dedi.

Konstantin, yaşlı adamın söylediklerini işitmemişti.

—Ah, ne şeker, ne tatlı şeydir o! Üstelik çok da akıllı, düşünceli bir kadındır. Koskoca eyalette onun gibisini arasan bir daha bulamazsın. Ama gitti işte. Ama o da özlüyordur beni. Ben malımı bilmez miyim? Öğleye döneceğini söylediydi, döneceğini adım gibi biliyorum.

Oturuşunu değiştirdi, sesini bir ton inceltip daha da yükselterek:

—Fakat siz şu işe bakın! dedi. Şimdi onun da beni sevdiğini, özlediğini biliyorum. Ama, ne haber, başlangıçta bana varmak istememişti!..

Kiryuha, genç evlinin yemek yemeden oturduğunu görünce:

—Hadi, yesene yahu! dedi.

Beriki onun ne söylediğini işitmemişti.

—Ya işte, varmak istememişti bana. Üç yıl peşinde dolaştım. Kalaçik panayırında görmüştüm onu, görür görmez ölesiye vuruldum. Bir uçurumun tepesine çık, at kendini aşağıya daha iyi. Ben Rovnı'danım, o Demidovo'dan; aramızda tam 25 versta uzaklık var. Elimden bir şey gelmiyor ki! Dünür gönderiyorum. Nuh diyor, peygamber demiyor. Ah, o ne kurnaz, ne şeytandı öyle! Durmadan çeşit çeşit öteberiler, küpeler, çörekler, kilo kilo balları gönderiyorum; istemem oğlu istemem! Sen gel de rahat oturabilirsen otur! Aklıma neler gelmiyordu neler?.. Her şeyden önce ben böyle bir kıza eş olabilir miydim? Bir düşünsene, kız gencecik, üstelik güzel mi güzel, civelek!.. Oysa benim yaşım ilerlemiş, nerdeyse otuzuma yaklaşmışım. Güzellik dersen, işte karşınızda gördüğünüz adam! Yuvarlacık bir sakal yerine çivi gibi sivri bir tutam kıl! Pürüzsüz yüz yerine de şişler içinde bir surat! Böyle bir adam o kıza denk düşer mi? Geriye kala kala zenginliğimiz kalıyor. Ama kızın ailesi Vahramenkolar dersen, onların da bizden aşağı kalır yanları yok. Üç çift mandayla çift sürerler, iki de yanaşma tutarlar. Ya işte, ağalar, için için yanmaya başladım ben. Yemeden–içmeden kesildim, gözlerime uyku girmez oldu. Kafam da öyle bozuk ki, Tanrı düşmanımın başına vermesin. Onu görmeden duramıyorum. Gel gelelim ben burada, kız da ta Demidovo'da. Eğer yalan söylüyorsam gözüm çıksın, onu görmek için haftada üç—dört kez Demidovo'ya yol teptiğimi bilirim. Zaman geldi, ayrılığa dayanamaz oldum, kıza daha da yaklaşmak için Demidovo'ya yanaşmalığa girmeye razı oldum. Bende hayır kalmamıştı artık. Anam büyücülere mi göstermedi beni, babam öfkesinden sopa mı çekmedi!.. Babamın en azından on kez dayağını yemişimdir. Ya işte, üç yıl şeytan azabı çektim. Sonunda baktım olmayacak; «Lanet olsun! Kente gideyim de bir yere arabacılığa girerim,» dedim. Bu karar üzerine onu görmek için Paskalya Yortusu'nda son bir kez Demidovo'ya gittim. Demek ki yazgımız yazılmış.

Başını arkaya attı, sanki birini az önce kurnazca kandırmış da, bu işi çok hoşuna gitmiş gibi neşeli bir gülücükle, kıkır kıkır gülmeye başladı.

—Baktım, köyün delikanlılarıyla birlikte ırmak kıyısında dolaşıp duruyor. Bu duruma çok canım sıkıldı... Onu bir kenara çektim, iki saat dil döktüm. Neler söylemedim, neler! Birdenbire hoşlandı benden, üç yıl yüzüme bakmayan kız şıp diye sevmeye başladı.

Dımov:

—Neler söyledin ona? diye sordu.

—Neler söylediğimi ben nereden bileyim! Güldür güldür akan bir çeşme gibi döküldü sözler ağzımdan. Şimdi bir tekini söyle, desen söyleyemem. Ya işte, böyle oldu... Şimdi de güzel kuşum anasını görmeye gitti. Ben de onsuz kalınca kırlara düştüm. Evde oturunca sıkıntıdan patlıyorum, durmadan dolaşıyorum gördüğünüz gibi...

Ayaklarını beceriksizce altından çekip oracığa uzandı, sonra yeniden toparlanıp oturdu, başını ellerinin üstüne koydu. Arabacılar onun hem âşık, hem mutlu, özlemden yanıp kavrulurken bile mutlu bir adam olduğunu şimdi çok iyi anlamışlardı. Gülümsemesi, bakışları, her hareketi özlemden, mutluluktan bitkin düştüğünü gösteriyordu. Adam, diken üstündeydi; nasıl oturacağını, ellerini nereye koyacağını, yüreğini dolduran duyguların onu yiyip bitirmesini önlemek için ne yapacağını bilmiyor gibiydi. Karanlıkta karşısına çıkan yabancı insanlara içini döktükten sonra biraz rahatlamış, ateşe gözlerini dikerek hayallere dalmıştı şimdi...

Aralarında mutlu bir adam gören arabacıların içlerine bir sıkıntı çöktü, aynı mutluluğu kendileri de duymak isteğiyle kara kara düşünmeye başladılar. Dımov ayağa kalktı, ateşin ilerisinde ağır ağır yürüdü. Yürürken kürek kemiklerinin oynayışından onun da böyle bir mutluluğu ne denli özlediği anlaşılıyordu. Böyle biraz dolaştıktan sonra Konstantin'in yüzüne baktı, gelip eski yerine oturdu.

Ateş sönmeye yüz tutmuştu. Artık alevler göz kırpmıyor, ortadaki kırmızı leke gittikçe daralıyor, donuklaşıyordu... Ateş sönükleştikçe ay ışıklı gece de gitgide parlaklaşıyordu. Ateşin ilerisindeki yol, arabaların okları, üstlerindeki denkler yemlerini geveleyen atlar açıkça seçilmeye başlamıştı; yolun karşı yanındaki gömüt haçı belli belirsiz gözüküyordu.

Dımov elini yanağına dayadı, ağır ağır acıklı bir türkü tutturdu. Uykulu uykulu gülümseyen Konstantin de ince sesiyle ona katıldı. Türkü yarım dakika sürdü sürmedi, ondan sonra ikisi de sustular. Yemelyan silkindi, dirseklerini sağa–sola salladı, parmaklarını kımıldattı, yalvaran bir sesle:

—Ağalar, gelin dini bir şarkı söyleyelim, dedi.

Elini göğsüne koymuştu, gözlerinde yaşlar parlıyordu.

—Ne olur, arkadaşlar, hep birlikte bir ilahi okuyalım.

Konstantin:

—Ben ilahi okuyamam, karşılığını verdi, öbürleri de buna benzer sözler söylediler. Bunun üzerine Yemelyan ilahisini tek başına söylemek zorunda kaldı.

Adamcağız iki elini birden sallayarak başını önüne eğdi, ağzını açtı, fakat boğazından hırıltılı, kısık bir sesten başka bir şey çıkmadı. O da ilahisini ellerinin, başının, gözlerinin, hatta gözünün altındaki urun yardımıyla okumaya başladı; hatta bütün gücünü kullanarak, kendini hırpalayarak boğazında tıkanıp kalan sesi çıkarmaya çalıştı. Ne var ki, o böyle kendini zorladıkça, temiz bir nota çıkarmaya uğraştıkça hırıltı sesi daha bir ölgünleşti, soluğu iyice kesildi.

Öbürleri gibi Yegoruşka'nın üzerine de bir uyku ağırlığı çökmüştü. Çocuk, baştan beri bindiği arabanın yanına gitti, denklerin üstüne tırmandı, hemen oracığa kıvrıldı. Uyumadan önce gökyüzüne bakarken Konstantin'i, karısını düşünüyordu. İnsanlar niçin evleniyorlar, kadınlar şu dünyada ne işe yarıyordu? Yegoruşka kendi kendine yanıtlayamayacağı bu gibi sorular yöneltirken bir yandan da gönül okşayıcı, şen şakrak güzel bir kadının bir erkeği rahat ettirebileceğini, onu yaşam boyu mutlu kılacağını düşünüyordu. Bu düşünceler arasında her nedense hatırına Kontes Dranistkaya geldi, böyle bir kadınla yaşamaktan bir erkeğin her zaman hoşlanacağını hayal etti. Eğer ayıplamasalar onunla seve seve evlenirdi. Kontes'in kara kaşlarını, gözlerini, hanın önünde bekleyen kupa arabasını, evindeki süvarili atını gözlerinin önüne getirmeye çalıştı... Sessiz, ılık gece Yegoruşka'nın üzerine eğilmiş, kulağına bir şeyler fısıldıyor gibiydi. Çocuk, o güzel kadının gelip üzerine eğildiğini, ona gülerek baktığını, öpmek istediğini düşledi...

Ateşin yerinde gittikçe küçülen kırmızı iki benekten bir şey kalmamıştı. Yarı karanlıkta kımıldamadan oturan arabacılar ile onların yanındaki Konstantin, eskiye göre daha iri, birer koyu gölge gibi gözüküyordu. Şimdi her iki haç da aynı derecede belirginleşmişti. Anayol boyunca hayli uzaklarda kırmızı bir ateş parlıyordu. Birileri yemek pirişiyor olmalıydılar.

Kiryuha ansızın, «Anayurdumuz Rusya bütün dünyada en öndedir» diye vahşi bir sesle türkü söylemeye başladı, ama hemen ardından öksürüğe tutularak türküyü yarıda kesti. Bozkırın yankısı Kiryuha'nın sesine katıldı, uzaklara doğru yuvarlana

yuvarlana gitti. Sanki aptallığın ta kendisi ağır tekerlekli arabasıyla bozkırda yürüyormuş gibiydi.

Panteley:

—Yola çıkma zamanı geldi. Haydi, kalkın bakalım, yiğitlerim! dedi.

Arabacılar koşumlarından çözdükleri atları yeniden koşarlarken Konstantin onların yanında dolanıyor, karısının hayaliyle mutluluktan kabına sığamıyordu.

Kervan hareket edince arkalarından bağırdı:

—Güle güle, ağalar! İkramınızdan dolayı teşekkür ederim! Ben de şu ateşin başına gideyim bari. Köye yürüyecek gücüm yok.

Çok geçmeden yarı karanlıkta gözden silindi; onun, mutluluğunu başka insanlara aktarmak için ateşe doğru yürürken çıkardığı ayak sesleri uzun süre çınladı.

Yegoruşka ertesi gün gözlerini açtığında sabahın erken bir saatiydi, henüz güneş bile doğmamıştı. Arabalar sırayla duruyorlardı. Kurşuni, ucuz bir kumaştan giysisi olan, beyaz şapkalı, kazak kanı bir ata binmiş bir adam en baştaki arabanın yanında Dımov ve Kiryuha ile konuşuyordu. Araba kervanından iki versta kadar uzakta, alçak tavanlı, uzun uzun ambarlar, damları, kiremit döşeli küçücük evler vardı. Bu evciklerin önlerinde bir tane ağaç bile görülmediği gibi çevrelerinde avluları da yoktu.

Yegoruşka:

—Burası ne köyüdür, dede? diye sordu.

Panteley:

—Ermeni çiftlikleridir burası, karşılığını verdi. Ermeniler yaşar burada, delikanlım. Kötü bir ulus sayılmazlar, bir zararlarını görmedim...

Kurşuni giysili adam Dımov ve Kiryuha ile konuşmasını bitirince çiftliklere doğru baktı.

Serin sabah havasında büzüşen Panteley içini çekti, o da gözlerini çiftlik yönüne çevirdi.

—Nasıl iş bu, anlayamadım. Adam bir kâğıt getirmeleri için çiftliklere adam gönderdi, daha gelen–giden yok... Bir de Styopka'yı mı göndermeli, ne yapmalı?

Yegoruşka:

—Bu adam kim, dede? diye sordu.

—Varlamov.

Aman Tanrım! Yegoruşka yattığı yerden doğruldu, dizlerinin üstüne oturdu, adamın beyaz kasketine gözlerini dikti. İşleri tıkırında bütün insanların uyuduğu böyle bir saatte kötü Kazak beygirinin sırtında köylülere laf anlatmaya çalışan, bu kocaman çizmeli, kısacık boylu, kurşuniye bürünmüş adamın, Kontes Dranistkaya'dan daha çok parası olduğu halde «durmadan gezen», işi için herkesin arayıp sorduğu, ama kolay kolay ele geçiremediği Varlamov olabileceğini düşünmek gerçekten zordu.

Gözlerini çiftliklerden ayırmadan bakan Panteley:

—Kötü bir adam değildir, ne yalan söyleyeyim, bir zararını görmedim, dedi. Tanrı sağlık versin, özü–sözü doğru bir kişi şu Semyon Aleksandriç Varlamov. Dünya işte böylelerinin yüzü suyu hürmetine ayakta duruyor. Görüyorsunuz, daha horozlar ötmeden ayağa fırlamış. Başkaları onun yerinde olsa ya yatar ya uyur, ya da konuklarıyla vur patlasın, çal oynasın eğlenir. Seninkisi öyle biri değildir. Yaz demez, kış demez, gece–gündüz bozkırda dolaşır; hep işini kovalar. Onun gibisi az bulunur, yaman adamdır doğrusu...

Durmadan çiftliklerden yana bakan Varlamov bir şeyler mırıldanıyor, sabırsızlanan aygırcık, altında kıpır kıpır oynuyordu.

Panteley şapkasını çıkararak bağırdı:

—Semyon Aleksandriç, emir buyurursanız çiftliğe bir de bizim Styopka'yı gönderelim. Yemelyan, çağır şu Styopka'yı da buraya gelsin. Bakın işte, çiftliklerden bu yana doğru bir atlı çıktı.

Adam, atının üstünde iyice yana yatmıştı; çeşitli hünerler

gösterip atak biniciliğiyle herkesi şaşırtmak istercesine, kırbacını başının üstünde sallayıp sallayıp atına yapıştırıyor, arabalara doğru hızla geliyordu.

Panteley:

—Çiftliklere gönderdiği ulağa benziyor, dedi. Bir değil, yüz ulağı vardır onun, her yere haberci koşturur.

Binici en baştaki arabayla aynı hizaya gelince atını durdurdu, şapkasını çıkardıktan sonra Varlamov'a bir defter uzattı. Varlamov defterin içinden birkaç kâğıt çıkardı, bunları okudu.

—Peki, İvançuk'un gönderdiği pusula nerede?

Atlı, defteri geriye aldı, içindeki kâğıtlara göz gezdirdi, omuz silkti, kendi kendine homurdandı. Kendinin bu işte bir suçu olmadığını, izin verilirse çiftliklere bir daha gidebileceğini söylüyor olmalıydı. Binicisi birdenbire ağırlaşmış gibi Kazak aygırı kıpırdandı; Varlamov öfkelenmiş; elini kolunu sallamaya başlamıştı. Kırbacını ulağına vurmak için kaldırırken:

—Defol karşımdan! diye bağırdı.

Sonra Kazak aygırını geriye çevirdi, kervan boyunca ağır ağır sürerek elindeki defteri incelemeye koyuldu. Sonuncu arabaya yaklaştığında Yegoruşka gözlerini dört açtı, yaşlı adama bütün dikkatiyle bakmaya başladı. Ufacık sakalına kır düşmüş, yüzü güneş yanığı, basitin basiti bir adamdı bu. Çiğden ıslanmış, kızarık, tipik Rus yüzü mavi damarcıklarla örtülüydü. İvan İvanıç'ın yüzü gibi onunkinde de işten başka bir şey düşünmeyen, titiz bir adamın kuruluğu, katılığı okunuyordu. Gene de onunla İvan İvanıç arasında belirgin bir ayrım göze çarpıyordu. Kuzmiçov dayının yüzünde hep iş düşünen bir adamın kuruluğu yanında; «Aman Varlamov'u kaçırmayayım, piyasa yüksekken yetişeyim, herkesten geri kalmayayım!» diyen bir adamın kaygısı vardı. Oysa Varlamov'un ne yüzünde, ne tavırlarında küçük adamlara özgü böyle bir tasanın izine raslanabilirdi. Çünkü piyasayı bu adam yaratır, kendisi kimsenin peşinde koşmaz, kimseye bağımlı olmazdı. Her ne kadar görünüşünde bir ortahallilik varsa da, bütün davranışlarında, elinde kırbacını tutuşunda bile bir güçlülük, içli–dışlı yaşadığı bozkıra kesinkes egemen oluşunun bilinci okunuyordu. Yegoruşka'nın yanından geçerken başını çevirip ona bakmadı bile. Yalnız aygırcık, çocuğu iltifatından yoksun bırakmak istemedi; iri, aptal gözlerini çevirerek bön bön baktı. Varlamov yakınına gelince Panteley eğilip selam verdi. Yaşlı adam bunu fark etti, gözlerini incelediği kâğıtlardan ayırmaksızın:

—Meyhaba, ihtiyay! dedi peltek diliyle.

Varlamov'un, ulağı ile azarlarcasına konuşması, vurmak için kırbacını kaldırması arabacılar üstünde iyi bir etki bırakmamıştı. O nedenle hepsinin suratları bir karış asıktı. Güçlü efendisinin öfkesi karşısında afallayan ulak şimdi atının dizginlerini bırakmış, öndeki arabanın yanında başı açık dolaşıyor, ağzını bıçak açmıyordu. Günün böyle bir olayla başlamış olmasına bir türlü inanamıyor gibiydi.

Panteley kendi kendine konuşuyordu:

—Çok sert bir adamdır. Siz onun ne denli sert olduğunu görmediniz daha. Serttir ama iyidir, durup dururken kimseyi incitmez. Zararı yok, iyi adamdır.

Kâğıtların hepsini de inceleyip bitiren Varlamov defteri katlayıp cebine soktu. Kazak aygırı, sanki sahibinin düşüncelerini anlamış gibi kıpırdandı, herhangi bir uyarı beklemeksizin ileri fırladı, geniş yolda hızla koşmaya başladı.

VII

Arabacılar ancak geceleyin mola verdiler, arabalar durur durmaz lapa pişirmeye başladılar. Bu konuklamada da başından beri belirsiz bir sıkıntı vardı hepsinin içinde. Hava boğucu derecede sıcaktı, durmadan su içtikleri halde bir türlü kanmak bilmiyorlardı. Kızıl hastalığına yakalanmış gibi kıpkırmızı somurtkan bir ay yükseldi gökyüzünde. Yıldızlar da somurtuyorlardı. Bir gece öncesine göre sis daha koyu, enginler daha bulanıktı. Sanki doğa, karşılaşacağı acı bir olayın şimdiden üzüntüsünü çekiyor gibiydi.

Ateşin çevresinde bir gün önceki kıpırtı, can kulağıyla dinlenen konuşmalar yoktu. Hepsinin de canları sıkılıyor, bezgin bezgin, büyük bir isteksizlikle konuşuyorlardı. Bacaklarının sızladığını söyleyen Panteley durmadan ağrılardan yakınıyor, sözü döndürüp dolaştırıp ölüme getiriyordu.

Yüzükoyun yatmış bulunan Dımov susuyordu hep, ağzında bir saman çöpü gevelemekteydi. Yüzünde, sanki saman çöpünden kötü bir koku geliyormuş gibi tiksinen, bıkkın bir anlatım vardı. Vasya hasta çenesinin zonklamasından yakınıyor; bunun, havanın bozacağı anlamına geldiğini söylüyordu. Kollarını sallamayı çoktan bırakan Yemelyan, gözleri ateşe çakılı, asık suratla kıpırdamadan duruyordu. Yegoruşka'nın da içi sıkkındı. Arabaların yavaş yavaş gidişinden yorulmuş, gündüzün sarı sıcağından başına ağrı girmişti.

Lapa piştiği sırada Dımov canının sıkıntısından ne yapacağını iyice şaşırdı, sataşacak birini aramaya başladı. İlk kurban da Yemelyan oldu. Yemek yemeye hazırlanan adama öfkeyle bakarak:

—Yayıldı oturdu, ağalar ağası! dedi. Kaşığını herkesten önce banmazsa içi rahat etmez! Aç gözlü, ne olacak! Kaşığını kaptığı gibi kazanın başına çöreklenir. İlahi söylermiş kiliselerde! İşitenler de bir şey sanırlar! Senin gibi ilahicilerin bin tanesi yollara dökülmüş, gelenden–geçenden bağış dileniyor.

Yemelyan da öfkeli gözlerini Dımov'a çevirdi.

—Suçum yokken niye sataşıyorsun bana?

—Kazana herkesten önce yanışma sen de! Kendini bir şey mi sanıyorsun?

Yemelyan hırıltılı sesiyle:

—Aptalın birisin sen! Bunu bilir, bunu söylerim, dedi.

Daha önceki örneklere bakarak bu gibi konuşmaların nasıl sonuçlanacağını bilen Panteley ile Vasya araya girerek Dımov'a boş yere sağa–sola çatmamasını, ağzını bozmamasını söylediler.

Ama kavgacı Dımov yatışmak bilmiyordu. Karşısındakini küçük gören, alaycı bir gülüşle:

—Hıh! İlahiciymiş! dedi. İlahiyi senin kadar herkes söyler! Git, kiliselerden birinin sahanlığına oturuver, ondan sonra da elini açıp, «Ne olur, Hazreti İsa adına bir sadaka!» diye bağırmaya başla! İşte senin yapacağın bu! Ah sizler yok musunuz ya!..

Yemelyan sesini kesmişti. Bu suskunluk Dımov üzerinde kışkırtıcı bir etki yaptı. Eski ilahiciyi daha büyük bir nefretle süzerek:

—Sana ilişmek istemiyorum, yoksa kendini bir şey sanmanın ne demek olduğunu gösterirdim! dedi.

Ama bu sefer de Yemelyan parladı.

—Ne sataşıp duruyorsun, yezit! Ben sana dokunuyor muyum?

Dımov birden diklendi. Gözleri kan çanağına dönmüştü.

—Ha, ne dedin bana, ne dedin?! Ben yezidim, öyle mi? Al öyleyse! Git de ara!

Dımov böyle diyerek Yemelyan'ın lapa yediği kaşığı elinden kaptığı gibi uzaklara fırlttı.

Kiryuha, Vasya, Styopka, yerlerinden kalktılar, kaşığı aramak için koştular. Yemelyan ise yalvarırcasına sanki «Ne olur bir şeyler yap!» dercesine Panteley'e baktı. Bu arada yüzü ufaldı ufaldı, buruştu, gözleri kırpış kırpış etti, eski ilahici küçük bir çocuk gibi ağlamaya başladı.

Çoktandır Dımov'a karşı tiksinti duyan Yegoruşka havanın birdenbire, dayanılmaz derecede boğuculaştığını, ateşten gelen sıcaklığın yüzünü cayır cayır yaktığını hissetti. Karanlığa, arabaların yanına kaçıp gitmek istiyor, fakat nefret ettiği kabadayının sıkıntıdan patlayan, öfkeli bakışları onu kendine doğru çekiyordu. Yegoruşka, içinde ona son derece incitici bir şey söyleme isteği kabararak Dımov'a doğru yürüdü, soluğu tıkanırcasına şöyle haykırdı:

—Çok aşağılık bir adamsın! Seni gözlerim görmesin! Anladın mı!

Bu sözlerden sonra arabaların yanına kaçması gerekirken yerinden bile kıpırdayamadı, bağırmasını sürdürdü.

—Cehennemde yanacaksın! Bu yaptıklarını İvan İvanıç'a söyleyeceğim! Yemelyan'ı gücendiremezsin! Pis herif!

Dımov çocuğu umursamazca güldü.

—Şimdi de sen mi çıktın? Bak şu domuz yavrusunun söylediklerine! Ağzı süt kokar ama kocaman adamı terslemeye kalkar! Şimdi kulağını bir çekersem!..

Yegoruşka soluğunun tıkandığını hissetti –böyle bir şey ilk kez başına geliyordu–, bütün bedeni zangır zangır titremeye başladı, ayaklarını yere vurarak tiz bir sesle haykırdı:

—Dövün onu! Dövün onu!

Gözlerinden yaşlar fışkırdı, söylediği sözlerden utandı, sendeleyerek arabalara doğru koştu. Haykırışının ne gibi bir etki bıraktığını görmemişti. Dengin üstüne yatarak ağlarken kollarını, bacaklarını sallıyor; bir yandan da «Anne! Anneciğim!» diye fısıldıyordu.

Bütün bu insanlar, ateşin çevresindeki gölgeler, kara kara denkler, uzaklarda her saniye çakan şimşekler şimdi gözlerinin önünde yabanıl, korkunç bir görünüm almıştı. Umutsuzluk içinde, büyük bir ürküntüye kapılarak, nasıl olup da bilmediği bu yerlere, bu korkunç köylülerin arasına düştüğünü soruyordu kendi kendine. Dayısı, Peder Kristofor nerelerdeydiler? Niçin hâlâ gelmiyorlardı? Yoksa unutmuşlar mıydı onu? Yegoruşka unutulduğu, kendi yazgısıyla baş başa bırakıldığı düşüncesinden öylesine büyük bir ürperti duydu ki, birkaç kez denklerin üstünden atlayıp ardına bakmadan oradan kaçmaya, gerisin geriye geldiği yerlere gitmeye niyetlendiği halde yolda karşısına çıkmasından korktuğu somurtkan haçlar, enginlerde sık sık çakan şimşekler onu niyetinden caydırdı. Yattığı yerde

«Anne! Anneciğim!» diye fısıldarken biraz yeğnileşiyor gibiydi.

Arabacılar da buna benzer bir korkuya kapılmış olmalıydılar. Çünkü Yegoruşka ateşin aynından kaçtıktan sonra ilkin sessizlik içinde oturdular, sonra kendi aralarında kısılmış bir sesle onun gelmekte olduğunu, hemen hazırlanıp ondan kaçmak gerektiğini konuşmaya başladılar. Akşam yemeklerini çarçabuk yiyip bitirdiler, yaktıkları kır ateşini söndürdüler. Bir felaketin gelmekte olduğunu sezdikleri, aralarındaki isteksiz, kesik kesik konuşmalardan anlaşılabilirdi.

Arabalar yola çıkmadan önce Dımov, Panteley'e yaklaştı; alçak sesle:

—Neydi çocuğun adı? diye sordu.

—Yegori.

Dımov bir ayağını Yegoruşka'nın bindiği arabanın tekerine bastı, denkleri sıkı sıkı sardı, sicimlere tutunarak yükseldi. Yegoruşka tiksindiği kabadayının yüzünü, kıvırcık saçlarını ansızın karşısında görünce irkildi. Bu yüz, solgun, yorgun, ciddiydi, ama öfke izi taşımıyordu.

Dımov usulca:

—Hey, Yera,[1] hadi vur! Döv beni! dedi.

Çocuk, adamın yüzüne şaşkınlıkla baktı, tam o sırada bir şimşek çaktı.

Dımov bir daha:

—Bakma sen ona! Vur! dedi.

Ondan sonra da Yegoruşka'nın vurmasını ya da kendisiyle konuşmasını beklemeden aşağıya atladı:

—Of! Sıkıntıdan patlayacağım! diye bağırdı.

Bir bacağından öbürünün üstüne yıkıla yıkıla, kürek kemiklerini oynata oynata kervan boyunca tembel tembel yürüdü; ağlamaklı, hem de sıkkın bir sesle üsteledi:

---

1 Yera, Yegoruşka aslı Georgi olan, Yegor. Yegori olarak halk arasında kullanılan adın, çocuklar, yakın arkadaşlar arasında söylenen biçimi. (Ç.N.)

—Of! Sıkıntıdan patlayacağım!

Yemelyan'ın yanından geçerken:

—Yemelyan, kusura kalma, e mi! dedi. Sen benim kusuruma bakma! Bizler mahvolmuş insanlarız. Bizimkine de yaşama mı denir?

Sağ yanda bir şimşek çaktı, sanki aynada yansımış gibi hemen uzaklarda da başka biri parladı.

Panteley arabanın yanından yukarıya kara, büyük bir şey uzattı.

—Yegori, al şunu!

—Nedir o, dede?

—Hasır. Birazdan yağmur yağacak, örtünürsün.

Yegoruşka doğruldu, çevresine bakındı. Enginler göze çarpacak derecede kararmıştı, solgun bir ışık uzaklarda art arda yanıp yanıp sönüyordu. Koyu karanlık, sanki ağırlığı olan bir cisim gibi hep sağa doğru kaymaktaydı.

Yegoruşka:

—Demek, fırtına mı çıkacak? diye sordu.

Panteley çocuğun ne dediğini işitmedi, ayaklarını yere vurarak, şarkı söyler gibi:

—Ah, hasta bacaklarım! Ağrılı bacaklarım! diye sızlandı.

Birisi gökyüzünde bir kibrit çakmışçasına, fosforlu, soluk bir ışık parlayıp söndü. Çok uzaklarda bir yerde saç dam üzerinde yürüyorlarmış gibi yukardan gürültüler geldi. Damda gezinenler yalınayak olmalıydılar, çünkü saç boğuk boğuk gümbürdüyordu.

Kiryuha:

—Fırtına geliyor! diye bağırdı.

Ufkun sağ yarısında öylesine parlak bir şimşek çaktı ki, bozkırın bir bölümü, gökyüzünün karanlıkta örtülen yerleri pırıl pırıl aydınlandı. Korkunç bir bulut hiç acele etmeden, büyük bir kütle halinde göğün üstüne çöküyordu. Bulutun dört bir yanından kocaman kocaman saçaklar sarkmıştı. Aynı saçaklar birbirine dolanıp sarmalayarak ufkun sağından, solundan uzanmışlardı. Bulutun bu salkım saçak, yırtık pırtık görünüşü bu koca kütleye sarhoş bir dilenci görünümü veriyordu. Yegoruşka istavroz çıkardı, paltosunu çabuk çabuk giyinmeye başladı.

Öndeki arabalardan birinin yanından Dımov'un öfkeyle can sıkıntısı karışık homurtuları işitildi:

—Of, of! Çok canım sıkılıyor! Of!

Rüzgâr hiç beklenmedik bir anda, öylesine güçlü esti ki, az kaldı Yegoruşka'nın sımsıkı tuttuğu hasır ile elindeki çıkını çekip alıyordu. Hasır savrularak çocuğun bir yanına kaydı; orada, dengin üstüne, bir ucuyla da Yegoruşka'nın yüzüne hızlı hızlı çarpmaya başladı. Rüzgâr kıvrıla kıvrıla bozkırda koştu, önünde otları, kuru yaprakları hışırdatarak sürükledi. Bu hışırtıda bir an ne gök gürültüsü işitilebildi, ne de tekerleklerin gıcırtısı. İçerisinde toz bulutları, yağmur ve toprak kokusu getiren bu şiddetli rüzgâr ta kara bulutun yanından esip gelmişti sanki. Ay ışığı puslandı, kirli bir renk aldı, yıldızlar daha somurtkan bir havaya büründüler, toz bulutları ile bunların yere düşen gölgeleri gerilere doğru koşturdular. Pek olasıdır ki, kasırga ilerde bir yerde kıvrılarak, yerden toz, kuru ot, tüyleri tüsleri sürükleyerek ta göklere yükseliyordu. Kara bulutun yöresinde top kevenler uçuşuyordu herhalde. Top kevenler orada da yükseklerde kim bilir nasıl korkuyorlardı! Fakat gözkapaklarını yapıştıran tozdan topraktan dolayı şimşeklerin parıltısından başka hiçbir şey görünmüyordu.

Yağmurun üstüne boşanmak üzere olduğunu düşünen Yegoruşka diz çöküp oturdu, hasırı üzerine çekti.

Uzaklardan biri bağırıyordu:

—Panteleey! Beni duyuyor musun!

Panteley arabanın yanından ezik, dağılan bir sesle karşılık verdi:

—Heey! Sesin pek iyi işitilmiyooor!

Gökyüzü hırçın bir sesle gümbürdedi; ilkin sağdan–soldan, sonra gerilere doğru patır patır patlayarak kervanın önlerinde sessizliğe gömüldü.

İstavroz üzerine istavroz çıkaran Yegoruşka fısır fısır dua okuyordu:

—Tanrım! Tanrım! Tanrım, sen bizi koru! Bizi esirge Aziz Savaof! Yerler, gökler senin şanınla dolsun.

Gökteki koyuluk ağzını açtı, dışarıya beyaz bir ışık püskürdü. Bunun ardından gökyüzü gümbür gümbür gümbürdedi. Gök gürültüsünün kesilmesiyle birlikte şimşek bir daha öylesine geniş bir alanda çaktı ki, Yegoruşka üstüne çektiği hasırın aralığından ta uzaklara doğru giden yolun tümünü, bütün arabacılar, hatta Kiryuha'nın sırtındaki gömleğe varıncaya kadar her şeyi açıkça gördü. Kara saçaklar yerden yukarı doğru uzanmıştı; iri iri parmaklı, biçimsiz, kaba saba bir kol aya doğru yaklaşıyordu. Korkuya kapılan Yegoruşka gözlerini sımsıkı yumdu.

Artık çevresinde olup biten hiçbir şeye aldırmayacak, her şey geçip gidinceye dek bekleyecekti.

Yağmur nedense bir türlü boşanmamıştı. Yegoruşka kara bulutun geçip gittiği umuduyla hasırın aralığından bir daha baktı: Ürkütücü bir karanlık vardı dışarda; ne Panteley'i, ne üstünde yattığı yün dengini, ne de kendi ellerini görebildi. Bunun üzerine az önce ayın bulunduğu yere gözlerini çevirdi; orada da arabanın yakınındaki gibi karanlık vardı. Şimşekler karanlıkta üst üste, göz kamaştırıcı bir parlaklıkla çakıyor: Her çakışta insanın gözüne ağrı giriyordu.

Yegoruşka:

—Panteley dedee! diye bağırdı.

Yanıt yoktu. Güçlü bir rüzgâr hasırı son kez savurdu, sonra da hızla uzaklaşıp gitti. Düzgün, gürültüsüz bir şakırtı duyuldu bunun ardından. İri, soğuk bir damla Yegoruşka'nın dizine düştü, bir başkası elinin üstünden yuvarlandı. Çocuk, dizlerinin açıkta kaldığını fark etti, fakat bu sırada gökyüzünden bir şeyler döküldü, bu dökülen şeyler yolun üstünde, oklarda, yün denklerinde tıpırdadı. Yağmurdu bu. Yağmur ile hasır her konuda birbirlerini çok iyi anlıyorlarmış gibi, iki saksağanın çirkin sesiyle, çabuk çabuk, neşeli bir konuşmaya tutuştular.

Yegoruşka dizlerinin üstünde duruyordu, daha doğrusu çizmelerinin boğazlarına oturmuştu. Yağmur hasıra hızlı hızlı çarpınca, birdenbire ıslaklaşan dizlerini örtmek için gövdesini ileriye verdi. Artık dizlerini gövdesiyle örtmüştü, ama bir dakika bile geçmeden, sırtından aşağı doğru, baldırlarında dondurucu, ürpertici bir ıslaklık duydu. Eski duruşuna geçti, dizlerini ister istemez yağmurun altında bıraktı; bu arada «Nasıl edip de karanlıkta gözükmeyen hasırı düzeltmeli?» diye düşünüyordu. Fakat ürpertici yaşlık kollarına yayılmıştı. Yakasından, kol uçlarından içeri yağmur suları giriyordu. Az sonra kürek kemikleri soğuktan sızlamaya başladı. Bir daha kıpırdanmamaya, yağmur geçip gidinceye dek hareketsiz oturmaya karar verdi. Bir yandan da:

—Tanrım! Tanrım! Tanrım! diye fısıldıyordu.

Ansızın, tam başının üstünde kulak sağırlaştırıcı bir çatırtı koptu. Yegoruşka öne kapaklandı, tepesinde parçalanan şeyin, ensesine, sırtına dökülmesini beklerken soluğunu tuttu. Elinde olmaksızın gözlerini açtı ve ellerinde, ıslak yenlerinde, hasırdan aşağı akan selciklerde, dengin üstünde, arabanın dört bir yanında göz kamaştırıcı–batıcı bir ışığın üst üste beş kez çakıp söndüğünü gördü. Bunun ardından yeni bir çatırtı, önceki kadar güçlü ve korkunç bir çatırtı daha koptu. Artık gök gürlemiyor, gümbürdemiyor; kırılan kuru ağaç çatırtısına benzer, gevrek çatırtılar çıkarıyordu.

—Tırrak! Tak–tak–tak–tak–tak!

Tok zıngırtılar takır takır ediyor, gökte yuvarlanıp gidiyor, bir yerlerde tökezliyor, öndeki arabaların dolaylarında ya da gerilerinde öfkeli, kesik kesik «tırrak»larla birleşiyordu.

Başlangıçta şimşekler yalnızca korkunçtu, ama takırtılarla karışınca tüyler ürpertici bir hal aldı. Büyülü parıltılarıyla gözkapaklarından içeri sızıyor, insanın bedeninde soğuk bir yel olup geziniyordu. Bu şimşekleri görmemek için ne yapmalıydı? Yegoruşka başını geriye çevirdi; arkadan birinin onu gözetlemesinden korkarak, dörtayak olup dengin üstünde emekleyerek, ıslak, kaygan dengin üstünden yuvarlanmamaya çalışarak olduğu yerde geriye döndü.

Başka bir çatırtı «Tırrak–tak–tak!» diyerek başının üstünden geçti, arabaların altına düştü ve «Tırrak!» diye patladı.

Gözleri gene elinde olmadan açıldı. Yegoruşka yeni bir tehlikeyle karşı karşıya gelmişti: Arabanın yakınında, omuzlarında uzun uzun kargıları bulunan üç dev yürüyordu. Şimşek kargıların sivri uçlarında parladı, devleri tüm irilikleriyle aydınlattı. Bunlar, ağır ağır yürüyen, başları önlerine düşmüş, yüzleri örtülü, kocaman kocaman üç insandı sanki. Üzgün, umutsuz, düşüncelere dalmış görünüyorlardı. Belki de arabalara bir zarar vermek için gelmemişlerdi buraya, gene de yakınlarında ürkütücü bir şey vardı.

Yegoruşka çarçabuk ileriye, eski durduğu yöne döndü, bütün bedeni zangır zangır titreyerek bağırdı:

—Dede! Panteley dede!

Gökten ona başka bir yanıt geldi: «Tırrrak–tak–tak!»

Arabacıların yerlerinde durup durmadıklarına bakmak için Yegoruşka gözlerini araladı. O anda da şimşek iki yerde birden çakarak ta uzaklara dek bütün yolu, arabaları, sürücülerini aydınlattı. Yoldan derecikler akıyor, kabarcıklar hopluyordu. Panteley hemen arabanın yanındaydı; tümsek şapkası, omuzları ufak bir hasırla örtülüydü. Gök gürültülerinden sağırlaşmış, şimşeklerden körleşmiş gibi, yüzünde ne bir korku izi vardı, ne de en ufak bir tasa...

—Dede! Devler geliyor!..

Yegoruşka durmadan bağırdığı, ağladığı halde ne yazık ki, dede onu işitmedi. Daha ilerden de Yemelyan yürüyordu. Başından ayaklarına doğru sarkan kocaman bir hasırla örtünmüştü. Bu duruşuyla üçgen biçimindeki bir cismi andırıyordu. Başına hiçbir şey örtmemiş bulunan Vasya her zamanki gibi, dizlerini kırmadan, ayaklarını fazla yukarı kaldırmadan, oklava yutmuş görünüşüyle dimdik yürüyordu gene. Şimşek çaktığı anda kervan hareket etmiyormuş, arabacılar durdukları yerde donup kalmışlar, Vasya kalkık bacağı havada öyle taşlaşmış gibiydi.

Yegoruşka, dedeye bir daha seslendi. Ondan bir karşılık alamayınca kımıldamadan oturdu, çevresinde olanların sonunun gelmesinden umudunu kesti. Gök gürültüsünün bir an gelip onu öldüreceğinden, ister istemez gözlerini açıp devleri gene göreceğinden artık kuşkusu kalmamıştı. İstavroz çıkarmıyor, dedeye seslenmiyor, annesini düşünmüyordu; fırtınanın hiç kesilmeyeceği inancı içinde ve iliklerine işleyen soğuktan dolayı oturduğu yerde katılıp kalmıştı.

Derken birdenbire kulağına sesler çalındı. Panteley dede aşağıdan:

—Yegori, uyuyor musun, delikanlım? Hadi, in aşağı! diye bağırıyordu.

Çocuktan ses çıkmayınca, bir daha bağırdı:

—Hey, sağır mısın, çocuk? Durma, hadi, in artık!

Yabancı bir erkek, tok sesiyle:

—Ne fırtına ya! dedikten sonra bir bardak iyi cins votka içmiş gibi keyifli keyifli haykırdı.

Yegoruşka canlanarak gözlerini açtı. Arabanın yanında Panteley, üçgen görünüşlü Yemelyan ile üç dev duruyordu. Ama devlerin boyları onları ilk gördüğü zamankine göre çok kısalmıştı. Yegoruşka bu devlere dikkatle bakınca, omuzlarında kargı değil, dirgen tutan basit birer köylü olduklarını gördü. Panteley ile üçgen Yemelyan'ın arasında basık bir köy evinin aydınlık penceresi göze çarpıyordu. Anlaşılan, araba kervanı, bir köyün içinde konaklamıştı. Yegoruşka, hasırı üzerinden attı, yanındaki çıkını aldı, arabadan aşağı sıyrıldı indi. Gök gene eskisi gibi gevrek çatırtılar çıkartıyor, üst üste şimşekler çakıyordu, ama aydınlanmış bir pencerenin önünde konuşan insanlar gördükten sonra Yegoruşka'nın tüm korkusu dağılmıştı.

Panteley:

—Fırtına iyidir, kimseye bir zararı dokunmaz, dedi. Ayacıklarım yağmurdan biraz ıslandı ama zararı yok... Ee, arabadan indin mi, Yegori? Hadi, gir içeriye...

Yemelyan hırıltılı sesiyle dua okuyordu:

—Tanrım sen bizi koru! Tanrım sen bizi koru! Bir yerlere yıldırım düşmüştür muhakkak. (Devlerden birine döndü.) Buralı mısınız, arkadaş?

—Yoo, Glinovo'luyuz. Glinovo köyündeniz biz. Plater ağanın yanında çalışırız.

—Harman mı sürüyorsunuz?

—İş çok şimdi... Önce harmanı kaldıracağız. Ne çok şimşek çaktı! Üst üste, üst üste durmadan parlıyor! Çoktandır böylesi bir fırtına olmamıştı.

Yegoruşka arabadayken gördüğü basık köy evine girdi. Onu orada sivri çeneli, kambur, cılız mı cılız, yaşlı bir kadın karşıladı. Kadın elinde bir yağ kandili tutuyor, gözlerini kısıyor, durmadan içini çekiyordu. Yegoruşka'ya:

—Ulu Tanrı öyle bir fırtına gönderdi ki, dedi. Bizimkiler bozkırda geçiriyorlar geceyi. Kim bilir ne güçlüklerle karşılaşmışlardır! Çok ıslanmışsın, yavrum. Hadi, soyun, soyun!

Soğuktan ürperen, zangır zangır titreyen Yegoruşka, ıslak paltosunu sırtından çıkarıp attı. Sonra kollarını açıp bacaklarını aralayarak odanın ortasında durdu, uzun süre bu duruşunu bozmadı. Çünkü en ufak kıpırdanma, iliklerine işleyen ıslaklığı, soğuğu ürpererek yeniden duymasına neden oluyordu.

Yenleri, gömleğinin sırtı sırılsıklamdı, pantolon paçaları bacaklarına yapışıyor, başından sular sızıyordu.

Yaşlı kadın:

—Ne diye bacaklarını ayırmış duruyorsun, yavrum? dedi. Gel de otur şuraya.

Yegoruşka gene bacaklarını ayıra ayıra masaya yaklaştı; orada, sedirde yatan birinin başının yanına oturdu. Baş kımıldandı, burnundan fısıltılar çıkardı, ağzı geviş getiriyormuş gibi oynadı, sonra sakinleşti. Pösteki bir gocukla örtülmüş bir tümseklik kafadan başlayıp sedir boyunca ayaklara doğru uzanıyordu. Uyuyan bir kadındı bu.

Yaşlı kadın içini çeke çeke dışarı çıktı, az sonra elinde bir dilim kavun, bir dilim de karpuzla geriye döndü. Esneyerek:

—Al, ye bunları, iki gözüm, dedi. Evde yiyecek başka bir şey kalmamış.

Çekmecenin gözünü karıştırdı, hanlarda haydutların tüccarları kestikleri cinsten uzun, sivri bir bıçak çıkarıp verdi.

Yegoruşka sıtmalı gibi tir tir titreyerek bir dilim karpuzla bir dilim kavunu esmer ekmekle birlikte yemeye başladı; bundan dolayı üşümesi daha da çoğaldı.

Yegoruşka verilen şeyleri soğuktan zangırdayarak yerken kadın sızlanıyordu:

—Tüh, tüh! Bizimkiler geceyi nasıl geçiriyorlar acaba? Tanrı'nın öfkesi tuttu. Tasvir kutusuna mum diksem iyi olacak. Nereye koymuş mumları Stepanida? Ye, çocuğum, ye sen. Bana bakma...

Yaşlı kadın esnedi, sağ elini geriye attı, sol omzunun arkasını kaşıdı.

—Saat iki midir, nedir? Nerdeyse kalkıp işe koyulmak zamanı. Bizimkiler de bozkırda geçiriyorlar geceyi. Iyice ıslanmışlardır şimdi...

Yegoruşka:

—Nine, uyumak istiyorum, dedi.

Yaşlı kadın bir ah daha çekti, esnedi.

—Uyu yavrum, uyu... Sen bizi esirge İsa Hazretleri!.. Uzandığım yerde uyuyakalmışım. Bir de baktım, birisi kapıya tık tık vuruyor. Hemen toparlanıp kalktık. O ne fırtınaydı öyle? Ulu Tanrı ne fırtınalar verirmiş? Bir mum yakmalı aziz resimlerinin önüne. Ama mumu da bulamıyorum ki!..

Kendi kendine söylenerek sedirden bir çul (pek olasıdır ki kendi döşeği) aldı, fırının yanındaki çividen iki pösteki gocuk çıkardı, bunlarla Yegoruşka'ya yatak yapmaya başladı. Bu arada durmadan söyleniyordu:

—Fırtına da kesilmedi gitti. Tanrı korusun, şimdi bir yangın çıkacak olsa kimse söndüremez. Bizimkiler bozkırdan dönemediler, orada kaldılar bütün gece... Yat yavrum sen, uyumana bak... İsa korusun seni. Bakıyorum, kavununu bitirmemişsin. İçeri götürmeyeceğim, kalkınca yersin.

Yaşlı kadının sonu gelmez ahları, esnemeleri, sedirde uyuyan kadının düzenli soluk alışları, odanın alacakaranlığı, yağmurun dışarda tekdüze tıkırtısı insanın uykusunu getiriyordu. Yegoruşka, ninenin yanında soyunmaktan utandığı için çizmelerini çıkardıktan sonra gösterilen yere uzandı, koyun postu gocuğu sarındı.

Bir dakika bile geçmeden Panteley'in fısıldayan sesi duyuldu:

—Bizim delikanlı uyudu mu?

Nine de fısıltıyla karşılık verdi:

—Yattı, yattı. Şimdi yattı... Ulu Tanrı'nın öfkesi geçmedi daha. Durmadan gürlüyor, bir türlü sonu gelmiyor.

Panteley ile nine, Yegoruşka'nın ayakucunda yan yana oturuyorlar, konuşmalarına ikide bir esnemelerle, iç çekmelerle ara vererek, dişsiz ağızlarının şapırtısıyla fiskos ediyorlardı. Yegoruşka'nın üşümesi geçmemişti hâlâ. Üzerine ağır, kalın bir pösteki gocuk örtüldüğü halde kolları, bacakları titriyor, bütün iç organları zonkluyordu. Gocuğun altına girince üstündeki ıslak giysileri çıkarmıştı, fakat bütün bedeninin sarsılması gene de geçmedi. Üşümesi gitgide artıyordu.

Panteley arabaların başında nöbet sırasını geçirip geldiğinde Yegoruşka hâlâ zangır zangır titriyor, gözlerine uyku girmiyordu. Sanki bir şey başına, göğsüne basarak ağırlık yapıyor, onu bu ağırlığın altında eziyor gibiydi. Yegoruşka onu ezen şeyin ne olduğunu anlayamadı bir türlü; bu, ihtiyarların bitmeyen fiskosu muydu, yoksa koyun postunun ağır kokusu mu? Yediği karpuz ile kavundan ağzının içinde hoş olmayan bir demir tadı kalmıştı. Bütün bunların üstüne, bir de pireler ısırıyordu.

Yegoruşka:

—Dede, üşüyorum, dediği zaman kendi sesini tanıyamadı.
Yaşlı kadın uzaktan gelen sesiyle:
—Uyu yavrum, uyu, dedi.
Çırpı bacaklı Tit, usul usul yatağına yaklaştı, ona ellerini salladı, sonra büyüdü büyüdü, başı tavana vardı, ondan sonra da yel değirmenine döndü. Peder Kristofor, arabadaki giysileriyle değil de, resmi papaz giysisi ve elinde kutsal su serpme püskülü ile değirmenin çevresini dolandı, dönen kanatlarına kutsal su serpti, değirmen birdenbire durdu. Düş görmeye, sayıklamaya başladığını anlayan Yegoruşka gözlerini açtı.
—Dede! Su ver! diye inledi.
Ama dededen karşılık gelmedi. Yatağın içi dayanılmaz derecede sıcak, o yüzden de rahatsızdı. Yegoruşka kalkıp giyindi, odadan dışarı çıktı. Sabah olmuştu artık. Hava gene bulutlu olmakla birlikte yağmur yağmıyordu. Yegoruşka titreye titreye, ıslak paltosuna sarınarak, çamurlu avludan yürümeye başladı. Bir yandan da evin çevresindeki sessizliğe kulak kabartıyordu. O sırada kapısı yarı aralık, çatısı sazla örtülü bir ahır çarptı gözüne. Kapıda durup içeriye baktı, sonra eşikten adımını attı, karanlık bir köşedeki tezek yığının üstüne oturdu.
Ağırlaşan kafasının içinde düşünceler birbirine karışıyordu. demir tadından dolayı ağzının içi kurumuş, bir tuhaf olmuştu. Yegoruşka şapkasını çıkarıp gözden geçirdi, üstündeki tavus teleğini sıvazladı, bu şapkayı almak için annesiyle birlikte çarşıya gidişlerini anımsadı. Sonra elini cebine soktu, oradan kahverengi, yapışkan bir macun topağı çıkardı. Nasıl girmişti bu macun topağı cebine? Tamam, şimdi anımsıyordu, Yahudi kadının verdiği çörekti bu. Zavallıcık, nasıl da ıslanıp ezilmişti!
Sonra paltosunu gözden geçirmeye başladı. Pardösü biçiminde dikilmiş, iri kemik düğmeleri olan, kurşuni bir paltoydu bu. Evin girişinde değil, bütün yeni ve değerli giyecekler gibi yatak odasında, annesinin entarisiyle yan yana asılı dururdu. Bayramdan bayrama, bir de önemli günlerde giyilmesine izin verilirdi. Yegoruşka paltosunu o durumda görünce içinden bir

acıma duygusu geçti. Hem kendisi, hem paltosu yazgılarıyla baş başa bırakılmışlardı. Çocukcağız eve bir daha dönemeyeceğini düşününce, acıklı bir ağlama tutturdu, bu sırada az kaldı tezek yığınından aşağı yuvarlanıyordu.

O sırada, kılları tokayla toplanmış gibi suratına tutam tutam yapışmış, yağmurdan sırılsıklam, iri, beyaz bir köpek ahırdan içeri girdi; gözlerini merakla Yegoruşka'ya dikti. Hayvancağız havlamak mı, yoksa havlamamak mı gerektiğine karar veremiyormuş gibi duruyordu. Sonunda havlamamak gerektiğine karar kılarak, çekine çekine Yegoruşka'ya sokuldu, onun uzattığı macunu yedi, sonra geldiği gibi sessizce çıkıp gitti.

Sokakta birinin şöyle bağırdığı duyuluyordu:

—Varlamov'undur bunlar!

Ağlaması son bulan Yegoruşka ahırdan çıktı, sokaktaki bir su birikintisinin çevresini dolanarak ağır ağır yürüdü. Arabalar avlu kapısının önüne sıra sıra dizilmişti. Ayakkabıları çamura batmış, ıslanmış, güz sinekleri gibi uyuşuk, uykulu arabacılar ortalıkta dolaşıyor, ya da okların üstünde oturuyordu. Yegoruşka yolculukta tanıdığı bu adamlara baktı ve «Köylü olmak ne berbat, ne can sıkıcı bir şey» diye düşündü. Sonra Panteley'in yanına gitti, onun yanına, okun üstüne oturdu. Elleri ceplerindeydi.

—Dede, üşüyorum, dedi titreyerek.

Panteley gevşek gevşek esnedi.

—Zararı yok, delikanlım. Yolculuğumuzun bitmesine az bir şey kaldı...

Kervan vakit geçirmeden yola koyuldu, çünkü o gün hava sıcak değildi. Yegoruşka gene dengin üstüne yatmıştı. Az sonra doğan güneş ıslak giysisini, yün denklerini, yaş toprağı çabucak kuruttuğu halde onu ısıtamıyor, bu yüzden tir tir titriyordu. Bir ara gözlerini kapadığında gene ince bacaklı Tit'i, yel değirmenini gördü. İç bulantısıyla birlikte bütün bedenine çöken ağırlıktan kurtulmak için olanca gücünü kullandığı zaman bu görüntüler uzaklaşıyor, fakat bunların ardından gözleri öfkeden kızarmış, yumrukları sıkılı, sataşkan Dımov karşısına dikilerek; «Of, canım sıkılıyor!» sözleriyle gene başını ağrıtmaya başlıyordu. Onun ardından Varlamov görünüyordu Kazak aygırının sırtında, sonra da elinde bir toy tutan, mutluluktan ağzı kulaklarında Konstantin... Ne bıkkınlık verici, ne can sıkıcı adamlardı bunlar!

Aradan hayli zaman geçmiş, akşam yaklaşmıştı. Yegoruşka su istemek için başını doğrulttuğunda araba kervanı geniş bir nehir üzerindeki köprüde durmaktaydı. Aşağıda kara kara dumanlar arasında ise yedeğinde mavna çeken bir çatana... Daha ilerlerde, nehrin ötesinde kiliselerle, evlerle tıklım tıklım dolu koskoca bir dağ vardı. Bu alacalı bulacalı dağın eteğinde, yük vagonlarının yanında bir lokomotif yürüyordu.

Yegoruşka o güne değin ne vapur, ne lokomotif, ne de bunlara benzer şeyler görmüştü, fakat şimdi bunlarla karşılaşınca en ufak bir korku ya da şaşkınlık duymadığı gibi, ne olduklarıyla da fazla ilgilenmedi. O anda tüm duyduğu şey içinin bulanması, başının dönmesiydi. Kusmamak için karnını dengin kenarına dayadı, oraya öylece yattı. Çocuğun bu durumunu gören Panteley şaşkınlık, can sıkıntısı anlamında başını iki yana sallayarak bağırdı:

—Tüh, bizim delikanlı hastalanmış! Karnını mı üşüttü, ne etti, yavrucak!.. Elin memleketinde ne yapacak şimdi? Kötü oğlanın durumu...

VIII

Kervan, iskelenin az ilerisinde, büyük bir hanın avlusunda durdu. Arabadan sarkan Yegoruşka, arkadan tanıdık birinin sesini duydu. Birisi onun inmesine yardım ederken:

—Biz dün akşamdan beri buradayız, sizin yolunuzu gözlüyorduk, dedi. Yolda arkanızdan yetişmek istedik, sonra başka işler çıktı, oralara gitmek zorunda kaldık... Vay–vay–vay, paltonu da nasıl buruşturmuşsun! Dayıcığından azar işiteceksin!

Yegoruşka onunla konuşan adamın mermer yüzüne baktı, bunun Deniska olduğunu anımsadı.

—Dayıcığınla Peder Kristofor oteldeler. Ben ayrıldığımda çay içiyorlardı. Hadi, gidelim.

Deniska böyle diyerek Yegoruşka'yı, N. kasabası yardım kurumunun binasına benzeyen, karanlık, iç sıkıcı, iki katlı, büyük bir yapıya götürdü. Geniş girişi, karanlık merdivenleri, uzun dar koridoru geçtikten sonra Yegoruşka ile Deniska, içerisinde gerçekten Ivan İvanıç ve Peder Kristofor'un çay içtikleri küçücük bir odaya girdiler. Çocuğu görünce iki ihtiyar çok şaşırdılar, yüzlerinde sevinç izleri belirdi.

Peder Kristofor:

—Oo, Yegor Nikolayeviç! Bay Lomonosov! diye bağırdı.

Dayısı da:

—Hoş gelmişler, benim kişizadem! dedi.

Yegoruşka paltosunu çıkardı, dayısının, Peder Kristofor'un ellerini öptü, onlarla birlikte çay içmeye oturdu. Yegoruşka'nın önüne bir bardak çay koyan Peder Kristofor, her zamanki gibi yüzünden sevinç parıltısı saçarak çocuğu soru yağmuruna tuttu:

—Eee, yolculuk nasıl geçti bakalım, puer bone? Çok yoruldun, değil mi? Tanrı kimseye arabayla ya da manda sırtında yolculuk kısmet etmesin! Gidersin gidersin, dört bir yanda ucu–bucağı bulunmaz, dümdüz bozkır uzanır. Böylesine, yolculuk değil püsküllü bela derler... Ne o, çay içmiyor musun? Hadi, iç, iç! Sen kervanla ağır ağır gelirken biz kente daha önce ulaştık, senin işlerini yoluna koyduk. Çok şükür, yünümüzü de tüccar Çerepahin'e satıverdik. Tanrım herkese böylesini nasip eylesin, az kazancımız olmadı bu işten...

Yegoruşka'nın içinde, yakınlık duyduğu bu iki insanın yanında büyük bir dert yanma isteği uyandı. Peder Kristofor durmadan konuşurken o hiçbirini dinlemiyor, yakınmalarına önce nereden başlayacağını düşünüyordu. Ne var ki, Peder Kristofor'un o sırada kulakları tırmalayan, rahatsız eden sesi düşüncelerini toplamasını zorlaştırıyor, kafasının içini karmakarışık ediyordu. Çay sofrasında beş dakika bile oturmadan kalktı, odadaki divana giderek uzandı.

Peder Kristofor şaşırmıştı.

—Al sana işte! Çayını niçin içmedin, çocuğum?

Sızlanmalarına nereden başlayacağına bir türlü karar veremeyen Yegoruşka alnını duvara dayadı, hüngür hüngür ağlamaya başladı.

Oturduğu yerden kalkarak divanın yanına gelen Peder Kristofor:

—O da nesi? Sana ne oldu, Georgi? Niçin ağlıyorsun? dedi aynı şaşkınlık içinde.

Yegoruşka:

—Ben... Ben hastayım, diyebildi.

Peder Kristofor daha da şaşırdı.

—Ne, hasta mı? İşte bu olmadı, çocuğum! İnsan yolculuk sırasında hastalanır mı? Yaptığın işi hiç beğenmedim, doğrusu...

Elini Yegoruşka'nın alnına koydu, yanağına dokundu.

—Evet, alnın cayır cayır yanıyor. Yolda ya üşütmüş olacaksın, ya da yaramaz bir şey yedin. Dua et Ulû Tanrı'ya, yavrum...

İvan İvanıç da çok şaşırmıştı.

—Kinin mi versek, ne yapsak? dedi.

—Hayır, sıcak bir şeyler yesin, daha iyi... Georgi, sana çorba getireyim mi? Çorba içer misin?

Yegoruşka hıçkırarak:

—İste... İstemiyorum, diye karşılık verdi.

—Üşüyor musun yavrum? Yoksa bir yerin mi ağrıyor?

—Önce üşüyordum, şimdi... Şimdi ateşim var. Her yerim ağrıyooor.

İvan İvanıç da divanın yanına geldi, elini Yegoruşka'nın alnına değdi, şaşkın şaşkın homurdanarak sofraya döndü.

Peder Kristofor, Yegoruşka'ya:

—Yapacağın ilk iş, yatıp güzelce bir uyku çekmek, dedi. İyice uykunu al bakalım, ne olacak!..

Yegoruşka'nın soyunmasına yardım etti, başının altına yastık koydu, üzerine yorgan, yorganın üstünden de İvan İvanıç'ım paltosunu örttü, sonra da ayak uçlarına basa basa çay masasına döndü. Yegoruşka uyumak için gözlerini yumdu, fakat yumar yummaz kendisini otelde değil de, bozkırdaki yolda, ateşin başında gördü. Yemelyan kollarını sallıyor, kızarık gözlü Dımov ise yüzükoyun yerde yatarken ona alaycı gözlerle bakıyordu.

—Dövün onu! Dövün onu! diye bağırdı Yegoruşka.

Peder Kristofor:

—Çocukcağız sayıklıyor, dedi fısıltıyla.

İvan İvanıç ise içini çekti.

—Hiç yoktan başımıza iş çıktı. Şimdi bir de hastalıkla uğraşacağız, dedi.

—Çocuğun sırtına sirke sürelim, yağla ovalım. Yarına bir şeyi kalmaz, kalkar ayağa.

Yegoruşka korkulu düşlerden kurtulmak için gözlerini açtı, ışığa bakmaya başladı. Peder Kristofor ile İvan İvanıç çaylarını içmişler, aralarında fısıl fısıl bir şeyler konuşuyorlardı. Birincisinin yüzünde, yün alışverişinden iyi kazanç sağladığını unutmayan bir adamın mutlu gülümsemesi vardı. Ancak, eve varır varmaz büyük ailesini başına toplayıp, onlara kurnaz kurnaz göz kırptıktan sonra neşeli bir kahkaha atmak düşüncesi ona para kazanmanın kendisinden daha büyük bir mutluluk veriyordu. İlkin yünü, alış ederinden (fiyatından) daha ucuza sattığı söyleyerek hepsini kandıracak, sonra da güveyi Mihail'e kabarık cüzdanı verip; «Al bakalım! Gör, iş nasıl yapılırmış!» diyecekti. Kuzmiçov hiç kıvançlı görünmüyordu. Yüzünde eskisi gibi, yalnız iş düşünen bir adamın katılığından, tasadan başka bir şey yoktu.

Alçak sesle:

—Tüccar Çerapahin'in böyle yüksek eder vereceğini nereden bilecektim? dedi. Bilseydim 300 pud'luk[1] yünü kasabadayken Makarov'a satar mıydım? Ne büyük şanssızlık! Piyasanın böyle yükseleceğini kim bilebilirdi?

Beyaz mintanlı bir adam çay içtikleri semaveri kaldırdı, aziz tasvirinin önündeki kandili yaktı. Peder Kristofor adamın kulağına eğilerek bir şeyler fısıldadı; beriki, «Anlıyorum» anlamında başını salladı, komploya hazırlananların gizemli tavrını takınarak dışarı çıktı. Az sonra elinde lazımlıkla geriye döndü. İvan İvanıç yatağını döşemeye serdi, birkaç kez esnedi, isteksiz isteksiz dua etti, soyunup yattı.

—Yarın katedralde dua etmeye niyetliyim, dedi. Katedral anahtarcısı (korucusu) tanıdığımdır. Öğle ayininden sonra da piskoposu ziyaret etmek istiyordum ama kendileri hastaymış...

Esnedi, lambayı söndürdü. Odayı şimdi yalnız kandil ışığı aydınlatıyordu. Peder Kristofor bir yandan soyunurken, bir yandan da konuşuyordu:

—Hastalık dolayısıyla kimseyi kabul etmiyormuş. Bu durumda aziz piskoposu görmeden gideceğiz...

Peder kaftanını çıkarınca Yegoruşka önünde gene Robinson Cruzoe'yu gördü. Robinson şimdiki kapta bir şeyler karıştırarak ona yaklaştı.

—Lomonosov, uyuyor musun? Hadi, kalk! Sırtına sirke sürüp yağla ovayım biraz. Çok iyi gelir. Sen de duanı eksik etme...

Yegoruşka doğruldu, yatağın içinde oturdu. Peder Kristofor çocuğun iç gömleğini çıkardıktan sonra, sanki gıdıklanan kendisiymiş gibi ezilip büzülerek, sık sık soluyarak göğsünü, sırtını ovmaya başladı. Bir yandan da dua okuyordu:

—Babasının ve oğlunun ve kutsal ruhun adıyla... Yat şimdi çocuğum. Sırtüstü yat. Ha şöyle... Yarına bir şeyciğin kalmaz.

---

1 Pud: 16 kg. (Ç.N.)

Yalnız, bir daha günah işleme! Ateş gibi de yanıyorsun. Korkarım o fırtınada yoldaydınız?

—Evet, yoldaydık.

—Hastalık durup dururken gelecek değil ya, her şeyin bir nedeni var. Babasının ve oğlunun ve kutsal ruhun adıyla... Hastalanmayıp da ne yapacaktın? Yağmurda kalmışsın...

Yegoruşka'yı güzelce ovduktan sonra iç gömleğini yeniden giydirdi, üzerini sımsıkı örttü, üstünde istavroz çıkardı. Yegoruşka onu daha sonra dua ederken gördü. Yaşlı adam pek çok dua biliyor olmalıydı, çünkü kutsal tasvirin önünde dikilirken fısıl fısıl dua okumasının sonu gelmeyecekmiş gibi görünüyordu. En sonunda dualarını bitirdi, pencerelere, kapıya, İvan Ivanıç'a dönüp istavroz çıkardı, başının altına yastık almaksızın küçük bir divana uzandı, üstüne kaftanını örttü.

Koridorda saat 10'u vurdu. Yegoruşka sabaha kadar daha bir sürü zaman kaldığını düşünürken can sıkıntısıyla başını divanın arkalığına dayadı. Bulanık, eziyet verici kâbuslardan kurtulmaya çalışmıyordu artık. Fakat sabah umduğundan da erken geldi.

Alnı divanın arkalığına dayalı, kısa bir süre yatmış gibiydi sanki. Gözlerini açtığında eğik güneş ışınları her iki pencereden birden içeri girerek odayı aydınlığa boğmuştu. Peder Kristofor ile İvan İvanıç gitmişlerdi. Oda derli–toplu, cıvıl cıvıl güneşle doluydu, fakat bu aydınlık huzur veriyordu insana. Ayrıca havasına, peder Kristofor'un kuru peygamberçiçeği ve selvi kokusu sinmişti. (Evde peygamberçiçeklerinden kutsal su serpme püskülleri ve tasvir kutularına süsler yaptığı için pederin bütün giysilerinden çevreye bu koku yayılırdı.) Yegoruşka başının altındaki, Peder Kristofor'un kendisi kullanmayıp ona verdiği yastığa, pencereden yere düşen eğik ışıklara, divanın dibinde duran, yeni boyanmış çizmelerine baktı, güldü. O anda arabada, dengin üstünde bulunmayışına, çevresindeki tüm eşyanın kuruluğuna, tavanda şimşeklerin çakmayıp göğün gürlemeyişine hem şaşıyor, hem de seviniyordu.

Divandan aşağı atlayıp giyinmeye başladı. Kendini çok iyi hissediyordu; bir gün önceki hastalıktan bacaklarında, boynunda az bir kesiklik kalmıştı. Sirkeyle, yağla ovulması beklenen etkiyi göstermişti, demek ki... Bir gün önce belli belirsiz gördüğü çatana, lokomotif, geniş nehir aklına geldiği için, bunları yeniden seyretmek niyetiyle, bir an önce giyinip çıkmaya can atıyordu. Elini–yüzünü yıkayıp silindikten sonra tam kırmızı gömleğini giyeceği sırada kapının kilidi şıkırdadı; yelken bezi kaftanının üstünden giydiği, kahverengi ipekten papaz cüppesi, bastonu, silindir şapkası ile Peder Kristofor eşikte gözüktü. Peder gülümseyerek, yüzünden ışık saçarak (kiliseden yeni çıkmış ihtiyarların hepsi de yüzlerinden böyle ışık saçarlar), masaya bir paskalya çöreği ile bir paket bıraktı, duasını okudu.

—Görüyorum ki, Tanrı lütfunu göndermiş... Nasıl, iyileştin mi?

Yegoruşka pederin elini öptü.

—Iyiyim şimdi...

—Şükür Yaradan'a... Ben de öğle ayininden dönüyordum. Tanıdığım anahtarcıyı buldum, beni çay içmeye çağırdı ama istemedim gitmeyi. Kimseyi erkenden rahatsız etmekten hoşlanmam. Tanrım ondan razı olsun!

Cüppesini çıkardıktan sonra göğsünü sıvazladı, hiç acele etmeden masanın üstündeki paketi açtı. Yegoruşka bir dilim tuzlu balık sırtı, içerisinde taneli havyar bulunan bir teneke kutu, bir francala gördü.

—Balıkçı dükkânının önünden geçerken alıverdim bunları. Başka zaman olsa bunca masrafa girmezdim. Otelde hastamızın yattığını düşündüm de... Böyle zamanlarda yapılan masraftan kimseye zarar gelmez. Çok iyi bir havyardır bu, mersin balığı yumurtasından yapılmıştır.

O sırada beyaz mintanlı adam bir semaver ile çay takımını getirdi. Peder Kristofor bir dilim ekmeğe havyar sürdü, Yegoruşka'ya uzattı.

—Al, ye şu ekmeği. Şimdi bol bol ye, iç, gez, sonra zamanı

gelince okursun. Okula girince çok çalışacaksın ki, sonunda bir yararı olsun. Ezberlenmek mi isteniyor, ezberle, bir şeyi ezberlemeden, özünün kavranıp anlatılması mı isteniyor, o zaman da özünü kavrayıp kendi sözlerinle anlatmaya çalış. Bilimlerin hepsine aynı önemi ver, hepsini de en iyi derecede öğrenecek gibi çaba göster. Kimileri çok iyi matematik bilir, ama «Pyoytr Mogila kimdir?» diye sorunca aval aval bakar. Kimileri de Pyotr Mogila'yı tanır da, aydan, güneşten haberi yoktur. Bana kalırsa sen her şeyden anlayacak biçimde okumalısın. Latince, Fransızca, Almanca... Coğrafya, tarih, ilahiyat, felsefe, matematik... Hiçbirini küçümsemeden çalış, öğren. Acele etmeden, sindire sindire, dua ederek öğrendin mi, okulunu bitirince bir göreve girersin. Bütün bilimleri özümsediğin zaman her işte kolaylıkla karşılaşırsın. Sen yalnız oku, çalış, bir gün gelir, emeklerinin karşılığını devşirirsin. Ulu Tanrı hangi mesleği seçeceğini gösterir sana. Doktor mu olacaksın, yargıç mı, mühendis mi, zamanında belli olur.

Ufak bir ekmek dilimine havyar sürüp ağzına attı.

—Havarilerden Aziz Pavel türlü türlü, tuhaf bilimlere önem vermemizi öğütler. Büyücülük, üfürükçülük yapmak, Şaul gibi gaipten ruh çağırmak ya da ne kendine, ne de başkalarına bir yararı dokunmayan bilimlerle uğraşmak insana yakışmaz. Böyle bilimlerle uğraşacaksan hiç uğraşma daha iyi. Tanrı'nın sana «Öğren!» dediğini öğren, aklını başına devşir, yeter bu sana... Aziz havariler her dili konuşurlardı. Sen de yabancı dil öğren. Ulu Vasili matematik ve felsefe öğrenmişti, onları sen de öğren. Aziz Nestor tarih yazardı. Sen de tarih öğren ve yaz. Kendine onları örnek al...

Tabağa döktüğü çayı yavaş yavaş yudumladı, bıyığını sildi, başını iki yana döndürdü.

—Ya, işte böyle çocuğum... Ben eski usule göre okudum, üstelik şimdi öğrendiklerimin çoğunu unuttum. Gene de yaşayışım başkalarına göre değişiktir. Hem de öylesine değişik ki! Söz gelimi bir yerde, büyük bir topluluk arasında, yemekte ya da bir toplantıda Latince birkaç söz, tarihten ya da felsefeden ilginç birkaç tümce söylersin, bu hem herkesin hoşuna gider, hem de kendin hoşnut kalırsın. Diyelim ki, kentte ceza mahkemesi kurulmuş, jüri toplanmış, tanıklara kutsal yemin ettirmek gerekiyor. Başka papazlar olsa sıkılırlar, yaptırmaktan çekinirler. Ama ben bu işi güzelce kıvırdıktan başka, yargıçlarla, savcılarla, avukatlarla ahbaplık ederim, bilgin bir kişi olarak onlarla birlikte çay içer, şakalaşır, güler, bilmediklerimi de onlardan sorarım. Hoşlanırlar böyle şeylerden. İşte böyle, oğlum... Bilmek aydınlık, bilmemek ise karanlıktır. Oku, oku; durmadan oku! Biliyorsun zor bir iştir benim asna söylediğim, böyle zamanda çok da para ister. Sana gelince, anneciğin dul kaldı, dul-yetim aylığıyla geçinmek zorundasınız. Gene de... şey...

Peder ürkek ürkek kapıya baktı, sesini alçaltarak ekledi:

—İvan İvanıç yardım eder sana. Destek olur... Kendi çocukları olmadığına göre yardım etmeyip de ne yapacak? O konuda hiç merak etme.

Yüzünü ciddileştirdi, alçak sesle konuşmasını sürdürdü:

—Ama, bak Georgi, Tanrı sana uzun ömürler versin, zamanı gelince sen de ne anneni unutursun ne de İvan İvanıç'ı. Anneleri saymak Ulu Tanrı'nın buyruğudur. İvan İvanıç veli nimetindir, böyle olduğuna göre senin baban yerine geçer, onu da sayman gerekir. Bir gün okuyup adam olursan, Tanrı göstermeye, senden daha geridedirler, bilgisizdirler diye insanları yüksünmeye kalkarsan, vay senin haline, vay senin haline!

Peder Kristofor ellerini yukarı kaldırdı, ince sesiyle:

—Vay sana ki vay, vay! diye üsteledi.

Peder Kristofor konuşmaya dalmış, böyle durumlarda denildiği gibi, konuşmanın tam tadına varmaya başlamıştı. Ama o sırada kapı açıldı, İvan İvanıç içeri girdi. İvan dayı çabuk çabuk selamlaştıktan sonra masaya oturdu, büyük bir acelesi varmış gibi, hızlı hızlı çayını içmeye başladı. Yudumlar arasında da:

—Bütün işleri bitirdim, dedi. Kasabaya hemen dönebilirdik, gel gelelim daha Yegoruşka'yla işlerimiz var. Onu yerleştirmemiz gerek. Kız kardeşim buralarda bir yerde arkadaşı Nastasya Petrovna'nın oturduğunu söylüyordu. Belki de şunu yanına alıverir.

Cüzdanının içini karıştırdı, buruşuk bir kâğıt parçası bulup çıkardı.

—«Malaya Nijnaya Sokağı, kendi evinde oturur Nastasya Petrovna Toskunova'ya». Hemen gidip arasak iyi olacak. İş–güç bitmiyor ki!..

Çaylarını bitirince İvan İvanıç ile Yegoruşka birlikte çıktılar. Handan dışarı adımlarını attıklarında İvan İvanıç hâlâ söyleniyordu:

—İş–güç, durmadan iş–güç! At sineği gibi yapıştın üzerime! «Okuyacağım!» diye tutturdun, Tanrı sana akıl–düşünce versin! Okuyunca temelli baştan çıkacaksın ama işkenceyi hep biz çekeceğiz!

Han avlusundan geçerlerken Yegoruşka birlikte yolculuk yaptığı arabaları da göremedi, arabacıları da. Sabah erkenden iskeleye gitmiş olmalıydılar. Avlunun uzak bir köşesinde çok yakından tanıdığı köhne Briçka'ya gözleri takıldı. Briçka'nın yanına bağlanmış doru atlar yulaflarını geveliyorlardı. Yegoruşka, «Elveda, arabacık!» diye geçirdi içinden.

İlkin sonu gelmez gibi görünen bir bulvardan yokuş yukarı tırmandılar, sonra çarşının ortasından geçtiler. Burada Ivan İvanıç bir polisten Nijnaya Sokağı'nın bulunduğu yeri sordu. Polis gülmeye başladı.

—Ohoo! Daha çok yürüyeceksiniz. Ta oradaki çayırlığı geçin bakalım!

Yolda karşılarına sık sık faytonlar çıkıyordu, fakat dayısı faytona binmek gibi bir lükse ancak bayramlarda, kimi özel durumlarda izin verirdi.

Dayısı ile Yegoruşka önce parke taş döşenmiş yollardan, sonra yalnız yaya kaldırımı bulunan toprak sokaklardan yürüdüler. Bacakları ile dilleri bu iki kişiyi Malaya Nijnaya Sokağı'-

na ulaştırdığı zaman ikisinin de yüzleri kızarmıştı. Yakalarını çıkarıp terlerini sildiler.

İvan İvanıç bir kapının önünde iskemlesinde oturan yaşlı bir adama sordu:

—Lütfen söyler misiniz, Nastasya Petrovna Toskunova'-nın evi buralarda neresidir?

Yaşlı adam biraz düşündü.

—Buralarda Toskunova diye birisi yok. Sakın Timoşenko olmasın?

—Hayır, Toskunova...

—Öyleyse Toskunova yok.

Onlar biraz uzaklaşınca yaşlı adam arkalarından seslendi:

—Boşu boşuna aramayın. Yok diyorsam yoktur.

İvan İvanıç bu sefer aynı soruyu, tablasında ayçiçeği ve armut satan yaşlı bir kadına sordu:

—Bakar mısın, teyze! Nastasya Petrovna Toskunova'yı arıyoruz. Evi buralarda neresidir? Kendi evinde oturur.

Kadın ona şaşkın bir yüzle baktıktan sonra güldü.

—Nastasya Petrovna şimdi kendi evinde oturmuyor ki! Kızını kocaya verip evi de güveyine bırakalı sekiz yıl oluyor. Şimdi güveyi oturuyor onun evinde.

Kocaman kocaman açılmış gözleri; «Aptallar, nasıl olup da böyle basit şeyleri bilmezsiniz?» dercesine gülümsüyordu.

—Peki, şimdi nerede oturuyor?

Kadın çok şaşırmış gibi ellerini çırptı.

—Ah, Tanrım, bu da sorulur mu? Kirada şimdi. Evini güveyine bırakalı tam sekiz yıl oldu. Siz neler söylüyorsunuz?

Kadıncağız İvan İvanıç'ın da, «Ya öyle mi? Bak işte bunu bilmiyordum!» demesini beklediyse de, beriki hiç istifini bozmadı.

—Ya kirada oturduğu yer neresi?

Satıcı kadın kollarını çemredi, çıplak kollarını uzatıp iki kişinin gidecekleri yeri tarif ederken bir yandan da ince, kulak çınlatan bir sesle bağırıyordu:

—Dosdoğru gidin, gidin, gidin... Böylece kırmızı bir evceğize varıp onu da geçince sol kolda bir ara sokak göreceksiniz. Bu ara sokağa sapın, soldan üçüncü kapı aradığınız evdir.

İvan İvanıç ile Yegoruşka kırmızı evciğe vardılar, soldaki ara sokağa saptılar, üçüncü kapıya yöneldiler. Yöneldikleri kurşuniye boyanmış, köhne kapının her iki yanında koca koca çatlakları bulunan, kurşuni renkte bir tahta çit uzanıyordu. Tahta çitin kapıya göre sağda kalan bölümü ileri doğru abanmış; «Ha yıkıldım, ha yıkılacağım» diye korku veriyordu insana; soldaki bölüm ise geriye, avluya doğru yatmıştı. İki bölümün arasında dik durmaya çalışan kapıyı ileriye mi, yoksa geriye mi eğilmesi gerektiği konusunda kararsızlık geçiriyor gibiydi. İvan İvanıç kapıyı açtı, kangal dikenleri, kelotları bürümüş geniş avlu çıktı önlerine. Dış kapıdan yüz adım kadar ilerde kırmızı kapılı, yeşil pancurlu bir evceğiz vardı. Kollarını sıvamış, eteğini toplamış şişman bir kadın, avlunun ortasında duruyor; yere bir şeyler saçarken, tablacı kadınınki gibi ince, çınlatıcı bir sesle bağırıyordu:

—Gel bili–bili–bili!..

Kadının arkasında sivri kulaklı, kızıl tüylü bir köpek durmaktaydı. Köpek, konukları görür görmez kapıya koştu, tenor sesiyle havlamaya başladı. (Bütün kızıl tüylü köpekler tenorla havlarlar.)

Kadın, gözlerini elleriyle siperleyerek bağırdı:

—Kimi arıyorsunuz?

İvan İvanıç sopasını, kızıl tüylü köpeğe salladı.

—İyi günler! Söyler misiniz, Nastasya Petrovna Taskunova burada mı oturuyor?

—Evet, burada oturuyor. Ne yapacaksınız onu?

İvan İvanıç ile Yegoruşka, kadına doğru yaklaştılar. Bu sırada kadın onları kuşkuyla süzüyordu.

—Niçin arıyorsunuz, söyler misiniz?

—Nastasya Petrovna siz misiniz yoksa?

—Ee, benim. Ne olacak?

—Çok iyi... Şey, anımsar mısınız, bilmem. Eski arkadaşınız Olga İvanovna Knyazyeva selam gönderdi size. Bu da onun oğlu. Belki unutmuşsunuzdur, ben de kardeşi İvan İvanıç'ım... Bizim N. kasabasından olduğunuzu biliriz biz. Kasabamızda doğdunuz, kasabamızda büyüdünüz...

Ortalığa bir sessizlik çöktü. Şişman kadın gözlerine inanamıyormuş, birden neye uğradığına şaşırmış gibi İvan İvanıç'e anlamsız, bön gözlerle baktı baktı; sonra ansızın canlanarak ellerini çırpmaya başladı. Böyle iki elini birden bırakınca eteğindeki yulaflar yere saçıldı, gözlerinden yaşlar boşandı, kulak çınlatan bir çığlık attı.

—Olga İvanovna'nın oğlu mu? Ah, iki gözüm benim, ciğerim! Aman, bana da neler oluyor? Aptal gibi dikiliyorum! Ah, benim meleğim, canım!..

Yegoruşka'yı kucakladı, çocuğun yüzünü gözyaşlarıyla ıslatarak öptü öptü. Sonra ellerini ovuşturmaya başladı.

—Amanın Tanrım, Olga'nın oğluymuş! Güvercinim benim! Ne sevimli, ne tatlı bir çocuk! Tıpkı da annesi! Hık demiş, burnundan düşmüş! Ee, avlunun ortasında ne dikilip duruyorsunuz? Hadi, içeri buyursanıza!..

Şişman kadın eve doğru hızlı hızlı yürürken bir yandan ağlıyor, bir yandan da durmadan konuşuyordu. İki konuğu da arkasına düşmüştü.

Üçü birden aziz tasvirleriyle, çiçek saksılarıyla bezenmiş, küçük, havasız bir odaya girdikleri zaman kadın durmadan konuşuyordu:

—Ortalık da toplanmadı daha! A, Meryem Ana!.. Kızım Vasilisa! Çabuk gel de pancurları aç!.. Oliçka'nın böyle cici bir oğlancığı olduğunu bilmiyordum. Demek böyle!..

Şişman kadın konuklarına biraz alışıp sessizleşince, İvan İvanıç onunla yalnız başına konuşmak istediğini bildirerek bir köşeye çekti. Bunun üzerine Yegoruşka başka bir odaya gitti. Burada ilkin bir dikiş makinesi çarptı gözüne. Pencerenin önünde, içinde sığırcık bulunan bir kafes asılıydı. Odanın şurasında–burasında en azından öteki odadaki kadar çok aziz tasvirleri, çiçek saksıları vardı. Makinenin yanında Tit gibi tombul yanaklı, ak–pak basma entarili, yüzü güneş yanığı, küçük bir kız çocuğu kıpırdanmadan duruyordu. Gözlerini Yegoruşka'nın gözlerine dikip kirpiklerini kırpmadan bakan çocukcağız bu karşılaşmadan dolayı son derece rahatsız olmalıydı. Yegoruşka da ona baktı, uzun bir sessizlikten sonra sordu:

—Adın ne senin?

Küçük kızın dudakları hafifçe kıpırdandı, yüzü ağlamaklı oldu, titrek bir sesle:

—Atka; dedi.

«Katka» demekti bu.

Öbür odadan İvan İvanıç'ın fısıl fısıl konuşması geliyordu:

—Sizde kalacak. Eğer kabul ederseniz ayda 10 ruble öderiz. Lütfen kabul edin. Sessiz, şımartılmamış bir çocuktur.

Nastasya Petrovna ağlamaklı ağlamaklı içini çekiyordu.

—Size ben şimdi ne söyleyeyim, bilmem ki... On ruble iyi para, ne var ki, elin çocuğunun sorumluluğunu almak kolay değil. Ansızın hastalanıverir, başka bir şey olur.

Az sonra Yegoruşka'yı öbür odaya çağırdıklarında İvan İvanıç ayağa kalkmış:

—Eh, öyleyse hoşça kalın, diyordu. Ha, şey, iyi oldu da aklıma geldi. Çocuğu geriye götürmeyeceğim, şimdi de sizde kalsın. (Yegoruşka'ya döndü.) Yegor, kalırsın, değil mi? Hadi, kal, kal. Sakın yaramazlık etme, Nastasya Petrovna'nın sözünden çıkma. Hoşça kalın. Yarın gene görüşürüz...

Ivan İvanıç böyle diyerek çıktı gitti. Nastasya Petrovna, Yegoruşka'yı bir daha kucakladı, «Meleğim!» diyerek öptü, okşadı. Ondan sonra da ağlamaklı bir yüzle sofra hazırlamaya koştu.

Yegoruşka yeni tanıştığı şişman kadınla sofrada yan yana otururken onun sonu gelmez sorularına yanıt yetiştirmeye çalışıyor, önüne konulan sıcak, yağlı lahana çorbasını içiyordu.

Akşamleyin dikiş masasının başında Nastasya Petrovna ile

karşı karşıya, başını ellerinin arasına alarak otururken gene onun konuşmalarını dinlemekteydi. Kadın, ağlamaları gülmelerine karışarak annesiyle birlikte geçen gençlik günlerini, evliliğini, çocuklarını anlatıyordu Yegoruşka'ya. Ocakta bir cırcır böceği cırlıyor, lambanın fitili belli belirsiz cızırdıyordu. Alçak sesle konuşan kadın heyecandan ikide birde yüksüğünü düşürüyor, yüksüğü almak için masanın altına giren torunu Katya orada Yegoruşka'nın ayaklarını seyre koyulduğundan olacak, masanın altına girdikten sonra bir türlü çıkmak bilmiyordu.

Zavallı Yegoruşka dinliyor, dinliyor, uyukluyor, şişman kadını yüzünü, kıllı et benini, yüzündeki gözyaşı izlerini seyrediyordu. O anda duyduğu hüzün sonsuzdu. Yatma zamanı gelince yatağını sandığın üstüne serdiler, eğer canı bir şey yemek isterse gece koridora çıkıp, pencerenin önündeki üstü örtülü tabakta duran piliç kızartmasını yiyebileceğini söylediler.

Ertesi gün sabahtan İvan İvanıç ile Peder Kristofor vedalaşmaya geldiler. Onların gelişine çok sevinen Nastasya Petrovna semaver kaynatmak için koştuğu sırada İvan İvanıç ellerini sallamaya başladı.

—Yok, yok, şimdi çayla, şekerle vakit harcamayalım! Biz hemen gideceğiz.

Vedalaşmadan önce oturdular, bir dakika kadar kimseden ses çıkmadı. Bu sırada baktı. Sessizlik bitmeden İvan İvanıç ayağa kalktı.

—Eh, demek artık kalıyorsun, dedi.

Yüzündeki iş adamı kuruluğu bir anda silindi, bunun yerine hafif bir kızarıklıkla, üzüntülü bir gülümseme yayıldı.

—Bak, yeğenim, oku işte... Anneni unutma. Nastasya Petrovna'nın sözünü dinle. Eğer iyi okursan seni her bakımdan destekleyeceğimi aklından çıkarma.

Cebinden para kesesini çıkardı, Yegoruşka'ya sırtını dönerek karıştırdı karıştırdı, içinden bir 10 kapiklik bularak bunu Yegoruşka'nın avcuna sıkıştırdı. Peder Kristofor içini çekti, hiç acele etmeden Yegoruşka'yı kutsadı.

—Babasının ve oğlunun ve kutsal ruhun adıyla... Oku oğlum, çok çalış... Bir daha görüşmeden ölecek olursam beni hayırla an. Al, benden de sana bir 10 kapiklik, kabul et bunu.

Yegoruşka, papazın elini öptü, ağladı. İçinde bu ihtiyarla bir daha görüşmeyecekmiş gibi bir duygu vardı. İvan İvanıç odada bir ölü varmış gibi sesini alçaltarak:

—Nastasya Petrovna, Gimnaziya'ya dilekçeyi verdim, dedi. 7 ağustosta çocuğun giriş sınavı var. Size zahmet oraya götürüverirsiniz. Eh, esen kalınız. Sen de hoşça kal, Yegor. Allahaısmarladık!..

Nastasya Petrovna onlar giderken arkalarından:

—Bir çayımı içseydiniz, diye inledi.

Gözlerini bürüyen yaşlar arasından Yegoruşka, dayısıyla Peder Kristofor'un çıkıp gittiklerini bile görmedi. Bir an toparlanarak pencereye atıldıysa da avludan da çıkmışlardı. Az önce havlayıp duran kızıl tüylü köpek borcunu ödemişlerin rahatlığıyla geriye dönüyordu. Niçin yaptığını bilmeden Yegoruşka yerinden fırladı, odadan dışarı koşarak kendini sokak kapısına attı. O hızla sokağa çıktığı zaman İvan İvanıç ile Peder Kristofor, birincisi çengelli sopasını, ikincisi ise bastonunu sallayarak dönemeci yeni kıvrılıyorlardı. Yegoruşka o ana kadar bu insanlarla birlikte yaşadığı her şeyin bir duman gibi birdenbire yok olduğunu anladı. Geriye dönerek umarsızlık içinde bir iskemleye çöktü, kendisi için o andan sonra başlamış bulunan, yeni, bilmediği yaşamı acı gözyaşlarıyla selamladı.

Nasıl bir yaşam olacaktı bu?

TATSIZ BİR OLAY

Çiftçiler Birliği Hastanesi tabiplerinden Grigori İvanoviç Ovçinnikov o sabah koğuşlarda viziteye çıkmıştı. Otuz beş yaşlarında, sıska, sinirli bir adam olan Ovçinnikov sağlık istatistiği alanında yaptığı katkılar, «toplumsal konular»a duyduğu yakın ilgi dolayısıyla meslektaşları arasında iyi tanınırdı.

Doktorla birlikte her zamanki gibi sağlık memuru Mihail Zaharoviç de hastaları dolaşıyordu. Mihail Zaharoviç tombul suratlı, yağlı saçları düz taranmış, bir kulağında küpesi olan yaşlıca bir adamdı.

Ovçinnikov viziteye henüz başlamıştı ki, pek de önemli olmayan bir durum dikkatini çekti. Hastabakıcının sırtındaki yelek buruş buruştu, üstelik ikide bir ucundan aşağı çekip düzelttiği halde hep yukarı toplanıyordu. Hastabakıcı gömleği de kırışıklar içindeydi, üzerinde düzgün oturmuyordu. Uzun siyah redingotu ile pantolonunda, hatta kravatında beyaz beyaz tüyler vardı. Anlaşıldığı kadarıyla hastabakıcı o gece giysilerini üzerinden çıkarmadan uyumuştu; yüzünün anlatımına, sık sık yeleğini çekiştirip kravatını düzeltmesine bakılırsa sırtındakilerin durumundan dolayı pek sıkılıyordu.

Doktor adamı dikkatle inceleyince her şeyi anladı. Hastabakıcı ayakta sallanmıyordu, sorulara yerli yerinde yanıtlar veriyordu, gelgelelim asık bön suratı, bulanık bakışları, başının, ellerinin titremesi, giyimindeki düzensizlik, en başta da durumunun açığa çıkmaması için gösterdiği olağanüstü çaba onun yataktan yeni kalktığını, henüz uykusunu alamadığını, dünden kalma bulut gibi sarhoş olduğunu açıkça ortaya koymaktaydı.

Ağzının leş gibi içki kokması da caba. Adamın durumundan son derece rahatsız olduğu kesindi.

Hastabakıcıyı öteden beri sevmeyen, bunun için de yeterli nedeni olan doktor, adama «Bugün çok sarhoşsunuz!» dememek için kendini zor tuttu. Sırtındaki biçimsiz yelekten, uzun redingotundan, etli kulağında sallanan küpeden nefret ettiği halde yumuşak bir sesle;

—Gerasim'in sütünü verdiniz mi? diye sordu.

Beriki de aynı yumuşaklıkla;

—Evet, efendim, verdim, dedi.

Doktor hastası Gerasim'le konuşması sırasında derecenin yazıldığı kağıda göz atınca öfkesi yeniden kabardı, bir şey söylememek için kendini tuttuğu halde boğulurcasına;

—Derece niçin yazılmamış? diye bağırdı.

Mihail Zaharıç[1] gene yumuşak bir sesle;

—Hayır, yazıldı, dediyse de kağıda bakıp durumu görünce omuz silkti, şaşkınlık içinde mırıldandı:

—Bilmem, vallahi. Nadejda Osipovna'ya sormalı...

—Bakın, dünkü de yazılmamış! Sizin sarhoşluktan başka yaptığınız bir şey yok! Şimdi de körkütük sarhoşsunuz! Nadejda Osipovna nerede?

Hastalara pansuman yapmak için doktorla birlikte dolaşması gereken hemşire Nadejda Osipovna yoktu ortalıkta. Çevresine bakınan doktor koğuşta her şeyin dağınık, bakımsız, yatakların toplanıp düzeltilmemiş, hastabakıcının yeleği gibi buruşuk, tüyler içinde olduğunu görünce üstündeki gömleği çıkardığı gibi hastaneyi yüz üstü bırakıp gitmek istediyse de kendini tuttu, hastaları dolaşmayı sürdürdü.

Gerasim'den sonra vizite sırası sağ kolu ameliyat edilmiş, sargısı değiştirilmesi gereken bir hastaya geliyordu. Doktor bu hastanın karşısına geçti, kolunu açmaya başladı.

Sargıyı çözerken, «Anlaşılan dün birinin yaş gününü kutladılar.» diye geçirdi içinden. «Ben size yaş gününü gösteririm. Ama ne yapabilirim ki onlara? Hiçbir şey...»

---

1 Zaharoviç, halkın söyleyiş biçimi (Ç.N.)

Hastanın kolundaki kıpkırmızı şişliğe dokunarak:
—Bistüri! dedi.
Ayakta durabildiğini, işe yaradığını göstermek isteyen hastabakıcı ileri atıldı, bir bistüri uzattı.
—O değil! Yenilerden birini verin!
Mihail Zaharıç çabuk çabuk masaya yürüdü, içinde pansuman malzemesi bulunan kutuyu karıştırmaya başladı. Bistüriyi ararken hemşire yardımcısı kızlarla fısır fısır konuşuyor, kutuyu masanın üstünde ileri-geri itiyor, hışır hışır sesler çıkarıyordu. Bu sırada iki kez elinden alet düşürdü. Hastanın karşısında oturup bistüri bekleyen doktorun ise fısıldaşmalardan, hışırtılardan dolayı kan beynine sıçramıştı. Sonunda dayanamayıp sordu:
—Hadi, bistüriyi ne zaman vereceksiniz? Yoksa aşağıda mı unuttunuz?
Hastabakıcı koştu, elinde tuttuğu iki bistüriyi uzattı, bu sırada tedbirsizlik edip soluğunu doktorun yüzüne verdi.
Doktor iyice çileden çıktı.
—Bunları istemiyorum! Size açık açık söylemedim mi, yenilerden birini getirin diye? En iyisi gidin de güzelce uykunuzu alın. Aklınız başınızda değil bugün. Meyhane gibi de kokuyorsunuz.
Hastabakıcı da sinirlenmişti. Hafifçe omuz silkerek;
—Anlamadım, sizin istediğiniz hangisi? dedi.
Doktor gözlerinin dolduğunu hissetti, parmaklarının ucu karıncalandı. Kötü bir şey yapmamak için büyük bir çaba harcayarak, titreyen bir sesle;
—Siz gidin de uyuyun! dedi. Sarhoşlarla konuşacak değilim.
—Benden yalnız görevle ilgili istekte bulunabilirsiniz, doktor bey! Eğer içkiliysem bu konuda soru soramazsınız! Görüyorsunuz, görevimi yapıyorum. Yapmıyor muyum? Öyleyse başka ne isteyebilirsiniz benden!
Doktor oturduğu yerden fırladı, ne yaptığının kendisi bile

farkına varmadan var gücüyle hastabakıcının yüzüne bir yumruk attı. Neden böyle yaptığını anlamamıştı, ancak yumruğunun adamın tam suratının ortasına gelmesinden; evli barklı, dindar, oturaklı, değerini bilen hastabakıcının geri geri sendeleyerek arkadaki tabureye çökmesinden dolayı büyük bir kıvanç duydu. Bir yumruk daha atmayı öylesine istiyordu ki, ama nefret ettiği herifin yanında hemşire yardımcısı kızların şaşkın, sararmış yüzlerini görünce bu niyetinden vazgeçti, elini sallayarak koğuştan çıktı.

Bahçede Nadejda Osipovna'yı gördü. Onun yüzü de soluk sarıydı, saçları toplanmamıştı, hastaneye yeni geldiği belliydi. Yirmi yedi yaşlarındaki hemşirenin pembe basma entarisi eteği de öylesine dardı ki, adımlarını küçük küçük atıyordu... Yürürken omuzlarını oynatıyor, adım atışlarına uygun olarak başını sallıyor, sanki içinden neşeli bir şarkı mırıldanıyordu.

Hastanede herkesin hemşireye «deniz kızı» dediğini duyan doktor, «Gerçekten deniz kızı!» diye geçirdi aklından. Güzel giyinmeye düşkün, kendine aşık bu züppeyi paçavraya çevirmekten büyük bir zevk duyacaktı. Onunla karşı karşıya gelince;

—Oo, nerelerdesiniz, hanımefendi? dedi. Neden görevinizin başında değilsiniz? Hastaların derecesi yazılmamış, her yer bakımsız, düzensizlik diz boyu, hastabakıcı sarhoş... Ancak on ikide kalkıp hastaneye geliyorsunuz... Bu duruma göre kendinize başka bir iş arayın! Sizin gibilerle çalışmak istemiyorum!

Hastanedeki dairesine varınca beyaz gömleğini sırtından sıyırdı attı, beline sardığı havluyu bir köşeye fırlattı, odada hızlı hızlı dolaşmaya başladı.

—Aman Tanrım, ne biçim insanlar bunlar! Sözde çalışmalarımda bana yardım edecekler! Hayır, yardımcı değil, düşman hepsi de! Onlarla hiçbir iş yapılmaz! Dayanamayacağım artık! En iyisi buradan çekip gitmek!

Yüreği küt küt atıyor, tüm bedeni titriyordu. Dokunsanız ağlayacaktı. Bu duygulardan kurtulup kendini yatıştırmak için davranışında haklı olduğunu, hastabakıcıya vurmakla iyi ettiğini düşünmeye başladı. Asıl iğrençlik şuradan kaynaklanıyordu ki, hastabakıcı denen bu herifin teyzesi Çiftçiler Birliği Başkanı'nın çocuklarına dadılık ediyordu, yeğenini normal yoldan değil, torpille hastaneye aldırmıştı. (Etkili teyze berbat bir kadındı, hastaneye muayeneye geldiğinde sıraya girmeyip evindeymiş gibi hareket ederdi.) Işte o yüzden bir türlü disipline girmeyen Mihail Zaharıç mesleğini de iyi öğrenememişti. Ayrıca hep sarhoş dolaşır, saygısızca davranır, hastaneye temizlenmeden gelir, hastalardan rüşvet alır, Çiftçiler Birliği'nin ilaçlarını gizli gizli satardı. Söylendiğine göre adam doktorluğa soyunup cahil esnafın açığa vurmaya çekindiği hastalıklarını iyileştirmeye çalışıyormuş. Her yerde sıkça raslanan bir şarlatan olsa gene neyse, ama herif yaptığından emin, açıkça tıbba karşı bir tavır içindeydi. Doktora göstermeden hastalara şişe çeker, kanlarını alır, ameliyata ellerini yıkamadan yardım eder, yaraya pis sonda koyardı. Bunlar, onun doktorluk mesleğini tüm bilimselliği ve kurallarıyla ne derece küçük gördüğünü anlamaya yeter de artardı.

Parmaklarının uyuşması geçince doktor masaya oturdu, Çiftçiler Birliği Başkanı'na şöyle bir mektup yazdı:

«Sayın Lev Trofimoviç,

Mektubumu alır almaz hastaneniz hastabakıcılarından Simirnovski'nin işine son vermez, ayrıca bana kendi yardımcılarımı seçme hakkı tanımazsanız, üzülerek bildireyim ki, kuruluşunuz hastanesi tabipliğinden ayrılmak zorunda kalacağım. O zaman kendinize başka bir doktor bulursunuz.

Eşiniz Liyubov Fiodorovna ve Yus'a saygı ve sevgilerimle.

G. Ovçinnikov»

Mektubu okuyunca yeterince soğuk olmadığını anladı, üstelik çok kısaydı. Hele başkanın eşi ile Yus'a (ailenin küçük oğlu) saygı ve sevgilerini bildirmesi resmi bir iş mektubunda tümüyle yersiz kaçıyordu.

«Yus'un burada işi ne?» diyerek mektubu yırttı, bir yenisini düşünmeye başladı. «Saygıdeğer Beyefendi...» böyle mi deseydi? Açık pencerenin önünde oturuyor, bahçede tökezleyerek, belli ki paytak paytak havuza doğru koşan ördekleri, ördek yavrularını seyrediyordu. Yavrulardan biri yolda bulduğu bir barsak parçasını yutarken bir başkası atılıp gagasından kaptı, kendisi yutmaya çalıştı, telaşa kapılarak bir çığlık attı. Bunun üzerine başka bir ördek yavrusu barsağı onun ağzından kaptı, o da yutamadı... Uzakta, bahçe duvarının dibinde, yere düşen ağaç gölgelerinin altında aşçı kadın Darya yapacağı sebze çorbası için kuzukulağı topluyordu... Sesler duyuluyordu sağdan-soldan... Elinde yular tutan arabacı Zot ile hastanede çalışan, önlüğü kirli bir adam odunluğun yanında dikilmişler, gülerek bir şeyler konuşuyorlardı.

«Hastabakıcıya vurduğumu konuşuyorlardır,» diye düşündü doktor. Kısa sürede bütün ilçenin haberi olur... Ha, mektuba gelelim... «Saygıdeğer Beyefendi. Başında bulunduğunuz kuruluş mektubumu alır almaz...»

Doktor adı gibi biliyordu ki, Çiftçiler Birliği Yönetimi kesinlikle onu bir hastabakıcıya değişmez, Ovçinnikov gibi değerli bir adamı harcamaktansa birkaç hastabakıcıyı gözden çıkarırdı. Mektubu okuyunca Lev Trofimoviç arabasına atladığı gibi hastaneye gelecek, şöyle konuşmaya başlayacaktı: «Azizim, siz de ayrılmayı nereden çıkardınız? İki gözüm, boş verin o adama! Öyle şey olmaz, canım! Hani, nerede o hergele? Gönderin bana! Onu hemen kovayım! Bir dakika bile kalamaz! Yarından tezi yok, gitsin!»

Sonra oturup öğle yemeği yiyecekler, yemeğin ardından işte şu kırmızı kumaşla kaplı kanepeye sırt üstü yatıp yüzünü gazeteyle örterek horul horul uyuyacak, uyanınca çay içecek, sonra gece kalmak üzere doktoru evine götürecekti. Böylece olay, hastabakıcının hastanede kalması, doktorun ise istifadan vazgeçmesiyle son bulacaktı.

Oysa doktorun istediği sonuç hiç de öyle değildi. O istiyordu ki, hastabakıcının teyzesi bu olayda da gücünü göstersin, Çiftçiler Birliği sekiz yıllık dürüst hizmetine aldırmadan doktoru kulağından tuttuğu gibi kapının önüne koysun. Ovçinnikov yıllardır benimsediği hastanesinden ayrıldığını gözünün önüne getirdi. Ardından «Tıp» dergisine olayla ilgili bir mektup yazdığını, meslektaşlarından onu destekleyici birçok mektup aldığını hayal etti.

O sırada bahçede «deniz kızı» gözüktü. Daracık eteği yüzünden ufacık adımlar atarak, hışır hışır sesler çıkararak pencereye doğru yürüyen hemşire;

—Grigori İvanıç, dedi. Hastalara siz mi bakacaksınız, yoksa biz kendimiz mi bitirelim?

Böyle derken gözlerinden şunlar okunuyordu: «Önce çok öfkelenmiştin, şimdi öfken geçti, yatıştın. Ben bunları biliyorum, ama büyüklük gösterip farkında değilmişim gibi yapıyorum.»

—Peki, hemen geliyorum, dedi doktor.

Gömleğini giydi, belinden havluyu sardı, hastaneye yollandı. Yolda giderken, «Adama vurduktan sonra kaçmakla iyi etmedim. Sonuçta yaptığımdan utanmışım ya da korkmuşum gibi bir durum çıktı ortaya. Liseli öğrenci gibi davrandım açıkçası... Çok kötü!» diye düşünüyordu.

Koğuşa girdiği zaman hastaların onun yüzüne bakmaktan utanacaklarını, aynı utancı onun da duyacağını sandıysa da içeri girdiğinde hastaların yataklarında sakin sakin yattıklarını, ona aldırış etmediklerini gördü. Veremli Gerasim'in yüzünden umursamazlık okunuyordu, «O sana saygısızlık etti, sen de ona bir kerecik patlattın. Böyle şeyler olur, beyim,» der gibiydi.

Doktor iki hastanın çıbanını patlatıp güzelce sardıktan sonra kadın hastalar bölümüne geçti. Orada da bir hastanın gözünü ameliyat etti. Bütün bu işler sırasında «deniz kızı» yanından bir adım bile ayrılmadı; aralarında bir şey geçmemiş, her şey eski düzeniyle gidiyormuş tavrıyla ona yardım etti.

Koğuşların dolaşılması bitmiş, sıra yeni hastaları kabule

gelmişti. Doktorun küçük kabul odasının penceresi ardına değin açıktı. İnsan pencerenin içine oturup biraz eğilse bir metre aşağıda körpe otların yükseldiğini görürdü. Bir gün önce akşamleyin fırtınanın ardından sağanak boşanmıştı, bu yüzden otlar biraz örselenmişti, ama şimdi ışıl ışıl parlıyordu. Pencerenin ilerisinden geçip yara doğru uzanan çılga yol sanki özenle yıkanmış gibiydi. Çılganın iki yanına atılan cam kavanoz parçaları yağmurda tertemiz yıkanmış olarak güneşte parlıyor, insanın gözünü kamaştırıyordu. Yolun arkasında birbirine yakın yükselen köknar fidanları sağanağın hırpaladığı taze, gür yapraklarla donanmıştı. Köknarların biraz ilerisinde ise kar gibi beyaz gövdeleriyle kayınağaçları vardı. Kayınların yemyeşil yapraklarının arasından masmavi, sonsuz bir gökyüzü gözüküyordu. Pencereden çılga yola bakınca sıçraya sıçraya koşturan sığırcıkları görürdünüz. Aptal kuşlar kafalarını pencereye döndürüp bakıyorlardı: Orada oturan adamdan korkmak mı gerekir, yoksa korkmamak mı? Sonunda korkmak gerektiğinde karar kılıp doktorun uçmayı becerememesiyle alay edercesine neşeli bir çığlık koyverdiler, birbiri ardından kayın ağaçlarının üst dallarına uçtular.

Ağır iyodoform kokusunun arasında bahar mevsiminin taze, ıtırlı kokuları hissediliyordu... Baharın serin havasını derin derin solumak ne güzeldi!

Doktor hastalardan birincisini çağırdı:

—Anna Spiridonova!

Kırmızı baş örtülü genç bir köylü kadını içeriye girdi, duvardaki kutsal tasvire dönüp dua etti.

—Nereniz ağrıyor? diye sordu doktor.

Kadın önce içinden geçtiği kapıya, sonra eczaneye açılan küçük kapıya kuşkuyla baktı, doktora yaklaşarak;

—Çocuğum olmuyor, dedi.

O sırada hemşirenin sesi duyuldu:

—Kaydını yaptırmayan hasta var mı? Varsa hemen adını yazdırsın!

Köylü kadını muayeneye başlayan doktor düşünüyordu: «Hastabakıcının hayvanın biri olduğu şuradan belli ki, beni kavga etmeye zorladı. Ben bugüne dek kimseyle kavga etmiş değilim.»

Hasta Anna Spiridonova çıktı. Ardından kötü bir hastalığı olan yaşlı bir köylü girdi. Sonra da uyuza yakalanmış üç çocuğuyla bir kadın... İş bitmek bilmiyordu. Bu arada hastabakıcı ortalıkta hiç gözükmedi. «Deniz kızı» eczaneye açılan kapının arkasında neşeli neşeli konuşuyor, giysilerinin hışırtısı ta oradan işitiliyor, arada bir muayene odasına girerek doktora ameliyatta yardım ediyor ya da onun yazdığı reçeteyi alıyordu. Bunları yaparken doktor ile aralarında bir şey olmamış gibi bir tavır içindeydi.

Hemşirenin şen şakrak sesine kulak veren doktor, «Hastabakıcıya vurduğum için çok memnun. Oysa bir zamanlar onunla karı-koca gibi yaşadılar. Adamı hastaneden kovsalar bayram edecek. Hemşire yardımcıları da çok sevindiler. Öf, ne iğrenç!» diye düşündü.

Hastaların kaynaştığı bir saatte aklına birden hemşire de, hemşire yardımcıları da, hatta koğuştaki hastalar da mahsus böyle yapıyorlar gibi geldi. Yani olanlara aldırmaksızın neşeli görünmek... Doktorun utandığını, acı çektiğini bildikleri halde bilmezlikten gelmek... Kendisi de utanmadığını göstermek için arada bir öfkeyle bağırıyordu:

—Hey, oradakiler, kapıyı kapatın bakayım! Görmüyor musunuz, cereyan yapıyor!

Oysa çok utanıyor, acıdan yüreği burkuluyordu. Kırk beş hastaya baktıktan sonra acele etmeksizin muayene odasından çıktı. Hemşire bu arada evine uğrama fırsatı bulmuş, başına açık kırmızı eşarbını atıp dağınık saçlarına bir çiçek iliştirerek ağzında sigarayla hızlı hızlı gidiyordu. Ya dışarda özel hastalarına bakacaktı ya da bir arkadaşına uğrayacaktı. Hastanenin merdiveninde birkaç hasta oturmuşlar, güneşte sessizce ısınıyorlardı. Vıcır vıcır bağrışan sığırcıklar ise böcek peşindeydiler.

Doktor durup çevresine bakındı. Bütün bu tasasız, şamatasız yaşam içerisinde bozuk piyano tuşu gibi sırıtan iki şey vardı: Hastabakıcı ile onun bir işe yaramayan yaşamları. Hastabakıcı şimdi evinde yatmıştır, ama bir türlü uyuyamamaktadır. Suçlu olduğunu, incitildiğini, işten atıldığını unutamadığı için bütün huzuru kaçmıştır. Daha önce kimseyle kavga etmemiş bulunan doktor ise saflığına leke sürülmüş gibi hissediyordu kendini. Bir yandan hastabakıcıyı suçlarken bir yandan da kendinin hiçbir suçu olmadığını düşünüyordu. Ama anlamadığı bir şey vardı: Nasıl olmuş da köpek bile dövmemiş onun gibi biri, bu adama el kaldırmıştı?

Evine varır varmaz kanepeye uzandı, yüzü kanepenin arkasına dönük, şöyle düşünmeye başladı: «Belli ki herif işe yaramazın, ciğeri beş para etmezin biri. Burada çalıştığı üç yıl içerisinde öfkeden kudurttu beni. Gene de benim bu davranışım hoş karşılanamaz. Güçlü oluşumdan yararlandım düpedüz. Adam benim buyruğum altında çalışıyor, kusurlu, üstelik sarhoş, oysa ben onun amiriyim, haklıyım, ayık durumdayım. Demek oluyor ki, daha güçlüyüm ondan. İkincisi, beni otorite sayan kişilerin yanında dövdüm onu. Bu duruma göre onlar için iyi bir örnek olmadım...»

Öğle yemeğine çağırdılar. Doktor lahana çorbasından birkaç kaşık atıştırdıktan sonra gene gelip kanepeye uzandı. Olay bir türlü aklından çıkmıyordu: «Ne yapacağım şimdi? Fazla gecikmeden adamı tatmin edici bir şey yapmalıyım. Ama nasıl? Basit bir adam olduğundan düelloyu aptallık sayar ya da böyle şeylere aklı ermez. Aynı koğuşta hemşire yardımcıları ile hastaların yanında ondan özür dilesem bu sefer de yalnız kendi kendimi tatmin etmekle kalırım. Çünkü pis herif korktuğumu, beni Çiftçiler Birliği'ne şikayet etmesinden çekindiğimi sanacaktır. Ayrıca ondan özür dilemek hastanenin disiplinini bozar. Peki, çıkarıp para versem? Hayır, ahlaksızlık bu, adamı parayla satın alıyormuşum gibi olur. Ya durumu yetkililere aktarıp onların kararına bıraksam? Belki bana bir uyarı cezası verirler, onu oda görevden atarlar. Hayır, biliyorum, böyle şey yapmazlar onlar. Üstelik kendilerini ilgilendirmeyen bir konu için yukardakileri iç işlerimize karıştırmak pek uygun kaçmaz...»

Üç saat kadar sonra yüzmek amacıyla bende giderken aynı şeyleri düşünüyordu: «Ya da adam böyle durumlarda yapılacak işleme başvursun. Yani mahkemeye versin beni. Suçlu olduğum için kendimi savunmaya çalışmam, böylece hapis cezası alırım. Sonuçta hem gücendirilen kişi tatmin olur, hem de ben güçlü olduğum halde haksızlığımın cezasını çekerim.»

Bu düşünce aklına yattı. Sevinerek konunun en iyi çözüme kavuşturulduğunu, bundan daha uygununun olamayacağını düşünmeye başladı.

Bendin sularına dalıp küçük balık yavrularının yanından kaçıştıklarını görerek, «Eh, böylesi en güzeli!» diye geçirdi içinden. «Versin mahkemeye... Görev ilişkilerimiz iyice bozulduğuna göre ikimizin birden hastanede kalması uygun kaçmaz...» diyordu kendi kendine.

Garnizon komutanının yanına gidip birlikte briç oynamak için tek atlı arabayı koşmalarını söyledi. Çalışma odasında paltosu ve şapkasıyla gitmeye hazır, eldivenlerini giyerken dış kapı gıcırdayarak açıldı, hole sessizce birisi girdi.

—Kim var orada? diye sordu.

—Benim, efendim, diye boğuk bir sesle karşılık verdi giren kişi.

Doktorun yüreği hızlı hızlı çarpmaya başladı; utançtan, nedenini bilmediği bir korkudan dolayı her yeri buz keşti. Hastabakıcı Mihail Zaharıç (gelen oydu) hafifçe öksürdü, çekine çekine odaya girdi. Bir süre sessizlikten sonra boğuk sesiyle, suçlu suçlu;

—Grigori İvanıç, beni bağışlayın! dedi.

Doktor öyle şaşırdı ki, ne diyeceğini bilemedi. Onun buraya Hıristiyanca alçakgönüllülük dolayısıyla ya da alttan alıp onu küçük düşüren kişiyi utancından kahretmek amacıyla gelmediğini anlıyordu. Onun hesabı başkaydı. «Kendimi zorlar, ondan özür dilersem belki beni işten kovmazlar, böylece ekmeğim elimden alınmaz,» diye düşünüyor olmalıydı. Insan onuru için bundan daha alçaltıcı ne olabilirdi?

—Bağışlayın, beyefendi, diye üsteledi hastabakıcı.

Henüz ne söyleyeceğini bilemeyen doktor adamın yüzüne bakmadan;

—Bakın, beni dinleyin, dedi. Size hakaret ettim, bundan dolayı yaptığımın cezasını çekmeliyim, yani sizi tatmin etmeliyim. Biliyorum, düelloyu kabul etmezsiniz, hoş, öyle bir şeyi ben de istemem... Size hakaret ettiğime göre beni mahkemeye verin, cezamı çekeyim. Bundan böyle hastanede ikimizin birden kalması olanaksız. İkimizden biri çekip gitmeli. («Aman Tanrım, söylemek istediklerim bunlar değil! Ne saçma!» diye düşündü doktor.) Kısacası, verin beni mahkemeye! İkimiz birden kalamayız artık! Ya siz gideceksiniz, ya ben... Dilekçenizi yarından tezi yok verin!

Hastabakıcı doktora ters ters baktı; kararmış, bulanık gözlerinde nefretin en koyusu çaktı. Ona göre doktor beceriksizin biri, nazlı bir çocuktu. Konuşurken titremesi, gereksiz telaşı karşısında öfkeyle;

—Hayır, dilekçe filan vermem! dedi.

—Yok, yok, verin!

—Ya!.. Demek öyle, vermeyeceğimi mi sanıyorsunuz? Vereceğim işte! Bana vurmaya hakkınız yoktu! Utanmadınız mı yaptığınızdan? Ancak köylü parçaları, cahil insanlar sizin gibi davranır.

Doktorun yüreğinde adama karşı büyük bir nefret kabardı.

—Defolun karşımdan! diye bağırdı.

Kendi sesini tanıyamamıştı. Hastabakıcı isteksiz isteksiz şöyle bir kıpırdandı (söyleyeceği başka şeyler var gibiydi), hole doğru yürüdü, düşünceler içinde durakladı. Orada bir süre kararsız bekledikten sonra çıktı gitti.

—Ah, ne aptallık! Ne alçakça, aptalca bir şey bu!

Onun gidişinin ardından böyle homurdanan doktor hastabakıcıya karşı çocukça davrandığını hissediyordu. Mahkemeyle ilgili düşünceleri de çok yersizdi, sorunu çözmek şöyle dursun, iyice karıştırmaktan başka işe yaramazdı.

Arabayla garnizon komutanına giderken, orada briç oynarken de aynı şeyleri düşünüyordu: «Aptallığın daniskası bu yaptığım! Doğru-dürüst eğitim görmemiş biri miyim ben, insanları böylesine az mı tanıyorum? Peki, öyleyse ne yapmam gerekiyor?..»

Ertesi sabah hastabakıcının karısının bir arabaya binerek hastaneden çıktığını[1] gördü. «Teyzelerine gidiyordur yüzde yüz. Nereye giderse gitsin!» dedi içinden.

Hastabakıcı olmadan çalışmaları sürdürüyorlardı. Doktor durumu Çiftçiler Birliği yönetimine bildirmek istediyse de yazıya nasıl başlayacağına karar veremedi. «Asıl suçlu ben olmakla birlikte hastabakıcının görevden uzaklaştırılmasını rica ederim,» mi demeliydi? Yazacağı yazının hem aptalca, hem de utanç verici biçimde olmaması gerekirdi. Ama bu, aklı başında bir adam için hemen hemen olanaksızdı.

Birkaç gün sonra hastabacının Çiftçiler Birliği Başkanı Lev Timofeyiç'e onu şikayete gittiğini duyurdular doktora. Ama Başkan adamın daha ağzını açmasına fırsat vermemiş, ayaklarını yere vurarak kovmuş yanından. «Tanırım seni! Yıkıl karşımdan! Seni dinlemek istemiyorum!» diye bağırmış. Bunun üzerine hastabakıcı Birlik yönetimine başvurarak doktorun kendisine tokat attığından söz etmeden, kendisi için de herhangi bir dilekte bulunmaksızın ona bir sürü iftira yağdırmış. Sözde doktor başkalarının yanında Birlik yönetimi ile Başkanı hakkında olumsuz şeyler söylemiş, hastaları gerektiği gibi tedavi etmiyormuş, Birliğe bağlı bölgelere doğru-dürüst gitmiyormuş falan filan... Doktor bunu öğrenince gülerek «Sa-

1 Doktor ve hastanede çalışan birçok kişinin kendilerine ayrılan hastane lojmanında kaldıkları anlaşılmaktadır. (Ç.N.)

lak herif!» diye söylendi. Hastabakıcının böyle davranmasından dolayı ona hem acıdı, hem de onun adına utandı. Demek ki, insan kendini savunmak amacıyla saçmaladıkça zayıflayıp daha savunmasız bir duruma düşüyordu.

Bir hafta sonra sulh yargıçlığından mahkemeye çağrı yazısı geldi. Çağrı yazısının alındı belgesini imzalayan doktor, «Böylesi salaklık görülmemiştir! Ne haltlar karıştırıyor bu adam?» diye düşündü.

Havanın kapalı olduğu durgun bir sabah mahkemeye giderken artık utanç duymuyordu; yalnızca canı sıkılıyor, her şeyden nefret ediyordu. Kendine de, hastabakıcıya da, oluşan ortama da kızmaya başlamıştı.

—Mahkemede tutayım, «Hepinizin canı cehenneme! Topunuz eşeksiniz, aklınızın bir şeye erdiği yok!» diyeyim, diye söylendi.

Sulh yargıçlığına yaklaşırken tanık olarak çağrılan üç hemşire yardımcısı ile «deniz kızı»nı gördü merdivenlerde. Cıvıl cıvıl kaynayan hemşire sabırsızlıktan durduğu yerde duramıyordu. Onları görünce, hele duruşmanın baş kahramanının geldiğini fark ederek sevinçten yüzü kızaran «deniz kızı»na bakınca doktor küplere bindi; atmaca gibi üzerlerine atılıp, «Size hastaneden ayrılmanız için kim izin verdi? Hemen oraya dönün!» diye bağırmak geldi içinden. Ancak kendini tuttu, sakin görünmeye çalışarak köylü kalabalığı arasından duruşma salonuna girdi.

Salon bomboştu. Sorgu yargıcının saat zinciri koltuğunun arkasında asılı duruyordu. Bunun üzerine doktor yazıcı bölmesine girdi. Orada zayıfça yüzlü, evde dokuma kaba kumaştan bir ceket giymiş, ceplerinin kapağı fırlak genç bir adamla karşılaştı. Yazıcıydı bu. Hastabakıcı ise bir masaya oturmuş, yapacak başka bir şey olmadığından, yargılamayla ilgili bir kitabı karıştırıyordu. Doktor içeriye girince yazıcı ayağa kalktı, nasıl davranacağını şaşıran hastabakıcı da kalktı.

—Aleksandr Arhipoviç daha gelmedi mi? diye sordu doktor utanarak.

—Hayır, gelmediler. Sulh yargıcı henüz evindeler, efendim.

Duruşma salonu sulh yargıcının oturduğu konağın yan bölmelerinden birinde bulunuyordu. Doktor salondan ayrılıp yargıcın evine yollandı. Aleksandr Arhipoviç'i yemek odasında, semaverden çay alırken buldu. Üniformasının ceketini, yeleğini henüz giymemiş bulunan yargıç, gömleğinin önü açık olarak masanın yanında dikiliyor, iki eliyle birden tuttuğu semaver çaydanlığından bardağa kahve koyuluğunda bir çay dolduruyordu. Doktoru görünce önüne ikinci bir bardak çekti, selam vermeden sordu:

—Doktor, çayınızı şekerli mi istersiniz, yoksa şekersiz mi?

Yargıç çok, çok eskiden süvari birliklerinde subaylık yapmıştı. Seçimler sonucunda yargıçlık görevine gelip uzun hizmet sonunda müsteşar rütbesine yükseldiği halde sırtından ne askerlik üniformasını çıkarmıştı, ne de subaylık alışkanlıklarını bırakmıştı. Emniyet müdürlerininki gibi burma bıyıkları vardı, pantolonunun dikiş yerleri zıhlıydı, tüm davranışları, konuşmaları subaylık inceliğinin izlerini taşıyordu. Başını hafifçe arkaya atarak, generaller gibi gevrek bir sesle ikide bir «mmm» diyerek konuşur, o sırada omuzları oynarken gözleri velfecir okur, birine selam verir ya da sigara ikram ederken topuklarını birbirine vurur, yürürken çizmelerinin mahmuzlarını hafifçe ve öyle özenle şakırdatırdı ki, sanki yürümek ona dayanılmaz acılar veriyor sanırdınız.

Doktoru çay masasına oturtup geniş göğsü ile karnını sıvazlayarak derinden bir soluk aldı;

—Mmm, evet, dedi. Votka ile çerez getirteyim isterseniz. Mmm... getirteyim mi?

—Hayır, istemem. Karnım tok.

Hastanedeki olayla ilgili konuşmanın kaçınılmaz olduğunu ikisi de hissediyorlar, bu yüzden biraz sıkıntı duyuyorlardı.

Yargıç zarif bir el hareketiyle, açık göğsünü ısıran bir sivrisinek yakaladı, sivrisineği elinde evirip çevirerek hayli inceledikten sonra bıraktı, derin derin göğüs geçirdi, bakışlarını doktorun yüzüne dikerek, ağır ağır;

—Dinleyin, o adamı niçin kovmuyorsunuz? dedi.

Doktor yargıcın sesinde kendini desteklediğini hissettiren bir ton sezdi, bu yüzden acıdı kendine. Zaten son hafta içinde yaşadığı tatsız olaylar nedeniyle hayli yıpranıp yorgun düşmüştü. Artık sabrının taştığını gösteren bir tavırla masadan kalktı, yüzünü öfkeyle buruşturup omuz silkerek;

—Kovayım mı? diye sordu. Nasıl böyle düşünebildiğinizi anlamıyorum! Şaşılacak bir iş, böyle bir şeyi nasıl aklınızdan geçirirsiniz! Gerçekten kovabilir miyim? Oturduğunuz yerde benim hastanenin patronu olduğumu, istediğim her şeyi yapabileceğimi sanıyorsunuz. Pes, doğrusu! Hastabakıcının teyzesi Lev Timofeyiç'in evinde dadılık yaparken, Birlik Başkanı Bay Zaharıç gibi uşaklardan, müzevirlerden hoşnutken onu işinden atabilir miyim? Çiftçiler Birliği yönetimi biz doktorları adam yerine koymaz, adım başı çelme takarsa böyle bir şeyi nasıl yaparım? Yok yok, hepsinin canı cehenmeme! Böyle bir yerde çalışmam, çalışmak istemiyorum!

—Durun, durun! Bana kalırsa siz bu işe gereğinden fazla önem veriyorsunuz.

—Birlik Başkanı bizim birer nihilist[1] olduğumuzu kanıtlamaya çalışıyor, bize karşı casus kullanıp hepimizi elinin altındaki yazıcılarıymışız gibi hor görüyor. Söyler misiniz, benim yokluğumda hastaneye gelip hemşire yardımcılarını, hastaları sorguya çekmeye hakkı var mı? Bizi küçük düşürmez mi bu? Sizin şu Semyon Alekseyiç adındaki kaçık dostunuz çiftçilikle uğraştığı için karnı tok, boğa gibi de sağlıklı olduğundan tıbba inanmayıp başkalarının yanında biz doktorları asalak olarak

1 Çehov döneminde tüm düşünce akımlarına, inançlara, geleneklere karşı gelen kişi, yoksayıcı. (Ç.N.)

adlandırır, ekmeğimizle oynarsa işin sonu neye varır? Hepsinin canı cehenme! Dinlenmek nedir bilmeden sabahın köründen gece yarılarına dek çalışıyorum; şu kaçıkların, softaların, reformcu bozuntularının, bütün öteki soytarıların topundan birden daha çok işe yarıyorum. Çok çalışmaktan dolayı sağlığımı yitirdim, ama teşekkür edecekleri yerde bir lokma ekmeği başıma kakıyorlar. Yeter artık, o da sizin olsun! Hepiniz burnunuzu başkasının işine sokuyor, akıl vermeye çalışıyor, ne yaptığımızı denetlemeye kalkıyorsunuz. Çiftçiler Birliği'nde yönetime soktuğunuz bay Kamçatski, Birlik toplantılarından birinde çok potasyum iyodür harcadığımız için biz doktorları kınadı, kokain kullanmada daha dikkatli olmamızı salık verdi. Sorarım size, böyle şeylerden anlar mı o adam? Niçin sizin yargılama işine de karışmıyor? Buna hakkı var mı?

—Bilmiyor musunuz, Kamçatski küstahın, çanak yalayıcının biridir. Ona değer vermeyin.

—Ama bu küstahı, çanak yalayıcıyı Birlik yönetimine sizler seçtiniz, başkasının işine burnunu sokmasına da izin veriyorsunuz. Gülmeyin, lütfen! Size göre ufak tefek, önemsiz şeyler bunlar, ama biliyorsunuz, dağların kum taneciklerinden oluşması gibi, yaşam da böyle ıvır zıvır şeylerden oluşuyor. Hayır, artık dayanamayacağım! Gücüm kalmadı, Aleksandr Arhipıç! Biraz daha dişimi sıkmaya zorlanırsam suratlara yumruk atmayı bırakıp insanlara ateş etmeye başlayacağım. Anlayın artık, benim sinirlerim telden değil! Ben de sizin gibi insanım!

Doktorun gözleri doldu, sesi titredi. Bunun üzerine yüzünü pencereye çevirip dışarıya bakmaya başladı. Bir sessizlik çöktü ortalığa. Yargıç düşünceli düşünceli;

—Demek, durum böyle, azizim, dedi. Gene de olaya başka bir açıdan bakıp daha soğukkanlı düşünürsek... (böyle derken başka bir sivrisinek yakaladı, bunu parmaklarının arasında inceledikten sonra ezip yüz yıkama leğeninin içine attı) bu adamı işinden kovmanın da bir anlamı yok. Kovsanız bile yerine alacağınız kişi onun aynısı çıkacaktır, belki de daha kötüsü... Yüz adam değiştirseniz bile daha iyisini bulamazsınız. Hepsi hergele bunların! (Koltuğunun altını kaşıdı, bir sigara yaktı.) Böylelerine katlanmaktan başka çıkar yol yok. Size doğrusunu söyleyeyim mi, günümüzde her yönden güveneceğiniz dürüst, içki içmeyen bir adam isterseniz aydınlar ya da köylüler arasında arayacaksınız. İki aşırı, birbirine karşıt topluluk arasında yani... Kesinlikle söyleyebilirim ki, çok dürüst bir doktora, en has öğretmene, onların karşıtı olarak en onurlu çiftçiye ya da demirciye raslarsınız da, bunların ortasındaki kütleden, yani halktan kopmuş ama aydınlar katına ulaşamamış insanlar arasından güvenilir tek adam bulamazsınız. İşte bu yüzden dürüst, içki içmeyen bir hastabakıcı, yazıcı, tezgahtar zor bulunur, hem de çok zor! Kırk yıldır adliyede görev yapmaktayım, bugüne dek bir tane olsun namuslu, sarhoşluk yapmayan yazıcıyla çalışmadım. Oysa kovduğum yazıcıların sürüsüne bereket! Bu insanlar ahlak değerlerini tümüyle yitirmişler, artık öbür ilkeleri unutun!..

Doktor, «Yargıç bunları niçin söylüyor? Üzerinde durduğumuz konu bu değil ki!» diye düşündü.

—Çok uzağa gitmeye gerek yok, daha geçen cuma benim yazıcı Diyujinski öyle bir halt işledi ki, temizleyinceye dek akla karayı zor seçtim. Akşamleyin tanıdığı birkaç iti-kopuğu topla, bütün gece onlarla birlikte duruşma salonunda kafayı çek! Nasıl, beğendiniz mi? İçki içmeye kesinlikle karşı değilim. Zıkkımlanmak istiyorsan zıkkımlan, ama yabancıları duruşma salonuna niçin sokarsın? Heriflerden biri dosyalardan bir belge, senet filan çalarsa ne yaparsın? Bir dakikalık iş! Onlar istedikleri gibi keyif çattılar, bense iki-üç gün bir şey çalındı mı, diye dosyaların hepsini gözden geçirdim. Böyle ahlaksızlara ne yapılır? Kovar mısınız? Diyelim öyle olsun, gelenin daha kötü olmayacağı belli mi?

—Kovmak kolay mı sanki? Sözde kolay... Herif evliyse,

çoluk çocuğu varsa aç bırakmayı göze alabilir misiniz? Ailesiyle nereye gider bu adam?

Doktor böyle derken bir yandan da, «Of, ben de neler saçmalıyorum!» diye geçirdi içinden. Bilincini belirli bir düşünce ya da duygu üzerinde oturtup sürekli aynı konu üzerinde tutamıyordu. Bu durum kendisine tuhaf gözüktüğü için, «Derin bir adam olmadığım açık, ben daha düşünmesini beceremiyorum.» dedi içinden.

—Sizin adlandırdığınız gibi orta sınıf insana gerçekten güvenilmez, diye sürdürdü konuşmasını. İsterseniz kovun, azarlayın, suratına yumruk atın, ama sonunda onun yerine kendinizi koymak, onu anlamak zorundasınız. Böyle bir adam ne köylüdür, ne de beydir; başka bir deyişle belirli bir özelliği yoktur. Geçmişi acılarla doludur aslına bakılırsa, şimdiki durumda ayda 25 rubleye çalışır, ailesinin karnı doymaz, hep ezik yaşar. Gelecekte de isterse yüz yıl çalışmış olsun, ayda alacağı gene 25 rubledir, üstlerine bağımlılıktan kurtulamaz. Ne doğru dürüst bir öğrenimi, ne de malı-mülkü vardır; okumaya, kiliseye gitmeye vakit bulamaz; yanımıza sokulmasına izin vermediğimiz için ne dediğimizi ona anlatamayız... Böylece ilerisi için bir umut beslemeden, yarı aç, yarı tok gezerek, her an devlet lojmanından kovulacağından korkarak, çocuklarını nereye yerleştireceğini bilemeden ölünceye dek günü gününe yaşar. Böyle bir adam sarhoşluk etmesin, başkasının malını çalmasın da ne yapsın? Böylesinden ilkeli olmak beklenir mi?

«Biz galiba toplumsal sorunları tartışıyoruz burada. Üstelik ne yersiz bir zamanda! Bir işe yarasa bari!» diye düşündü doktor.

Araba çıngırakları duyuldu o sırada. Araba önce duruşma salonunun önüne, sonra konağın merdivenlerine yaklaştı. Pencereden bakan yargıç;

—İşte hastabakıcınız da geldi, dedi. Hadi bakalım, ondan çekeceğiniz var!

—Sayın yargıcım, beni bir an önce salıverseniz! Mümkünse bizim dosyayı sıraya koymadan en başta bitirin. Hiç zamanım yok, vallahi!

—Peki, peki... Ancak, azizim, dosyanız yargılamaya hazır mı, orasını pek bilmiyorum. Hastabakıcı ile görev ilişkisi içindeyken, adam görevini yaptığı sırada pataklamışsınız onu. Neyse, bilmiyorum daha, dosyayı inceleyince görürüz. Şey, önce başkana soralım.

O sırada ağır ayak seslerinin peşinden derin iç çekişler duyuldu, ardından kır saçlı, dazlak kafalı, uzun sakallı, göz kapakları kırmızı kırmızı bir ihtiyar olan Çiftçiler Birliği Başkanı Lev Trofimoviç gözüktü kapıda. Başkan güçlükle soluk alarak;

—Oo! Saygılar! dedi. Yargıcım, hadi çabuk söyle de bana bir bardak kvas getirsinler! Susuzluktan dilim-damağım kurudu!

Kendini bir koltuğa bıraktı, ama hemen yerinden sıçrayarak doktorun yanına koştu, gözlerini öfkeyle belerttikten sonra cırtlak bir sesle;

—Size son derece minnettarım, Grigori İvanıç! dedi. Beni mutlu ettiniz! Sağolun! Yaşadığım sürece duacınız olacağım. Azizim, bana baksanız a, dostlar böyle mi yapar? Kendiniz bilirsiniz, ama bu yaptığınız arkadaşlığa sığmaz! Daha önce niçin bildirmediniz bana? Ben kimim size göre? Söyler misiniz, kimim? Düşmanınız mıyım, yoksa yabancı biri mi? Düşmanınız mıyım gerçekten? Bugüne dek bir dediğinizi iki ettim mi? Hadi, söyleseniz e!

Gelen kvası gözlerini belertip parmaklarını kıpırdarak içtikten sonra çabuk çabuk dudaklarını sildi, gene başladı:

—Evet. Size çok teşekkür ederim! Önceden niçin bana bildirmediniz? Bana karşı iyi duygular taşısaydınız dostça yanıma gelir, «İki gözüm, Lev Trofimoviç, durum şöyle şöyle...» derdiniz. Ben de şıp diye sorunu çözerdim, o zaman bu rezalete gerek kalmazdı. O salak ne halt ettiğini bilmediği için bütün ilçeyi dolaşıp iftira yağdırıyor, karılar gibi dedikodu yapıyormuş. Beni bağışlayın, ama siz de bir şey yaptığınızı sanarak o aptalı zorlayıp sizi mahkemeye vermesini sağlamışsınız. Böylesi rezillik görülmemiş! Herkes bana sorun nedir, bu nasıl bir şey, diye soruyor, benimse başkan olarak bir şeyden haberim yok. Dış kapının dış mandalıyım çünkü. Size çok çok teşekkür ederim, Grigori İvanıç!

Başkan böyle derken yerlere kadar eğilip selam verdi, bu sırada yüzü kıpkırmızı kesildi. Sonra pencereye yaklaşarak bağırdı:

—Hey, Jigalov, Mihail Zaharıç'a söyle, buraya gelsin! Hemen gelsin, geç kalmasın! (Pencereden uzaklaştı) Yaptığınız iyi bir şey değil, azizim! Karım bile bu işten dolayı hayli kırıldı, oysa size karşı büyük yakınlığı vardı. Hepinizin aklı bir karış havada! Kendi başınıza iş görmeye kalkarken sözde birtakım ilkelere, akıllıca yöntemlere başvurarak ortalığı toza-dumana katarsınız. Göz gözü görmez olur...

—Siz akıllıca yöntemlere başvurmadınız da elinize ne geçti?

—Bizim elimize mi ne geçti? Eğer şu anda burada bulunmasaydım hem kendinizi rezil edecektiniz, hem bizi... Bereket versin ki, işittim de geldim.

Hastabakıcı içeri girerken eşikte bir an durakladı. Ona yan duran başkan ellerini cebine soktu, birkaç kez öksürdükten sonra;

—Doktordan özür dile, bakalım! dedi.

Doktor öylesine utandı ki, hemen öbür odaya kaçtı.

—Bak, doktor bey özür dilemeni bile kabul etmek istemiyor. Senin sözde değil, gerçekte pişmanlık duymanı istiyor da ondan. Bugünden başlayarak onun dediklerini dinleyeceğine, ayık gezeceğine söz veriyor musun?

Hastabakıcı sıkıntılı bir sesle;

—Söz veriyorum, dedi.

—Bak, bir daha böyle şeyler işitmeyeyim! Kötü bir şey yaparsan benden sana acımamı bekleme! O an işinden kovulursun! Şimdi dön işinin başına!

Başına geleceklere çoktan razı olmuş bulunan hastabakıcı için işlerin bu şekle dönmesi sevindirici bir sürprizdi. Öyle ki, kıvancından ne yapacağını şaşırdı. Bir şey daha söylemek niyetiyle elini uzattı, ama ağzından tek söz çıkmadı, bön bön gülümseyerek dışarı çıktı.

—Eh, gözünüz aydın! dedi başkan. Mahkemeye filan gerek kalmadı.

Rahat bir soluk aldı, önemli işler becermiş bir insan tavrıyla semaveri, bardakları gözden geçirdi, ellerini keyifle birbirine sürdü.

—Ee, barış sağlayanlar mutluluk bulsun! Şimdi sıra içkide! Saşa, bana bir bardak votka doldursan a! Ama önce meze getirsinler, ardından votkamızı içeriz.

Yüzünün kızarıklığı hâlâ geçmemiş bulunan doktor ellerini silkeleyerek, heyecanla içeriye girdi.

—Baylar, böyle şey olmaz! Sizin oynadığınız düpedüz güldürü! Çirkin bir oyun bu, böylesine katlanamam! Sorunları vodvil oynar gibi çözmektense yargılanmak en iyisi! Hayır, gönlüm razı değil buna!

Başkan öfkelendi.

—Daha başka ne istiyorsunuz, azizim? Herifi kovmamı isterseniz hemen kovayım!

—Hayır, kovmanızı istediğim filan yok. Aslında ne istediğimi ben de bilmiyorum, ama insanlara böyle davranmamak gerekir. Çok kötü!

Doktor sinirli sinirli sağa-sola bakındı. Şapkasını aradığı belliydi, ancak bulamayarak bir koltuğa çöktü.

—Çok çirkin! diye söylendi.

Sulh yargıcı alçak sesle;

—Bakın, iki gözüm, dedi. Sizi tam olarak ben de anlamış değilim.

Biliyorsunuz, bu olayda hayli suçlusunuz. On dokuzuncu yüzyılın sonuna gelmişiz, bu çağda adamın suratına yumruk atana pek iyi gözle bakmazlar. Belli, adam hergelenin teki, ancak kabul ediniz ki, siz de iyi davranmadınız...

—Öyle, dedi başkan.

Votkalar geldi, masaya mezeler kondu. Onlardan ayrılmadan önce doktor kurulmuş makine gibi bir bardak içki yuvarladıktan sonra bir dilim turp attı ağzına. Hastaneye döndüğünde kafasının içi hayli dumanlıydı, tıpkı bahar sabahı otların üzerine sis çökmesi gibi.

«Bir hafta boyunca bunca acı çekmem, her şeyi ince ince tartıp ölçmem, durmadan dil dökmem işlerin böylesine aptalcasına, alçakçasına bitmesi için miydi? Ne aptalca, ne salakça işler bunlar!» diye düşünüyordu.

Özel işlerine başkalarını karıştırdığı için, o insanlara söylediği sözler için utanıyordu; içki alışkanlığı, amaçsız yaşama yüzünden onlarla birlikte votka içmekten dolayı utanıyordu; anlayışı kıt, derin düşünmesini beceremeyen zekası yüzünden utanıyordu...

Hastaneye döner dönmez koğuşlardaki hastaları dolaşmaya başladı. Hastabakıcı da onunla birlikteydi. Süt dökmüş kedi gibi sessiz yürüyor, sorulan sorulara yumuşak yanıtlar veriyordu. Gerek hastabakıcı, gerekse hemşire ile yardımcıları bir şey olmamış, her şey eski düzeninde sürüyormuş gibi davranıyorlardı. Doktorun kendisi de olanların farkında değildi sanki. Yardımcılarına ne istediğini söylüyor, kızıyor, hastalarıyla şakalaşıyordu. Ama bir yandan da beyninin içi, «Ah, ne aptallık, ne aptallık, ne aptallık!» diye kaynıyordu.

GÜZELLER

I

Hiç unutmam; sekizinci sınıfta mıydım, yoksa dokuzunda mı, öyle bir şey işte, dedemle birlikte Don bölgesindeki Bolşoy Krepkoy kasabasından Rostov-Don'a gidiyorduk. Korkunç derecede sıcak, sıkıntılı, yorucu bir ağustos günüydü. Yüzümüze toz-toprak savuran kuru, yakıcı rüzgârdan, kavurucu sıcaktan göz kapaklarımız birbirine yapışıyor, ağzımız kuruyordu. Ne çevremize bakmak, ne konuşmak, ne de bir şey düşünmek istiyorduk. Durmadan uyuklayan arabacımız Ukraynalı Karpo'nun arada bir atların sırtında şaklattığı kırbacın ucu kasketime dokunduğu zaman bile sesimi çıkarmıyordum. Yarı uykulu bir halde bazan gözlerimi açıp isteksiz isteksiz enginlere baktığım oluyordu. Acaba toz bulutları arasında bir köy görebilir miyim diye...

Sonunda atlarımızı doyurmak için bir köyde durduk. Burası Bahçe-Salah adında büyücek bir yerdi, dedemin tanıdığı varlıklı bir Ermeni'nin evine inmiştik. Bugüne değin bu Ermeni kadar karikatüre benzeyen başka bir adam görmediğimi söyleyebilirim. Şöyle bir gözünüzün önüne getirin: Saçları kısa kesilmiş küçücük bir baş, gür, sarkık kaşlar, uzun kır bıyıklar, gagamsı bir burun, kiraz ağacından yapılmış bir çubuk sokulu kocaman bir ağız... Bu minik başın sıska, kamburumsu, garip urbalı bir bedenin üstüne beceriksizce oturtulduğunu düşünün. Üstte güdük kırmızı bir ceket, altta cırtlak mavi bir şalvar... Adam bacaklarını iki yana açarak, pabuçlarını sürüye sürüye yürüyor, ağzından çubuğunu çıkarmadan konuşuyor, tam bir Ermeni gururuyla davranıyordu. Gururlu davranması da şu: Yüzü hiç gülmüyor, boyuna kaşlarını çatıyor, biz konuklarıyla elden geldiğince az ilgilenmeye çalışıyordu.

Gerçi Ermeni'nin evinde rüzgâr, toz bulutları falan yoktu, ama odaların içi bozkırın, gezip geldiğimiz yolların boğucu sıcağından, sıkıntısından hiç de geri kalmıyordu. Hiç unutmam, üstüm-başım toz içinde, sıcaktan bitkin bir halde, köşedeki yeşil bir sandığın üzerinde oturuyordum. Boyasız ahşap duvarlardan, kırmızı toprak boyalı döşemeden, mobilyalardan güneşte kavrulan kuru bir ağaç kokusu yayılıyordu. Ayrıca nereye baksan dört bir yan sinek doluydu; sinek, sinek, sinek... Dedemle yaşlı Ermeni alçak sesle nadastan, yaylaklardan, davarlardan konuşuyorlardı. Biliyordum ki, semaverin hazırlanması en azından bir saat sürer. Bunun üzerine dedem yarım saat çay içer, iki-üç saat de yatıp uyur. Böylece günümün dörtte biri beklemekle geçecek; sonra yeniden yolun sarı sıcağını, tozunu, arabanın sarsıntısını çekecektim. Durmadan iki sesin tekdüze mırıltısı çarpıyordu kulağıma. Yaşlı Ermeni'yi, içinde kap kacak bulunan dolabı, sinekleri, üstüne güneş vuran pencereyi çoktan beridir görüyormuşum gibi geliyordu. Onları ancak uzak bir gelecekte görmekten kurtulacağımı sanıyordum. Bozkıra, güneşe, sineklere karşı içimde derin bir nefret kabarmaya başlamıştı.

Başörtülü bir köylü kadın, üzerinde çay takımı bulunan bir tepsiyle içeri girdi; sonra geriye dönüp semaveri getirdi. Yaşlı Ermeni ağır ağır sofaya yürüdü, oradan seslendi:

—Maşya! Hadi gel de çayları koy! Neredesin, Maşya?

Patır patır ayak sesleri duyuldu, on altı yaşlarında bir kız girdi odaya. Genç kızın üstünde sade bir basma entari, başında beyaz bir yazma vardı. Çay fincanlarını çalkalayıp içlerine çay koyarken sırtı bize dönüktü. Yalnızca ince beli, pantolon paçalarının yarı yarıya örttüğü minik çıplak topukları çekti dikkatimi.

Ev sahibi beni de çaya çağırdı. Sofraya otururken bana

bardağı uzatan kıza baktım, bakar bakmaz sanki ruhumda bir fırtına kopmuş, bu fırtına günün bütün sıkıntılarını, tozu-toprağıyla bütün kötü izlenimlerini süpürüp atmış gibi bir duyguya kapıldım. Yaşamım süresince gördüğüm ya da düşlerime giren yüzlerin en güzeli tüm büyüleyici çizgileriyle karşımdaydı. Gözümün önünde gerçek bir dilber duruyordu, bunu daha o anda, insanın şimşeği görmesi gibi algılamıştım.

Maşa'nın ya da babasının deyişiyle Maşya'nın gerçek bir dilber olduğuna yemin etmeye hazırım, ancak bunu size nasıl anlatacağımı bilmiyorum. Hani, bazan gurup vakti bulutlar ufukta karmakarışık bir biçimde toplanır; güneş, arkasında saklandığı bulutları, gökyüzünü türlü türlü renklere boyar. Kiremit kırmızısı, turuncu, altın sarısı, eflatun, toz pembe... Kimi bulutlar keşişe, kimisi balığa, kimisi de sarıklı bir Türk'e benzer. Gün batımının kızıllığı göğün üçte birini kaplamıştır; çeşitli renkler kilisenin haçında, bey konağının pencerelerinde parlar; ırmağın yüzeyinde, su birikintilerinde yansır; ağaç dallarında titreşir... Çok çok uzaklarda bir sürü yaban ördeği gurubun kızıllığına bulanarak tüneyecekleri yere doğru uçarlar... İnek güden bir sığırtmaç çocuk, bendin kıyısında arabasıyla giden bir kadastro memuru, hava almaya çıkmış beyler hepsi güneşin batacağı yere bakarlar, gökyüzünü olağanüstü güzel bulurlar, ancak bunun gizini çözüp birbirine anlatamazlar... Ermeni kızının güzelliği de tıpkı böyleydi işte.

Onu güzel bulan yalnız ben değildim. Seksen yaşlarında, katı, kadın ve doğa güzelliklerine karşı kayıtsız bir adam olan dedem bile Maşa'yı bir dakika kadar sevecenlikle süzdükten sonra;

—Kızınız mı, Avet Nazarıç? diye sordu.

—Evet, kızım.

—Çok güzel, doğrusu...

Bir ressam Ermeni kızının güzelliğini fazla ölçülere uygun, klasik bulabilirdi. Karşımda öyle bir güzellik vardı ki, insan onu seyrettikçe yüz çizgilerinin kusursuzluğu konusunda herhangi bir kuşkusu kalmazdı; saçları, gözleri, burnu, ağzı, boynu, göğsü, genç bedeninin tüm devinimleri tam bir uyum içindeydi. Bu uyumda doğanın tek bir yanlış yapmadığını görürdünüz. Ülküsel (ideal) güzellikte bir kadının mutlaka Maşa'nın burnu gibi hafif kemerli bir burnu olacağı kanısı uyanırdı içinizde. Gözleri onunki gibi iri, koyu; kirpikleri onunkiler gibi uzun; bakışları onun bakışları gibi baygın olması gerektiğini düşünürdünüz. Yeşil bir kamış durgun akan bir dereye nasıl yakışırsa, onun simsiyah, dalgalı saçları ile kara kaşları yanaklarının, alnının pürüzsüz beyazlığına öyle yakışıyordu. Maşa'nın kar beyazı boynu ile körpe göğüsleri yeni yeni gelişmekteydi.

Bütün bu güzellikleri yaratan doğanın ne büyük yetenekte bir sanatçı olması gerektiği geldi aklıma. Onu seyrettikçe yavaş yavaş bu dilbere olağanüstü hoş, içten, güzel, hem de onun kadar güzel bir söz söylemek isteği kabardı içimde. Oysa önceleri Maşa'nın bana hiç dikkat etmeyişinden, gözlerini sürekli önüne eğişinden dolayı canım sıkılmıştı, garip bir utanma duygusuna kapılmıştım. Sanki kızı kuşatan mutlu, gururlu bir hava onu benden ayırıyor; bakışlarımdan kıskançlıkla koruyordu. «Belki de üstümün-başımın toz-toprak içinde, yüzümün güneş yanığı oluşundan, karşısında beni çocuk buluşundan,» diye düşündüm.

Fakat yavaş yavaş her şeyi unuttum, bu güzelliğin seyrine verdim kendimi. Artık bozkırın çektirdiği sıkıntıyı, tozu, sinekleri düşünmüyor; çayın tadını almıyor, sofranın öbür yanında güzel bir kızın durduğundan başka bir şey hissetmiyordum.

Bu güzelliği garip bir biçimde algılıyordum; bende herhangi bir istek, heyecan, zevk alma duygusu değil, ağır, fakat tatlı bir hüzün uyandırıyordu. Belirsiz, karmaşık, rüyayı andıran bir hüzündü bu. Nedense hem kendime, hem dedeme, hem yaşlı Ermeni'ye, hem de kıza acıyordum. Bana öyle geliyordu ki, dördümüz de çok önemli, yaşam için gerekli, bir daha bulamayacağımız bir şeyler yitirmiştik. Dedemin bakışlarına da bir hüzün çökmüştü. Artık nadas tarlalardan, davardan söz etmiyor, boyuna susuyor, düşünceli düşünceli Maşa'ya bakıyordu.

Çaylarımızı içtikten sonra dedem yatmaya gitti. Ben de çıkıp evin önündeki merdivenlere oturdum. Bahçe-Salah'taki bütün evler gibi Ermeni'nin büyük evi de güneşin altında kavruluyordu. Koskoca avluda ne dikili bir ağaç vardı, ne de gölge veren bir yer, bir sundurma altı... Gene de avluyu baştan başa örten karapazılardan, labadalardan bir canlılık, yaşama sevinci yayılıyordu ortalığa. Avluyu çaprazlamasına kesen alçak çitlerin ayırdığı bölmelerden birinde bir harman vardı. Yan yana koşulmuş on iki at geniş harmanın ortasındaki direğin çevresinde durmadan dönüyordu. At dizisinin ucunda ise uzun yelekli, bol şalvarlı bir Ukraynalı yürüyor; kamçısını arada bir şaklatarak, sanki atlarla alay etmek, onlar üzerindeki egemenliğiyle gururlanmak isteğiyle bağırıyordu:

—Hayt, gözü kör olasıcalar! Daha ne duruyorsunuz? Yürüyün, bakalım!

Alaca bulaca, kır, doru atlar aynı yerde niçin dönüp durduklarını, buğday saplarını niçin toynaklarıyla ezdiklerini anlamaksızın, isteksiz isteksiz, zorla koşuyor; kuyruklarını dargın dargın sallıyorlardı. Atların nallarının altından rüzgâr altın sarısı saman bulutları kaldırıyor, çitlerin üzerinden ta uzaklara götürüyordu.

İlerde elleri dirgenli kadınlar yeni yığılmış sap tınazlarının arasında dolaşıyor, arabalar gidip geliyordu. Bitişik avluda ise gene bir düzine at bir direğin çevresinde dönüyor, başka bir köylü, elinde kırbaç, atlarla eğleniyordu.

Oturduğum merdivenin basamakları cayır cayır yanıyordu. Seyrek parmaklıklardan, pencere çerçevelerinden yer yer reçineler sızmıştı. Kırmızı kırmızı böcekler sıcaktan kaçıp basamakların altında, pancurların dibinde minik gölgelere sığınmışlardı. Güneş başımı, göğsümü, sırtımı yakıyordu. Ama ben bu sıcağı hissetmiyor, arkamdaki evde tahta döşemelerde dolaşıp duran çıplak ayakların sesini dinliyordum. Çay takımını toplayan Maşa bir ara yanımdan geçip arkasında hafif kokulu bir esinti bırakarak, koşa koşa merdivenden aşağı indi; avludaki küçük, isten kararmış bir dama girdi. Burası evin mutfağı olmalıydı, içinden kızarmış koyun eti kokusu ile öfkeli Ermenice konuşmalar geliyordu.

Maşa'nın girdiği kapının eşiğinde kırmızı yüzlü, kamburca, yeşil şalvarlı, yaşlı bir Ermeni kadını belirdi az sonra. Birine kızdığı belliydi, durmadan sövüp sayıyordu. Çok geçmeden Maşa gözüktü eşikte, onun da sıcaktan yüzü kıpkırmızıydı. Omzundaki tepside kocaman bir çavdar ekmeği vardı. Ekmeğin ağırlığı altında biraz eğilerek, bedeninin tüm ince kıvrılışlarıyla avludan harman yerine doğru koştu. Çiti aşarak harmana vardı, oradan gene çitin üzerinden geçti, saman tozlarının arasından sap yığınlarına doğru süzüldü. Atları süren Ukraynalı kırbacını sallamayı bıraktı, sessizce dikilerek yığınların, arabaların bulunduğu yöne baktı. Maşa çiti atlayıp yeniden atların yanında gözüktüğü zaman onu gözleriyle izledi, sanki atlara çok kızmış gibi;

—Geberesiceler! Ne duruyorsunuz? Haydi, yürüseniz e! diye bağırdı.

Artık hep Maşa'nın çıplak ayaklarının patırtısını duyuyordum. Ciddi, düşünceli yüzüyle avluda oradan oraya koşturuyordu hep. Kah arkasında bir esinti bırakarak basamaklardan aşağı iniyor, kah mutfağa seğirtiyor, kah harmana bir şey yetiştiriyor, kah avlu kapısından dışarı fırlıyordu. Başımı bir o yana, bir bu yana döndürerek onu izlemekte güçlük çekiyordum.

O güzel kızın gözlerimin önünden böyle sık sık gelip geçmesi hüznümü daha da artırıyordu. Kendime de, ona da, saman savruntusu arasından arabalara doğru her koşuşunda onu hayran gözlerle süzen, atların sürücüsü köylüye de acıyordum. Kızın güzelliğini mi kıskanıyordum acaba, yoksa onun benim olmadığını, hiçbir zaman da olmayacağını, onun beni yabancı gördüğünü bildiğim için canım mı sıkılıyordu? Yoksa onun eşsiz güzelliğinin öyle bir raslantı olduğunu, kimsenin işine yaramayacağını, dünyadaki her şey gibi uzun sürmeyeceğini belli belirsiz hissettiğimden üzülüyor muydum? Ya da bu hüznüm gerçek güzelliğin insanda bıraktığı o bambaşka duygunun ta kendisi miydi? Orasını bilemem...

Böylece üç saatin nasıl geçtiğini hiç fark etmedim. Bana öyle geliyordu ki, daha Maşa'ya doya doya bakmadan Karpo ırmağa gitmiş, atı yıkamış, arabayı hazırlamaya başlamıştı. Islak hayvan keyfinden kişniyor, ayaklarıyla yeri eşeliyordu.

Karpo;

—Bas geri! diye bağırdı.

Dedem uyanıp gelmişti. Maşa avlunun büyük kapılarını gıcırdata gıcırdata açtı. Arabaya bindik, avludan çıktık. Sanki birbirimize dargınmışız gibi konuşmadan yola koyulduk.

Aradan iki ya da üç saat kadar geçip de uzaktan Rostov ile Nahiçevan gözüktüğü zaman sürekli susmakta olan sürücümüz Karpo başını geriye çevirip dedi ki:

—Şu Ermeni'nin kızı da çok güzeldi, doğrusu.

Kamçısını atın sırtında şaklattı.

II

Başka bir seferinde genç bir üniversite öğrencisi olarak trenle güneye gidiyordum. Aylardan mayıstı. Istasyonlardan birinde, sanıyorum Belgorod ile Harkov arasında, peronda biraz dolaşmak için trenden indim.

İstasyonun küçük bahçesine, perona, kırlara akşam loşluğu çökmüştü; istasyon binası önünü kapattığı için güneşin batıp batmadığı gözükmüyordu. Ancak lokomotiften çıkan dumanın üst katlarına vuran kızıllıktan güneşin henüz batmadığı anlaşılabilirdi.

Peronda gezinirken yolcularından çoğunun ikinci mevki vagonlardan birinin önünde dönüp dolaştıklarını fark ettim.

Duruşlarından vagonda önemli birinin bulunduğunu sanırdınız. Bunların arasında yol arkadaşım olan bir topçu subayı da vardı. Hani şu yolculuk sırasında kısa bir süreliğine tanıştığımız insanların hepsi gibi cana yakın, sevimli, zeki biri.

—Kime bakıyorsunuz öyle? diye sordum ona.

Subay yanıt vermediyse de gözleriyle vagondaki bir bayanı işmar etti. On yedi-on sekiz yaşlarında, gencecik bir kızdı bu. Üzerinde geleneksel bir Rus giysisi vardı, başı açıktı. Yeldirmesini özensiz biçimde bir omzuna atmıştı. Kendisi yolcu değildi herhalde, istasyon şefinin kızı ya da kardeşi filandı. Vagon penceresine yakın dururken yaşlı bir yolcu kadınla konuşuyordu. Daha durumu iyice kavramadan hani o Ermeni köyünde kapıldığım aynı duygulara kapıldım.

Kız son derece güzeldi; bundan ne benim, ne de benimle birlikte onu seyredenlerin kuşkusu vardı.

Eğer her zaman yapıldığı gibi onun güzelliğini parça parça tanımlamaya kalkarsak, onun en güzel yerinin sarı, gür, dalgalı saçları olduğunu söyleyebiliriz. Omuzlarına gelişigüzel dökülen saçlar başının üstünde siyah bir kurdeleyle bağlanmıştı. Öbür yerlerine gelince, fazla bir olağanüstülüğü yoktu, hatta sıradan bile sayılabilirdi. Ya cilve yapmaya çalıştığı için ya da miyop olduğundan, gözlerini kısarak bakıyordu. Burnunun ucu yukarı kalkık, ağzı küçücüktü. Yandan bakıldığı zaman yüz çizgilerinin belli bir özelliği yoktu. Omuzları ise yaşına göre dardı. Gene de bütün olarak ele alındığında gerçek bir dilberdi karşımızdaki. Ona bakarken, Rus kadınlarının güzel gözükmesi için yüz çizgilerinin hiç de düzgün olmasına gerek yok, diye düşündüm. Hatta diyebilirim ki, kızın kalkık burnunun yerine Ermeni kızının burnu gibi biçimli, kusursuz bir burun konsaydı, bu yüz güzelliğini tümüyle yitirirdi.

Pencerenin önünde konuşan kız akşam serinliğinde üşüyerek büzüşüyor, dönüp dönüp bize bakıyor, beline dayadığı ellerini ikide bir saçlarını düzeltmek için başına götürüyor, gülüyor, yüzünden kah şaşkınlık, kah korku okunuyor, bedeni de, yüzü de bir an bile rahat durmuyordu. Güzelliğinin gizi, büyüsü bu küçük, zarif el hareketlerinde, gülümsemesinde, yüzünün mimiklerinde, bize fırlattığı bakışlarında saklı gibiydi. Tüm güzelliği onun zarif hareketlerinin gençliğiyle, toyluğuyla, sesi ile gülüşünden belli olan masumluğuyla, hani o çocuklarda, kuşlarda, karacalarda, fidanlarda görüp sevdiğimiz o kendini koruyamama haliyle birleşmesinden ileri geliyordu sanki.

Bu güzellik ışığın çevresinde uçuşan pervanelerin güzelliğiydi bir bakıma. Ona dans etmek, bahçelerde koşturmak, neşeyle gülmek, kahkaha atmak yaraşırdı; öte yandan koyu koyu düşünmeyle, hüzünle, durgunlukla ise hiç uyuşmazdı. Bana öyle geliyordu ki, o sırada peronda güçlü bir rüzgâr çıksa ya da şiddetli bir yağmur yağsa bu narin çiçek birdenbire solacak, o nazlı güzellik toz olup uçuşacaktı.

İkinci kampanadan sonra vagonumuza doğru yürüdüğümüz sırada yol arkadaşım subay içini çekerek;

—Böyle işte! dedi.

Bu «Böyle işte!»nin ne anlama geldiğini uzun uzun açıklamaya kalkışmayacağım. Belki o da hüzünlenmişti ya da güzel genç kızdan, bahar akşamından kopup sıkıntılı vagona dönmek istemiyordu. Benim gibi o da güzel kıza, kendisine, bana, tembel tembel vagonlarına dağılan öbür yolculara acıyor olabilirdi...

İstasyon binasının pencerelerinin önünden geçerken telgraf masasının başında soluk yüzlü, dağınık kıvırcık kızıl saçlı, elmacık kemikleri çıkık telgrafçıyı gördük. Subay için çekerek dedi ki:

—Bahse girerim, şu telgrafçı vagondaki güzel kıza sırılsıklam aşıktır. Böyle dağ başında melek güzelliğinde bir kızla aynı çatı altında oturup ona aşık olmamak insanın gücünü aşar. Ama dostum, çalışmaktan kamburu çıkmış, yüzü solmuş, saçlarına bile bakamayan, ama namuslu, zeki görünüşlü bir adamın böylesine bir kuş beyinliye, güzel olduğunu bildiği için kimseye aldırış etmeyen böyle bir kıza gönül vermesi ne büyük bir felaket, ne kadar gülünç bir şeydir, bilir misiniz? Bir de daha kötüsünü düşünün: Telgrafçı hem aşık, hem de evlidir; karısı da onun gibi kambur, üstü-başı dökülen, öte yandan aklı başında bir kadındır. İşte gerçek işkence!

Kondüktör bizim vagonun ucunda, sahanlığın korkuluğuna dayanmış, güzel kızın durduğu yere bakıyordu boyuna. Çok içki içmekten yıpranmış, uykusuz gecelerden, tren sarsıntısından yorgun düşmüş, pörsüyüp sarkmış yüzünde sevecenlikle karışık derin bir hüzün vardı. Sanki bu kızda gençliğini, mutluluğunu, daha içkiye alışmadığı günleri, saflığını, karısıyla ilk evlenişini, çocuklarını görüyor gibiydi. Sanki yaptıklarından pişmanlık duyuyor, bütün varlığıyla bu genç kızın kendisine ait olmadığını hissediyordu. Onun, vaktinden önce gelen yaşlılığı, hantallığı, yağ bağlamış suratı yüzünden her yolcuya özgü doğal mutluluktan bile gökyüzü kadar uzak olduğunu düşünüyor sanırdınız.

Üçüncü kampana da çaldı. Düdükler öttü, tren ağır ağır hareket etti. Penceremizden önce hareket memuru, sonra istasyon şefi, ardından bahçe, ardından da yüzünde çocuksu-kurnaz bir gülümsemeyle o nefis kız gözüktü.

Başımı pencereden uzatıp geriye bakınca onun gözleriyle treni izledikten sonra peronda telgrafçının penceresinin önünden geçtiğini, saçlarını düzelttiğini, bahçeye doğru koştuğunu gördüm.

Önünde istasyon binası bulunmadığı için güneşin battığı yer açıkta kalmıştı, kırlar tüm enginliğiyle gözüküyordu. Güneş çoktan batmış, lokomotifin dumanı önümüzde yeşil bir kadife gibi serilen güz ekinlerinin üzerine kara kara kümeler halinde çöküyordu. Hem bahar havasında, hem kararmaya yüz tutan gökyüzünde, hem de vagonumuzun içinde bir hüzün vardı.

Tanıdık kondüktör vagona girdi, ışıkları yakmaya başladı.

BİR YAŞ GÜNÜ

I

Sekiz çeşit yemek ve bitmez tükenmez sofra başı konuşmalarından oluşan yaş günü şöleninden sonra Olga Mihaylovna bahçeye çıktı. Kocasının yaş günü dolayısıyla durmadan gülümseyip konuşmak zorunda kalması, tabak-çanak şangırtısı, hizmetçilerin şaşkınlıkları, yemeğe uzun uzun ara vermeler, konukların gözlerinden gebeliğini saklamak amacıyla taktığı korse onu dayanılmaz derecede sıkmaya başlamıştı. Elinden geldiğince evden uzaklaşmak, bahçede bir gölgeliğe oturmak, iki-üç ay sonra doğmasını beklediği bebeğini düşünerek biraz dinlenmek istiyordu.

Bebeğiyle ilgili düşünceler geniş bahçe yolundan sola sapıp dar bir cılgaya girdiğinde gelirdi zihnine. Burada erik ve vişne ağaçlarının koyu gölgesinde boynuna, omzuna kuru dallar değer, yüzüne örümcek ağları yapışır, cinsiyetini bilmediği küçük bir bebeğin tam seçemediği yüz çizgileri belirirdi gözlerinin önünde. Sonra yüzünü, boynunu gıdıklayan şey örümcek ağı değilmiş, onu okşayan bebekmiş gibi gelmeye başlardı. Cılganın sonunda seyrek örgülü çit gözüküp, çitin de arkasında geniş karınlı, toprak sıvalı kovanlar ortaya çıktığında, hele bahçenin durgun havasında bal kokusuyla karışık ot kokuları ile birlikte uysal arı vızıltıları duyulmaya başladığında küçük adam tümüyle Olga İvanovna'nın hayal gücüne egemen olurdu. Orada asma dallarından örülü alaçığın (çardağın) yanındaki sıraya oturur, kendini düşüncelerine bırakırdı..

Bu sefer de oraya doğru yürüdü, sıraya oturdu, düşüncelere daldı. Ancak hayalinde küçük adam yerine yanlarından kaçtığı büyük adamlar canlandı, konuklarını yalnız bırakmış olmaktan dolayı büyük bir tedirginlik duydu. İyi anımsıyordu, yemekte kocası Piyotr Dmitriç ile dayısı Nikolay Nikolayiç mahkeme jüri üyeleri, basın ve kadınların eğitimi konusunda sıkı bir tartışmaya tutuşmuşlardı. Kocası genellikle başkalarının yanında tutucu görüşleriyle caka satmak, en başta da sevmediği insanlarla aynı düşünceyi paylaşmadığını göstermek amacıyla tartışırdı. Dayısı ise kocasının her dediğine karşı çıkıyor, ikide birde ona sataşıyordu. Bunun bir nedeni vardı: 59 yaşında bir dayı olarak düşünce özgürlüğünü savunacak kadar genç ruhlu kaldığını kanıtlamak. Olga Mihaylovna yemeğin sonuna doğru dayanamadı, pek beceremese de kadınların eğitimini savunmaya kalkıştı. Asıl amacı, kadınların eğitilmesinin önemini vurgulamaktan çok, haksız bulduğu kocasını zor durumda bırakmaktı. Tartışmanın uzayıp gitmesi herkesi canından bezdirmişti, ancak ne mahkeme jüri üyelerine, ne de kadınların eğitimine ilgi duymadıkları halde konuklardan hiçbiri konuyu değiştirmeye yanaşmadı, üstelik bol bol konuştular.

Olga Mihaylovna çitin bu yanında, alaçığın yanındaki sırada oturmaktaydı. Güneş bulutların arkasına gizlenmiş, ağaçlar ve gökyüzü yağmur öncesi loşluğuna bürünmüştü. Ancak aynı boğucu sıcak sürüp gidiyordu. Petrov yortusundan bir gün önce biçilip ağaçların altına serilen otlar öbek öbek duruyor, sıcaktan rengi atıp pörsümüş bir halde ortalığa aşırı tatlı kokular yayıyordu. Sessizlikte arıların tekdüze vızıltıları duyuluyordu çitin öte yanından...

Birdenbire ayak sesleri, konuşmalar duyuldu. Kovanlığa doğru giden cılga yolda birileri yürüyordu.

Bir kadın sesi;

—Hava çok sıcak! dedi. Ne dersiniz, yağmur yağar mı?

Yakından tanıdığı bir erkek sesi de;

—Bana kalırsa yağar, güzelim. Ancak geceden önce bekleme. İyi bir yağmur yağacak, karşılığını verdi.

Olga Mihaylovna elini çabuk tutup alaçığın içine saklanırsa gelenlerin onu fark etmeden geçip gideceklerini, böylece kimseye gülümsemek zorunda kalmayacağını düşündü. Giysisinin eteğini topladı, başını eğip alaçığa girdi. Içeri girer girmez de boynuna, kollarına buhar sıcaklığında bir hava çarptı. Eğer bu boğucu sıcak ile soluğunu kesen çavdar, dereotu, asma kokuları olmasa Olga Mihaylovna alaçığın sap örtüsü altında, alacakaranlıkta gizlenip dört gözle beklediği küçük adamını bol bol düşünebilirdi. Böylesine rahat ve sessizdi içerisi.

Kadın sesi;

—Ah, buralar ne kadar güzelmiş! dedi. Gelin, Piyotr Dmitriç, biraz oturalım!

Olga Mihaylovna çalı çırpı arasından gelenleri gözlemeye başladı.

Kocasının yanındaki genç bayan o gün konukları arasında bulunan Liyuboçka Şeller'di. Liyuboçka enstitüyü yeni bitirmişti, 17-18 yaşlarındaydı. Şapkası ensesine kayan kocası çok içmekten dolayı gevşemişti, baygın baygın bakıyordu. İki yana devrile devrile yürüyerek çite yaklaştıktan sonra otları ayağının ucuyla bir yana itti. Sıcaktan yüzü pembe pembe ve her zamanki gibi güzel olan Liyuboçka ise ellerini arkasında bağlayarak dikiliyor, yanındaki yakışıklı iri erkeğin ağır hareketlerini izliyordu.

Kadınların kocasını çok beğendiklerini bilen Olga Mihaylovna bundan hiç hoşnut değildi. Aslında Piotr Dmitriç'in otları ayağıyla toplayıp güzel bir kızla yan yana oturmasında, onunla havadan sudan gevezelik etmesinde kötü bir şey yoktu. Genç kızın hayran hayran ona bakmasında da... Gene de Olga Mihaylovna kocasının vurdumduymazlığı yüzünden üzüldü; gizli gizli dinleyeceği konuşmalar için şimdiden hem korku, hem de sevinç duymaya başladı.

Biçilmiş ot yığınının üstüne oturduktan sonra tatlı tatlı gerinen Piyotr Dmitriç;

—Hadi, siz de oturun, bir tanem, dedi. Ha, şöyle. Şimdi bir şeyler anlatın, bakalım.

—Yaa! Ben anlatacağım, siz de uyuyacaksınız, öyle değil mi?

—Ben mi uyuyacağım? Tanrı korusun! Sizin gözleriniz gibi güzel gözler bana bakarken nasıl uyuyabilirim?

Kocasının söylediklerinde, bir bayanın yanında şapkası ensesine kaymış olarak oturmasında da önemsenecek bir şey yoktu. Kadınların onu beğendiklerini, bu yüzden onu şımarttıklarını kendisi de bilirdi. Onlarla konuşurken öyle tavırlara girerdi ki, herkes ona çok yakıştığını söylerdi. Liyuboçka'ya karşı takındığı tavır öteki kadınlara karşı takındıklarından pek farklı değildi. Bununla birlikte Olga Mihaylovna onu kıskanmaktan kendini alamadı.

Kısa bir suskunluktan sonra Liyuboçka;

—Lütfen söyler misiniz? dedi. Geçenlerde mahkemelik olduğunuz doğru mu?

—Benim mi? Doğrudur, mahkemeye düştüm.. Artık beni de suçlular arasında sayabilirsiniz, güzelim.

—Ne yüzden?

Piyotr Dmitriç esnedi.

—Ne yüzden olacak... Siyaset hevesi yüzünden... Bildiğimiz sağ-sol çatışması. Benim gibi düzenin koruyucusu, gerici bir yargıç resmi bir belgede bölge mahkemesinin yargıçları Kuzma Grigoryeviç Vostriyakov ile Vladimir Pavloviç Vladimirov gibi kusursuz Gladstone'lar[1] hakkında küçük düşürücü deyimler kullanırsa...

Piyotr Dmitriç bir daha esnedi, sonra konuşmasını sürdürdü:

—Toplumumuzda şöyle garip bir tutum vardır: Güneş, ay ve daha aklınıza gelen her konuda olumsuz düşünceler ileri

1 1860- 1890 arasında birkaç kez başbakanlık yapmış İngiliz devlet adamı. (Ç.N.)

sürebilirsiniz, ama özgür düşünceliler (liberaller) aleyhinde kimse sizin tek laf söylemenize izin vermez! Tanrı korusun! Bence özgür düşünceli adam çürümüş bir mantara benzer, elinizi sürmeye kalktınız mı, ortalık toza-dumana boğulur.

—Aranızda nasıl bir olay geçti? Anlatır mısınız?

—Önemli bir şey değil. Bir hiç yüzünden koptu bütün şamata. Basit bir öğretmen, babası kilisenin çan çalıcısı mıymış, neymiş, bir gün yargıç Vostriyakov'un görev yaptığı bölge mahkemesine bir dilekçe vererek bir meyhanecinin kendisi hakkında aşağılayıcı sözler kullandığını, başkalarının yanında hakaret ettiğini ileri sürer. Durumdan anlaşıldığı kadarıyla öğretmen de, meyhaneci de bulut gibi sarhoşmuş, ikisi de yakışıksız davranmışlar. Ortada bir hakaret varsa, karşılıklı olmuş. Vostriyakov'un yapacağı şey, huzuru bozdukları için ikisini de cezalandırıp duruşma salonundan atmak. Ama bizde kimse böyle davranmaz. Kişiden, olayın özünden önce dış görünüş, etiket önem kazanır. Öğretmen ne kadar edepsiz biri de olsa öğretmendir diye haklı çıkarılır, meyhaneci ise ağzıyla kuş tutsa meyhane işlettiği için suçlamadan kurtulamaz. Vostriyakov böylece meyhaneciyi hapse mahkum eder, o da kararı üst mahkemeye götürür. Sonuçta üst mahkeme Vostriyakov'un kararını onayladı. Ben üst mahkeme üyesi olarak karara çekimser kaldım, hükmün altına da kendi görüşümü yazdım, ayrıca iki yargıca verip veriştirdim. İşte bütün olay bu...

Piotr Dmitriç sakin sakin, ama iğneli, alaycı bir dille konuşuyordu. Aslına bakılırsa kendisi hakkında açılan dava konusunda hayli tedirgindi. Olga Mihaylovna onun o uğursuz üst mahkeme toplantısından eve döndükten sonra canının çok sıkıldığını, durumu saklamaya çalıştığını hiç unutamıyordu. Kocası zeki bir adamdı, çekimser oyunu açıklarken fazla ileri gittiğini anlamaz mıydı? Korkusunu belli etmemek, bunu hem kendisinden, hem başkalarından saklamak için çok uğraşmıştı. Gülünç olmayan bir şey için atılan yapmacık kahkahalar, gereksiz konuşmalar, yerli yersiz homurdanmalar bu yüzden değil miydi?.. Onu mahkemeye verdiklerini öğrendiği zaman tüm keyfi kaçmış, uykuları azalmış, evde her zamankinden çok pencerenin önünde dikilerek parmaklarıyla camda trampet çalmaya başlamıştı. Ancak canının sıkıldığını karısından gizlemeye çalışması, bundan utanması Olga Mihaylovna'yı çok üzmüştü.

—Poltava iline gitmişsiniz, öyle mi? diye sordu Liyuboçka.

—Evet, gittim. Döneli üç gün oluyor.

—Nasıl, güzel mi oralar?

—Güzel, hem de çok güzel. Aslını söylemek gerekirse Poltava'ya otları biçtirmek için gitmiştim. Ukrayna ot biçme mevsiminde şiirsel bir güzelliğe sahiptir. Şimdi bakın, şu gördüğünüz ev, bahçe çok büyük bir yer. Ayrıca insan, iş-güç kaynar; o yüzden otların ne zaman biçildiğini anlayamazsınız. Oysa orada topu topu 150 dönüm yerimiz var, hangi pencereden baksanız avcunuzun içindeymiş gibi bütün tırpancıları görürsünüz. Çayırlıkta ot biçilir, bahçede ot biçilir, eve gelen-giden olmaz, fazla koşuşturmaca yoktur; ister istemez yalnız ot biçenleri görür, işitirsiniz. Evin içi, dışarılar, her yer biçilmiş ot kokar; tan vaktinden gün batımına değin tırpancılar arı kovanı gibi çalışır... Sözün kısası, Ukrayna güzel memlekettir! İnanır mısınız, tapıncaklı kuyudan su çekip içtiğimde, ucuz Çıfıt meyhanelerinde votka yuvarlarken, o sessiz akşamlar kulağıma kıytırık Ukrayna kemanı ile basit tef sesleri gelince yüreğim cız eder, «Kal, ulan, şu çiftlikte, yaşa yaşabildiğin kadar!» derim. Üst mahkeme duruşmalarından, zekice konuşmalardan, felsefe yapan kadınlardan, sonu gelmez yemeklerden uzak bir yaşamın özlemini çekerim.

Piyotr Dmitriç doğru söylüyordu. İşlerden dolayı hayli bunalmıştı, dinlenmek istiyordu. Poltava'ya son gidişinin tek nedeni, evdeki çalışma odasını, hizmetçileri, gelip giden tanıdıkları görmemek; ona yaralanan onurunu, yaptığı yanlışları anımsatacak şeyleri unutmak isteğiydi.

Liyuboçka birden ayağa fırladı, korkuyla elini sallamaya başladı.

—Ah, arı, arı! Sokacak!

—Durun, canım, sokmaz! Siz amma da korkakmışsınız!

Genç kız, gözleri arıda;

—Hayır, hayır, sokar! diyerek geriye doğru yürüdü.

Piyotr Dmitriç de kızın arkasından kalktı; kıza acırcasına, hüzünlü bir yüzle baktı. O sırada Ukrayna'daki çiftliğini, yalnızlığını, kim bilir, belki de şu genç, tertemiz, öğrenimle, gebelikle bozulmamış, körpecik kızla evlenip onunla nasıl mutlu yaşayacağını düşünüyor olmalıydı.

Konuşmalar, ayak sesleri kesilince Olga Mihaylovna alaçıktan çıktı, eve doğru yürüdü. Kocasını kıskandığı için ağlamak geliyordu içinden. Piotr Dmitriç'in yorulduğunu, yaşamından hoşnut olmadığını, durumundan dolayı utanç duyduğunu biliyordu. Bildiği bir şey daha vardı, o da insanlar kendilerinden utandıkları zaman yakınları olan kişilerden kaçtıkları, içlerini başkalarına döktükleriydi. Aslında ne Liyuboçka'dan, ne de şimdi evde kahve içen öteki kadınlardan ona bir tehlike gelmeyeceği açıkça ortadaydı. Gene de işin içinde anlaşılmadık, korkutucu bir şeyler vardı; kocasının yarı yarıya başkasının olduğunu hissediyordu.

Kocasını kıskanmasına, o yüzden canının sıkılmasına bir anlam vermeye çalışarak;

—Hayır, buna hakkı yok! dedi. Bana karşı böyle davranmamalı! Onunla açık açık konuşacağım!

Hemen kocasını bulup onunla her şeyi konuşmaya karar verdi. Başka kadınların hoşuna gitmesi, buna en kolay yoldan erişmesi yakışıksızdı. Karısının hakkı olan bir şeyi ondan esirgeyip başka kadınlara vermesi düpedüz haksızlıktı, dürüstlüğe sığmazdı. İlk karşısına çıkan güzel kadına açılabilmek için kendini karısından saklaması, ruhunu, vicdanını ona açmaması çok çirkindi. Karısı ne yapmıştı ona? Suçu neydi? Son zamanlardaki ikiyüzlü tavırları da kabak tadı vermeye başlamıştı artık.

Sürekli naz yapıyor, kaçamaklı davranıyor, düşündüklerinden başka şeyler söylüyor, aslında neyse, nasıl biri olması gerekiyorsa ondan başka türlü görünmeye çalışıyordu. Bütün bu yalanlar ne içindi? Aklı başında bir adama yalan söylemek yakışır mıydı? Eğer yalan söylüyorsa hem kendini, hem yalan söylediği kişiyi küçük düşürmüş olmuyor muydu? Yalan söylediği şeye karşı da saygısızlık değil miydi bu? Mahkemede yargıç masasında numara yapıp düşündüklerinden başka türlü konuşuyorsa, evde sofradayken dayısını güç durumda bırakmak için resmi mercilerin ayrıcalıklarını kendine göre yorumluyorsa, bu tavrıyla hem mahkemeye, hem kendine, hem de onu dinleyenlere beş paralık değer verdiğini göstermiş olmuyor muydu?

Bahçedeki ana yola gelince Olga Mihaylovna bir iş için evden ayrılmış da geri dönüyormuş gibi yaptı. Terasta erkekler likör içip yaban yemişi yiyorlardı. Bunlardan nükteciliğiyle tanınan, geveze, şişman, yaşlıca sorgu yargıcı belden aşağı bir fıkra anlatıyor olmalı ki, evin hanımını görünce kalın dudaklarını eliyle kapattı, gözlerini belertti, ayakta duruyorken iskemlesine oturdu.

Olga Mihaylovna ilçedeki memurların hiçbirinden hoşlanmazdı. Onların teşrifat düşkünü hantal karılarından, dedikodularından, birbirlerinin evine sık sık gidip gelmelerinden, bitleri kadar sevmedikleri halde kocasını pohpohlamalarından nefret ederdi. Şimdi bile evinde yiyip içtikten sonra gitmeye hazırlandıkları bir sırada varlıklarına zor katlanıyordu.

Sorgu yargıcına karşı kabalık etmiş olmamak için parmağını ona gözdağı verircesine salladı, yapmacıklı bir tavırla sırıttı. Salondan sonra oturma odasından yürüyüp geçerken sanki ev işleriyle ilgileniyormuş gibi davranıyordu. Bu sırada «Ya beni biri durdurursa. Tanrı korusun!» diye düşündü. Ne var ki, sonunda kendisi durdu. Oturma odasında piyano çalan bir genci nezaket gereği biraz dinledi, ardından «Bravo, bay Jorc!» diyerek iki kez el şaklattı, sonra yürüyüp gitti.

Kocasını çalışma odasında buldu. Masada oturmuş, bir şeyler düşünüyordu. Sert yüzünün dalgınlık yanında suçlu bir görünüşü vardı. Sanki Olga Mihaylovna'nın karşısındaki adam sofrada dayısıyla tartışan, dışarda herkesin tanıdığı Piyotr Dmitriç değil, yalnız karısının bildiği, yorgun, suçlu suçlu bakan, yaşamaktan bezgin başka bir adamdı. Odasına sigara almak için uğramış olmalıydı. Tıka basa sigara dolu tabaka önünde açık duruyordu, bir elini çekmecenin gözüne sokmuştu. Bu pozda donup kalmış gibiydi...

Olga Mihaylovna ona çok acıdı. Kocasının perişan bir durumda olduğu, sığınacak başka bir yer bulamadığı, kendi kendisiyle mücadele ettiği açıkça belliydi. Olga Mihaylovna sessizce onun yanına sokuldu; sofra başındaki tartışmaları çoktan unutmuş, öfkesi geçmiş gibi bir tavır takınarak tabakasını kapattı, yan cebine koydu.

«Ona ne söylesem?» diye geçirdi içinden. «Yalanın, içine daldıkça geri çıkılması zor, karanlık bir ormana benzediğini mi söylesem? En iyisi ona şöyle diyeyim: Yapmacıklı rolüne kendini kaptırarak öyle ileri gittin ki, sana bağlanan, suçsuz, zararsız insanları çok incittin. Hadi, git de onlardan özür dile. Ciddiliği bırakır, her şeyi şakaya vurursan rahatlarsın. Eğer tümüyle sessizlik, yalnızlık istiyorsan seninle istediğin yere gelmeye hazırım.»

Piyotr Dmitriç karısıyla göz göze gelince sofrada, konuklar arasındaki yüz anlatımını yeniden takındı. Gevşek, biraz alaycı, her şeye boş veren... Esneyerek oturduğu yerden doğruldu. Saatine baktıktan sonra;

—Oo, 5 olmuş! dedi. Konuklar lütfedip saat 11'de giderlerse onlarla 6 saati daha birlikte geçirmemiz gerekecek. Aman, ne keyif! Ne keyif! Bundan iyisi can sağlığı!

Bir yandan ıslık çalarak, bir yandan da her zamanki gibi ağır ağır yürüyerek çalışma odasından çıktı. Önce salondan, ardından oturma odasından geçtiği, bir şeylere güldüğü, piyano çalan gence, «Bravo! Bravo!» dediği duyuluyordu. Sonra ayak sesleri şıp diye kesildi. Bahçeye çıkmış olmalıydı. Artık kıskançlık değil, üzüntü değil, gerçek bir nefret bu yürüyüşe, gülüşe, sese karşı Olga Mihaylovna'nın yüreğini nefretle doldurdu. Pencereye yaklaşarak bahçeye baktı. Kocası bahçe yoluna varmıştı. Bir eli cebinde, öbür elinin parmaklarını çıtlatarak, başı geriye atılmış durumda, o ağır yürüyüşüyle iki yana sallana sallana yürüyordu. Sanki çevresinden, yaşamından çok memnundu, güzel bir yemek yemişti, midesi iyi sindiriyordu...

Karşıdan, bahçe yolundan iki ilkokul öğrencisi göründü. Anneleri çiftlik sahibi bayan Çijevskaya'nın yanına kentten yeni dönmüşlerdi. Yanlarında da beyaz ceketli, dar pantolonlu üniversite öğrencisi eğitmen vardı. Çocuklar ile eğitmen, Piyotr Dmitriç'le karşı karşıya gelince durdular; pek olasıdır ki, onun doğum gününü kutladılar. Piyotr Dmitriç omuzlarını güzel bir hareketle oynatarak çocukların yanaklarını okşadı, yüzüne bakmaksızın gence elini uzattı. Üniversiteli havayı pek beğendiğini söyleyip Petersburg'un havasıyla karşılaştırmış olmalı ki, Piyotr Dmitriç evinde bir konukla değil de icra memuruyla ya da bir tanıkla konuşuyormuş gibi yüksek sesle;

—Nasıl? Petersburg'da hava mı soğuk? diye sordu. Aman, azizim, bizim burada havaların en güzeli var! Meyvelerin de en bolu... Mmm! Öyle değil mi?

Gene bir eli cebinde, öbür elini çıtlatarak yürümesini sürdürdü. Kocası ceviz ağaçlarının ardında gözden silininceye değin Olga Mihaylovna ona hep arkasından baktı, ama tavırlarına bir türlü anlam veremedi. Bu otuz dört yaşındaki adam oturaklı general yürüyüşünü nereden almıştı? Ağır, çalımlı adım atışlar neyin nesiydi? Sesindeki, amirlere özgü titreyişle birlikte «azizim», «mmm», «öyle değil mi» deyişler kimden gelmeydi?

Olga Mihaylovna evliliklerinin ilk aylarında evde tek başına kalmamak için kocasıyla birlikte onun görev yaptığı mahkemeye gider, duruşmaları izlerdi. Öyle zamanlar olurdu ki, Piyotr Dmitriç vaftiz babası kont Aleksey Petroviç'in yerine başkanlık ederdi. Başkanlık koltuğuna oturunca sırtında üniforması, göğsünde zinciriyle tümüyle değişir, bambaşka bir adam olurdu. Gösterişli hareketler, gök gürültüsü gibi bir ses, «mmm», «nasıl», «öyle mi» deyişler, herkese boş veren tavırlar... Olga Mihaylovna'nın evde görmeye alıştığı sıradan, insansal özellikler o depdebe içinde kaybolur gider; koltukta sanki Piyotr Dmitriç değil, herkesin «sayın başkan» dediği bir adam oturmaya başlardı. Kendisinin etkili bir kişi olduğu bilincine vardığından olacak, hiç rahat durmazdı. Zile basmak, insanlara sert sert bakmak, birine bağırıp azarlamak için fırsat kollardı sanki. Gözleri görmez, kulakları işitmez olurdu birdenbire. Bu körlük, sağırlık nereden gelirdi acaba? Görkemli bir biçimde alnını buruşturarak herkese, yüksek sesle konuşmalarını, masaya yaklaşmalarını söylerdi. Oturduğu makamın yüceliğinden olmalıydı; yüzleri, sesleri ayırt edemezdi kolay kolay. O sırada karısı Olga Mihaylovna masaya yaklaşmış olsa, ona da «Adınız nedir!» diye sorardı herhalde. Köylü tanıklara «sen» der, duruşma salonundakilere bazen öyle bağırırdı ki, sesi ta sokaktan işitilirdi. Avukatların ise ondan çekmediği kalmazdı.

Eğer avukatlardan biriyle konuşması gerekirse ona biraz yan döner, gözlerini kısarak tavana bakardı. Bununla, «Duruşmada avukatın ne işi varmış? Ben onları kabul etmiyorum. Böylelerini adam yerine koymam!» der gibiydi. Avukat biraz gösterişsiz giyinmişse yandığı gündü. Onu dinlerken sanki kulak kesilir, bakışlarıyla ölçüp biçerek adamı karşısında ezmeye çalışırdı. «Şuna bakın, bir de avukat olmuş!» dercesine... «Bununla ne demek istiyorsunuz, azizim?» diyerek sık sık sözünü keserdi adamcağızın. Eğer karşısına ağdalı konuşan bir avukat çıkar da bir sözü yanlış söylerse bir anda canlanır, karakuş kesilirdi. «Nasıl? Ne dediniz? Ne anlama geliyor o söylediğiniz?» diye adama hayli çullandıktan sonra, «Bilmediğiniz sözleri kullanmayın!» diye akıl verirdi. Savunmasını bitiren avukat yüzü kıpkırmızı, kan-ter içinde yerine oturduğunda Piyotr Dmitriç kendinden memnun gülümser, utku kazanmış bir komutan edasıyla iskemlesinin arkasına yaslanırdı. Onun avukatlara böyle davranması biraz kont Aleksey Petroviç'ten kapmaydı. Ancak kont yaşlı, babacan bir adam olduğu için, «Savunma, biraz susunuz!» dediğinde doğal karşılanırdı. Piyotr Dmitriç'in çıkışları ise kabaydı, yapmacık kaçıyordu.

II

Alkışlar yükseldi. Genç adam piyano çalmayı bitirmişti. Konuklarını anımsayan Olga Mihaylovna oturma odasına koşarak piyano çalan gencin yanına yaklaştı.

—Ah, kulaklarım hep sizdeydi, dedi. Çok güzel çalıyorsunuz. Büyük bir yeteneğiniz olduğu belli. Bizim piyanonun ayarı biraz bozuk, öyle değil mi?

Tam o sırada iki ortaokul öğrencisi ile üniversiteli eğitmen içeri girdiler. Olga İvanovna onların yanına koştu, sevinçle;

—A, Mitya ile Kolya gelmişler! dedi. Ne kadar büyümüşsünüz! Tanımakta güçlük çektim. Hani, anneniz nerede?

Üniversiteli genç aşırı serbest bir tavırla;

—Eşinizin doğum gününü kutlarım, diye karşılık verdi. İkinize de mutluluklar! Yekaterina Andreyevna da yaş gününüzü kutluyor. Gelemeyeceği için özür diledi. Biraz rahatsız da...

—Gelmemekle hiç iyi etmedi. Bütün gün onu bekledim. Petersburg'dan geleli çok oluyor mu? Orada havalar nasıl?

Sorularının yanıtını almadan küçük öğrencilere döndü, sevecen bir tavırla;

—Ah, ne kadar da büyümüşsünüz! dedi. Önceleri hep dadınızla gelir giderdiniz, şimdi ikiniz de koskoca adam olmuşsunuz. Eskiler yaşlanıyor, gençler ise büyüyor... Yemek yediniz mi? Karnınız tok mu?

Onu üniversiteli genç yanıtladı:

—O konuda rahatsız olmayın, lütfen!

—Öğle yemeği yememişsinizdir ama!

—Gerçekten rahatsız olmayın!

Olga Mihaylovna sesinde sabırsızlık ve can sıkıntısıyla, kabaca;

—Yemek yemek istiyorsunuz, değil mi? diye sordu.

Elinde olmaksızın ağzından çıkan sözlerin sertliğini anlayarak öksürdü, gülümsedi; yumuşak bir sesle;

—Nasıl da büyümüşsünüz! dedi. Hadi, gidelim de bir şeyler yiyin.

Eğitmen genç bir daha üsteledi:

—Tanrı aşkına rahatsız olmayın!

Onun «rahatsız olmayın» demesine karşılık küçüklerin hep susması üçünün de karınlarının aç olduğunu gösteriyordu. Olga Mihaylovna onları yemek odasına götürdü, Vasili'ye sofra kurmasını buyurdu. Üçünü masaya oturturken;

—Anneniz gelmemekle hiç iyi etmedi, dedi bir daha. Bizi unuttu artık. Hoş bir hareket yapmadığını söyleyin kendisine. Olur mu?

Gence döndü.

—Hangi fakültede okuyorsunuz?

—Tıp fakültesinde.

—Biliyor musunuz, doktorlara karşı büyük bir yakınlığım vardır. Kocamın da doktor olmasını çok isterdim. Ameliyat ya da otopsi yapmak için insanın ne kadar cesur olması gerekir, düşünebiliyor musunuz? Siz böyle şeylerden korkmaz mısınız? Bu gençler yaman, vallahi! Ben olsam korkudan ölürdüm. Votka içer misiniz?

—Rahatsız olmayın!

—Yoldan geldiğinize göre içersiniz. Kadın olduğum halde ben bile ara sıra içiyorum. Mitya ile Kolya da şarap içerler. Çok hafiftir, bir şey olmaz. Ne kadar da büyümüşler, şunlara bakın! Bugün evlendirseniz evlenirler.

Olga Mihaylovna durmadan konuşuyordu. Bu konuda inandığı bir şey vardı: Konukları oyalarken konuşmak onları dinlemekten daha kolaydı, duruma daha uygun kaçardı. Konuşurken insan sorulara ne yanıt vereceğini düşünmez, dikkatini toplamasına gerek kalmaz, yüzünün anlatımını değiştirmek için uğraşmazdı. Üniversite öğrencisi ev sahibesinin iyi bir öğrenim gördüğünü bildiği için onunla konuşurken ciddi davranmaya çalışıyordu.

Olga Mihaylovna daha öncede sorduğunu unutarak;

—Hangi fakülteye gidiyorsunuz? diye sordu bir daha.

—Tıp fakültesine.

—Ya! Demek ki doktor olacaksınız?

Birden, çoktandır bayan konuklarla ilgilenmediğini anımsadı. İskemleden kalkarak;

—Çok iyi, çok iyi! dedi. Kendim de tıp fakültesine gitmediğim için üzgünüm. Şey, yemeğinizi yedikten sonra bahçeye çıkarsınız. Orada sizi genç bayanlarla tanıştırırım.

Odadan çıkınca saatine baktı, 6'ya 5 vardı. Zamanın böylesine yavaş geçmesine şaşırdı. Konukların evlerine dağılacakları gece yarısına dek daha tam 6 saat kalıyordu. Nasıl geçirecekti bunca zamanı? Konuklara ne söyleyecek, kocasına karşı nasıl bir tutum takınacaktı?

Yemek odasında, terasta tek insan yoktu. Herkes bahçeye dağılmıştı. Seslerin, gülüşmelerin geldiği, kroket oynayanların yanına doğru hızlı hızlı yürürken, «Çay vaktine dek ya kayın korusunda gezmelerini önermeli, ya da onları sandal gezisine götürmeli. Yaşlılar da iskambil oynarlar...» diye düşünüyordu.

Kroket oynayanların bulunduğu yerden boş şişelerle dönen uşağı görerek;

—Hanımlar neredeler? diye sordu.

—Ahududu ağaçlarının yanındalar, efendim. Beyefendi de orada.

Kroket alanından birinin şöyle bağırdığı duyuldu:

—Tanrım, şunun yaptığına bakın! Size bin kez söylemedim mi, Bulgarlar hakkında bir düşünce ileri sürebilmek için önce onları yakından tanımak gerekir diye? Gazete okuyarak düşünce sahibi olunmaz!

Ya bu haykırıştan olacak ya da başka bir nedenden, Olga Mihaylovna tüm bedeninde, özellikle bacakları ile omuzlarında büyük bir yorgunluk hissetti. Artık ne konuşmak istiyordu, ne birini dinlemek, ne de olduğu yerden kıpırdanmak...

—Grigori, diye seslendi büyük bir çaba harcayarak. Konuklara çay ya da başka bir şey verirken bana bir şey danışmayın, soru sormayın, benimle konuşmayın. Gereken her şeyi kendiliğinizden yapın, lütfen. Ayaklarınızı da yere vurmayın. Artık dayanamayacağım...

Konuşmasını bitirmeden kroket oynayanların yanına yürüdü, ancak son anda aklına bayanlar gelerek ahududu ağaçlarının bulunduğu yere doğru yöneldi. Çevrede her şey, gökyüzü eskisi gibi yağmur beklentisi içinde somurtuyordu, bunaltıcı bir sıcaklık vardı, havanın bozacağını hisseden karga sürüleri bağrışıp çağrışarak uçuyordu ağaçların tepesinde. Bahçenin derinliklerine gidildikçe yollar daralıp koyulaşıyor, daha bir ıssızlaşıyordu. Ahlat, ekşi elma, meşe fidanlarının, yaban alıçlarının sıklaştığı böyle daracık bir yolda Olga Mihaylovna'nın çevresini sürü sürü tatarcıklar sardı. Kadıncağız elleriyle yüzünü kapattı, karnındaki küçük adamı düşünmeye başladı. Grigori, Mitya, Kolya, o sabah kocasının doğum gününü kutlamaya gelen köylülerin yüzleri geçti gözlerinin önünden...

Birilerinin ayak seslerini işiterek gözlerini açtı. Karşıdan hızlı hızlı dayısı Nikolay Nikolayiç geliyordu. Adamcağız soluk soluğa kalmıştı. Onu görünce sevindi.

—Ah, güzelim, sen miydin? Karşılaştığımıza çok memnun oldum.

—Sana bir çift sözüm var, fazla zamanını almayacağım...

Sinekkaydı tıraşlı, terden kızarmış yüzünü mendiliyle sildi, birkaç adım geriledi, ellerini çırptı, gözlerini kocaman kocaman açtı. Zorlukla yutkunarak;

—Sevgili yeğenim, bu rezillik daha ne kadar sürecek! dedi. Sorarım sana, bunun bir sınırı yok mu? O senin kocanın herkesin moralini bozan, benim gibi aklı başında, düşünen insanların kutsal saydığı değerleri ayaklar altına alan sapıtık görüşlerinden söz etmeyeceğim. Ama artık edebini takınsın! Nedir onun o yaptıkları? Bağırıp çağırıyor, boyuna homurdanıyor, türlü türlü numaralar çevirerek kendini Napolyon Bonapart yerine koyuyor... Kimseyi konuşturduğu yok! O ne gösterişli hareketler, general tavırları, küçük gören ses tonu? Söyler misin, necidir o? Kim sanıyor kendini? Şans eseri zengin bir kızla evlenmiş, küçük toprak sahibi bir devlet memuru! Adım başı raslanan gösteriş düşkünü bir züppe! Şçedrin'in romanlarında böyle tipleri çok bulursunuz. Yemin ederim ki, kafasının bir tahtası eksik. O Aleksey Petroviç adındaki yaşlı kont, o tarla sıçanı haklı! Günümüzün çocukları ile gençlerinin kolay büyümediklerini, kırk yaşına değin araba sürücülüğü ile generallik arasında bocaladıklarını söylememiş miydi? Öyle değilse bile büyüklük hastalığına yakalanmış senin kocan.

—Doğru söylüyorsun, dayıcığım. İzin ver de geçeyim.

Yaşlı adam yoldan çekilmedi.

—Bunun sonunun neye varacağını hiç düşündün mü? Tutuculuk oyunu ile generallik taslamasının sonu neyle bitecek? Mahkemeye de düştü en sonunda. Ne diyeyim, hayırlı olsun! Öylesine ileri gitti ki, kendini zorla sanık sandalyesine oturttu.. Davası Yüksek Yargıçlar Kurulu'nda görülecek. Bundan kötüsü gelmiyor insanın aklına. İkincisi, herkesle bozuştu. Bak, doğum gününe gelenler arasında ne Vostriyakov var, ne Yahontov, ne Vladimirov, ne Şevud, ne de kontun kendisi ... Tutuculukta Aleksey Petroviç'le at başı gittiği halde o bile gelmedi. Göreceksin, bir daha da gelmez!

—Bunları bana niçin söylüyorsun, dayı? Benimle ne ilgisi var?

—Nasıl ne ilgisi var? Sen onun karısı değil misin? Akıllısın, yüksek öğrenim gördün, onu dürüst bir insan yapmak senin elinde değil mi?

Olga Mihaylovna sertçe;

—Okullarda zor insanları nasıl etkileyeceğinizi öğretmiyorlar, dayıcığım!dedi. Bu durumda beni yüksek okula gönderdiğiniz için hepinizden özür dilemeliyim. Beni dinler misin, dayı, her gün senin de kulağının dibinde aynı bıktırıcı vızıltı sürer giderse, sen de bırakıp kaçmaz mısın? Bir yıl boyunca aynı şeyleri dinledim, hep aynı şeyleri. Bizim de canımız var, bize de acıyın!

Dayının yüzü ciddileşti, yeğenini meraklı bakışlarla süzdü, ağzı alaylı bir gülüşle çarpıldı. Şarkı söyler gibi sözcükleri uzatarak;

—Ya, demek öyle! dedi. Çok özür dilerim!

Bunun ardından gösterişli bir biçimde yerlere değin eğildi.

—Sevgili yeğenim kocasının etkisi altına girdiğini, görüşlerinin değiştiğini daha önce söyleseydi ya! Niçin söylemedi? Çok özür dilerim!

Olga Mihaylovna bağırdı:

—Evet, görüşlerim değişti. Buna bir diyeceğin var mı?

—Çok çok özür dilerim!

Bir kere daha yerlere değin eğildi, ayaklarını birbirine vurarak yana çekildi, geriye dönüp yürüdü.

Olga Mihaylovna «Bunak! Evine gitse ya! Niye gitmiyor?» diye söylendi.

Bayanları, gençleri ahududu ağaçlarının yer aldığı bahçe köşesinde buldu. Kimileri ahududu yiyor, ahududu yemekten bıkanlar karıklarda dolaşıyor, fiy topluyordu. Ahududu ağaçlarının biraz yan tarafında, elma yüklü dalları sırıklarla desteklenmiş elma ağacının yakınında Piyotr Dmitriç ot biçmekteydi. Saçları alnına düşmüş, kravatı çözülmüş, saatinin zinciri yelek cebinden sarkmıştı. Her adım atışta, her tırpan sallayışta becerikliliği, fiziksel gücü kendini belli ediyordu. Liyuboçka ile komşuları albay Bukreyev'in kızları Natalya ile Valentina hemen oracıkta dikiliyor, onu seyrediyorlardı. Natalya ile Valentina'ya da onlara herkesin dediği gibi Nata ile Vata kansız, hastalıklı derecede şişman, 16-17 yaşlarında iki genç kızdı. Birbirine çok benzeyen kardeşlerin giysileri de aynıydı. Piyotr Dmitriç onlara ot biçmeyi öğreterek;

—Gördüğünüz gibi çok kolay, dedi. Tırpanı iyi tutmak, bir de heyecanlanmamak gerekir. Yani gereğinden çok enerji harcamamalısınız. Bakın, işte böyle...

Tırpanı Liyuboçka'ya uzattı.

—Bir de siz denemek ister misiniz? Alın, hadi!

Liyuboçka tırpanı beceriksizce tuttu, yüzü kızardı, kahkahayla gülmeye başladı.

Olga Mihaylovna onların yanına geldiğini herkes işitsin diye sesini yükseltti.

—Korkmayın, Liyubov Aleksandrovna! Çekinmenize gerek yok. Hemen öğrenirsiniz. Bir Tolstoycuyla[1] evlenecek olursanız ister istemez ot biçeceksiniz.

Liyuboçka tırpanı kaldırdı, yeniden bir kahkaha attı, gülmek gücünü azalttığı için ot biçmeyi denemeden yere bıraktı. Bir yandan utanıyor, bir yandan da kendisiyle büyüklerle konuşur gibi konuşmaları hoşuna gidiyordu. Korkmadan tırpanı Nata aldı eline. Yüzü soğuk ve ciddiydi, gülümsemiyordu. Ancak ilk sallayışta ucunu otlara sapladı. Bunun üzerine kardeşi gibi aynı soğukkanlılıkla, gülmeden Vata aldı tırpanı, o da toprağa sapladı. Iki kız kardeş bir şey olmamış gibi kol kola girdiler, ahududu ağaçlarına doğru yürüdüler.

Piyotr Dmitriç durmadan gülüyor, küçük oğlanlar gibi şaklabanlıklar yapıyordu. Onun çocuksu-şaklabanca tavırları, saf davranışları çok yakışıyordu ona, bu da Olga Mihaylovna'nın pek hoşuna gidiyordu. Ancak genellikle fazla sürmezdi çocuksu tavırları. Bu sefer de tırpanla bir süre oyalandıktan sonra oyuna ciddi bir hava vererek;

---

1 Doğa içinde köylüler gibi sade yaşamayı seven anlamında. (Ç.N.)

—Tırpanla ot biçerken kendimi her zamankinden daha normal, daha zinde hissederim, dedi. Beni yalnız zihin çalışmasıyla yetinmeye zorlasalar çok geçmez çıldırırdım. Kültür adamı olarak doğmadığımı biliyorum. Ot biçmek, çift sürmek, ekin ekmek, atları gezdirmek en hoşlandığım işlerdir.

Böylece kadınlarla onun arasında bedensel çalışmanın üstünlükleri, kültür, sonra paranın zararları, mülkiyet üstüne bir konuşma başladı. Kocasını dinleyen Olga Mihaylovna ister istemez evlenirken ona getirdiği drahomayı düşündü.

«Bir gün gelecek, kendisinden daha varlıklı olduğum için bana kin besleyecek. Gururlu, onuruna düşkün bir adamdır. Çok bakımdan bana borçlu olduğunu düşündükçe beni bağışlamayacaktır.» diye geçirdi içinden.

Gidip ahududu yemekte olan albay Bukreyev'in yanında durdu, konuşmalara o da katıldı. Kocası da onunla birlikteydi.

Albay yana çekilerek ikisine yer açtı.

—Buyurun, burada daha olgunları var. (Sesini daha da yükseltti.) Ha, ne diyordum?.. Prudon mülkiyetin hırsızlık olduğunu belirtir. Aslını söylemek gerekirse ben Prudon'u filozof saymam. Bence Fransızlar felsefe konusunda biraz yaya kalırlar.

Piyotr Dmitriç;

—Prudon'lardan, Bokl'lerden söz açılınca tüm bilgisizliğim ortaya çıkar, dedi. Bu konuda karıma baş vurmak en iyisidir. Fakültede Şopenhaurları, Prudonları didik didik etmişlerdir.

Bu söz üzerine Olga Mihaylovna'nın yeniden canı sıkıldı. Birtakım önemli işleri çıkmış, bunları bir an önce bitirmesi gerekiyormuş gibi bir tavır takınarak armut, elma ağaçlarına doğru yürüdü, dar cılgadan geçip bahçıvanın evine yöneldi. Eşikte bahçıvanın karısı Varvara oturuyordu, yanında da saçları kısacık kesilmiş, koca kafalı dört oğlan vardı. Kadın beşinci çocuğuna gebeydi, hesabına göre İlya yortusunda doğurması gerekiyordu. Selam verdikten sonra Olga Mihaylovna kadına, çocuklara uzun uzun baktı.

—E, nasılsın bakalım?

—Eh, şöyle böyle...

Ortalığa bir sessizlik çöktü, iki kadın konuşmadan birbirlerini anlıyorlardı sanki. Sonra Olga Mihaylovna;

—İlk kez çocuk doğurmak korkunç bir şey gibi geliyor bana, dedi. Dayanamayıp öleceğim sanki...

—Bana da hep öyle gelirdi, gördüğünüz gibi yaşıyorum. Korkmayın, bir şey olmaz...

Üst üste gebe kalan Varvara hanımına biraz tepeden bakar, onunla öğüt verir bir tavırla konuşurdu. Olga Mihaylovna ise ister istemez onun üstünlüğünü kabul eder, o yüzden korkularından, doğacak çocuğundan söz açmak istediği halde bunun Varvara'nın gözüne önemsiz, safça şeyler gibi gözükmesinden çekindiği için susarak konuyu berikinin açmasını beklerdi. Gene böyle beklerken ahududu ağaçlarının oradan Piyotr Dmitriç seslendi:

—Olya, hadi eve gidelim!

Konuşmadan oturmak, beklemek, Varvara'yı seyretmek Olga Mihaylovna'nın çok sevdiği bir şeydi. Bıraksalar hiçbir şey yapmadan akşama dek orada kalabilirdi. Ama çağırmışlardı işte, gitmesi gerekiyordu. Tam bahçıvanın evinden ayrılmıştı ki, karşıdan Liyuboçka ile Nata, Vata kardeşlerin ona doğru koştuklarını gördü. Son ikisi birkaç adım kala yerlerinde çakılıp kaldılar; Liyuboçka ise yanına gelerek boynuna sarıldı, yanaklarını, boynunu öpmeye başladı.

—Sevgili Olga Mihaylovna! Bir tanem, anacığım! Çay içmeye adaya gidelim! Ne olur, gidelim, ha?

O zaman iki kardeş de yüzleri gülmeksizin;

—Adaya gidelim! Adaya gidelim! diye tutturdular.

—Ama güzellerim, yağmur yağacak.

Liyuboçka ağlamaklı bir yüz takındı.

—Hayır, yağmaz! Yağmur yağmayacak! Herkes gitmek için can atıyor, sevgili Olga Mihaylovna!

O sırada Piyotr Dmitriç geldi yanlarına.

—Herkes piknik yapmak için adaya gitmeye hazırlanıyor, Olya. Gerekli önlemleri alır mısın? Bizler sandallarla gideriz, semaverler filan da hizmetçilerle birlikte arabayla gönderilir.

Böyle diyerek karısının koluna girdi, ikisi yan yana yürüdüler. Olga Mihaylovna'nın içi içine sığmıyor, kocasına tatsız bir şey söylemek için büyük bir istek duyuyordu. En azından drahoma türünden iğneleyici bir şey söylemeliydi. Düşünürken birden aklına geldi:

—Kont Aleksey Petroviç niçin gelmedi? diye sordu. Gelmediğine çok üzüldüm.

Kocası hemen bir yalan kıvırdı.

—Tam tersine, ben sevindim. Çoktandır konuşmaları kabak tadı vermeye başlamıştı.

—Ama yemekten önce sabırsızlık içinde yolunu gözlüyordun...

III

Konuklar yarım saattir sandalların bağlı bulunduğu kazıkların yanında bekliyorlardı. Durmadan konuşuyorlar, gülüyorlar, o telaş içinde bir türlü sandallara sığamıyorlardı. Kayıklardan üçü tıklım tıklım dolmuştu, iki tanesi ise boş duruyordu. Bunları bağlayan zincirlerin kilitlerini açamadıkları için anahtar almak üzere birkaç kez eve adam göndermişlerdi. Konuklardan kimisi anahtarların Grigori'de, kimisi kahyada olduğunu ileri sürdü; bazıları da demirciyi çağırtıp kilitleri kırdırtmayı önerdi. Her kafadan bir ses çıkıyor, kimin ne dediği anlaşılmıyordu. Sabrı taşan Piyotr Dmitriç ırmak kıyısında dolaşarak bağırmaya başladı:

—Kimsenin bir şeye aklının erdiği yok! Anahtarlar evin girişindeki pencerenin önünde dururdu. Onları kim almış olabilir! Kahya aldıysa o adama söyleyin, gitsin kendisine başka sandal bulsun!

Sonunda anahtarlar bulundu, bu sefer de küreklerin eksik olduğu ortaya çıktı. Yeni bir telaş başladı bunun üzerine. Kıyıda dolaşmaktan sıkılan Piyotr Dmitriç kavaktan oyma daracık kayığına atladığı gibi sahilden açıldı, bu sırada az kaldı dengesini yitirerek suya düşüyordu. Onun peşinden bayanların kahkahaları, çığlıkları arasında öbür sandallar kıyıdan ayrıldılar.

Beyaz bulutlarla kaplı gök, kıyıdaki ağaçlar, sazlar, insan dolu sandallar, kürekler aynada yansır gibi yansıyordu suyun üzerinde. Sandalların altında, ta derinlerde gökyüzü sanki sonsuz uçurumun dibindeymiş gibi gözüküyor, orada kuşlar uçuşuyordu. Çiftliğin bulunduğu sahil yüksekçeydi, kıyıya doğru dimdik iniyordu, her yerde ağaçlar vardı; öbür sahil ise düzdü, sulak çayırlarla örtülüydü, yer yer gölekler ışıldıyordu. Sandallar kıyıdan yüz adım kadar uzaklaşınca düz sahilde hüzünlü salkım söğütlerin arkasında köy evleri, hayvan sürüleri gözüktü; şarkılar, sarhoş çığlıkları, armonika sesleri duyulmaya başladı.

Geceleyin ağ germiş balıkçıların kayıkları ırmağın şurasında- burasında karşılarına çıkıyordu. Bunlardan birinde eğlenen çalgıcılar kendi yaptıkları kemanları, viyolenselleri çalarak geçip gittiler.

Sandallardan birinin dümeninde Olga Mihaylovna vardı. Genç kadın bir yandan gülümseyip konuşarak konuklarını oyalamaya çalışırken bir yandan da kocasını izliyordu. Piyotr Dmitriç en önde gidiyordu; ayakta, tek kürekle yönetiyordu bindiği kayığı. Konukların «cankurtaran», kendisinin ise «Pendarakl» diye adlandırdığı sivri uçlu hafif kayık uçarcasına gidiyordu. Kayık sinsi görünüşüyle sanki yolcusundan nefret ediyor, bir yolunu bulup ağır binicisinin ayaklarının altından kaçmak için fırsat kolluyor gibiydi. Olga Mihaylovna kaçamak bakışlarıyla kocasına bakarken onun bütün kadınların hoşuna giden yakışıklılığından, biçimli ensesinden, duruşundan, kadınlarla senli benli konuşmasından dolayı kendi kendini yiyordu. Bir yandan sandalla giden kadınlardan onu kıskanıyor, bir yandan da kocasının kayığı devrilip başına bir felaket gelecek diye korkudan ödü patlıyordu.

Korkudan titreyerek;

—Biraz yavaş git, Piyotr! Ayakta durma, otur! Senin gözü pek olduğunu hepimiz biliyoruz! diye bağırıyordu.

Birlikte aynı sandalda gittiği insanlar da tedirgin ediyordu onu. Hepsi de bildiği, tanıdığı, her zamanki insanlardı, gelgelelim o sırada olağandışı, kötü olarak gözüküyorlardı gözüne. Sanki her biri gerçek yüzünü ondan gizliyor gibiydi. «İşte şu kürek çeken, altın çerçeveli gözlüklü, sakalı biçimli, kumral delikanlıyı ele alalım.» diye geçirdi içinden. «Varlıklı bir ailenin çocuğu; karnı tok, sırtı pek. Yaşamından memnun gözüküyor, dediklerine göre dürüst bir çocukmuş. Özgür düşünceli, ileri görüşlü bir genç olduğu belli. Üniversiteyi bitirip ilçeye geleli bir yıl oldu. Çiftçiler Birliği'ndeki görevinden dolayı övünç duyuyormuş. Ama bir yıl daha geçsin, birçokları gibi onun da Petersburg burnunda tütmeye başlayacak, başkente kapağı atmak için can atarken, «Çiftçiler Birliği bir işe yaramıyordu, çok yanılmışım!» diyerek kendini haklı çıkarmaya çalışacak. Yandaki sandalda oturan genç karısı da onun Çiftçiler Birliği'nde çalışmasından dolayı mutludur herhalde, ama bir yıl sonra o da birliğin beş para etmediğine inanacaktır... Gelelim şu, panama şapkasına kurdele takmış, dişlerinin arasında pahalı bir puro tutan, sinekkaydı tıraşlı tombul beye. Onun da ağzından düşmeyen bir söz vardır, «Hayal kurmayı bırakıp işe sarılmalıyız!» der durur. Yorkşayr domuzları beslediği, Butler arıları, kolza, ananas yetiştirdiği bir çiftliği, yağhanesi, peynir makineleri vardır; işletmesinde İtalyan yöntemi ikili muhasebe tutulur. Ama güzün Kırım'da metresiyle rahat yaşayabilmek için her yaz ormanından tomruk kestirip satar, toprağını parça parça rehine koyar... Şimdi de dayım Nikolay

Nikolayiç'i alalım. O da kocamla geçinemediği halde, nedense akıl edip kendi evine gitmez...»

Olga Mihaylovna öbür sandallara baktı. Onlarda da birtakım abuk sabuk tiyatro oyuncuları, çarpık adamlar gördü. İlçede tanıdığı insanların hepsini şöyle bir zihninden geçirdi: Hakkında iyi şeyler düşünebileceği, «Tamam, bu tam istediğim gibi!» diyebileceği bir kişi bile bulamadı. Hepsinin kendine göre bir kusuru vardı; yeteneksizdiler, basittiler, yavandılar, dar görüşlüydüler, yapmacıktılar, acımasızdılar. Düşündükleri gibi konuşmazlar, yaptıkları ile yapmak istedikleri birbirini tutmazdı...

Can sıkıntısından, umutsuzluktan boğulacak gibiydi. Sağa-sola sırıtmayı bırakıp kendini sandaldan aşağı atarak, «Bıktım hepinizden!» diye bağırmak geldi içinden. Hepsini orada bırakıp yüze yüze sahile gitmek istedi.

Oradan biri şöyle bağırdı:

—Arkadaşlar, Piyotr Dmitriç'i yedeğe alıp çekelim!

—Yedeğe alalım! Yedeğe alalım! Olga Mihaylovna, kocanızı yedekte çekin! haykırışları yükseldi.

Dümende oturan Olga Mihaylovna'nın bir an bile gecikmeden sandalın kıçındaki zinciri fırlatıp «Pendarakl»i burnundan yakalaması gerekiyordu. Ancak bu, büyük bir beceri isterdi. Tam zinciri almak üzere eğilmişti ki, Piyotr Dmitriç yüzünü buruşturdu, korkuyla ona baktı.

—Bu gidişle üşüteceksin! diye seslendi.

Olga Mihaylovna «Madem beni, çocuğumuzu düşünüyorsun, ne diye bugüne dek karını üzüp durdun?» dedi içinden.

Piyotr Dmitriç daracık kayıkla daha fazla gidemeyeceğini anlamıştı. Yedekte çekilmeyi de istemediği için ansızın kayıktan karısının bulunduğu sandala atladı. Zaten tıklım tıklım dolu olan sandal onun dikkatsiz atlayışı yüzünden daha bir yana yattı, korku içinde kalan yolcular çığlık çığlığa bağrışmaya başladılar.

Olga Mihaylovna, «Kadınların hoşuna gitmek için atladı.

Her hareketin kendisine yakıştığını nasıl da biliyor!» dedi kendi kendine.

Tam da düşündüğü gibi, üzüntüden, canının sıkıntısından, sağa-sola sırıtıp durmaktan kollarında, bacaklarında bir titremedir başlamıştı. Tüm bedeninde rahatsızlık hissediyordu. Titrediğini göstermemek için yüksek sesle konuşmaya, gülmeye, durmadan hareket etmeye çalışırken, «Kendimi tutamaz ağlarsam dişimin ağrıdığını söylerim,» diye karar verdi.

En sonunda sandallar «Ümit Burnu»na yanaştılar. Irmağın keskin bir dönemeç yaptığı çıkıntıya bu ad verilmişti. Burada kayınların, meşelerin, söğüt ve kavak ağaçlarının oluşturduğu yaşlı bir koru vardı. Ağaçların altına masalar konulmuştu; beyaz fraklı, beyaz örme eldivenler giymiş Vasili ile Grigori dumanı tüten semaverlerin başında uğraşıyorlardı. Karşı sahilde, «Ümit Burnu»nun hizasına gelen yerde ise erzak getiren arabalar duruyordu. «Pendarakl»e tıpatıp benzeyen bir kayık erzak dolu sepetleri, çıkınları alıp alıp onların bulunduğu yarımadaya taşıyordu. Uşakların, arabacıların, hatta erzak taşıyan sandaldaki köylünün yüzünde yalnız bayram günleri çocuklarda, uşaklarda görülen türden coşkulu, görkemli bir hava vardı.

Olga Mihaylovna çayı demleyip bardaklara sırayla doldurduğu sırada konuklar reçel ve tatlıları atıştırmaya başlamışlardı bile. Pikniklerde ev sahibi hanımların en korktuğu, canlarını en çok sıkan şey buydu işte. Bu öyle bir kargaşaydı ki, Grigori ile Vasili dolu bardakları herkese dağıtmaya fırsat bulamadan Olga Mihaylovna'ya boşalmış bardak tutan eller uzanıyordu. Üstelik kimisi şekersiz çay istiyordu, kimisi demli, kimisi açık... Kadıncağız bardakları doldurduktan sonra kimin ne tür çay istediğini anımsamak ya da «Açık çayı hanginiz istediniz?» gibi sorular sormak zorundaydı. Bu kargaşada çayı nasıl istediğini unutup, yanındakiyle hoş bir söyleşiye daldığı için kendisine uzatılan ilk bardağı kapanlar da oluyordu. Masaların biraz uzağında sessizce dolaşarak otların arasında mantar arıyormuş ya da kutuların üzerindeki yazıları okuyormuş gibi yapan birtakım asık suratlı insanlara raslanıyordu. Bunlar, kendilerine bardak yetişmeyen şanssız konuklardı. Olga Mihaylovna arada sırada «Siz çayınızı içtiniz mi?» diye soruyordu. Soru sorulan kişi çoğu kez «Rahatsız olmayın, beklerim...» diyordu. Sanki beklerse kendisine çay düşücekmiş gibi...

Konuşmaya dalanlar bardağı elinde tutarak çayını yarım saatte bitiremiyor, çayı çok sevenler ise masanın yanından ayrılmaksızın bardak bardak üstüne yuvarlıyordu. Bu gibilere çay yetiştirebilene aşk olsun! Kıtlama çay içen şakacı gençlerden biri derin derin soluyarak ikide birde bardağını uzatıyor; «Ne yaparsınız, ben günahkar Çin otundan zevk alırım. Bir bardakçık daha doldurabilir misiniz?» diyordu. Şekeri dişlerinin arasında kütür kütür kırarken kıtlama çay içen Rus tüccarlarını iyi taklit ettiğine, bundan dolayı hareketlerini herkesin çok beğendiğine inanıyor olmalıydı. Oysa bu gibi ıvır zıvır şeyler Olga Mihaylovna'yı son derece sıkıyordu. Ancak kimse anlayamazdı bunu, çünkü kadıncağız durmadan gülümsemek, habire iltifat edip herkesin gönlünü almak zorundaydı.

İşte bu yüzden kendini hiç iyi hissetmiyordu. Kalabalıktan sıkılmış, her şeyden bezmişti: Kahkahalardan, sorulardan, şakacı gençten, masaların çevresinde koştururken uşakların ayaklarına dolaşan şaşkın çocuklardan, birbirinin kopyası Vata, Nata kardeşlerden, kimin çay içip kimin içmediğini sormaktan... Tüm korktuğu, yapmacık gülümsemesinin bir an gelip öfkeye dönüşmesi, birdenbire ağlamaya başlamasıydı.

Derken, biri oradan bağırdı:

—Yağmur geliyor!

Herkes göğe baktı. Piyotr Dmitriç yanağını silerek;

—Evet, yağmur başladı, dedi.

Gökten henüz birkaç damla yağmur düşmüştü, ancak kalabalık çay içmeyi bıraktığı gibi her biri bir yere atıldı. Önce arabalara doğru koştular, sonra sandalların yanına üşüştüler. Akşam yemeği hazırlığına girişeceğini bahane eden Olga

Mihaylovna topluluktan ayrılarak onu buraya getiren arabaya doğru yürüdü. Arabasına binince yaptığı ilk iş, gülümsemeyi bırakarak yüzünü dinlendirmek oldu. Köyden geçerken, karşılaştığı köylülerin selamına karşılık verirken suratı hep asıktı. Eve varır varmaz yan kapıdan içeri girdi, doğruca yatak odasına çıkarak kocasının karyolasına uzandı.

—Aman Tanrım! diyordu. Bu eziyetler niye? Bunca insanın bir araya toplanması, çok eğleniyormuş gibi davranması niye? Ben de niçin durmadan gülümsüyor, yalan söylüyorum? Anlamıyorum, anlamıyorum!

Bu sırada dışardan ayak sesleri, konuşmalar gelmeye başladı. Konuklar piknik yerinden dönmüşlerdi.

Olga Mihaylovna, «Gelirlerse gelsinler! Ben biraz daha yatayım,» dedi.

Tam o sırada hizmetçi içeri girdi.

—Hanımefendi, Marya Grigoryevna gidiyorlar.

Kadıncağız ayağa fırladı, saçını düzelterek yatak odasından çıktı. Evden ayrılmakta olan konuğunun yanına gelerek, gücenik bir sesle;

—Marya Grigoryevna, aceleniz neydi? dedi. Ne güzel oturuyorduk.

—Ah, iki gözüm! Zaten çok oturduk. Daha fazla kalamam, evde çocuklar bekliyor.

—Keşke çocukları da getirseydiniz. Bu bir şeye benzemedi ki...

—Cancağızım, başka bir gün erkenden getiririm onları. Ama bugün...

Olga Mihaylovna onun sözünü kesti:

—Lütfen getirin... Memnun olurum. Çok sevimli çocuklarınız var. Benim adıma hepsini teker teker öpün. Ama gene de gücendirdiniz beni, böyle aceleye ne gerek vardı?

—Gerçekten daha fazla oturamam. Hadi, hoşça kalın, şekerim! Zaten sizin de daha dikkatli olmanız gerekiyor...

Kucaklaşıp öpüştüler. Onu arabaya değin geçiren Olga

Mihaylovna oturma odasındaki öbür kadınların yanına döndü. Işıklar yanmıştı, erkekler iskambil oynamak üzere masalara oturuyorlardı.

IV

Konuklar dağılmaya başladıklarında vakit gece yarısını geçiyordu.

Olga Mihaylovna merdivenlerde bir aileyi uğurlarken kadına;

—Şalınızı niçin almadınız? İsterseniz benimkini vereyim, dedi. Hava soğudu, üşütebilirsiniz.

—Rahatsız olmayın, Olga Mihaylovna! Hadi, hoşça kalın! Bize de bekleriz. Gelirim, deyip de aldatmayın sakın!

Sürücü;

—Tüprr! diyerek atları tutmaya çalışıyordu.

—Haydi, Denis, sür atları! Esen kalın, Olga Mihaylovna!

—Çocukları öperim!..

Hareket eden araba az sonra karanlıkta gözden silindi. Lambanın yolda bıraktığı kırmızı yuvarlağın içine sabırsız atların çektiği ikinci bir araba girdi. Elini ileri uzatan arabacının gölgesi yolun üzerine düşüyordu. Yeniden sarılıp öpüşmeler, şal alma konusunda ısrarlar, Olga İvanovna'ya gecikmeden gelmesi için yapılan çağrılar... Piyotr Dmitriç ikide birde merdivenden aşağı koşuyor, bayanların arabaya binmesine yardım ediyordu. Yaptığı başka bir iş daha vardı: Sürücüye nasıl gideceğini tarif etmek.

—Sen en iyisi Yefremovşçina üzerinden git! Mankino'dan gidersen yol kısadır, ama bozuktur, sonra arabayı devirsin. Eh, güle güle gidin, güzelim! Bizim ressama *mille compliments*![1]

—Hoşça kalın, Olga Mihaylovna, tatlım! Hemen içeriye girmezseniz üşüteceksiniz. Hava çok rutubetli.

1 Binlerce selam! (Fr.)

—Tüprr! Yaramazlığı bırakın!

Piyotr Dmitriç sürücüye sordu:

—Nereden aldınız bu atları?

—Büyük perhizde Haydarov'dan almıştık.

—Oo, güzel hayvanlarmış, doğrusu!

Piyotr Dmitriç böyle diyerek yana koşulu atın sağrısına eliyle vurdu.

—Hadi, yolunuz açık olsun!

Son araba da evden ayrılınca yoldaki kırmızı ışık yuvarlağı şöyle bir titredi, yana doğru kaydı, küçülerek tümüyle gözden silindi. Uşak Vasili merdiven başındaki lambayı içeri götürmüştü. Eskiden böyle uğurlamalardan sonra Piyotr Dmitriç ile Olga Mihaylovna salonda karşı karşıya geçip zıplamaya başlarlar, ellerini birbirine vurarak «Oh, çok şükür, gittiler! Çok şükür gittiler!» diye şarkı söylerlerdi. Ama bu sefer Olga Mihaylovna'nın öyle bir niyeti yoktu. Hemen odasına giderek soyundu, yatağına girdi.

Çok geçmeden uykusunun geleceğini, derin bir uykuya dalacağını düşünüyordu. Bacakları, omuzları sızım sızım sızlıyor, tüm bedeninde gün boyu süren aynı rahatsızlığı duyuyordu. Yorganı başına çekti, üç dakika kadar öylece yattı, sonra yorganın altından gece lambasına baktı, sessizliğe kulak kabartarak gülümsedi. Bunca yürüyüşten sonra uzamış gibi gelen bacaklarını ikiye büktükten sonra;

—İyi, iyi! diye fısıldadı. Şimdi tam uyuma zamanı!

Bacakları sanki yatağa sığmıyordu, bedeni rahatsızdı, yatışını düzeltmek için öbür yanına döndü. Odaya iri bir sinek girmişti, tavana çarpa çarpa vızıldayarak uçuyordu. İkinci bir gürültü de dikkatle yürüyerek masaları toplayan Grigori ile Vasili'den geliyordu. Olga Mihaylovna bu gürültüler dinince rahata ereceğini, mışıl mışıl uyuyacağını düşündü. Yeniden kıpırdanıp öbür yanına döndü.

Tam o sırada oturma odasından kocasının sesi geldi. Evde

yatmak üzere birisi kalmış olmalıydı, çünkü Piyotr Dmitriç yüksek sesle onunla konuşuyordu:

—Aleksey Petroviç'in başka türlü görünmeye çalışan biri olduğunu sanmıyorum. Bence siz onu o gözle görüyorsunuz. Bunun nedeni, sizlerin onda gerçekte olmayan şeyler aramanızdır. Adamın kaçıklığında özgün bir zekâ, senli senli davranışlarında babacanlık, herhangi bir görüş sahibi olmayışında tutuculuk buluyorsunuz. Adamın biraz tutuculuğu varsa bile bu, düşük ayarda bir tutuculuk olup hiçbir işe yaramaz!

Piyotr Dmitriç, Kont Aleksey Petroviç'e de, az önce giden konuklara da, kendine de çok kızdığı için, belli ki arkadaşına içini döküyordu. Canının sıkıntısından konta, konuklara, kendisine atıp tuttuktan, aklına gelen her şeyi söyledikten sonra yatıya kalan konuğu odasına uğurladı, salonda birkaç tur attı, yemek odasında gezindi, oradan koridora, çalışma odasına geçti, yeniden salona döndü, en sonunda yatak odasına girdi. Olga Mihaylovna o sırada, sıcak geldiği için yorganı beline değin itmiş, tavana çarparak uçan sineği öfkeli gözlerle izlemekteydi.

—Birisi mi var içerde? diye sordu.

—Evet, Yegorov.

Kocası böyle diyerek soyundu, kendi yatağına uzandı. Ardından bir sigara yaktı, vızıldayan sineği izlemeye koyuldu. Bakışları sert ve tedirgindi. Olga Mihaylovna beş dakika kadar kocasının güzel yüzünün yandan görünüşünü seyretti. Eğer Piyotr Dmitriç ona dönse de «Olya, artık bu duruma katlanamıyorum!» dese, hemen ağlamaya ya da gülmeye başlar, rahatlardı. Bacaklarının ruhundaki gerginlikten dolayı sızladığını, bedeninde rahatsızlığın ondan ileri geldiğini sanıyordu.

—Piyotr, böyle derin derin ne düşünüyorsun? diye sordu.

—Hiç... Hiçbir şey...

—Son zamanlarda benden gizlediğin bir şeyler var. Böylesi iyi değil.

Piyotr Dmitriç biraz bekledi, sonra soğuk bir sesle;

—Ben bunda bir kötülük görmüyorum, dedi. Herkesin

kendi kişisel yaşantısı vardır, bundan dolayı başkasından gizlediği şeyler de olabilir.

—Kişisel yaşantı... başkasından gizlediği şeyler... Laf bunlar!

Yatağında doğrularak oturdu.

—Bu sözlerle beni gücendirdiğini biliyor musun? Gerçekten bazı şeylerden ötürü canın sıkılıyorsa niçin benden saklıyorsun? Karınla değil de başka kadınlarla dertlerini paylaşmanı anlamıyorum. Duydum, kulaklarımla duydum, kovanlığın yanında Liyuboçka'ya içini döküyordun.

—Kutlarım seni! Bizi dinlediğine çok iyi etmişsin!

Bunun anlamı, «Beni rahat bırak, düşünmemi engelleme!» demekti. Olga Mihaylovna büyük bir öfkeye kapıldı. Gün boyunca biriken nefret, kin, can sıkıntısı artarak yüreğinde kaynaşmaya başladı; daha sonraya ertelemeden kocasına ağzına geleni söylemek, ondan öç almak, onu küçük düşürmek için büyük bir istek duydu. Bağırmaktan kendini zor alıkoyarak;

—Şunu iyi bil ki, senin bu yaptığın çok çirkin, çok yakışıksız! dedi. Gün boyu davranışından ötürü senden nasıl nefret ettiğimi anlatamam!

Piyotr Dmitriç de yatağında toparlanarak oturdu. Olga Mihaylovna titriyordu.

—Yaptığın çok çirkin! diye sürdürdü konuşmasını. Niçin beni kutluyorsun? Sen kendini kutla? Ayıp bir şey, yaptığından utanç duymalısın! O derece yalana daldın ki, karınla aynı odada kalmaktan bile utanıyorsun! Sen ikiyüzlü bir adamsın! Senin ruhunu okuyorum artık, attığın her adımın anlamını biliyorum!

—Olya, keyifsiz olduğun zamanları önceden bildir, lütfen. Ona göre ben de çalışma odamda yatayım.

Böyle söyleyerek yastığını aldı, apar topar yatak odasından çıktı. Olga Mihaylovna böyle bir sonucu öngörmemişti, doğrusu. Birkaç dakika titreyerek, sus pus olmuş bir halde, ağzı bir karış açık, kocasının arkasından bakakaldı; bunun ne anlama geldiğini bulmaya çalıştı. Haksız olduklarını bilen ikiyüzlü insanların tartıştıkları kişilere karşı kullandıkları bir yöntem miydi bu, yoksa onun gururunu incitmek amacıyla giriştiği bir hareket mi? Kuzeni olan bir subayın anlattıkları geldi hatırına. Neşeli bir gençti kuzeni, «karısı dırdır etmeye başlayınca» yastığını kaptığı gibi ıslık çalarak çalışma odasına kaçarmış. Zavallı karısı gülünç bir duruma düşer, ne yapacağını şaşırırmış. Kuzeni bunu anlatırken kahkahayla gülerdi. Zengin, kaprisli, aptal bir kadın olan karısına fazla saygı duymazdı; ona katlanmaya çalıştığını söylerdi.

Olga Mihaylovna yatağından aşağıya atladı. Anladığı kadarıyla ona şimdi yapacak tek bir şey kalıyordu: Elden geldiğince çabuk giyinip evden ayrılmak! Evin onun kendi evi olması Piyotr Dmitriç için daha kötüydü. Nasıl davranması gerektiğini iyice düşünmeden, kararını bildirmek üzere hızla çalışma odasına girdi. («Kadın mantığı işte!» diye geçti zihninden o sırada.) Kocasına en ağır, incitici sözleri söyleyecekti.

Piyotr Dmitriç gazete okuyormuş süsü vererek kanepede yatıyordu. Yanındaki iskemleye bir mum dikmişti, yüzü gazetenin arkasındaydı, gözükmüyordu. Olga Mihaylovna;

—Yaptığınızın anlamını bana açıklar mısınız? dedi. Size soruyorum!

Kocası yüzünü göstermedi.

—«Siz» mi? Bıktırdın artık, Olya! Doğru söylüyorum, çok yorgunum, seninle uğraşacak durumda değilim. İstersen yarın kavga ederiz, ne dersin?

—Seni çok iyi anlıyorum! Nefret ediyorsun benden! Evet, evet, senden daha varlıklı olduğum için nefret ediyorsun. Bu yüzden beni bağışlamıyor, yalan üstüne yalan kıvırıyorsun! (Gene zihninden «Kadın mantığı işte!» diye geçti.) Karınla için için alay et bakalım! Benimle bazı haklar elde etmek, ataarabaya sahip olmak için evlendiğini söyle! Meğer ne bahtsız kadınmışım ben!

Piyotr Dmitriç'in gazete elinden düştü, hızla doğruldu.

Beklemediği bu aşağılama onu allak bullak etmişti. Savunmasız bir çocuk gibi gülümsedi, karısına şaşkın şaşkın baktı. Yumruklardan korunmak istercesine elini ona doğru uzatırken yalvaran bir sesle;

—Olya! dedi.

Bu sırada karısının daha kötü şeyler söylemesinden korkuyormuş gibi kanepenin arkasına sindi; o kocaman gövdesiyle büzüldü, büzüldü, küçücük bir çocuk kadar kaldı.

—Olya, bunları bana nasıl söylersin? diye fısıldıyordu bir yandan da.

İşte Olga Mihaylovna'nın o zaman aklı başına geldi. Bu adamı çılgıncasına sevdiğini, onun kocası Piyotr Dmitriç olduğunu o zaman anlayabildi. Evet, onu delicesine seviyordu, o olmadan bir gün bile yaşayamazdı. Ellerini saçlarının arasına geçirerek yatak odasına koştu. Oraya varınca yatağına kapandı; hıçkırıklardan boğulurcasına, kolları-bacakları tutulmuş bir halde, sarsıla sarsıla ağlamaya başladı. Öyle yüksek sesle ağlıyordu ki, kendi sesini tanıyamadı. Birkaç oda ilerisinde konuk ettikleri adamın uyuduğunu anımsayarak hıçkırıklarını bastırmak için başını yastığın altına gömdüyse de yastık yere düştü. Yastığı almak üzere eğildiğinde az kaldı kendi de aşağıya yuvarlanıyordu. Yorganı başına çekmek istediyse de elleri tutmadı, neyi yakaladıysa uyuşan parmaklarının arasından kaydı gitti...

Büyük bir tedirginlik içindeydi; elinde ne varsa hepsini yitirdiğini, kocasını incitmek için söylediği yalanın yaşamını darmadağın ettiğini sanıyordu. Kocası onu bağışlamazdı artık. Ona öyle küçültücü sözler söylemişti ki, hiçbir okşama, hiçbir yemin onun kırgınlığını gideremezdi. Nasıl edip de söylediklerine kendisinin de inanmadığını anlatmalıydı?

Yastığın yeniden yere kaydığını fark etmeksizin;

—Bitti! Her şey bitti! diye haykırdı. Tanrı aşkına anla beni Petya!

Karyola altında yıkılmış, yorgan ayaklarına dolanmış gibi

geliyordu. O sırada elinde mumla Piyotr Dmitriç girdi içeriye.

—Olya, kes artık.

Olga İvanovna doğruldu, yatakta diz üstü kalkıp mum ışığından dolayı gözlerini kısarak, hıçkırıklar arasından;

—Anla beni! Anla! diye inledi.

Konukların onu canından bezdirdiğini, karı-koca ikisinin de yalanlarının onu mahvettiğini söylemek istiyor, ama ağzından «Anla beni! Anla beni!»den başka bir şey çıkmıyordu.

Piyotr Dmitriç elindeki bardağı uzattı ona;

—Al, iç şu suyu!

Olga Mihaylovna bardağı aldı, dudaklarına götürdü, ancak su çalkalanarak ellerine, göğsüne, dizlerine döküldü. «Kim bilir, şimdi ne kadar çirkin gözüküyorumdur!» diye geçirdi zihninden. Piyotr Dmitriç onu yatağa yatırdı, üstüne yorganı örttü, mumu alarak çıktı. Olga Mihaylovna;

—Tanrı aşkına, Piyotr! Anla beni, anla beni! diye bağırdı bir daha.

İşte o sırada karnı ile sırtının aşağısında öyle bir burulma oldu ki, ağlamasını kesmek zorunda kaldı, acıdan yastığı dişledi. Az sonra ağrı kesildi, yeniden ağlamaya başladı.

Hizmetçi kız girdi içeriye. Üstündeki yorganı düzeltirken;

—Hanımefendiciğim, neniz var? diye sordu.

Piyotr Dmitriç karyolaya yaklaşarak hizmetçiye;

—Hemen çıkın buradan! dedi sertçe.

Olga Mihaylovna;

—Anla beni, ne olur? diye hıçkırıyordu.

—Olya, rica ederim, kes artık! Seni gücendirmek istememiştim. Sana bu derece dokunacağını bilsem yatak odasından gitmezdim. Dayanamadığım için gittim. Doğru söylüyorum.

—Anla beni, ne olur! Sen de yalan söyledin, ben de.

Piyotr Dmitriç yatağa, onun yanına oturdu.

—Anlıyorum, tamam, anlıyorum, dedi yatıştırıcı bir sesle. Öfkelendiğin için öyle söylediğini biliyorum. Yemin ederim ki, dünyada en çok seni seviyorum, seninle evlenirken zenginliğini aklımın köşesinden bile geçirmedim. Yalnız seni sevdim, hepsi o kadar! İnan bana! Ne paraya fazla gereksinme duydum, ne de değer verdim; o bakımdan ikimizin serveti arasında bir fark görmedim. İkimiz de aynı derecede zenginmişiz gibi geldi bana. Evet, ufak tefek şeylerde yalana saptığım doğrudur. Yaşamımı bugüne dek tam bir ciddiyet üzerine kuramadığım için küçük yalanlara baş vurmadan edemedim. Şimdi yanlışımı kendim de anlıyorum. En iyisi bırakalım bu konuşmaları. Tanrı aşkına!

Yeniden şiddetli bir ağrı hisseden Olga Mihaylovna kocasının koluna yapışarak;

—Ah, acıyor, çok acıyor! Dayanamıyorum! diye inledi.

Piyotr Dmitriç ayağa kalktı.

—Kahretsin! Nereden de çağırdık bunca insanı! Sen de adaya gitmek zorunda değildin! Ne aptallık ettim ben! Seni niçin durdurmadım? Ah, Tanrım!

Üzüntüyle başını kaşıdı, elini salladı, odadan çıktı.

Sonra birkaç kez daha yatak odasına girip çıktı, kimi zaman yumuşak bir sesle konuştu, kimi zaman bağırdı, fakat karısının onu pek dinlediği yoktu. Hıçkırıkları ağrıdan dolayı inlemelerle kesiliyor, her yeni ağrı nöbeti eskisinden daha şiddetli gelip daha uzun sürüyordu. Önceleri ağrı geldiğinde soluğunu tutarak yastığı ısırırken zamanla acıya dayanamayıp bet bet bağırmaya başladı. Bir keresinde kocasını yanında görünce onu gücendirdiğini anımsadı; yanındakinin gerçek kocası mı, yoksa bir hayal mi olduğunu anlamadan iki eliyle birden onun eline sarıldı, öptü, öptü...

—Sen de yalan söyledin, ben de! diyordu. Anla beni, ne olur! Canımdan bezdirdiler, sabrımı taşırdılar!

Piyotr Dmitriç onu yatıştırmaya çalışıyordu:

—Olya, rica ederim! Evde yalnız değiliz...

Olga Mihaylovna başını kaldırınca Varvara'yı gördü. Bahçıvanın karısı komodinin önüne çökmüş, alt gözü çekiyordu. Üst çekmeceler daha önce çekilmişti. Işini bitirince Varvara ayağa kalktı, hızlı hareketten dolayı yüzü pancar gibi kıpkırmızı, çekmeceden aldığı kutuyu açmak için uğraştı.

—Marya, açamadım! dedi hizmetçi kıza. Şunu bir de sen dener misin?

Elindeki makasla şamdandaki mum dibini çıkarıp yenisini koymaya çalışan Marya bahçıvanın karısına yaklaştı, kutuyu açmasına yardım etti.

Varvara;

—Hiçbir şey kapalı kalmamalı, diye fısıldıyordu. Bak, anacığım, şu kutuyu da aç. (Piyotr Dmitriç'e döndü) Beyefendi! Kilisenin cemaat kapısını açması[1] için peder Mihali'e adam gönderseniz... İyi olur.

Piyotr Dmitriç sık sık soluyordu.

—Ne isterseniz onu yapın. Ancak çabuk doktor ile bir ebe çağırın. Vasili mi gitti? Bir başkasını daha gönderin! Kocan gitsin, Varvara!

Olga Mihaylovna, «Doğuruyorum galiba,» dedi içinden. Sonra;

—Varvara! diye inledi. Bebek ölü doğacak...

—Öyle şey olur mu, hanımefendiciğim? Turp gibi bir çocuğunuz olacak. Sağ doğuracaksınız...

Olga Mihaylovna ağrıdan bir kere daha kendine geldiğinde artık kıvranmıyor, ağlamıyor, yalnızca inliyordu. Hatta ağrı tümüyle dindiği zamanlar bile inlemesi kesilmiyordu. Mumlar sönmüştü, bununla birlikte pencerelerde aydınlık vardı. Sabahın 5'i filan olmalıydı. Yatak odasında yuvarlak sehpanın başında beyaz önlüklü, ciddi yüzlü, tanımadığı bir kadın oturmaktaydı. Duruşuna, tavırlarına bakılırsa epeyden beri oturuyordu orada. Olga Mihaylovna onun ebe olduğunu anlamakta gecikmedi.

—Yakında biter mi? diye sordu ebe kadına.

---

1 Bütün bu çekmece, kutu, kapı açmalar sözde doğumu kolaylaştıracağına inandıkları için. (Ç.N.)

Sesinin öyle bir havası vardı ki, daha önce böyle bir şeyle karşılaşmamıştı. «Doğumdan dolayı ölüyor olmayayım?» diye geçirdi içinden.

Piyotr Dmitriç dikkat ederek odayı girdi, sırtı karısına dönük, pencerenin önünde dikildi. Üstünde gündüzkü giysi vardı. Perdeyi hafifçe kaldırarak dışarıya baktı.

—Ne yağıyor! dedi.

Sesindeki garipliği bir daha işitmek için Olga Mihaylovna;

—Saat kaç? diye sordu.

—6'ya çeyrek var, dedi ebe kadın.

Kocasının başına, camdan süzülerek inen yağmur damlalarına bakan Olga Mihaylovna; «Yoksa gerçekten ölüyor muyum?» diye geçirdi içinden. «Petya bensiz nasıl yaşayacak? Kiminle çay içecek, yemek yiyecek, akşamları kiminle konuşacak, kiminle uyuyacak?»

Kocasını öksüz kalan küçük bir çocuk gibi düşündü. Birdenbire içinde bir acıma duygusu kabardı; ona hoş, okşayıcı, avutucu bir şeyler söylemek istedi. Kocası baharda bir çift tazı almak istemişti, ama Olga Mihaylovna avı acımasız, tehlikeli bir eğlence olarak gördüğü için onu engellemiş, bu yüzden tazıları alamamıştı. Bu olayı anımsayarak;

—Petya, tazıları al! diye inledi.

Piyotr Dmitriç perdeleri indirdi, yatağa, karısının yanına geldi; keskin bir sancı daha hisseden Olga Mihaylovna ise canhıraş bir çığlıkla haykırdı.

Üst üste gelen sancılardan, çığlıklardan, inlemelerden serseme dönmüştü. Her şeyi görüyor, işitiyor, hatta konuşuyordu; gelgelelim her konuşulanı anladığı söylenemezdi. Tek bildiği bir şey vardı, o da sancısının olduğu ya da az sonra geleceğiydi. Sanki yaş günü dün değil, bir yıl önce kutlanıp bitmiş; ağrıları ta çocukluğundan beri, ilkokul, enstitü, üniversite yıllarından, evliliğinden beri sürüyormuş, daha da sürecekmiş, sonsuza dek sürecekmiş gibi geliyordu. Ebe kadına sabah çayı verdiklerini, onu öğle yemeğine, akşam yemeğine alıkoyduklarını; Piyotr

Dmitriç'in odaya girip çıktığını, pencerenin dibinde uzun uzun dikildiğini; yabancı erkeklerin, hizmetçi kızın, Varvara'nın içeri-dışarı gidip geldiklerini görüyordu. Varvara durmadan «Çok geçmez doğar! Çok geçmez doğar!» diyor, komodinin çekmeceleriyle birisi oynarsa sinirleniyordu. Olga Mihaylovna pencerelerde ışığın art arda değişimini izliyordu. Akşamın alacakaranlığı, puslu sabah ışıması, bir gün öncesinin aydınlığına benzer şıkır şıkır güneş parlaklığı, sonra yeniden akşam loşluğu... Pencerelerdeki her ışık değişimi çocukluk, okul yılları, üniversite kursları gibi uzayıp gidiyordu...

Akşamleyin iki doktor birden —biri dazlak kafalı, kemikli, değirmi kızıl sakallı; öbürü Yahudilere benzer, kara yağız, ucuz gözlük çerçeveli— onu ameliyat ettiler. Tenine yabancı erkeklerin dokunması onu hiç irkiltmedi, buna aldırmadı bile. Her isteyen ona istediğini yapabilirmiş gibi bir duygu içindeydi. Eğer birisi ona bıçakla saldırsa, Piyotr Dmitriç'i aşağılayacak bir şey yapsa, küçük adam üzerindeki haklarını elinden almaya kalksa gene sesini çıkarmazdı.

Ameliyat sırasında kloroform vermişlerdi. Ayıldığında dayanılması zor ağrılar içindeydi. Vakit gece olmuştu. Tıpkısı tıpkısına böyle bir gece; odada gece kandilinin yandığı, başucunda ebenin kıpırdamadan oturduğu, komodin çekmecelerinin açık bırakıldığı, pencerenin dibinde Piyotr Dmitriç'in dikildiği sessiz bir gece sanki çok çok önceleri geçmiş gibiydi.

V

Çevresinde olup bitenleri anlamaya başlamış, ağrısı tümüyle dinmişti. «Demek ki, ölmemişim!» diye sevindi.

Yatak odasının ardına değin açık iki penceresinden güneşli bir yaz günü gözüküyor; bahçede serçeler, saksağanlar ardı arkası kesilmeden ötüyordu.

Komodinin çekmeceleri içeri sokulmuş, kocasının yatağı

toplanmıştı. İçerde ne ebe kadın vardı, ne Varvara, ne de hizmetçi kız. Yalnızca Piyotr Dmitriç pencerenin önünde eskisi gibi kıpırtısız dikiliyor, bahçeye bakıyordu. Çocuk ağıdı işitilmediğine, kimse onu kutlamadığına, kimse sevinmediğine göre küçük adam sağ doğmamıştı.

—Piyotr! diye seslendi kocasına.

Piyotr Dmitriç dönüp baktı. Evdeki son konuk gittiğinden, Olga Mihaylovna kocasını kırdığından beri çok uzun bir zaman geçmiş olmalıydı, çünkü kocası zayıflayıp çökmüştü. Piyotr Dmitriç yanına gelerek;

—Bir şey mi istedin? diye sordu.

Yüzünü yana döndürmüştü, dudakları oynuyordu, savunmasız bir çocuk gülümsemesi vardı dudaklarında.

—Her şey bitti mi?

Piyotr Dmitriç bu soruya yanıt vermek istedi, ama dudakları titredi, ağzı dişsiz dayısı Nikolay Nikolayiç'in ağzı gibi çarpıldı. Ellerini ovuştururken gözlerinden iri iri yaşlar fışkırdı.

—Olya! dedi. Olya! Senin bana tanıdığın hakları da istemem, mahkeme duruşmalarını da umursamıyorum! (Hıçkırmaya başladı.) Ne kendime özgü düşüncelerin, ne konukların, ne senin drahomanın, hiçbir şeyin önemi yok! Niçin bebeğimizi koruyamadık? Niçin?

Elini sallayarak yatak odasından çıktı.

Olga Mihaylovna artık her şeye boş veriyordu. Kafasının içinde kloroformun verdiği sersemlik vardı, ruhu boşalmış gibiydi. İki doktor onu ameliyat ettikleri sırada yaşama karşı duyduğu ilgisizlik, umursamazlık sürüp gidiyordu.

BUNALIM

I

Bir akşam tıp öğrencisi Mayer ile Moskova Güzel Sanatlar Akademisi öğrencilerinden Rıbnikov arkadaşları hukuk öğrencisi Vasilyev'e uğradılar; ona hep birlikte S. mahallesine gitmeyi önerdiler. Vasilyev ilkin uzun uzun direndi, ama sonunda giyinip çıktı.

Vasilyev düşmüş kadınları yalnız kitaplardan, işittiklerinden bilirdi; onların oturduğu evlere adımını atmamıştı. Bu kadınların ortam, kötü eğitim, yoksulluk gibi birtakım olumsuz koşullar nedeniyle namuslarını sattıklarını bilirdi. Böyleleri saf sevgi nedir tatmamışlardı, kendi çocukları, yurttaşlık hakları yoktu; anneleri, kız kardeşleri onlara ölmüş gibi göz yaşı döker, bilim böylelerine kötülük gözüyle bakar, erkekler onlarla «sen» diyerek konuşurlardı. Gene de onlar Tanrı'nın sevgili kulları sayarlardı kendilerini; hepsi günahlarını bilir, bir gün kurtuluşa ereceklerini umarlardı. İnsanları kurtuluşa ulaştıran yollardan onlar da geniş ölçüde yararlanırlardı. Gerçi toplum insanların geçmişini bağışlamaz, ama Ulu Tanrı'nın katında Mısırlı azize Meryem öteki azizelerden daha aşağı sayılmaz. Vasilyev düşmüş bir kadını sokak giysilerinden, tavırlarından tanıyınca ya da mizah gazetelerinde resmini görünce her seferinde eskiden bir yerde okuduğu bir öyküyü anımsardı: Temiz, özverili bir genç, düşkün bir kadına gönül vermiş, ona evlenmelerini önermiş; kadın ise kendisini böyle bir mutluluğa layık görmediği için zehir içerek canına kıymıştı.

Vasilyev, Tver caddesine çıkan ara sokaklardan birinde bir pansiyonda kalıyordu. Arkadaşlarıyla evden çıktığı zaman saat gecenin biriydi. Mevsimin ilk karı yağmıştı, doğada her şey bu ilk karın etkisi altındaydı. Havada kar kokusu vardı; ayaklar altında yumuşacık kar kıtırdıyor, toprak, damlar, ağaçlar caddedeki sıralar, her şey beyaz, pamuk gibi taze karla örtülüydü. Evler her zamankinden daha değişik gözüküyor, sokak fenerleri daha parlak yanıyor, arabaların takırtısı daha boğuk çıkıyor; insanın ruhu bu diri, insanı üşüten hafif ayazla birlikte taze, beyaz, yumak yumak kara benzeyen bir duyguyu özlüyordu.

Tıbbıyeli hoş, tenor sesiyle;

Bu hüzünlü kıyılara doğru beni,
Bilinmez bir güç sürüklüyor...

diye bir şarkı tutturdu.

Ressam da;

İşte değirmen, ama yıkılmış...

diyerek ona katıldı.

Tıbbiyeli kaşlarını kaldırıp başını üzüntüyle sallayarak nakaratı yineledi:

İşte değirmen, ama yıkılmış...

Şarkı sözlerini anımsamaya çalışarak alnını ovuşturdu; gelip geçenleri kendisine baktıran güzel, gür bir sesle;

Burada beni, bu özgür adamı,
Özgür bir sevgi karşılardı...

diye haykırdı.

Üçü birlikte bir lokantaya girdiler, paltolarını çıkarmadan büfede ikişer kadeh votka yuvarladılar. Vasilyev ikinci kadehi içerken votkanın içinde yüzen bir mantar parçacığı gördü. Kadehi gözlerine yaklaştırdı, uzun uzun baktı, miyop adam tavrıyla kaşlarını çattı. Tıbbiyeli bunun nedenini anlamadı.

—Hey, gözünü dikmiş, ne bakıyorsun? Burada felsefe yok! Votka, içmek içindir; mersinbalığı, yemek için; kadın, evine gitmek için; kar, üstünde yürümek için... Bir akşam olsun insan gibi yaşa, be arkadaş!

Vasilyev güldü.

—Bir şey dediğim yok. İçmem mi dedim sanki?

Votkadan içi ısınmıştı. Dostlarına hayranlıkla, tatlı tatlı bakıyor; onlara özeniyordu. Bu güvenilir, sağlam, neşeli insanlarla her şey birbirine denk düşüyor; kafalarda, ruhlarda her şey yerli yerine oturuyor; her şey düzene giriyordu. Arkadaşları şarkı söylüyor, tiyatroyu çıldırasıya seviyor, resim yapıyor, bol bol konuşuyor, içki içiyorlardı; bütün bunlardan sonra ertesi gün başları ağrımıyordu. Hem hovardaydılar, hem ozan ruhlu, hem kibar, hem delidolu... Çalışmayı da biliyorlardı, kızmayı da, hiç neden yokken kahkahayla gülmeyi, saçma sapan konuşmayı da... Ateşli, dürüst, özverili çocuklardı. İnsan olarak da ondan, Vasilyev'den hiç aşağı kalmazlardı. Oysa Vasilyev işkilliydi, titizdi; her adımını, her sözünü hesaplardı, pireyi deve yapmaktan çekinmezdi. İşte o da bir akşam olsun arkadaşları gibi yaşamak, açılmak, ipten-kazıktan boşalmak istiyordu. Votka içmesi mi gerekiyor? İçecekti. Onu kadınlara mı götürmek istiyorlar? Gidecekti. Kahkahayla gülecek, şaklabanlık edecek, gelip geçenlerin takılmalarına neşeyle karşılıklar verecekti...

İçkili lokantadan gülerek çıktı. O gün her şeyden keyif alıyordu. Arkadaşları hoşuna gidiyordu. Birinin başında geniş kenarlı, buruşuk, sanatçı dağınıklığı savında (iddiasında) bir şapka, öbürünün başında ise ayıbalığı derisinden bir kasket vardı. İkisi de epey varlıklı sayılırdı, gelgelim bohem özentisiyle mala-mülke değer vermez görünürlerdi. Kar, fenerlerin parlak ışığı, yayaların ilk kar üzerinde bıraktıkları belirgin ayak izleri hoşuna gidiyordu. Hava hoşuna gidiyordu. Özellikle havanın yılda iki ayrı durumu; biri, her yerin karla örtülü olduğu, biri de baharda güneşli günlerde ya da ayışıklı gecelerde ırmakların buzları çözülürken dusduru, yumuşak, saf, hiç el değmemiş gibi gözüktüğü durum...

Vasilyev arkadaşlarının söylediği şarkıyı mırıldanmaya başladı:

Bu hüzünlü kıyılara doğru beni,
Bilinmez bir güç sürüklüyor...

Bütün yol boyunca bu nakarat onunla artadaşlarının dilinden hiç düşmedi, her üçü de kurulmuş makine gibi, birbiriyle uyum sağlamadan aynı nakaratı söylüyorlardı.

Vasilyev'in zihnine şöyle bir tablo yer etmişti: 10 dakika sonra arkadaşlarıyla birlikte bir evin kapısını çalacaklar, karanlık koridorlardan, odalardan geçerek kadınların bulunduğu yere varacaklar, karanlıktan yararlanıp bir kibrit çaktığında utanan, acı çeken bir kadının suçlu gülümsemesiyle karşılaşacaktı. Tanımadığı sarışın ya da esmer kadının saçları çözük olacaktı, üzerinde de beyaz bir gecelik... Kadın ışıktan ürkerek diyecekti ki: «Ne yapıyorsunuz Tanrı aşkına? Söndürün!» Bütün bunlar korkunç ama meraka değer şeylerdi...

II

Dostlar Trubnaya alanından sapıp Graçevka'ya yöneldiler. Çok geçmeden de Vasilyev'in başkalarından işittiği S. sokağına girdiler. Pencereleri pırıl pırıl aydınlanmış, kapıları ardına dek açık iki sıra ev görüp, sanki karanlıkta damlar üzerinde görünmeyen bir orkestra akort ediliyormuş gibi, her evden taşan karmakarışık piyano, keman sesleri duyduğu zaman şaşırdı kaldı.

—Oo, amma da çok ev varmış!

Tıbbiyeli:

—Bu da bir şey mi? Londra'dakiler bunun on katıdır. Orada bu çeşit kadınlardan en azından yüz bin tane bulursunuz.

Öbür sokaklarda olduğu gibi burada da arabacılar yerlerine rahat, tasasız kurulmuşlardı; yaya kaldırımlarından bir sürü insan gelip geçiyordu. Ne acele eden bir kişi vardı, ne yüzünü yakasının içine gizleyen, ne başkasını ayıplayan... Bu umursamazlık içinde, piyanoların, kemanların karman çorman sesleri arasında, ışıklı pencerelerde, ardına değin açık kapılarda içten, küstah, kabadayıca, savruk hareketlere raslıyordu. Herhalde eskiden köle pazarları böyle neşeli, gürültülüydü; insanların yüzleri, yürüyüşleri aynı umursamazlığı taşırdı.

Ressam;

—Gelin, en baştan başlayalım! dedi.

Üç arkadaş aynalı bir lambanın aydınlattığı dar bir koridora girdiler. Koridorda bir kapıyı açtıklarında gözlerinden uyku akan, tıraş edilmemiş uşak suratlı bir adam, oturduğu sarı kanepeden tembel tembel kalktı. Odanın havasına çamaşır, sirke kokusu sinmişti. Sofadan bol ışıklı bir odaya geçiliyordu. Tıbbiyeli ile ressam içeri girmeden kapıda durdular, kafalarını uzatarak baktılar. Ressam eğilip selam vererek artistler gibi;

—Bona sera sinyora! Rigoletto hugena traviyata! dedi.

Tıbbiyeli şapkasını göğsüne bastırıp yerlere kadar eğilerek buna benzer şeyler sıraladı:

—Havana tarakana pistoleto!

Vasilyev ikisinin arkasında dikiliyordu. O da ötekiler gibi eğilip saçma sapan bir şeyler söylemek istediyse de utangaç utangaç gülümsedi, sonunda ne olacak bakalım, diye beklemeye başladı. O sırada kapıda 17-18 yaşlarında, saçları kısacık kesilmiş, kısa mavi entarili, göğsüne beyaz kurdele iliştirilmiş, ufak tefek bir sarışın belirdi.

—Kapıda niçin dikiliyorsunuz! İçeri girip paltolarınızı çıkarsanız a! dedi genç kız.

Tıbbiyeli ile ressam sözde İtalyanca bir şeyler daha söyleyerek salona girdiler. Vasilyev de kararsızlık içinde arkalarından yürüdü.

Uşak sert bir sesle;

—Niçin paltolarınızı çıkarmıyorsunuz? Böyle olmaz! dedi.

Sarışın kızdan başka salonda şişman mı şişman, iri yapılı,

çıplak kollu, yüzü Rus tipine benzemeyen bir kadın daha vardı. Kadın piyanonun yanında oturuyor, dizinin üstünde iskambil falı açıyordu. Salona giren konuklara aldırış bile etmemesi üzerine tıbbiyeli sordu:

—Hani, öteki kızlar nerede?

Sarışın;

—Çay içiyorlar, dedi. Stepan, git de kızları çağır. Üniversiteliler geldi.

Çok geçmeden salona üçüncü bir kız daha girdi. Mavi çizgili, çatlak kırmızı bir entari giymişti. Yüzü bol boyalıydı, acemice sürüp sürüştürmüştü, alnı gür saçlarının altında gözükmüyor, gözlerini kırpmadan ürkek ürkek bakıyordu. İçeri girer girmez güçlü, derinden gelen kontralto sesiyle bir şarkı tutturdu. Arkasından dördüncü, beşinci kızlar sökün ettiler...

Bütün bunlarda Vasilyev ne yeni, ne de ilgi çekici bir şey buluyordu. Öyle bir duygu içindeydi ki, bu salonu, sanki piyanoyu, çerçevesi yaldızlı ucuz aynayı, göğse takılı kurdeleyi, mavi çizgili entariyi, umursamaz donuk yüzleri daha önce bir yerlerde görmüştü. Hem de birçok kez... Burada bulacağını sandığı kuşku verici karanlıktan, sessizlikten, gizlilikten, suçlu suçlu gülümsemelerden eser yoktu. Tam tersine, her şey bayağıydı, sıradandı, sıkıcıydı... Yalnızca bir şey, kornişlerde, basit tablolarda, giysilerde, kurdelelerde gördüğü o ürkütücü, mahsus seçilmiş izlenimi veren zevksizlik hafifçe merakını gıcıklıyordu. Evet, bu zevksizlikte göze çarpan, özel bir şey vardı.

Vasilyev, «Bütün bunlar ne budalaca, ne aşağılık şeyler!» diye düşündü. «Burada gördüğüm bütün bu saçmalıklarda aklı başında bir insanı baştan çıkaracak, canlı bir insanı bir rubleye satın almaya sürükleyecek, bile bile günah işletecek ne var? Şatafat, güzellik, incelik, tutku, zevk adına işlenen günaha aklım erer, ama hani burada böyle şeyler? İnsanlar burada ne diye günaha girerler? Neyse, en iyisi düşünmemeli bunları...»

Sarışın kız ona dönerek;

—Hey, sakallı, dedi. Şarap ısmarlasan a!

Vasilyev apışıp kaldı, nezaketle selam verdikten sonra;

—Hay, hay! dedi. Yalnız, bağışlayın beni, hanımefendi, ben... ben sizinle içemeyeceğim, çünkü içki içmiyorum.

Beş dakika sonra dostlar başka bir evin yolunu tutmuşlardı. Tıbbiyeli öfkeyle;

—Niye ona porto ısmarladın sanki? dedi. Belli, miras yedinin birisin. Altı rubleyi sokağa attın. Senin yaptığın düpedüz savurganlık!

Vasilyev kendini haklı çıkarmaya çalışıyordu:

—Kadın madem ki istedi, onu niçin bu zevkten yoksun kılayım?

—Sen o zevki ona değil, mamaya tattırdın. Kadınlara ısmarlamamızı asıl mama istiyor, çünkü bundan kazanç sağlayan odur.

Ressam;

İşte değirmen, ama yıkılmış...

şarkısını söylemeye başladı.

Sonraki eve gelen üç arkadaş sofada biraz dikildiler, ama salona girmediler. Birinci evde olduğu gibi uzun ceketli, gözlerinden uyku akan, uşak yüzlü bir adam kanepede otururken toparlanarak kalktı. Vasilyev uşağın yüzüne, yıpranmış ceketine bakınca düşüncelere daldı: «Bu sıradan, basit Rus, yazgısı onu buraya uşak olarak düşürünceye dek, kim bilir, neler görmüş, neler geçirmiştir? Buraya gelmeden önce nerelerdeydi, neler yapıyordu? Onu gelecekte neler bekliyor? Evli midir? Annesi var mıdır, onun burada uşaklık yaptığını biliyor mu?» Vasilyev her eve girişte ister istemez önce sofada bekleyen uşağa dikkat ediyordu. Gene böyle evlerden birinde, dördüncüsünde miydi neydi, kısa boylu, kupkuru, yeleğinin cebinden zincir sarkan bir uşakla karşılaştı. Köşede gazetesini okuyor, girenlere aldırış bile etmiyordu. Vasilyev onun yüzüne bakınca, nedense, böyle bir yüzü olan bir adamın insan öldürebileceğini, hırsızlık yapıp yalan yere yemin edebileceğini düşündü. Yüzü gerçekten ilgi çekiciydi: Geniş bir alnı, mavi gözleri, yassı, küçük bir burnu, sımsıkı kapanmış ince dudakları vardı. Kovaladığı tavşanı yakalamak üzere olan genç bir tazınınki gibi küstah, bön bir anlatım okunuyordu yüzünden. Vasilyev «Bu uşağın saçlarına şöyle bir dokunmak nasıl olur; acaba sert mi, yumuşak mı?» diye düşündü. Herhalde bir köpeğin tüyleri gibi sert olmalıydı.

III

İki bardak şarap içen ressamın birdenbire başı dumanlandı. Hiç de doğal olmayan bir canlılıkla elerini sallayarak;

—Gelin, başka bir eve götürüceğim sizi! Hem de en iyisine! dedi.

Dostlarını kendince en iyi sandığı eve götürdükten sonra bu sefer de kadril dansı yapacağız, diye tutturdu. Tıbbiyeli önce çalgıcılara ödeyecekleri bir rubleden dolayı homurdandı, ancak sonunda arkadaşıyla birlikte iki kadını dansa kaldırdılar.

Evlerin en iyisinin durumu da en kötüsününkinin aynısıydı.. Aynı tablolar, aynalar, aynı saç biçimleri, aynı giysiler... Vasilyev artık iyiee anlıyordu ki, eşyalarda, giysilerde görülen şey zevksizlik değil, tam tersine mahallenin kendi zevki, kendi biçemiydi. Böylesi, başka bir yerde görülemezdi. Çirkinlikler rasgele olmayıp zamanla gelişerek kendi içinde bir bütünlük oluşturmuştu. Sekiz evi gezdikten sonra onu artık ne kadın giysilerinin rengi, ne yerde sürünen uzun etekler, ne parlak kurdeleler, ne denizci özentisi giyimler, ne yanaklara bol bol sürülen mor boyalar şaşırtıyordu. Anlamıştı ki, burada her şeyin böyle olması gerekirdi. Kadınlardan birinin insan gibi giyinmesi ya da duvara doğru-dürüst bir kabartmanın asılması sokağın genel havasını bozmaya yeterdi.

«Bu kadınlar kendilerini satmayı bile beceremiyorlar,»

diye düşündü. «İşlenen günahın ancak güzel olduğu, gizli kaldığı, erdem kisvesine büründüğü zaman insanı çekeceğini anlamıyorlar mı? Sade siyah bir giysi, solgun bir yüz, hüzünlü gülümsemeler, kapalılık yaldızlı saçmalıklardan daha çok dokunur insana. Budalalar! Hadi kendileri anlamıyorlar, gelip gidenler de mi öğretmiyor onlara?»

Kenarları beyaz kürklü bir Polonya urbası giymiş bulunan bir bayan yaklaşıp yanına oturdu.

—Esmer yakışıklım, niye dans etmiyorsunuz? Niçin canınız sıkkın?

—Her şey can sıkıcı da ondan.

—Bana şarap ısmarlarsanız sıkıntınız geçer.

Vasilyev karşılık vermedi, susmakla yetindi. Sonra ansızın;

—Saat kaçta yatarsınız? diye sordu.

—Sabah 6'da.

—Peki, kaçta kalkarsınız?

—Kimi zaman 2'de, kimi zaman da 3'te.

—Kalkınca ne yaparsınız?

—Kahve içeriz, 7'de de yemek yeriz.

—Neler yersiniz yemekte?

—Genel olarak... lahana ya da başka bir çorba, biftek, tatlılardan biri. Bizim mama kızlarına iyi bakar. Niçin soruyorsunuz bunları?

—Hiç... Konuşma olsun diye.

Aslında Vasilyev kızla daha çok şey konuşmak istiyordu. Nerede doğmuştu, anası-babası sağ mıydı, burada çalıştığını biliyorlar mıydı, bu eve nasıl düşmüştü, yaşamından hoşnut, mutlu muydu, yoksa üzülüyor, kötü şeyler mi düşünüyordu, bir gün içinde bulunduğu durumdan kurtulacağını umuyor muydu?.. Ama söze nasıl başlaması, fazla meraklı gözükmemek için sorusuna nasıl bir biçim vermesi gerektiğini bir türlü kestiremedi. Uzun uzun düşündükten sonra;

—Kaç yaşındasınız? diye sordu.

Genç kız ressamın elleriyle ayaklarıyla yaptığı şaklabanlıklara bakıp bakıp gülerek;

—Seksen, diye alay etti.

Ardından başka bir şeye kahkahayla güldü, herkesin işiteceği kadar yüksek sesle utandırıcı uzun bir söz söyledi. Vasilyev afalladı, nasıl bir yüz takınacağını bilemediği için şaşkın şaşkın gülümsedi. Ancak gülümseyen yalnız o olmuştu. Ne arkadaşları, ne çalgıcılar, ne de öbür kızlar bu çirkin sözü söyleyene dönüp bakmadılar bile. Sanki işitmemişlerdi. Kız;

—Bana niçin şarap ısmarlamıyorsunuz? diye tutturdu.

Vasilyev onun giysisinin kürklü fırfırlarından, sesinden tiksinti duyarak hemen yanından uzaklaştı. Sanki hava birden boğuculaşmış, ona sıcak gelmeye başlamıştı; çekiçle vuruyorlarmış gibi yüreği güm güm atıyordu.

Ressamı kolundan çekerek;

—Buradan gidelim! dedi.

—Dur, hele şu dansı bitirelim de.

Ressam ile tıbbiyeli kadril dansını bitirene dek Vasilyev kadınları gözü görmesin diye çalgıcılara bakmaya başladı. Piyanoya yüzü mareşal Bazen'e[1] benzeyen sevimli bir ihtiyar oturmuştu. Kemanı ise kızılımsı sakallı, en son modaya uygun giyinmiş genç bir adam çalıyordu. Gencin yüzü içki düşkünlerinin yüzü gibi budalaca değildi; tam tersine diri, taze, zeki bir yüzdü. Özene bezene, zevkle giyinmişti.

Kemanı da duyarak çalıyordu. İşte kafaya takılan birkaç soru daha: Bu genç ile sevimli, kibar ihtiyar buraya nasıl düşmüşlerdi? Niçin burada çalgı çalmaktan utanmıyorlardı? Kadınlara bakarken ne düşünüyorlardı?

Piyanoyu, kemanı üstleri-başları yırtık, açlığı yüzlerinden okunan, asık suratlı, sarhoş ya da bön görünüşlü insanlar çalsaydı bu çeşit insanların burada bulunmalarına akıl ererdi.

---

1 Fransua Aşil Bazen (1813-1888), 1870-1871 Fransız-Prusya savaşına katılan Fransız mareşalı.

Oysa iki çalgıcının durumunu Vasilyev'in havsalası almıyordu. Eskiden okumuş olduğu o düşkün kadın öyküsünü anımsıyor, suçlu suçlu gülümseyen o kadın hayalinin şimdi burada karşılaştığı görüntü ile hiçbir ilgisi olmadığını anlıyordu. Ona öyle geliyordu ki, karşısında gördüğü kadınlar yalnız düşmüş kadınlar değildi; ona tümüyle yabancı, anlaşılmaz görünen ayrı bir dünyanın insanlarıydı. Bu dünyayı daha önce sahnede görse ya da kitaplarda okusa asla inanmazdı!..

Urbasının kenarları kürklü kadın yeniden kahkahayla güldü, yüksek sesle çirkin bir tümce söyledi. Vasilyev'in yüreğini bir tiksinti kapladı, yüzü kıpkırmızı kesildi, kendini dışarı attı. Ressam arkasından;

—Dur, biz de geliyoruz! diye bağırdı.

IV

Üçü de sokağa çıkınca tıbbiyeli;

—Biraz önce dans ettiğim kadınla aramızda bir konuşma geçti, dedi. Bana ilk aşkını anlattı. Gönlünü fetheden adam beş çocuğu olan Smolenskli bir saymanmış. Kendisi o zaman 17 yaşındaymış, sabun, mum satarak geçinen ailesiyle birlikte yaşıyormuş.

—Kızı nasıl elde etmiş? diye sordu Vasilyev.

—Elli rublelik çamaşır alarak... Aklı eren beri gelsin!

Vasilyev tıbbiyeli için, «Bak işte, kadının ağzından yaşam öyküsünü almış. Ben bunu beceremem.» diye düşündü.

Birdenbire;

—Baylar, ben eve gidiyorum! dedi. Çünkü size ayak uyduramadım, nasıl davranacağımı bilmiyorum. Ayrıca canım sıkılıyor, tiksiniyorum da. Burada eğlenceli olan nedir sanki? Bari karşımızdakiler insan olsalar! Hepsi de hayvan, insan bozuntusu! Ne yaparsanız yapın, ben gidiyorum.

Ressam Vasilyev'e sarıldı, ağlamaklı bir sesle;

—Canım Grişa, Grigori, kardeşim! dedi. Gel, bir eve daha girelim! Ondan sonra hepsinin canı cehenneme! Yalvarırım, Grişacığım!

Böylece Vasilyev'i kandırdılar, merdivenlerden yukarı çıkardılar. Halılara, cicili bicili trabzana, kapıyı açan üniformalı kapıcı ile sahanlığı süsleyen panoya hep o sokağın havası sinmişti. Ancak görüntüler daha mükemmel, daha etkileyiciydi..

Vasilyev paltosunu çıkarırken;

—Ben eve gitsem daha iyi olur, dedi.

Ressam sarılıp onu boynundan öptü.

—Ah, benim canım kardeşim! Hadi, nazlanma. Birlikte geldik, birlikte gideceğiz. Bana bakar mısın, bu yaptığın sana hiç yakışmıyor!

—İsterseniz sizi sokakta bekleyeyim. Buradan ne kadar tiksindiğimi bilemezsiniz.

—Sen de sıktın, be Grişa! Tiksinirsen tiksin! Ama gittiğin yerleri incele! Anlıyor musun? İncele!

Tıbbiyeli de ciddi bir yüzle;

—Olaylara nesnel bakmalı, dedi.

Vasilyev salona girdi, oturdu. Orada onlardan başka birçok konuk daha vardı. İki piyade subayı, altın gözlüklü, dazlak kafalı, kıranta bir bay, bıyıksız iki öğrenci genç, aktör görünüşlü, zilzurna sarhoş bir adam... Kızlar bütün bu baylarla yakından ilgileniyorlar, Vasilyev'e aldırış bile etmiyorlardı. Tam o sırada Aida gibi giyinmiş bir kız ona yan yan baktı, gülümsedi, esneyerek;

—Esmer yakışıklım gelmiş, dedi.

Vasilyev'in yüreği çarpıyor, yüzü alev alev yanıyordu. Bu insanlar arasında bulunmak onun için üzücü, utanç vericiydi. Tiksiniyordu böyle şeylerden. Öte yandan aklı başında, insansever biri olarak (kendini hep öyle sayardı) bu kadınlardan nefret etmesi, onlara karşı tiksintiden başka bir şey duymaması ona azap veriyordu. Evet, ne kadınlara acıdığı vardı, ne çalgıcılara, ne de uşaklara...

«Onları anlamaya çalışmıyorum da ondan,» diye geçirdi içinden. «İnsandan çok hayvana benzetiyorum, oysa hepsi birer insan, insan ruhu taşıyorlar. Önce onları anlamalı, sonra yargılamalıyım...»

Ressam;

—Grişa, gitme sakın! Bizi bekle! diye bağırdıktan sonra ortalıktan kayboldu.

Az sonra tıbbiyeli de yoklara karıştı.

O oturduğu yerde, «Evet, anlamaya çalışmalı, başka türlü olmaz,» diye düşünüyordu.

Bunun üzerine her kadının yüzünü dikkatle incelemeye, görmek istediği suçlu gülümsemeyi bu yüzlerde aramaya koyuldu. Ancak ya yüzleri okumayı bilmiyor ya da incelediği kadınlar kendini suçlu saymıyordu. Bu yüzlerde her günkü can sıkıntısından, rahatlığın budalaca izlerinden başka bir şeye raslayamadı. Bön bön bakan gözler, aptalca gülümsemeler, anlamsız cırlak sesler, bayağı davranışlar, hepsi o kadar... Her birinin geçmişinde bir saymanla elli rublelik çamaşırla başlayan bir aşk serüveni yatıyordu, anlaşılan. Şimdi de kahve içmekten, üç çeşit yemek yemekten, şaraptan, kadril dansından, öğleyin 2'ye değin uyumaktan başka bir şey düşünmüyorlardı.

Vasilyev yüzlerde suçlu suçlu gülümseme göremeyince zeki bir yüz yok mu, diye aramaya başladı. Gözleri biraz uykulu, yorgun bir yüz üzerinde durakladı. Yaşı geçkince, giysisi pullarla süslü, esmer bir kadındı bu. Koltukta oturuyor, döşemeye bakıyor, derin derin düşünüyordu. Salonun bir ucundan öbür ucuna yürüyen Vasilyev rasgele oturur gibi gidip onun yanına oturdu. «Havadan-sudan başlamalı, sonra ciddi konulara geçmeli,» diye düşündü.

Kadının başörtüsünün sırma püsküllerine dokunarak;

—Ne güzel giysileriniz var! dedi.

Kadın isteksiz isteksiz;

—Eh, ne varsa onu giyiyoruz, diye karşılık verdi.

—Nerelisiniz!

—Ben mi? Uzaktan... Çernigov ilindenim.

—Güzel bir il. İyi bir yerdir Çernigov.

—Bizim bulunmadığımız her yer iyidir.

«Ne yazık ki, doğa betimlemeyi (tasvir etmeyi) pek beceremem. Çernigov'un doğasını betimleyebilsem kızın en duyarlı yerine dokunurdum. Madem ki orada doğmuş, mutlaka doğduğu yeri sever,» diye düşündü.

—Canınız sıkılıyor mu burada?

—Sıkılmaz olur mu?

—Öyleyse niye gitmiyorsunuz?

—Burayı bırakıp da nereye gideyim! Dileneyim mi yoksa?

—Böyle bir yerde çalışmaktansa dilenmek daha iyidir.

—Nereden biliyorsunuz? Dilendiniz mi hiç?

—Öğrenim gördüğüm sırada param yetişmeyince dilendiğim olmuştur. Aslında dilenmedim de, sözün gelişi öyle. Ne kadar kötü olursa olsun dilenci gene de özgürdür, sizinki ise kölelik...

Esmer kadın gerindi, bir tepsi üzerinde soda ile birkaç bardak götüren uşağı uyku akan gözlerlerle süzerek;

—Bana şarap ısmarlasanız a! dedikten sonra bir daha gerindi.

Vasilyev «Şarap ısmarlaymış!» dedi kendi kendine. «Ya şimdi buraya ağabeyin ya da annen geliverse ne derdin? Onlar ne derlerdi? Şarap ısmarlamayı o zaman görürdün!»

Ansızın hıçkırık sesleri işitildi. Biraz önce uşağın soda götürdüğü bitişik odadan yüzü kıpkırmızı, gözleri öfke dolu sarışın bir adam çıktı. Arkasından uzun boylu, şişman ev sahibi mama yürüyor; çığlık çığlığa bağırıyordu:

—Siz ne hakla kızları tokatlıyorsunuz? Buraya gelen konukların hepsi sizden iyi, dayak atan bir tane bile çıkmadı. Düzenbaz herif!

Bir kızılca kıyamettir koptu. Vasilyev öyle korktu ki, beti

benzi attı. Komşu odadan aşağılanan bir kadının hıçkırıkları yükseliyordu. Vasilyev bu evlerde de gerçek insanların yaşadığını böylece öğrenmiş oldu. Burada da her yerde olduğu gibi hakaret gören, acı çeken, ağlayan, yardım isteyen insanlar vardı. O ana değin yüreğinde yer eden şiddetli öfke, tiksinme duygusu yerine acıma, hakaret edene karşı kin duyguları kabardı. Hıçkırıkların geldiği odaya koştu. Masanın mermeri üzerindeki dizi dizi şişeler arasından göz yaşlarına boğulmuş, acı çeken bir yüz gördü. Bu yüze doğru elini uzattı, masaya yaklaştı, aynı anda da irkilerek geriye sıçradı: Ağlayan kadın fitil gibi sarhoştu.

Vasilyev geriye dönüşte sarışın adamın çevresini saran gürültülü kalabalık arasından kendine yol açarken çocuk gibi korktu, kendine olan tüm güvenini yitirdi. Ona öyle geldi ki, bu yabancı çevrede onu kovalamak, dövmek, pis sözlerle onu aşağılamak istiyorlardı. Askılıktan paltosunu kaptığı gibi kendisini apar topar sokağa attı.

V

Evin yanında çite yaslanarak duruyor, arkadaşlarının dışarı çıkmasını bekliyordu. Piyano ile kemanın şen şakrak, cüretli, hırçın, hüzünlü sesleri havada birbirine karışıyor; şu curcuna gecenin karanlığında biraz önce damlar üzerindeki görünmez orkestranın akordunu andırıyordu. O sırada yukarıya doğru karanlığa bir göz atılsa gecenin siyah zemini üzerinde beyaz beyaz beneklerin uçuştuğu görülürdü. Lapa lapa yağan kardı bu. Kar tanecikleri ışık altına girince tüyler gibi, tembel tembel dönüyor; yere yaklaşınca daha bir yavaşlayarak iniyordu. Vasilyev'in sakalına, kaşlarına yapışan, kirpiklerine takılan karlar onun dört bir yanında dönüp duruyorlardı. Arabacılar, atlar, yolcular bembeyaz kesilmişti. Vasilyev, «Bu sokağa nasıl kar yağar? Lanet olsun bu evlere!» diye düşündü.

Merdivenlerden aşağı koşa koşa indiği için dizleri tir tir titriyordu. Sanki dağa tırmanmış gibi soluk soluğaydı, yüreğinin gümbürtüleri duyuluyordu. Bir yandan şu pis sokaktan kaçıp evine sığınmak, bir yandan da arkadaşlarını bekleyip öfkesini onlardan çıkarmak istiyordu. Hatta ikinci isteği daha güçlüydü.

Evlerde olup bitenlerden pek bir şey anlamış değildi. Ruhsal yönden çökmüş kadınlar onun için gene bir giz yumağıydı. Ancak şu da bir gerçek ki, durum sandığından da kötüydü. Bu yolla kendini zehirleyen kadın düşmüş sayılıyorsa, müzik denen karmaşaya kendini kaptırarak hoplayıp zıplayan, ağızından çamur gibi çirkin sözler akan yaratıklara ne demeliydi! Düşmenin de ötesinde bir şeydi bu.

«Hepsinin günah işledikleri bal gibi ortada. Gelgelelim ne suçluluk duydukları var, ne de kurtuluş umutları kalmış. Mal gibi alınıp satıldıkları, boğazlarına dek pisliğe gömüldüklere halde koyun gibi kayıtsızlar, her şey onlara vız geliyor. Aman Tanrım! Aman Tanrım!» diyordu kendi kendine.

Kardan bembeyaz olmuş bir öğrenci kalabalığı o sırada konuşarak, neşeli kahkahalar atarak önünden geçiyordu. İçlerinden biri, ince uzun boylu bir genç duraklayıp uzun uzun Vasilyev'in yüzüne baktı, sarhoş sarhoş;

—İşte bizlerden biri daha! dedi. Nasıl, fazla mı kaçırdın, arkadaş? Vay gidi vay, be! Aldırma sen, eğlenmene bak, olur böyle şeyler!

Sonra Vasilyev'i omuzlarından tuttu, kendine çekip ıslak, soğuk bıyıklarını onun yanaklarına sürdü. Tam o sırada ayakları kaydı, sendeledi. İki elini birden sallayarak şöyle bağırdı:

—Sakın düşme arkadaş! İyi tutun!

Ardından bir kahkaha attı, arkadaşlarına yetişmek için koşmaya başladı.

Gürültü patırtı arasında yukardan bir ses duyuldu. Ressam durmadan bağırıyordu:

—Kadınları dövmeye hakkınız yok! Tanrı hepinizin cezasını versin! Böyle şeylere izin vereceğimi mi sanıyorsunuz! Sizi aşağılık herifler sizi!

Evin kapısında öbür arkadaşı gözüktü az sonra. Tıbbiyeli sokağa çıkar çıkmaz çevresine bakındı, çitin yanında Vasilyev'i görünce heyecanlı heyecanlı;

—Sen burada mıydın? diye sordu. Yahu, şu Yegor'la da bir yere gidilmiyor. Ne biçim adam, anlamıyorum! Biliyor musun, gene bir rezalet çıkardı.

Sonra kapıya doğru bağırdı:

—İşitiyor musun, Yegor?

Üst kattan ressamın bağırmaları geliyordu:

—Kimsenin kadınları dövmesine izin vermem!

Derken, ağır, hantal bir şeyin yukardan aşağı yuvarlandığı işitildi. Bu, kapı dışarı edilen üçüncü arkadaşlarıydı. Ressam kendini sokakta bulunca ayağa kalktı, şapkasını silkeledi, yumruğunu yukarıya doğru sallayarak öfkeyle bağırdı:

—Rezil herifler, alçaklar, yamyamlar! Dayak atmanıza izin vermem! Sarhoş, zayıf bir kadını dövmek erkek olana yakışır mı? Sizi dürzüler!

Tıbbiyeli yalvarır gibi;

—Yegor, beni dinler misin! dedi. Bir kere daha seninle böyle yerlere gelirsem namussuzum! Bu son olsun!

Ressam biraz kendine gelince hep birlikte evlerinin yolunu tuttular.

Tıbbiyeli;

Bu hüzünlü kıyılara beni,
Bilinmez bir güç sürüklüyor...

diye başladı. Arkasından ressam ona katıldı:

İşte değirmen, ama yıkılmış...

—Ne kar yağıyor ya, anasını sattığımın! Grişka, söyler misin, niçin kaçtın yanımdan? Senin korkak bir kadından farkın yok, anladın mı?

Vasilyev arkadaşlarının biraz arkasından yürüyor, onların sırtlarına bakarak şöyle düşünüyordu:

«Gerçek şu ikisinden biri olmalı: Ya fuhuş denen olay bize kötü görünüyor, bunu gözümüzde büyütüyoruz ya da gerçekten kötüdür ve benim şu sevgili arkadaşlarımın «Niva» dergisinde resimleri çizilen Suriye, Mısır köle tüccarlarından bir farkları olmayıp onlar gibi zorba, ahlak düşmanıdırlar. Bakmayın, şimdi şarkı söylüyorlar, gülüyorlar, adam gibi konuşuyorlar, ama az önce bilgisizliklerinden, açlıklarından, aptallıklarından yararlanıp zavallı kadınları sömüren onlar değil miydi? Evet, onlardı; gözlerimle gördüm. Hani bunların insanlığı, doktorluğu, ressamlığı nerede kaldı? Böyle şeylerle bir ilgileri var mı? Onlar bilgileri, sanatları, yüksek duygularıyla bana bir öyküyü anımsatıyorlar. İki haydut bir gün ormanda bir dilenciyi öldürüp giysilerine el koymuşlar. O sırada dilencinin çantasından bir topak domuz yağı çıkmış. Biri demiş ki: «Hadi arkadaş, şunu bölüşüp yiyelim!» Öbürü dehşetle irkilmiş: «Nasıl olur? Bugün kutsal çarşamba değil mi?» Böylece oruç tuttuklarını anımsayıp yağı yememişler, sözüm ona perhizleri bozulmamış. Bizimkiler de adam kesen iki haydut gibi kadınların bedenlerini satın aldıktan sonra kendilerini hâlâ doktor, ressam sanıyorlar.»

Bu düşüncelerle arkadaşlarına döndü. Sertçe;

—Bana bakın! dedi. Siz niçin bu evlere geliyorsunuz? Bunun ne korkunç bir şey olduğunu düşünmediniz mi hiç? Tıp biliminiz bu tür kadınların genç yaşta veremden ya da başka bir hastalıktan öldüğünü yazmıyor mu? Sanatınız onların ruhça daha önce çöktüğünü söylemiyor mu? Diyelim, bir kadın yaşadığı sürece ortalama beş yüz erkekle düşüp kalksın. Bu demektir ki, beş yüz adam bir kadının kanına giriyor. Bu beş yüzler arasında siz de varsınız. Her biriniz ömrünüzde iki yüz elli kere böyle evlere gitmiş olsanız ikiniz bir kadını öldürüyorsunuz demektir. Bunu da mı anlamıyorsunuz? Korkunç bir şey değil mi? İki kişi, üç kişi, beş kişi bir araya gelip zavallı bir kadının canına kıyıyorsunuz! Bundan daha korkunç ne olabilir? Aman Tanrım!

Ressam yüzünü buruşturdu.

—Sonunda böyle olacağını biliyordum, dedi. Bu boşboğazı ne diye yanımıza aldık sanki! Kafasında büyük düşünceler var sanıyor, enayi. Bak arkadaş, senin kafanda düşünce değil, şeytan bilir, neler var! Kendi kafana göre bana hınçla, tiksinerek bakıyorsun. Böyle bakacağına, gezdiklerimize benzeyen yirmi ev daha kursaydın en iyisini yapmış olmaz mıydın? Anlamıyor musun, senin bu bakışında tüm sokaktakinden daha fazla kötülük var! Hadi, Volodya, biz gidelim, bu aptalın canı cehenneme! Budalanın teki, ne olacak!

Tıbbiyeli;

—Biz insanların birbirimizi öldürdüğümüz doğrudur, dedi. Ancak felsefeyle bu ahlaksızlığı önleyemezsin. Hoşça kal!

Trubnaya alanında ahbaplar vedalaşıp ayrıldılar. Tek başına kalan Vasilyev bulvarda hızlı hızlı yürümeye başladı. Karanlıktan ürküyordu, tüm yeryüzünü kaplamak istercesine lapa lapa yağan kardan korkuyordu. Hatta kar burgaçları arasından belli belirsiz gözüken soluk fener ışıklarından korkuyordu. Tüm benliğini anlatılması güç bir korku kaplamıştı. Arada bir yayalara raslıyordu, ama onlardan da çekinerek hemen uzaklaşıyordu. Öyle bir duygu içindeydi ki, kadınlar, hep kadınlar onu dört bir yandan sarmışlardı, gözlerini ona dikerek bakıyorlardı.

«Başlıyor, nöbetim başlıyor...» diye söylendi kendi kendine.

VI

Evde yatağa uzanmış yatarken zangır zangır titriyor;

—Sağ, hepsi de capcanlı, sağ! diye mırıldanıyordu.

Hayal gücü türlü türlü biçimlerde çalışıyor; kendisini

düşen kadınların kimi zaman ağabeyi, kimi zaman babası olarak görüyor; kimi zaman da kendisi yanakları boyalı o kadınlardan biriymiş gibi gözlerinin önüne geliyordu. Bu hayallerin hepsi de birbirinden daha irkiltici şeylerdi.

Sanki kadınların yürekler acısı durumu onun kendi sorunuydu, ne pahasına olursa olsun bunu bir an önce çözmeliydi. Tüm gücünü toplayarak içindeki umutsuzluktan kurtulmaya çalıştı. Yatağa oturdu, başını ellerinin arasına aldı, çözüm yolları aramaya başladı. Bugün gördüğü o kadınları nasıl kurtaracaktı? Hukuk okumuş bir insan olarak bu gibi sorunların çözüm yollarını biliyordu. Ne kadar atıp tutsa da kendisi bu düzenin bir parçasıydı, ona sıkı sıkıya bağlıydı. Öyleyse bir çıkış yolu bulacaktı. Üzerine düştüğü konunun tarihçesini, bu konu hakkında yazılanları hatırına getirmeye çalıştı. Sabahın 4'ü olduğu halde odasında bir aşağı, bir yukarı dolaşıyor; düşmüş kadınların kurtarılması üzerinde yapılan denemeleri bir bir anımsamaya başladı. Falsfeyn, Neçayev, Yeçkin gibi pansiyonlarda oturan seçkin arkadaşları, yakın dostları vardı. Bunların çoğu namuslu, özverili insanlardı; kadınların kurtarılması konusunda emek vermişlerdi.

«Anımsadığıma göre sayısı fazla olmayan bu denemeler üç bölüme ayrılıyor,» dedi. «Birincisinde batağa saplanmış kadın oradan kurtarıldıktan sonra kendisine bir oda tutuluyor, dikiş makinesi satın alınıyor, terzilik yapması sağlanıyordu. Ancak bu olanağı ona sağlayan genç, üniversiteyi bitirdikten sonra kadını isteyerek ya da istemeyerek metres tutuyor, onu bir süre kullanarak bir eşya gibi başkasına devrediyordu. Sonuçta kadın gene düşkün olarak kalıyordu. İkinci denemede bataklıktan kurtarılan kadına gene ayrı bir oda ile kaçınılmaz dikiş makinesi veriliyor; ardından okuma-yazma öğretmeler, öğüt vermeler, kitap okumalar geliyordu. Kadın bu iş kendine yeni, ilgi çekici geldiği sürece namuslu yaşıyor, dikiş dikiyor, ama eski yaşamını özleyince akıl hocasından gizli, içeri erkek alma yoluna gidiyor ya da öğlenin 3'üne dek uyumak, kahve içmek, bol bol yemek yemek için geldiği o yere kaçıyordu. Üçüncü denemede bu işe en çok canla başla sarılanlar, en özverili davrananlar daha gözü pek, daha kararlı adım atarak onlarla evleniyordu. O şımarık, arsız ya da kuş beyinli, zavallı kadın evinin hanımı, sonra anne olunca yaşam tarzı, dünya görüşü tümüyle değişikliğe uğruyordu. Artık o hanımda, annede eski düşmüş kadını bulmak olanaksızdı. Evet, evlenme en iyi, belki tek kurtuluş yoludur...»

Vasilyev haykırarak kendini yatağa attı.

—Ama bu nasıl olur? Sözün gelişi ben böyle bir kadınla evlenemem. İnsan ermiş olmalı ki, bu işi yapabilsin! Bunu yapacak kişi kin, tiksinme nedir, bilmemeli. Diyelim ki, tıbbiyeli, ressam arkadaşım, ben duygularımızı yenerek böyleleriyle evlendik, bütün öteki kadınlar da kocaya vardılar. Peki, sonuçta sorun çözülecek mi? Hayır! Onlar burada, Moskova'da evlenirken, Smolensk'teki sayman efendi yeni yeni kadınları baştan çıkaracaktır. Saratov'dan, Nijninovgorod'dan, Varşova'dan düşkün kadınlar Moskova'ya üşüşerek gidenlerin yerini dolduracaktır. Ya Londra'daki iki yüz bin kadını ne yapmalı? Hamburg'dakileri nereye yerleştirmeli?

Gazı tükenen lamba is salmaya başlamıştı, ancak Vasilyev bunun farkında değildi. Düşünmesine ara vermeden yeniden odayı arşınlamaya koyuldu. Şimdi sorunu başka bir bakış açısından ortaya koyuyordu: Düşkün kadınlara gereksinme duyulmaması için ne yapmalıydı? Bunun için onların bedenlerini satın alıp kanlarına giren erkeklerin köle tüccarı gibi ahlaksızlık yaptıklarını anlamaları, bundan ürkmeleri gerekiyordu. Bu durumda onlar da kurtarılmalıydı.

Vasilyev «Bilimle, sanatla bir şey elde edilemeyeceğine göre tek çıkar yol bir havari gibi vaaz etmektir,» dedi kendi kendine.

Ertesi akşam S. sokağının başında durmayı, oraya gelenlere;

—Nereye, niçin gidiyorsunuz? Hiç Tanrı'dan korkunuz yok mu? demeyi hayal etmeye başladı.

Vurdumduymaz arabacılara dönüp şöyle söyleyecekti:

—Burada niçin arabayla bekliyorsunuz? Neden içinizden bir öfke kabarmıyor? Yapılanlara kızmıyor musunuz? Tanrı'nın varlığına inanıyor, bu işin günah olduğunu, bu yüzden cehenneme gidileceğini biliyorsunuz da niçin susuyorsunuz? Kadınlar sizin yakınınız değil, ancak onların da sizler gibi babaları, kardeşleri var...

Vasilyev'in bir arkadaşı onun için yetenekli bir genç, demişti. Yazarlığa, tiyatroya, ressamlığa yatkın yetenekler vardır; Vasilyev'in yeteneği ise bambaşka bir şeye dönüktü, onun yeteneği *insanlıkla* ilgiliydi. Yüreğinde başkalarının çektiği acıya karşı ince, olağanüstü bir duyarlık vardı. İyi bir oyuncu oyunuyla nasıl başka bir insanın hareketlerini, sesini yansıtırsa o da ruhunda başkalarının acısını yansıtıyor, göz yaşı görünce ağlıyor, hastanın yanında kendisi hasta olup inliyordu. Eğer bir zorbalığa tanık olursa o zorbalık kendisine yapılmışçasına etkileniyor, bir çocuk gibi korkuya kapılıyor, zorbalığa uğrayanın yardımına koşuyordu. İşte başkasının acısı onu böylesine çileden çıkarıp heyecanlandırıyor, hatta kendinden geçiriyordu.

Arkadaşı haklı mı, bilmiyorum, ama Vasilyev soruna bir çözüm yolu bulduğuna inandığı anda büyük bir coşkuya kapıldı. Ağlıyor, gülüyor, ertesi gün sokağın başında söyleyeceği sözleri şimdiden yüksek sesle tekrarlıyordu. Onun sözlerini dinleyip ona katılacak insanlara derin bir sevgi besliyor, sözlerini kağıda dökmek için masaya oturuyor, kendi kendine and içiyordu.

Ancak bu esinlenmenin verdiği coşku fazla sürmedi, çok geçmeden yorgunluk duymaya başladı. Dağların ağırlığı toprağı nasıl ezerse Londra'daki, Hamburg'daki, Varşova'daki yoldan çıkmış kadınların ağırlığı da onu eziyordu. Onların çokluğu karşısında ürküntüye kapıldı, ne yapacağını şaşırdı. Kendisinde konuşma yetisi bulunmadığını, uyuşuk, korkak bir adam olduğunu düşündü. Umursamaz insanların hukuk üçüncü sınıf öğrencisi çekingen, gösterişsiz bir genci önemsemeyip onu dinlemek istemeyecekleri saplantısına girdi. Havarilik yalnız vaaz vermekle kalmazdı, bunu eylemle de göstermek gerekirdi.

Ortalık aydınlanıp sokaktan araba gürültüleri gelmeye başladığı zaman Vasilyev kanepeye uzanmış, gözlerini bir noktaya dikmiş, kıpırdamadan yatıyordu. Artık aklında ne kadınlar, ne erkekler, ne de havarilik vardı. Bütün dikkati kendisini yiyip bitiren o iç sızısına yönelmişti. Bu öyle nedensiz, küt, tanımlanması zor bir sızıydı ki, hem üzüntüye, hem büyük bir korkuya, hem de yılgınlığa benziyordu. Sızının nereden geldiğini gösterebilirdi: Göğsünde, tam kalbinin altındaydı. Ancak onu başka bir ağrıyla karşılaştırma olanağı yoktu. Önceleri çok diş ağrısı, kas ağrıları çekmiş, zatülcenp geçirmişti, ama bütün bu ağrılar şimdiki iç sızısının yanında hiç kalırdı. Bu sızı düpedüz yaşamayı zehir ediyordu. Çoktan hazırlayıp bitirdiği üniversite tezi, sevdiği insanlar, düşmüş kadınları kurtarma tasarıları cinsinden düne değin gönül verdiği şeyler ile kayıtsız kaldığı başka şeyler aklına geldikçe tıpkı arabaların gürültüsü, kaldığı pansiyondaki uşakların koşturması, gün ışığı gibi çileden çıkarıyordu onu. Birisi özverili bir davranışta bulunsa ya da gözlerinin önünde birine sataşsa ikisine de tepkisi aynı olurdu. Kafasının içinde tembel tembel dolaşan düşüncelerden yalnız ikisi onu sinirlendirmiyordu: Birisi, istediği anda kendini öldürebileceği, ötekisi ise iç sızısının üç günden fazla sürmeyeceğiydi. İkincisini kendi deneyiminden biliyordu.

Bir süre yattıktan sonra kalktı, heyecandan ellerini ovuşturarak odada gidip gelmeye başladı. Ancak her zamanki gibi köşeden köşeye değil, dört duvar boyunca dolaşıyordu. Aynanın önünden geçerken kendine bir göz attı. Sararıp solmuştu, yüzü süzülerek avurtları çökmüş, gözleri irileşmişti. Bir yabancının gözlerine benzeyen karanlık bakışlı, durgun gözleri derinden gelen, dayanılmaz iç sızısını yansıtıyordu.

Öğleye doğru ressam arkadaşı kapısını çaldı.

—Grigori, evde misin?

Karşılık alamayınca bir dakika kadar bekledi. Sonra Ukraynaca;

—Yok, mendebur! Üniversiteye gitmiş olmalı, diye söylene söylene gitti.

Bunun üzerine Vasilyev gene kanepeye uzandı, başını yastığın altına gömerek ağlamaya başladı. Göz yaşları ne denli bol akarsa iç sızısı o denli çok artıyordu. Hava kararınca kendini bekleyen o korkunç geceyi düşündü, müthiş bir umutsuzluğa kapıldı. O umutsuzlukla apar topar giyinip odadan fırladı. Kapısını ardına değin açık bırakmıştı, sokağa çıkmak için hiçbir amacı yoktu. İşte böyle nereye gittiğini bilmeden hızlı hızlı Sadovaya sokağı boyunca yürüdü.

Dünkü gibi lapa lapa kar yağıyordu, ancak hava ılıktı. Ellerini yenlerine sokan Vasilyev titreyerek, sokağın kargaşasından, atlı tramvayların çıngıraklarından, araba gürültülerinden, gelip geçen insanlardan ürkerek Suharev kulesine doğru yöneldi, oraya vardıktan sonra Krasnaya kapısından geçip Basman sokağına saptı. Bir meyhaneye uğrayıp büyük bir bardak votka yuvarladığı halde ferahlık duymadı. Sonra Razgulya'ya varınca sağa saptı, yaşamında hiç ayak basmadığı sokaklardan geçti. Böylece altından Yavuza'nın aktığı, üstünden Krasnaya kışlasının aydınlık pencerelerinin bir ışık dizisi gibi gözüktüğü eski köprüye vardı. İç sızısını yeni bir duyuşla ya da başka acılarla bastırmak amacıyla, ne yaptığını kendisi de bilmeksizin, ağlaya-sızlaya, titreye titreye paltosunun, setresinin düğmelerini çözdü; çıplak göğsünü soğuk kara, kesici rüzgâra verdi. Ancak bu da acısını dindirmedi. O zaman köprünün korkuluğu üzerinden eğildi; aşağıya, o kapkara, burgaçlanarak akan Yavuza'ya baktı. Kendisini tepetaklak aşağı atmak istiyordu. Bunu yaşamaktan bıktığı için, canına kıymak için değil, yalnızca bir yerini inciterek, bir acının etkisiyle öbür acıyı azaltmak için yapacaktı. Ama kopkoyu sular, karla kaplı ıssız kıyılar pek korkunç görünüyordu. Birden ürpererek yürümesini sürdürdü. Krasnaya kışlasının yanından geçti, oradan gerisin geriye çark etti. Dik yamaçtan fundalığa indi, yürüye yürüye tekrar köprüye çıktı.

«Yok, yok! Eve gitmeli!» diye düşünüyordu. «Evde herhalde kendimi daha iyi hissederim.»

Böylece evinin yolunu tuttu. Oraya varınca ıslak paltosu ile şapkasını fırlatıp attı, dört duvar boyunca yürümeye başladı, böylece sabaha dek yürüdü, yürüdü...

VII

Ertesi sabah ressam ile tıbbiyeli ona geldikleri zaman Vasilyev, gömleği yırtılmış, kolları ısırık içinde, kendini oradan oraya atıyor, acıdan inliyordu. Arkadaşlarını görünce hıçkırarak ağlamaya başladı.

—Tanrı aşkına, nereye isterseniz götürün beni, ne isterseniz yapın! Ama ne olur, çabuk kurtarın! Kendimi öldüreceğim!

Afallayan ressam sapsarı kesildi. Tıbbiyeli de neredeyse ağlayacaktı, ama hekimlerin her zaman soğukkanlı, ağırbaşlı olmaları gerektiğini düşünerek, soğuk bir sesle;

—Fazla bir şeyin yok, bunalım geçiriyorsun, dedi. Hadi, doktora gidiyoruz.

—Nereye götürürseniz götürün! Ama elinizi de çabuk tutun!

—Öyle heyecanlanma! İnsan kendini tutmasını bilmeli.

Ressam ile tıbbiyeli Vasilyev'i telaşlı telaşlı giydirdiler, birlikte sokağa çıktılar. Tıbbiyeli yolda anlatıyordu:

—Şimdi gittiğimiz Mihail Sergeyiç seninle çoktan beri tanışmak istiyor. Çok hoş bir adamdır, işini de iyi yapar. Fakülteyi 1882'de bitirdi, ama daha şimdiden pek çok hastası var. Öğrencilere arkadaş gibi davranır.

Vasilyev;

—Çabuk olun, çabuk! diye sıkıştırıyordu.

Şişmanca, sarışın bir adam olan doktor Mihail Sergeyiç üç arkadaşı nazik, ama ağırbaşlı, soğuk bir tavırla karşıladı. Yüzünün yalnız bir yanıyla gülümseyerek;

—Ressam ile Mayer hastalığınızı bana anlatmışlardı, dedi. Sizin için yararlı olabilirsem ne mutlu bana. E, nasılsınız, bakalım? Oturun, çok rica ederim.

Vasilyev'i masanın yanındaki büyük koltuğa oturttu, sigara kutusunu önüne sürdü. Dizini sıvazladıktan sonra;

—E, artık başlayalım mı? dedi. Önce yaşınızı sorayım.

O soruyor, tıbbiyeli yanıt veriyordu. Vasilyev'in babasının özel bir hastalık geçirip geçirmediğini, fazla içki içip içmediğini, başkalarına karşı katı davranışlarda ya da garip hareketlerde bulunup bulunmadığını sordu. İki dedesi, annesi, kardeşleri için de aynı şeyleri sordu. Annesinin güzel bir sesi olduğunu, arada bir tiyatroda oynadığını öğrenince birden canlanarak;

—Sorduğum için beni hoş karşılayın, dedi. Anneniz tiyatroya gerçekten düşkün müydü?

Aradan yirmi dakika kadar geçti. Doktorun sürekli dizlerini ovuşturması, hep aynı tür sorular sorması Vasilyev'in canını sıktığı için daha fazla dayanamayıp;

—Sorularınızı anlıyorum, doktor bey, dedi. Hastalığımın soydan gelip gelmediğini öğrenmek istiyorsunuz. Şunu belirteyim ki, soydan gelme değildir.

Bundan sonra doktor Vasilyev'in gençliğinde başkalarından gizlediği bazı ayıpları olup olmadığını, kafasını bir yere çarpıp çarpmadığını, bazı şeylere karşı tutkuyla bağlanıp bağlanmadığını, garip hareketlerde bulunup bulunmadığını sordu. İnsan gayretkeş doktorların sorularının yarısına yanıt vermese bundan dolayı sağlığına bir zarar gelmez. Ama Mihail Sergeyiç, tıbbiyeli, ressam öyle bir yüz takınmışlardı ki, Vasilyev tek soruya karşılık vermese sanki her şey yok olup gidecek. Doktor yanıtları alınca nedense bir kağıda yazıyordu. Vasilyev'in doğa bilimleri fakültesini bitirdiğini, şimdi de hukukta okuduğunu öğrenince düşüncelere daldı.

Tıbbiyeli;

—Geçen yıl güzel bir tez yazdı, dedi.

Doktor;

—Affedersiniz, lütfen sözümü kesmeyin. Düşüncelerimi bir noktada toplamama engel oluyorsunuz, diyerek gene yüzünün yarısıyla gülümsedi. —Doğaldır ki zihinsel çalışmalar hastalığın ilerlemesinde rol oynar. Aşırı derecede beyinsel etkinlik sonunda ister istemez yorgunluk gelir. Evet, öyle...

Vasilyev'e döndü.

—Peki, votka içer misiniz?

—Ayda, yılda bir...

Aradan yirmi dakika daha geçti. Tıbbiyeli alçak sesle bunalımın yakın nedenleri üzerinde kendi düşüncelerini açıklamaya koyuldu. İki gün önce ressamla, Vasilyev'le birlikte S. sokağına gidişlerini anlattı.

Arkadaşları ile doktorun o sokağın bahtsız kadınları hakkında önem vermeden, kayıtsız, soğuk bir sesle konuşmaları Vasilyev'e pek garip geldi. Kaba davranmamak için kendini tutarak;

—Doktor, dedi. Söyler misiniz? Fuhuş size göre kötü bir şey mi, yoksa değil mi?

Doktor sanki bu tür soruları sanki çoktan bir çözüme bağlamış gibi rahatça;

—Dostum, böyle şeyleri tartışan yok ki! dedi. Tartışan var mı?

Bunun üzerine Vasilyev kabaca sordu:

—Siz sinir doktoru musunuz?

—Evet, sinir doktoruyum.

Vasilyev ayağa kalktı, odada bir köşeden ötekine dolaşmaya başladı.

—Belki de sizler haklısınız. Gene de aklımın almadığı bir şey var. İki fakültede okumuş olmamdan dolayı bana kahraman gözüyle bakıyorlar. Üç yıl sonra bir köşeye atılıp unutulacak bir tez yazdığım için de öve öve göklere çıkarıyorlar. Ama düşmüş kadınlardan şu sandalyeler gibi soğukkanlılıkla konuşamadığım için beni deli yerine koyuyor, tedaviye çalışıyor, acımaya kalkıyorlar.

Vasilyev kendisine, arkadaşlarına, önceki gün gördüğü bütün insanlara, karşısındaki doktora yüreğinde derin bir acıma duydu; koltuğa yığılarak ağlamaya başladı.

Arkadaşları doktora sorarcasına baktılar. Doktor da sanki göz yaşlarını, umutsuzluğu pek iyi anlıyormuş, bu işte kendini uzman sayıyormuş gibi Vasilyev'e yaklaştı. Bir şey söylemeden ona damlalar içirdi, hastası biraz yatışınca üstündekileri çıkardı, derisinin duyarlığını, diz reflekslerini, daha bilmem nelerini ölçüp incelemeye koyuldu.

Bu arada Vasilyev biraz rahatlamıştı. Doktordan çıktığı zaman içine düştüğü durumdan dolayı utanıyordu. Artık arabaların gürültüsü onu çileden çıkarmıyor, yüreğinin altındaki ağırlık gitgide eriyormuş gibi her dakika hafifliyordu. Elinde iki reçete vardı. İlaç olarak birinde morfin, öbüründe bromüral... İşin garibine bakın ki, bu ilaçları daha önce de kullanmıştı.

Sokakta biraz durdu, düşüncelere daldı. Dostlarıyla vedalaştıktan sonra üniversitenin yolunu tuttu.

KUNDURACI İLE İBLİS

Noelden önceki gece. Kunduracının karısı Mariya sıcacık fırının üstüne yatmış, horul horul uyumakta. Lambanın gazı bitmek üzere, ama Fiodor Nilov usta hâlâ harıl harıl çalışmakta. Ona kalsa işi çoktan bırakıp sokağa çıkardı, gelgelelim bir çift çizme ısmarlayan Kolokolnaya sokağındaki müşteri bir gün önce ona uğrayarak bir güzel haşlamış, Noel sabahı çizmeyi bitirip vermesini söylemişti.

Fiodor çalışmasına ara vermeksizin;

—Şeytan azabı! diye homurdandı. Başkaları çoktan yatıp uyusunlar ya da eğlensinler, sen ise otur, durmadan çalış, Kain gibi bilmem kime çizme dik!

Başına vuran uykusuzluktan korktuğu için bir yandan da masanın altına gizlediği şişeden azıcık azıcık votka içiyor, her yudum alışta başını sallayarak;

—Lütfen söyler misiniz, ne hakla müşteriler gönüllerince eğleniyorlar da ben çizme dikmek zorunda kalıyorum? Yoksul olduğum için mi? diyordu.

Bütün müşterilere ateş püskürüyordu, özellikle de Kolokol sokağında oturana. Mahkeme duvarı gibi asık suratlı, saçları salkım saçak, sarı benizli, kısık sesli, iri mavi gözlüklü bir adamdı bu. Alman filandı herhalde; öyle çetrefil bir soyadı vardı ki, söylerken insanın dili dolaşırdı. Ayrıca ne iş yaptığı da belli değildi. İki hafta önce Fiodor ayaklarının ölçüsünü almak amacıyla adamın evine uğradığında döşemeye oturmuş, havanın içinde bir şeyler dövüyordu. Fiodor daha selam vermeye fırsat kalmadan havandaki nesne güm diye patladı, kırmızı parlak bir ışık saçarak alev alev yandıktan sonra havaya kükürt, yanmış tüy kokusu yayıldı, ortalığı pembe bir duman kapladı. Zavallı Fiodor üst üste beş kez hapşırdı, evine dönerken de,

«Yüreğinde Tanrı korkusu olanlar bu gibi şeylerle uğraşmazlar!» diye söylendi durdu.

Votka bitince Fiodor şişeyi bir yana koydu, ağır başını yumruğuna dayayarak koyu düşüncelere daldı. Züğürtlüğü, umutsuz yaşamı, kentin zengin insanları, onların büyük evleri, arabaları, cüzdanlarındaki deste teste banknotlar geldi gözlerinin önüne. Ulu Tanrı kahretsin hepsini! Konaklarının yerle bir olduğunu, atlarının geberdiğini, kürklerinin, samur şapkalarının liyme liyme döküldüğünü görmeyecek miydi? O pis para babaları bir lokma yiyeceğe takla atan birer dilenciye dönseler, kendisi de birdenbire zenginleşerek Noel sabahı zavallı kunduracı ustalarının önünde böbürlense, çalım satsa ne güzel olurdu!

Bu düşünceler içinde birden aklına çizmeler geldi, gözlerini açtı. «Evet, ne güzel olurdu!» dedi. «Eh, çizmeler hazır, ben de daha ne oturuyorum? Hemen gidip çizmeyi sahibine götüreyim!»

Bitirdiği işi kırmızı bir bohçaya sardı, sıkıca giyindi, sokağa çıktı. İnsanın yüzüne iğne gibi batan, incecikten sert bir kar yağıyordu. Hava soğuk, yerler vıcık vıcık, ortalık karanlıktı. Fenerlerler ölgün ölgün yanıyordu. Her yeri pis bir gaz kokusu doldurduğu için Fiodor'un boğazı gıcıklandı, öksürmeye başladı. Yaya kaldırımlarında adım başı zengin bir adam, her birinin elinde iri bir domuz budu ile altı litrelik votka şişesi, kostaklanarak yürüyorlardı. Arabalardan, kızaklardan Fiodor'a laf atan bir sürü zengin hanım;

—Dilenci! Dilenci! diye alay ediyor, dillerini çıkarıyorlardı.

Arkadan yürüyen iki üniversite öğrencisi ile subaylar, tüccarlar, generaller de öyle:

—Sarhoş! Dilenci! Kunduracı! Pabucu yarım! Yarım ökçe! Dilenci!

Bütün bu sözler ona çok dokunmakla birlikte acısını içine atıyor, sağa-sola tükürmekle yetiniyordu. Neden sonra karşısına Varşovalı kunduracı ustası Kuzma Lebed çıkıp da, «Biliyor musun, ben zengin bir hanımla evlendim. Buyruğumun altında şimdi birkaç kalfa çalışıyor. Sen yarı aç, yarı tok gez bakalım! Dilenci!» dediği zaman daha fazla dayanamayıp adamı kovalamaya başladı. Onu Kolokol sokağına varana dek kovaladı. Kolokol sokağında oturan müşterisinin dairesi apartmanın son katındaydı. Uzun, karanlık bir avludan geçtikten sonra ayaklar altında sallanan yüksek, kaygan bir merdivenden tırmanması gerekiyordu. Fiodor adamın evine girdiğinde beriki iki hafta önceki gibi gene yere oturmuş, havanda bir şeyler dövmekteydi.

Fiodor, suratı bir karış asık;

—Beyefendi, çizmelerinizi getirdim! dedi.

Adam ayağa kalktı, denemek için çizmelerini giymek istedi. Fiodor ona yardım etmek amacıyla adamın önünde diz çöktü, eski çizmelerini çekmeye başladı. Ancak aynı anda korkuyla havaya sıçradı, kapıya doğru geri geri sendeledi. Müşterisinin ayak yerine tıpkı atlarınki gibi toynakları vardı.

«Demek, bu iş böyle! Vay anasını!» diye söylendi.

O anda tek yapacağı iş istavroz çıkarmak, sonra tabana kuvvet merdiven aşağı koşmaktı. Ancak böyle bir fırsatı ilk kez, belki de son kez yakalamışken bundan yararlanmamanın aptallık olacağını düşündü. Kendini yenmeye, orada kalıp mutluluğunu bulmaya karar verdi. İstavroz çıkarmamak için ellerini arkasına bağlayarak saygıyla öksürdü.

—Başkaları iblislerin en iğrenç, en berbat yaratık olduğunu söylerlerse de bana sorarsanız en kültürlü varlıklardır, dedi. Beni bağışlayın ama, şeytanın toynakları ile arkasında kuyruğu bulunmakla birlikte kafasında üniversite öğrencisinden çok akıl vardır.

Müşterinin koltukları kabardı.

—İşte bu sözlerden çok hoşlandım! Teşekkür ederim, kunduracı. Dile benden ne dilersen!

Fırsat kaçar mı? Kundura ustası hemen kara yazgısından yakınmaya başladı. En başta da çocukluğundan beri zenginleri kıskandığını söyledi. Bütün insanların büyük evlerde oturmamaları, şık arabalarda gezmemeleri gücüne gidiyordu. Niçin kendisi hep meteliğe kurşun atıyordu? Kendi evinde oturan, karısı kürk şapka giyen Varşovalı kunduracı Kuzma Lebed'den neresi eksikti? Bütün zenginler gibi onun da burnu, elleri, ayakları, başı, sırtı olduğu halde başkaları gezip tozarken neden o hep çalışmak zorunda kalıyordu? Neden Marya ile evliydi de mis gibi esans kokan bir hanımın kocası değildi? Niçin zengin evlerinde güzel güzel bayanlar ona aldırış bile etmiyorlar; tam tersine, onu görünce gülüşerek «Bak, şu kunduracıya! Amma da kırmızı burnu var?» diye fısıldaşıyorlardı? Gerçi Marya gibi çalışkan, iyi yürekli kadın az bulunurdu, gelgelelim cahilin tekiydi, yanında siyasetten ya da derin bir konudan konuşulurken söze karışır, saçma sapan şeyler söylerdi. Hele öfkelendiğinde eli ağırdı, çok kötü pataklardı adamı.

Onu düşüncelerinden iblis uyandırdı.

—Evet, ne istiyorsun benden? Her dileğin yerine getirilecektir!

—Bay Şeytan Ademoviç, beyefendiciğim, sizden tek isteğim, beni varlıklı bir adam yapmanızdır!

—Ondan kolay ne var? Yapmasına yaparım da karşılığında bana ruhunu vermen gerekecek. Al şu kağıdı! Bana ruhunu teslim edeceğini bildiriyor. Horozlar ötmeden önce imzala getir!

Fiodor nazik bir sesle;

—Ama, beyefendiciğim, dedi. Bana çizme ısmarladığınızda ben parasını peşin ödemenizi istedim mi? Siz de önce sözünüzü yerine getirin, sonra karşılığını isteyin.

Doğru söze ne denir? Müşteri ister istemez;

—Peki, dedi.

Havandan gene parlak bir alev fışkırdı, pembe koyu bir duman yükseldi, ortalığı yanmış tüy ve kükürt kokusu kapladı. Duman dağıldığında Fiodor gördü ki, o artık eski kunduracı ustası Fiodor değildi; yelekli, önü zincirli, gıcır gıcır pantolonlu bir beyefendiydi. Büyük bir masada, yumuşacık koltukta oturuyor; iki uşak önünde yerlere değin eğilerek hizmet ediyorlardı.

—Beyefendi hazretler, buyurunuz! Afiyet olsun!

İşte zenginlik diye ben buna derim! Uşaklar iri bir parça koyun kızartması, bir kase dolusu hıyar turşusu, ardından tavada cızırdayan bütün bir kaz, sonra acılı bir domuz haşlaması getirdiler. Aman bu ne soyluluk, ne incelik! Bizim Fiodor hepsini gövdeye indiriyor, tıpkı kontlar ya da generaller gibi her tabaktan önce en nefisinden koca bir bardak votka yuvarlıyordu. Domuz haşlamasının ardından kaz yağıyla pişirilmiş lapa geldi, ardından domuz yağlı omlet ile ciğer kızartması. Fiodor hepsini yiyip bitirdi, bundan büyük bir keyif duydu. E, daha var mı? Olmaz olur mu?.. Soğanlı börek ile içine kvas katılmış pancar buğulaması geldi arkasından. Bunları yerken bir yandan da «Beyefendiler nasıl olup da çatlamıyorlar?» diye düşünüyordu. Yemeklerin sonunda uşaklar bir çömlek dolusu bal getirdiler. Yemeğin bitiminde mavi gözlüklü şeytan çıktı ortaya, yerlere dek eğilerek sordu:

—Ee, Fiodor Panteleyiç, yemekten memnun musunuz?

Fiodor'un karnı davul gibi şiştiğinden konuşamıyordu. Karnı doymaktan da öte, tıka basa dolmuştu. Oyalanmak için sol bacağını saran çizmeye bakmaya başladı.

—Böyle bir çizme için ben en azından yedi buçuk ruble alırdım. Kim dikti bunu? diye sordu uşaklardan birine.

—Kuzma Lebedkin dikti, efendim.

—Çağırın şu madrabazı!

Az sonra Varşovalı Kuzma Lebedkin dikildi karşısına. Kapının girişinde saygıyla durarak;

—Beyefendiciğim, beni istetmişsiniz, dedi.

Fiodor ayaklarını yere vurdu.

—Kes sesini! Her şeyden önce nasıl bir adam olduğunu bil! Sen bir kunduracı parçasından başka bir şey değilsin, bunu hiç unutma! Vay seni namussuz seni! Daha çizme dikmesini öğrenememişsin! Suratına bir vurursam görürsün! Ne diye geldin buraya?

—Şey... Paramı alacaktım da...

—Ne parası! Yıkıl karşımdan! Geleceksen cumartesiye gel! Hey, oradaki, patlat şunun ensesine!

İşte o anda müşterilerin kendisine karşı nasıl davrandıkları geldi aklına, birden yüreği burkuldu, olanları unutmak için kalın cüzdanını çıkardı, paralarını saymaya koyuldu. Parası çoktu, gelgelelim Fiodor daha çoğunu istiyordu. Mavi çerçeveli iblis daha şişkin bir cüzdan getirdi. Fiodor bunları saydı, daha çok, daha çok istedi, paralarını saydıkça keyfi kaçtı.

Akşam üstü iblis uzun boylu, iri memeli bir kadın getirdi; onun yeni karısı olduğunu söyledi. Gece yarısına dek Fiodor karısıyla öpüştü, şekerleme yedi. Bütün gece yumuşacık kuştüyü yatakta döndü durdu, bir türlü gözüne uyku girmedi. İçinde büyük bir korku vardı.

—Paramızı hırsızlar çalacak! Karıcığım, mumu alsan da sandığa baksan! dedi durdu.

Bütün gece uyumadı, kendisi de ikide bir kalktı, sandığın yerinde olup olmadığına baktı. Sabaha doğru kalkıp kilisedeki ayine katılması gerekiyordu. Kilisede bütün insanlar birdi, zengini de, yoksulu da... Yoksulluk sırasında «Tanrım, ben günahkar kulunu bağışla!» diye dua ederdi. Zengin olduktan sonra şimdi de aynı şeyi yaptı. Zenginle yoksul arasında hiçbir ayrım yoktu, demek ki... Öldüğü zaman zengindir diye Fiodor'u altına, elmasa gömecek değillerdi, tıpkı yoksullara yaptıkları gibi kara toprağın altına koyacaklardı. Cehennemde yanacaksa gene kunduracıların yandığı yerde yanacaktı. Bütün bunlar Fiodor'un bayağı gücüne gitti. Üstelik yediği bunca yemekten sonra üstüne bir ağırlık çökmüştü. Ayrıca dua yerine aklına para dolu sandıkla, hırsızlarla, satılmış ruhuyla ilgili bin bir türlü düşünce geliyordu.

Cinleri tepesinde, kiliseden çıktı. Kafasındaki kötü düşünceleri kovmak için her zaman yaptığı gibi bir türkü tutturdu. Ancak türküye yeni başlamıştı ki, yerden biter gibi bir polis dikildi karşısına. Eliyle selam vererek;

—Beyefendi, sizin gibi beylerin sokakta türkü söylemesi yasak! dedi.

Fiodor sırtını bir evin duvarına verdi, nasıl oyalanacağını düşünmeye başladı. Tam o sırada apartmanın kapıcısı çıktı.

—Beyim, duvara yaslanmayın! diye bağırdı. Kürkünüzü kirleteceksiniz!

Fiodor dükkâna girip kendine en iyi armonikayı satın aldı. Niyeti doya doya çalmaktı. Bu sefer de gelip geçenler parmaklarını ona uzatarak kahkahayla gülmeye başladılar. Arabacılar;

—Bir de beyefendi olacak! Tıpkı kunduracılar gibi! diye laf attılar.

Polis de;

—Size hiç yakışıyor mu? dedi. Meyhaneye gidin siz en iyisi!

Dilenciler çevresini kuşattı.

—Beyim, bir sadaka! İsa adına bir sadaka! diyorlardı.

Eskiden yalnızca sade bir kunduracıyken ona kimse aldırış etmezdi, oysa şimdi dilenciden geçilmiyordu.

Evde onu yeni karısı karşıladı. Yeşil bir hırka, kırmızı bir etek giymiş gerçek bir hanımefendiydi bu. Fiodor onu şöyle biraz okşamak, sırtına esaslı bir yumruk indirmek üzere kulaçlanmıştı ki, kadın öfkeyle söylenmeye başladı:

—Köylü bozuntusu! Cahil herif, ne olacak! Daha bayanlara nasıl davranılacağını bilmiyor! Beni seviyorsan elimi öp. Dövmene kesinlikle izin vermem!

«Bu yaşam da çekilir mi? Ben böylesine dayanamam! Ne türkü söyletiyorlar, ne armonika çaldırıyorlar, ne karıları okşatıyorlar! Tüh sana!» diye söylendi Fiodor.

Tam güzel karısıyla çay içmeye oturmuşlardı ki, mavi gözlüklü iblis dikildi karşısına.

—E, Fiodor Panteleyiç, dedi. Ben üzerime düşenleri eksiksiz yaptım. Şimdi sıra sizde. Kağıdı imzalayın, peşime düşün! Zengin yaşamanın ne anlama geldiğini anlamışsınızdır, bunun karşılığını ödeyeceksiniz.

Böyle diyerek Fiodor'u cehennemin en kaynar yerine attı. Dört bir yandan cinler, şeytanlar üşüştü;

—Budala! Aptal! Eşek! diye hep bir ağızdan haykırmaya başladılar.

Cehennem öylesine gaz kokuyordu ki, boğulmak işten bile değildi.

Derken, her şey ansızın yok oldu. Fiodor gözlerini açtı, eski masasını, diktiği çizmeleri, teneke lambasını gördü. Lambanın camı isten kapkara olmuştu, fitilin minik alevinden pis kokulu dumanlar çıkıyordu. Masanın yanında mavi çerçeveli gözlüklü müşteri duruyor, öfkeyle bağırıyordu:

—Budala! Aptal! Eşek! Senin gibi madrabazlara gösteririm ben! İki hafta önce aldığın siparişi daha yerine getirmemişsin! Günde beş kez kapını aşındırmak için vaktim var mı sanıyorsun? Alçak herif! Hayvan!

Fiodor başı silkelemekle yetindi, hemen işe koyuldu. Öfkesi geçmeyen müşteri daha uzun süre sövdü-saydı. Sonunda öfkesi yatışınca Fiodor utana sıkıla sordu:

—Beyefendiciğim, siz ne iş yaparsınız?

—Ben maytap yaparım, havai fişek üretirim. Bu işlerin ustasıyım.

O sırada sabah ayini için çanlar çalmaya başladı. Fiodor işini bitirdi, çizmeleri teslim etti, parasını aldı, kiliseye yollandı.

Sokaklarda arabalar, ayı kürkü serili kızaklar bir o yana, bir bu yana koşturuyordu. Yaya kaldırımlardan da birbirine karışmış bir halde basit halkla birlikte tüccarlar, hanımefendiler, subaylar geçiyordu. Ama artık Fiodor'un kara yazgısından dolayı sızlanması son bulmuştu. Şimdi hem zenginlik, hem yoksulluk aynı derecede kötü gözüyordu gözüne. Kimisi arabalara kurulmuş gidiyor, kimi avazı çıktığınca türkü söylüyor ya da armonika çalıyordu. Ölümden sonra herkesi bekleyen yer aynı gömütlüktü. Şeytana değil ruhunun tümünü, yarısını bile vermeye değecek bir şey yoktu yeryüzünde...

BAHİS

I

Karanlık bir güz gecesiydi. Yaşlı banker, evinin çalışma odasında bir aşağı, bir yukarı dolaşıyor, 15 yıl önce evinde konuklarına verdiği akşam şölenini düşünüyordu. O yemekte pek çok kültürlü adam çağrılıydı, ilginç konuşmalar yapılmıştı. Bu arada ölüm cezasını da tartışmışlardı. Aralarında bilim adamları, gazeteciler bulunan konuklardan birçoğu ölüm cezasına karşı çıkmıştı. Hepsi de ölüm cezasını eskimiş, Hıristiyan devletleri için gereksiz, hatta ahlak dışı buluyorlardı. Kimi konuklara göre de ölüm cezasının yaşam boyu hapis cezasıyla değiştirilmesi daha uygun bir çözümdü.

Ev sahibi banker;

—Beyler, sizlere katılmıyorum, demişti. Başımdan ne bir ölüm cezası geçti, ne de ömür boyu hapislik, ama şimdiden söyleyebilirim ki, bence ölüm cezası süresiz hapisliğe göre ahlaka daha uygun, daha insanidir. Çünkü idamla insanlar birdenbire öldürülür, yaşam boyu hapislikte ise yavaş yavaş ölmek söz konusu. Sizce hangi cellat daha insanca davranmış olur: Sizi birkaç dakikada öldüren mi, yoksa canınızı uzun zaman acı çektirerek alan mı?

—Her ikisi de aynı derecede ahlaka aykırıdır, dedi konuklardan biri. Neden derseniz, ikisinde de yaşama hakkı insanın elinden alınıyor. Devlet Tanrı değildir. Geriye veremediği bir şeyi zorla alamaz.

Konuklar arasında 25 yaşlarında bir hukukçu da vardı. Ona düşüncesini sorduklarında şöyle dedi:

—Gerek idam cezası, gerekse ömür boyu hapislik ikisi de aynı derecede ahlaka aykırıdır. Gene de bana ikisinin arasında bir seçim yapmam istenseydi ben ikincisini seçerdim. Çünkü bir biçimde yaşamak hiç yaşamamaktan daha iyidir.

Bunun üzerine hararetli bir tartışma başladı. O zamanlar daha genç ve ateşli bir adam olan banker birden sinirlendi, yumruğunu masaya vurarak genç hukukçuya bağırdı:

—Yalan! İki milyon rublesine bahse girerim ki, zındana beş yıl bile dayanamazsınız!

Bunun üzerine hukukçu da;

—Sözünüzde ciddiyseniz ben değil beş, tam on beş yıl hapis yatmaya razıyım, dedi.

—On beş yıl mı? Kabul! Baylar, ortaya iki milyon koyuyorum!

—Peki, siz iki milyon koyun, ben de özgürlüğümü!

Böylece akıl almaz, anlamsız bir bahse tutuştular. O zamanlar şımarık, uçarı bir adam olan banker milyonlarının hesabını bilmiyordu, o bakımdan girdiği bahis onu bayağı keyiflendirdi. Yemek boyunca hukukçuyla şakalaştı, ona;

—Daha vakit varken aklınızı başınıza toplayın, delikanlı! dedi. Benim için iki milyonun büyük bir önemi yok, oysa sizin üç-dört yılınız güme gidecek. Üç-dört yıl diyorum, çünkü bundan fazla kalamazsınız kodeste. Şunu da unutmayın ki, kendi isteğiyle hapis yatmak zorunlu olarak kalmaktan daha ağırdır. Her an özgürlüğe kavuşabileceğiniz düşüncesi benliğinizi kemirir, kendi kendinizi yer bitirirsiniz. Acıyorum size!

İşte banker bütün bu olanları anımsayarak çalışma odasında dolaşıyor, kendi kendine şöyle soruyordu:

—Bahis kimsenin işine yaradı mı? Hukukçunun 15 yılını boş yere heder etmesi, benim iki milyonu savurmam ne gibi bir sonuç doğurdu? İdam cezasının ömür boyu hapislikten daha mı iyi, yoksa daha mı kötü olduğu anlaşıldı mı? Hayır, hayır! Bu yaptığımız düpedüz saçmalık! Benim yönümden cüzdanı şişkin bir adamın kaprisiydi, hukukçunun yönündense açgözlülük, paraya düşkünlük!

Banker anlatılan o akşamdan sonra olanları bugünkü gibi anımsıyordu. Varılan anlaşmaya göre hukukçu hapis cezasını bankerin konağının yan bölmelerinden birinde en sert bir biçimde çekecekti. Ceza koşullarından birkaçı şunlardı: Hukukçu yan bölmenin eşiğinden dışarı adımını atmayacak, kimseyle görüşmeyecek, insan sesi işitmeyecek, gazete, mektup almayacak. Buna karşılık çalgı çalmasına, kitap okumasına, yazı yazmasına, içki, sigara içmesine izin veriliyordu. Dış dünyayla ilişkisini, bu amaçla yapılmış özel pencereden, hiç konuşmaksızın sürdürecekti. Neye gereksinmesi varsa, kitapları, notaları, şarabı vd. bir not yazarak istediği miktarda bu pencereden alıp verecekti. Anlaşmada bütün ayrıntılar en ince noktasına değin belirlenmişti, hukukçu 15 yılı 14 Kasım 1870 saat 12'den başlamak üzere 14 Kasım 1885 saat 12'ye değin kesintisiz aynı odada geçirecekti. Bu sürenin dolmasına iki dakika kala hukukçunun bu koşulu bozma girişiminde bulunması bile bankeri iki milyonu ödeme yükümlülüğünden kurtarıyordu.

Yazdığı kısa pusulalardan anlaşıldığına göre hapisliğinin ilk yılında hukukçu en çok yalnızlıktan, can sıkıntısından çekmişti. O bir yıl boyunca kaldığı bölmeden gece-gündüz piyano sesleri eksilmedi. Ne içki istedi, ne de sigara. Yazdıklarına bakılırsa içki insanın arzularını uyandırıyordu, heyacan ise mahpusun başlıca düşmanıydı. İşin bir başka yönü daha vardı: Dostla içilmedikten sonra en güzel şarabın zevki kalmazdı. Tütünse odanın havasını bozmaktan başka bir işe yaramazdı. Birinci yıl içerisinde hukukçuya çoğunlukla okunması kolay kitaplar; içerisinde çetrefil aşk oyunları bulunan, vurdulu-kırdılı, hayal ürünü konuları işleyen romanlar, güldürüler gönderildi.

Hapisliğinin ikinci yılında hukukçu pusulalarıyla yalnız klasik romanlar istemeye başladı, odasından piyano sesleri kesildi. Beşinci yılda ise gene müzik sesleri duyuldu, bunun ardından içki içme isteği belirdi. Pencereden içeriyi gözleyenler mahpusun yıl boyunca yalnız yiyip içtiğini, yatağında yattığını, sık sık esneyip kendi kendisiyle öfkeli öfkeli konuştuğunu söylediler. Kitap okumayı da bırakmıştı. Kimi geceler sabahlara değin oturup yazı yazdığı, sabah olunca da yazdıklarını paramparça ettiği görüldü. Birçok kez de ağladığını işittiler...

Altıncı yılın ikinci yarısında dil öğrenmeye, felsefeye, tarihe merak sardı. Bu bilimlerle öylesine hevesle uğraşmaya başladı ki, banker kitap yetiştirmekte güçlük çekiyordu. Dört yıl içerisinde onun adına 600 cilt kadar kitap getirtildi. Hukukçunun bu merakı sırasında banker ondan şöyle bir mektup aldı: «Değerli zındancım! Size bu satırları altı dilde yazıyorum. Yalvarırım, mektubumu anlayan insanlara okutun ve sonucunu bana bildirin. Tek yanlış bile bulamazlarsa evinizin bahçesinde silah patlatılsın. Silah sesi emeklerimin boşa gitmediğini bildirecektir bana. Değişik çağlarda, değişik ülkelerde yaşayan dahiler çeşitli dillerde konuşmuşlardır, ama hepsinin gönlünde yanan alev aynıdır. Onları anlayabildiğim için nasıl göksel bir mutluluk duyduğumu, nasıl sevindiğimi anlatamam size!» Mahpusun isteğine uyularak bahçede iki el silah patlatıldı.

Onuncu yılın tamamlanmasının ardından hukukçunun masada kıpırdamadan oturduğu, yalnız İncil okuduğu görüldü. Dört yılda 600 kadar karmaşık kitabın üstesinden gelen bir adamın bir yıl süresince anlaşılması kolay, ince bir kitabın başından ayrılmaması bankere tuhaf gözüktü. İncil'i dinbilgisi, dinler tarihi kitapları izledi...

Hapisliğinin son iki yılında hukukçu herhangi bir ayrım yapmadan, ha bire okudu. Kimi zaman fen bilimleriyle ilgileniyor, kimi zaman Bayron, Şekspir okuyordu. Bazen öyle pusulalar gönderiyordu ki, kimya ile tıp kitaplarının yanında aynı zamanda roman, felsefe kitabı, dinbilim araştırmaları istediği oluyordu. Onun böyle karman çorman okuması batan bir geminin parçaları arasında yüzen bir adamın kimi zaman şu parçaya, kimi zaman öteki parçaya tutunmasına benzetilebilirdi.

II

Bütün bunları anımsayan banker düşünmeye başladı:

«Yarın saat 12'de hukukçu özgürlüğünü kazanacak. Aramızdaki anlaşmanın koşullarına göre ben de kendisine iki milyon ruble ödeyeceğim. Bu parayı ödersem yandım demektir, iflas bayrağını çekerim!»

15 yıl önce milyonlarının hesabını bilmeyen bir adamdı, oysa şimdi kendi parasının mı, yoksa borçlarının mı daha çok olduğunu kendi kendine sormaktan korkuyordu. Kumar benzeri borsa oyunları, tehlikeli karaborsa girişimleri, geçkin yaşına karşın kendini ateşli atılımlardan geri alamaması onu yıkım noktasına getirmişti. O korkusuz, kendine güvenen, gururlu para babası pay senetlerinin her iniş-çıkışında korkudan titreyen orta boy bir bankere dönüşmüştü.

Yılgınlık içinde elleriyle saçlarını kavrayarak;

—Kahrolası! Nereden de bahse tutuştum? diye homurdandı. Şu herif ölse de kurtulsaydım! Ama adam kırk yaşında. Son kalan meteliğimi elimden alacak, evlenip yaşamın tadını çıkaracak, borsada benim yerime oynayacak. Ben de dilencilik yapıp onu kıskanarak yaşayacağım. Üstelik her gün bana, «Bu mutluluğu size borçluyum. İzin verin de size yardım edeyim!» diyecek. Hayır, bu kadarı da fazla! İflastan, utançtan kurtulmanın tek yolu bu adamın gebermesi!

Saat gecenin 3'üydü. Banker kulak kabarttı; evde herkes uyuyordu, bahçede esen soğuk rüzgârın uğultusundan başka tek ses işitilmiyordu. Gürültü çıkarmamaya çalışarak kasadan 15 yıldır açılmayan kapının anahtarını aldı, paltosunu giydi, bahçeye yürüdü.

Bahçe karanlık, soğuktu. Yağmur yağıyordu. Bıçak gibi kesen sert rüzgâr ağaçları tartaklıyor, tozu dumana katıyordu. Banker dikkat kesildi, ancak ne yeri görebiliyordu, ne göğü, ne bahçedeki beyaz yontuları, ne ağaçları, ne de yan bölmeyi...

Yan bölmenin bulunduğu yere yaklaşırken iki kez bekçiye seslendi. Ondan da yanıt gelmedi. Anlaşıldığı kadarıyla bekçi kötü havadan kaçıp bir yere sığınmıştı. Belki mutfakta, belki limonlukta uyuyordu.

«Niyetimi gerçekleştirmeye gücüm yeterse kuşkular en başta bekçinin üzerinde kalır,» diye düşündü.

Karanlıkta el yordamıyla merdiven basamaklarını buldu, kapıyı açıp yan bölmenin holüne girdi. Oradan elleriyle yoklaya yoklaya küçük koridoru geçti, bir kibrit çaktı. İçerde in cin top oynuyordu. Köşede yataksız bir karyola duruyor, demir döküm soba kapkara gözüküyordu. Mahpusun odasının kapısındaki mühre el bile sürülmemişti.

Kibrit sönünce yaşlı banker heyecandan titreyerek küçük pencereden mahpusun odasına baktı. İçerde ölgün ölgün bir mum yanıyordu. Mahpusun kendisi masada oturmaktaydı. Adamın yalnız sırtı, saçları, bir de elleri gözüküyordu. Bir sürü kitap masanın üstüne, dibine, iki koltuğa, halının üstüne, şuraya buraya açılıp bırakılmıştı.

Aradan beş dakika kadar zaman geçti, ama mahpus hiç kıpırdanmadı. On beş yıllık hapislik adamcağıza kıpırdamadan oturmasını öğretmişti. Banker parmağıyla pencerenin camına vurduğu halde hiç hareket belirtisi göstermedi. Bunun üzerine yaşlı adam kapının mührünü kopardı, anahtarı kilidin deliğine soktu. Anahtarı çevirince paslanmış kilit boğuk bir ses çıkardı, kapı gıcırdayarak açıldı. Birileri şaşkınlıkla bağırır, biri koşar gelir diye birkaç dakika beklediyse de aynı sessizlik sürüp gidince odaya girmeye karar verdi.

Masada oturan adam bilip gördüğümüz insanlardan çok farklıydı. İskeletinin üstüne deri çekilmiş, saçı sakalına karışmış, kadınlarınki gibi saçları kıvrım kıvrım bir yaratıktı bu. Yüzünün derisi sararıp toprak rengi almış, avurtları çökmüştü. Uzun sırtı daracıktı, saçaklı başını dayadığı kolları öylesine zayıf ve inceydi ki, insan bakmaya korkardı. Uzun saçlarının arasında kırlaşmalar başlamıştı, adamcağızın bitkin yüzüne bakan hiç kimse onun kırk yaşında olduğunu söyleyemezdi. Oturduğu yerde öylece uyuyup kalmıştı. Önünde, masanın üstünde ise küçük küçük yazılarla yazılı bir tabak kağıt vardı.

«Zavallı adam!» diye düşündü banker. «Uyurken düşünde milyonları görüyor olmalı. Şimdi şu yarı ölüyü alsam, yatağa yatırdıktan sonra yastıkla boğazına hafifçe bastırsam en uyanık bilirkişiler bile onun boğularak öldürüldüğünü anlayamaz. Ama önce şu yazıyı okuyalım. Bakalım, neler yazmış...»

Banker masadan kağıdı aldı, okumaya başladı:

«Yarın saat 12'de özgürlüğüme kavuşacağım, gene insanların arasına karışacağım. Ama şu odayı bırakıp güneşin yüzünü görmeden önce sizlere birkaç söz söylemek istiyorum. Tertemiz bir vicdanla ve beni gören Tanrı'nın önünde açıkça belirteyim ki, özgür yaşamaktan, sağlıktan, sizin şu kitaplarınızda mutluluk diye adlandırdığınız her şeyden nefret ediyorum.

Tam 15 yıldır yeryüzü yaşamını dikkatle incelemekteyim. Yeryüzünü, insanları görüp tanıdığımı söyleyemem, ancak sizin yazdığınız kitaplarda kokulu şarapların en iyilerini içtim, şarkılar söyledim, ormanlarda geyik, yaban domuzu avladım, en güzel kadınları sevdim. Dahi ozanlarınızın yarattığı, bulut gibi uçucu, büyüleyici güzellikteki kadınlar geceleri ziyaretime geldiler, kulağıma nefis masallar fısıldadılar, zevkten başım fırıl fırıl döndü. Bu kitaplarda Elbrus'un, Mont Blanc'ın doruklarına tırmandım; oralardan bakarak güneşin sabahleyin doğuşunu, akşamları göğü, okyanusu, dağ tepelerini kızıl bir parıltıyla aydınlatışını seyrettim. Başımın üzerinde bulutları parçalayarak çakan şimşekleri, yeşil ormanları, tarlaları, ırmakları, gölleri, kentleri gördüm; sirenlerin türküsünü, çobanların kaval çalışını dinledim. Tanrı üzerine benimle söyleşmeye gelen güzel meleklerin kanatlarına dokundum. Sizin kitaplarınızda dipsiz uçurumlardan baş aşağı atladım, mucizeler yarattım, vurdum-kırdım, kentleri ateşe verdim, yeni dinler icat ettim, koca koca krallıklar fethettim...

Kitaplarınız bana bilgelik aşıladı. İnsanların yorulmaz beyninin çağlar boyunca yarattığı şeylerin hepsini beynimin içinde küçük bir yumağa sığdırdım. Hepinizden daha akıllı olduğumu biliyorum.

Bütün kitaplarınızdan, bütün dünya nimetlerinden, bilgeliğinizden nefret ediyorum. Yeryüzünde her şey boştur, geçicidir, serap gibi aldatıcıdır. İstediğiniz kadar gururlu, bilge, güzel olun, gene de ölüm sizleri yeraltı sıçanlarıyla birlikte yeryüzünden silecek. Gelecek kuşaklarınız, tarihiniz, dahilerinizin ölümsüzlüğü ya donup kalacak ya da yer yuvarlağıyla birlikte yanıp kül olacak.

Hepiniz çıldırmışsınız, gitmeniz gereken yoldan gitmiyorsunuz. Yalanı gerçek, çirkinliği güzellik sanıyorsunuz. Birtakım durumlar sonunda elma, portakal ağaçlarında meyve yerine kurbağalar, kertenkeleler yetişseydi ya da güller terlemiş at kokusu vermeye başlasaydı hepiniz şaşkınlıktan donar kalırdınız, öyle değil mi! Işte ben de yeri göğe değişen sizlerin işine şaşıyorum. Artık anlamak istemiyorum sizleri.

Değer verdiğiniz şeylerden ne denli tiksindiğimi göstermek için bir zamanlar cennet nimetiymiş gibi hayal ettiğim, ama şimdi iğrendiğim şu iki milyondan vazgeçiyorum. İki milyon üzerindeki hakkımdan yoksun kalmak için belirlenen sürenin bitimine beş saat kala buradan çıkacağım, böylece anlaşmayı bozmuş olacağım....»

Bunları okuyan banker kağıdı masanın üstüne bıraktı, garip adamı başından öptü, gözlerinden yaşlar akarak yan bölmeden çıktı. Daha önce hiçbir zaman, borsada kaybettiği dakikalarda bile kendisine karşı böyle büyük bir nefret duymamıştı. Evine gelince yatağa yattı, heyecanı, göz yaşları uzun süre uyumasına izin vermedi...

Ertesi gün yüzleri sapsarı bekçiler koşa koşa ona geldiler; yan bölmede kalan adamın küçük pencereden dışarı çıktığını, bahçeden geçip dış kapıya yöneldiğini, sonra gözden kaybolduğunu söylediler. Uşaklarla birlikte yan bölmeye giren banker mahpusun kaçışını tanıkların yanında belgeledi. Dedikodulara neden olmasın diye de masanın üzerindeki kağıdı aldı, evine dönünce kasasına kilitledi.

PRENSES

Dört tane besili, güzel atın çektiği gösterişli bir kupa arabası N. erkekler manastırının ana kapısından içeri girdi. Manastırın konuklara ayrılan binasının soylular bölümünün önünde bekleyen başkeşişler, keşişler, keşiş çömezleri arabanın sürücüsünü, atları daha uzaktan görür görmez kupa arabasıyla gelenin prenses Vera Gavrilovna olduğunu anladılar. Prensesi yakından tanırlardı.

Üniformalı yaşlı sürücü arabadan aşağı atladı, hanımefendinin inmesine yardım etti. Prenses yüzündeki koyu peçeyi kaldırdı, yavaş hareketlerle başkeşişlerin önünde durup kendisini kutsamalarını bekledi, çömezlere başını sallayarak gülümsedi, sonra ona ayrılan odanın yolunu tuttu.

Arkasından eşyalarını getiren keşişlerle konuşmaya başladı:

—E, ben yokken prensesinizi özlediniz mi? Bir aydır aranızda yoktum. İşte geldim, artık prensesinizi doya doya görebilirsiniz. Hani, manastır başkanı peder nerede? Böyle bir başkanınız olduğu için gurur duymalısınız.

Manastırın başpapazı içeri girince prenses heyecanlı bir çığlık attı, ellerini göğsünde çapraz bağlayıp kutsaması için pederin önünde durdu. Sonra başpapazın eline sarılarak;

—Elinizi öpmeme izin verin! dedikten sonra üç kez öptü. Kutsal peder, sizleri gördüğüm için öylesine kıvançlıyım ki! Ulu Tanrı bilir ya, prensesinizi tümüyle unuttunuz, ama ben her dakika kendimi aranızda, sevimli manastırınızda hissettim. Burası öyle güzel bir yer ki!.. Dünya karmaşasından uzak, Tanrı yolunda sürdürdüğünüz bu yaşam içerisinde pek çok güzellikler var. Ben bu güzellikleri ta derinden hissediyorum, ama sözlerle anlatmam güç.

Böyle derken yanakları al al oldu, gözleri doldu. Durmadan gevezelik ediyor, ateşli sözler söylüyor; yetmiş yaşlarında, ciddi görünüşlü, çirkin, utangaç bir adam olan manastır başpapazı ise hep susuyor, arada bir askerce, kesik kesik şeyler söylüyordu:

—Buyurduğunuz gibi... hay hay, hanımefendiciğim... baş üstüne... anlıyorum...

Sonunda;

—Burada uzun süre kalacak mısınız? diye sordu. Bizi mutlu edersiniz.

—Hayır, bu geceyi aranızda geçirdikten sonra Klavdiya Nikolayevna'yı görmeye gideceğim. Kendisiyle çoktandır görüşmüyoruz. Oradan dönüşte yeniden buraya gelip birkaç gün kalacağım. Manastırınızda ruhça dinginliğe kavuşmak istiyorum, kutsal peder...

Prenses, N. manastırına gelip kalmayı severdi. Son iki yılda buraya iyice alışmıştı. Yazın her ay gelir; iki gün, üç gün, bazen bir hafta kalırdı. Ürkek keşiş çömezleri, sessizlik, tavanların alçaklığı, manastıra sinen selvi kokusu, sade yemekler, pencerelerdeki ucuz perdeler ona pek dokunur, duygulandırır, kendini dinlemesine, iyi duygulara kapılmasına neden olurdu. Ona ayrılan odada yarım saat bile kalması kendini çekingen, alçakgönüllü biri gibi hissetmesine, ondan da selvi kokusu geliyormuş gibi duygulara kapılmasına yeterdi. Depdebeli yaşantısı çok çok uzaklarda kalarak tüm anlamını yitirir, yirmi dokuz yaşında bir kadın olmasına karşın tıpatıp yaşlı başpapaza benzediğini düşünmeye başlardı. Sanki zenginlik, gösteriş, sevip sevilmek için doğmamıştı; tam tersine dış dünyaya kapalı, sessiz, manastır köşeleri gibi yarı karanlık bir ortam için yaratılmış gibi hissederdi kendini.

Öyle zamanlar olur ki, duaya dalmış keşişin loş hücresine

ansızın güneş ışığı sızar, penceresine bir kuş konup neşeyle şakımaya başlar. Işte o zaman asık suratlı keşiş elinde olmaksızın gülümser, günah düşüncesinin verdiği üzüntüyle daralan göğsünden ağır bir taşın altından akarcasına sessiz, masum bir sevinç fışkırır. İşte prenses de buraya gelişiyle güneş ışığı, öten kuş gibi manastıra dışardan neşe getirdiğini düşünürdü. Şen gülücükleri, uysal bakışları, sesi, şakaları, genelde ufak tefek yapısı, biçimli bedeni, siyah sade giyimi, hoş görünüşüyle bu asık suratlı sade insanların gönlünde coşkuyla karışık sevinç uyandırdığına inanırdı. Bütün keşişler onu görünce, «Ulu Tanrı gene meleğimizi gönderdi,» diye düşünsün isterdi. Onların ister istemez böyle düşündüğünü hissettiği için daha bir güleryüzlü olur, kendini daha çok neşeli kuş yerine koyardı.

Çayını içip biraz dinlendikten sonra gezintiye çıktı. Güneş batmak üzereydi. Tarhlardan yeni sulanmış muhabbet çiçeklerinin mis gibi taze kokusu geliyordu. Kiliseden erkek seslerinin oluşturduğu korodan ilahiler duyuluyor, uzaktan dinlenince ilahiler hoş bir hüzün veriyordu insanın içine. Manastır kilisesinde ayin vardı. Kandil ışıklarının ölgün ölgün ıpıldadığı karanlık pencerelerde, gölgelerde, elinde bir maşrapayla kilise kapısında kutsal tasvirin dibinde oturan yaşlı keşişin duruşunda öyle dingin bir hava vardı ki, prensesin içinden ansızın bir ağlama isteği geldi.

Manastır kapısının dışında, manastır duvarı ile kayınağaçları arasındaki yolda ortalık iyice kararmıştı. Akşam karanlığı hızla bastırıyordu. Prenses manastırdan çıkıp ağaçlı yolda biraz yürüdü, oradaki sıralardan birine oturarak düşüncelere daldı.

Her şeyi, her şeyi bırakıp, yaz akşamları gibi kaygısız, dingin bir yaşamın sürüp gittiği bu manastıra yerleşmek ne güzel olurdu, diye düşündü. Yoldan çıkmış kocası nankör prensi, hesabını bilmediği malını-mülkünü, her gün kapısını aşındıran alacaklılarını, mutsuzluğunu, bu sabah durup dururken ona surat asan hizmetçisi Daşa'yı unutmak ne güzel olurdu! Ömür boyu akşamları şu sırada oturarak, ağaç gövdeleri arasından, enginlerde dolaşan sis kümelerini seyretmek ne güzel olurdu! Bu arada karga sürüleri kara bir peçe gibi gökyüzünü örten bir bulut görünümünde uzaklarda ormanın üzerinden aşarak geceleyecekleri yerlere giderlerdi. Biri alacalı bir ata binmiş, öbürü yaya yürüyerek atları gece otlamaya götüren iki papaz çömezi özgürlüğe kavuşunca çocuklar gibi sevinirler, şakalaşırlar, diri sesleri durgun havada çın çın öter, her söyledikleri net bir biçimde işitilirdi. O durgunlukta arada bir çıkan esinti kayınların tepe dallarını kıpırdatır, bir kurbağa geçen yıldan kalma yaprakları hışırdatır, manastır saati gongunun çeyrek saatleri vurduğu duyulurdu. Bütün bu sesleri dinleyerek sırada oturmak, düşünmek, düşünmek ne güzel olurdu!

Sırtında bir torbayla yaşlı bir kadın önünden geçiyordu. Prensesin içinden yaşlı kadını durdurmak, ona içten, güzel şeyler söylemek isteği uyandı. Ancak kadın bir kerecik olsun ona dönüp bakmadı, köşeyi dönerek gözden silindi.

Az sonra ağaçlı yolda uzun boylu, kır sakallı, panama şapka giymiş bir adam belirdi. Adam prensesin hizasına gelince şapkasını çıkarıp eğilerek selam verdi. Prenses kafasındaki dazlaktan, kemerli sivri burnundan onun, beş yıl kadar önce kendi köyü Dubovki'de görev yapmış olan doktor Mihail İvanoviç olduğunu anladı. Başkalarından işittiğine göre doktorun eşi bir yıl önce ölmüştü. Bu olayı anımsayan prenses doktorun acısını paylaşmak, ona avutucu sözler söylemek istedi. Gülümseyerek;

—Doktor, beni tanımadınız galiba? dedi.

Doktor şapkasını bir kez daha çıkardı.

—Tanıdım, prenses. Tanımaz olur muyum?

—Teşekkür ederim. Ben de sandım ki, prensesinizi tümüyle unuttunuz. İnsanlar yalnız düşmanlarını anımsarlar, dostları ise akıllarından çıkar gider. Manastıra dua etmek için mi geldiniz?

—Her cumartesi gecesini burada geçiririm. Görev dolayısıyla... Hekimlik yapıyorum.

Prenses içini çekti.

—Eh, nasılsınız, bakalım? İşittiğime göre karınız rahmetli olmuş. Başınız sağ olsun!

—Evet, prenses, benim için büyük bir yıkımdı bu.

—Ne gelir elden? Hepimiz başımıza gelen mutsuzluklara boyun eğip katlanmalıyız. Ulu Tanrı'nın buyruğu olmadan tek kılımız dökülmez, her şey O'nun isteğine bağlı.

—Evet, prenses.

Prensesin iç çekmelerine, gülümsemelerine, gönül alıcı sözlerine karşılık doktorun karşılığı hep «Evet, prenses»ten başka bir şey olmuyordu. Yüzünün duruşu da soğuk ve katıydı. «Ona daha başka ne söylesem?» diye düşündü prenses.

—Aradan çok zaman geçti, dedi. Sizinle görüşmeyeli ne kadar oluyor? Beş yıl mı? Bu süre içerisinde köprülerin altından çok sular aktı, büyük değişiklikler oldu. Düşünmek bile korkunç! Biliyorsunuz ben evlendim, kontesken prenses oldum. Sonra da ayrıldım kocamdan.

—Evet, işitmiştim.

—Ulu Tanrı bana çok acılar çektirdi. İflasın eşiğine geldiğimi de duymuşsunuzdur mutlaka. Bahtı kara kocamın taktığı borçlar yüzünden köylerimden Dubovki, Kiryakovo, Sofyino satıldı. Şöyle geçmiş günlere dönüp baktığım zaman korkudan tüylerim ürperiyor. Ne değişiklikler oldu, bilseniz! Türlü türlü mutsuzluklar, yanlışlıklar yaşandı!

—Evet, prenses, çok yanlışlıklar yapıldı.

Prenses biraz bozuldu. Kendi yanlışlarını biliyordu elbette, ancak bunları içinde saklardı; yaptığı yanlışları düşünmek, sözünü etmek hakkı yalnız kendine aitti. Elinde olmaksızın sordu:

—Hangi yanlışlardan söz ediyorsunuz?

Doktor acı acı güldü.

—Sözünü ettiğinize göre biliyorsunuz demektir. Bir de benden duysanız ne olacak?

—Hayır, hayır, söyleyin, lütfen! Minnettar kalırım. Bunda

sıkılacak bir şey yok! Gerçekleri öğrenmek hoşuma gider.

—Sizi yargılayacak değilim, prenses.

—Yargılamak mı? Sesinizin tonuna bakılırsa bir şeyler bildiğiniz anlaşılıyor. Ne biliyorsanız söyleyin!

—Madem istiyorsunuz, söyleyeyim. Ancak üzülerek belirteyim ki, konuşmasını pek beceremem, ayrıca beni anlamak her zaman kolay değildir.

Doktor biraz düşündükten sonra başladı:

—Bana kalırsa yanlışınız pek çok, özellikle de mülklerinizde yaşanmış olan... yaşanan hava hoş değil... Gördüğünüz gibi demek istediklerimi doğru-dürüst anlatamıyorum. Başka bir deyişle her davranışınızda sezilen sevgi eksikliği, insanlara karşı duyulan nefret herkesi irkiltiyor. Sizin yaşam tarzınız tümüyle nefret üzerine kurulmuş. İnsanların sesine, yüzüne, ensesine, adım atışına, kısacası insanla ilgili ne varsa hepsine karşı nefret duyuyorsunuz. Her kapıya üniforma giymiş zebellah gibi adamlar dikmişsiniz. Hepsi de karnı tok, görgüsüz, işe yaramaz birer haydut bunların... Amaç, kılıksız adamları evinize sokmamak. Verdiğiniz davetlerde kapının girişinde oturarak efendilerini bekleyen uşaklar enselerini dayayıp duvar kağıtlarını kirletmesinler diye sandalyelerin arkalıklarını yüksek yüksek yaptırmışsınız. Odalarınızda kaba saba halılar serili, insanlar gelip geçerken ayak sesleri işitilmesin diye... Sizi görmeye gelen herkes yüksek sesle konuşmamaları, gereksiz şeyler söylememeleri, keyfinizi kaçıracak konuları açmamaları için önceden uyarılır. Çalışma odanıza biri girdiğinde elinizi vermezsiniz, oturacak yer göstermezsiniz. Tıpkı şimdi bana davrandığınız gibi...

Prenses gülümseyerek elini uzattı.

—Aman doktorcuğum, buyurunuz. Elinizi sıkmadım diye kızmaya değer mi?

—Hayır, size kızdığım filan yok!

Doktor böyle söylemekle birlikte yüzü kıpkırmızı kesildi,

şapkasını çıkarıp havada sallayarak öfkeli öfkeli konuşmaya başladı:

—Doğrusunu söylemem gerekirse çoktandır sizinle konuşmak için fırsat kolluyordum... Demek istediğim şu ki, siz insanlara Napolyon'un yaptığı gibi toplara karşı etten bir kale gözüyle bakıyorsunuz. Hiç olmazsa Napolyon'un bir ülküsü vardı, sizin ise insanlara karşı duyduğunuz tiksintiden başka bir şeyiniz yok.

Prenses şaşkınlıkla omuz silktikten sonra gülümsedi.

—İnsanlara karşı tiksinti mi duyuyormuşum! Ben mi?

—Evet, siz! Kanıt mı istiyorsunuz? Söyleyeyim... Mihaltsev köyünde konağınızın mutfağında çalışırken fırın ateşinden gözleri kör olan üç eski ahçı dilenerek yaşıyorlar. On binlerce dönümlük topraklarınızda yaşayan ne kadar sağlıklı, işe yarar, eli-yüzü düzgün insan varsa hepsi sizin ya da çanak yalayıcılarınız tarafından uşak, arabacı, korumacı yapılmak üzere toplandı. Bütün bu iki ayaklı yaratıklar uşak olarak yetiştirildi, semirtildi, kısacası, yozlaştırılıp insan kılığından çıkarıldı... Gencecik hekimler, tarım uzmanları, öğretmenler, genelde beyniyle çalışanlar işlerinden koparıldı, onurlu görevlerinden zorla alındı. Neymiş, efendim, karın tokluğuna gönlünüzü eğlendiren işlerde çalışacaklarmış. Aklı başında her insan bunları görünce utancından yerin dibine geçer. Genç bir adam sizin hizmetinizde üç yıl çalıştıktan sonra ya sahtekar oluyor ya dalkavuk ya da iftiracı. İyi bir şey mi bu yaptıklarınız? Kahyalığınızı yapan aşağılık Lehli casus Kazimir'lerin, Kaetan'ların hepsi gece demez, gündüz demez on binlerce dönümlük topraklarınızın altını üstüne getirerek size yaranmak için bir mandadan üç post çıkarmaya çalışırlar. Belki size söylemek istediklerimi dağınık biçimde iletiyorum, ama ne önemi var? Sade halkı sizde insan yerine koymuyorlar. Konağınıza gelen prensleri, kontları, başpapazları da süs köpeği gibi görüyorsunuz. Sizin gözünüzde onlar da canlı insan değil. En önemlisi... en önemlisi... beni en çok kızdıranı milyonluk servetiniz olduğu halde insanların yararına bir kuruş harcamamanız...

Prenses afallamış, korkmuş, gücenmiş olarak oturuyor; doktora karşı nasıl davranacağını, ne yapacağını bilemiyordu. Daha önce kimse onunla bu şekilde konuşmamıştı. Doktorun öfkeli, irkiltici ses tonu, arada bir kekeleyerek patavatsız patavatsız konuşması kulaklarında, kafasında dan dan eden bir gürültü gibi çınlıyordu. Konuşma uzadıkça ellerini-kollarını sallayan doktor sanki şapkasıyla kafasına vuruyormuş gibi geldi.

Neden sonra kendini toplayarak, yalvaran bir sesle;

—Söyledikleriniz doğru değil! dedi. Kendiniz de biliyorsunuz ki, insanlar için güzel şeyler yaptım.

Doktor bağırdı:

—Bırakın.bu lafları! Hayırseverlik adı altında yaptığınız şeyleri ciddi, yararlı işler olarak mı görüyorsunuz yoksa? Onlar olsa olsa sizin gönül eğlencenizdi! Beni sözde başhekim diye görevlendirip kendinizin de koruyuculuğunu üstlendiğiniz, kimsesiz yaşlı kadınların kaldığı güçsüzler evini ele alalım... Sevsinler, ne güzel yerdi orası! Çatısında rüzgâr gülü bulunan, parke döşemeli bir ev yaptırdınız; köylerden on kadar kocakarıyı toplayıp tüylü battaniyeler altında, Hollanda çarşaflı yataklarda yatmaya, akide şekeri yemeye zorladınız.

Doktor gülmesini gizlemeye çalışarak yüzünü şapkasının içine gömdü.

—Düpedüz maskaralık! Çok geçmeden güçsüzler evinin hizmetçileri, kirlenmesin diye çarşafları toplayıp kilit altına koydular. Geberesi moruklar çıplak döşemede zıbarsınlar gibisinden! Zavallı kadınlar ne karyolada oturabiliyor, ne hırka giyebiliyor, ne de cilalı parkeler üzerinde yürüyebiliyordu. Hırsızdan mal kaçırırcasına her şey kadınların elinden alınıp tören günleri için saklanmıştı. Kadıncağızlar ne yapsınlar? Başkalarının eskilerini giyinip zar zor karınlarını doyuruyorlardı. Güçsüzler yurdunun denetimini ellerine bıraktığınız karnı tok zorbalardan, onların öğütlerinden bir an önce canlarını kurtarmak için gece-gündüz duaya başladılar. Peki, hizmetçiler böyleydi de üst düzey yöneticiler ne yapıyorlardı? Bu da ayrı bir alem! Haftanın iki günü daha akşamdan kırk atlı koşar gelir, ertesi günü prensesin, yani sizin düşkünler evini onurlandıracağınız haberini getirir. Bu demektir ki, düşkün kadınlar sabahtan giydirilip kuşatılacak, tören yerine götürülecek. Buyursunlur, gelsinler, efendim! Kocakarılar tertemiz giydirilir, sıraya sokulup bekletilmeye başlarlar. Suratında dalkavukça bir sırıtmayla eski bir asker, kadınların çevresinde görevli sıfatıyla dolanır durur. Kadıncağızlar fısıldaşmaya korkarlar, esneyerek birbirlerine bakarlar. Böylece uzun süre bekleriz. Neden sonra küçük yöneticilerden biri gelir, ardından daha büyüğü, sonra daha büyüğü... Gelenlerin ardı arkası kesilmez. Herkesin gizemli bir yüzü, gösterişli bir duruşu vardır. Ağırlığımızı bir ayağımızdan ötekine aktararak bekler dururuz, hep saatlerimize bakarız, çıt çıkarmayız. Çünkü orada dikilirken birbirimizden nefret etmekteyizdir. Bir saat geçer, iki saat geçer, en sonunda hanımefendinin kupa arabası uzaktan gözükür.

Doktor ince sesiyle bir kahkaha attı.

—Siz arabanızdan çıkarsınız. Yaşlı cadılar asker emeklisinin komutu üzerine, «Ulu Tanrı büyüktür, onun büyüklüğünü hepimiz sayarız...» ilahisini okumaya başlarlar. Nasıl? Güzel, değil mi?

Doktor bu sefer kalın bir sesle kahkaha attı, gülmekten konuşamıyormuş gibi elini salladı. Kötü niyetli insanlar gibi dişlerini sıkarak kesik kesik gülüyordu. Sesine, yüzüne, küstahça parlayan gözlerine bakarak insan onun prensesten de, düşkünler yurdundan da, kocakarılardan da ne kadar nefret ettiğini anlayabilirdi. Kaba saba sözlerle beceriksizce anlattığı şeylerde aslında eğlenceli, gülünecek bir taraf yoktu, gelgelelim o büyük bir zevk duyarak, hatta neşeyle gülüyordu.

Kahkahadan boğulurcasına;

—Ya okula ne demeli? dedi. Hani şu, öğretmenlik yapıp köy çocuklarını eğitmeye çalıştığınız okul! Öyle güzel eğitmiş olmalısınız ki, çocuklar ilk fırsatta kaçıp köylerine sığındılar. Sonra hepsini sıra dayağına çektiler, ellerine birkaç kapik tutuşturup gene karşınıza getirdiler. Ya anneleri tarlada çalışan kadınların bebeklerini topladıktan sonra kendi elinizle beslemek istediğiniz günleri unuttunuz mu? Köy sokaklarında dolaşıp iki gözünüz iki çeşme ağlıyordunuz, «Anneler bebeklerini benim bakımıma bırakmıyorlar!» diye.. Sonra köy muhtarı sırayla kadınların çocuklarını kucaklarından alıp gönül eğlendirmeniz için size vermeye başladı. Ne akıl almaz şeyler, değil mi? Siz iyilik yapmak istiyorsunuz, onlar sizden kaçıyorlar! Neden böyle oluyordu acaba? Çok basit! Sizin söylediğiniz gibi, halkımızın cahilliğinden, değer bilmezliğinden değil, beni hoş görün ama, bütün bu girişimlerinizde sevgi, acıma duygusu olmadığından. Sizin tek istediğiniz, canlı kuklalarla gönül eğlendirmekti. İnsanları süs köpeklerinden ayırt etmesini beceremeyenler iyilik yapmaya kalkışmamalı. Emin olun, insanlar ile süs köpekleri arasında büyük fark vardır!

Prensesin yüreği güm güm atıyor, doktor şapkasıyla kafasına vuruyormuş gibi kulakları uğulduyordu. Doktorun kekeleyerek, ellerini-kollarını fazlasıyla sallayarak, hızlı hızlı, ateşli, çirkin bir konuşması vardı. Prenses, karşısında kaba, eğitilmemiş, öfkeli, değerbilmez bir adamın konuştuğunu anlıyor; bunun ötesinde onun kendisinden ne istediğine, nelerden söz ettiğine pek aklı ermiyordu. Başını doktorun şapkasından korumak istercesine ellerini kaldırarak;

—Gidin! Gidin! dedi ağlamaklı bir sesle.

—Şimdi gelelim yanınızda çalışan adamlara nasıl davrandığınıza... Siz onları insan yerine koymuyorsunuz, tam tersine hepsine soyguncu gözüyle bakıyorsunuz. Madem bu konuyu açtık, sözü niçin beni işten attığınıza getirelim. Bayram demeden, seyran demeden, bir gün bile dinlenceye çıkmadan babanıza, size tam on yıl hizmet ettim; yüz fersah uzaklıkta çepeçevre herkesin saygısını, sevgisini kazandım; ama bir gün geldi ki, artık sizin yanınızda çalışmayacağım söylendi. Bunu neden yaptığınızı bugüne dek anlamış değilim. Soylu bir aileden gelme, Moskova Üniversitesi'ni bitirmiş, evli barklı bir tıp doktorunu herhangi bir açıklama yapmadan kulağından tuttuğunuz gibi işten kovdunuz. Öyle ya, beni neden adam yerine koyacaktınız? Sonradan öğrendim ki, karım benim haberim olmadan bağışlanmam için iki-üç kez kapınızı çalmış, ama siz onu yanınıza sokmamışsınız. Rahmetli, beni bağışlamanız için ağlayıp sızladı diye onu hiçbir zaman bağışlamadım, bağışlamayacağım da...

Doktor hıncını daha çok belli eden, aşağılayıcı sözler bulmak amacıyla dişini sıkıp bir süre bekledi. Sonra aklına gelen bir düşünceden dolayı asık suratı aydınlandı.

—Şu manastırla ilişkilerinize bakalım biraz da. Bugüne dek kimsenin gözünün yaşına bakmış değilsiniz, bunu biliyoruz. Ama manastır gibi kutsal bir yer sizin melek yumuşaklığınızdan, acıma duygularınızdan bence en büyük payı almıştır. Sorarım size: Buraya niçin gelip gidiyorsunuz? Papazlarla, keşişlerle ne alışverişiniz olabilir? Bana sorarsanız gene gönül eğlendirme, oyun, insan kişiliğine saygısızlık... Başka bir şey değil! Sizin, manastırın inandığı Tanrı'ya bir yakınlığınız yok, gönlünüzde kendi Tanrı'nız yatıyor. Ruh çağırma seanslarında aklınızla ulaştığınız kendi Tanrı'nız... Kilise ayinlerine küçümseyerek baktığınıza, öğleye kadar uyuyarak sabah, öğle dualarına katılmadığınıza göre buraya niçin geliyorsunuz? Başkalarının manastırına kendi Tanrı'nızla gelirken büyük bir iş yaptığınızı mı sanıyorsunuz? Sanki gelişinizle buraya onur mu verdiniz? Kesinlikle hayır! Ziyaretlerinizin keşişlere kaça patladığını düşündünüz mü hiç? Manastırı bu akşam onurlandırdınız, ama hazırlıklar eksiksiz olsun diye üç gün önceden atlı haberciniz geldi. Dün bütün gün odanız hazırlandı, yolunuz dört gözle beklendi. Bugün öncü olarak görevlendirdiğiniz hoyrat hizmetçiniz avluda bir oraya bir buraya koşturdu durdu, hışır hışır giysileriyle herkese sorular sordu, buyruklar yağdırdı... Aman ne küstah şey! Keşişler hep diken üstünde beklediler, törensiz karşılanırsanız başlarına gelecek vardı. Çünkü hemen metropolite yakınırdınız. «Saygıdeğer metropolit, nedense keşişler beni sevmiyorlar. Onları niçin kızdırdığımı bilmiyorum. Günahımın çok olduğu bir gerçek, ama çok mutsuzum!» diye... Manastırlardan birinin başına böyle bir bela açtınız zaten. Manastırın başpapazı bilge kişi, bir dakika boş vakti yoktur, hep çalışır, ama siz ikide birde onu odanıza çağırırsınız. Ne yaşlı insanlara saygınız var, ne ünvana, ne makama... Manastıra büyük paralar bağışlamış olsanız gene içim yanmazdı. Oysa buraya adımını attığınız günden beri keşişler sizden yüz ruble bağış bile alamadılar.

Prenses gücendirildiği, rahatsız edildiği, söyledikleri sözler anlaşılmadığı, şaşırıp ne yapacağını bilemediği zamanlar hemen ağlamaya başlardı. Şimdi de öyle yaptı, yüzünü elleriyle kapatarak çocuk gibi incecik sesiyle bir ağıt koyverdi. Bunun üzerine doktor konuşmasını şıp diye kesti, prensesin yüzüne baktı. Kadının yüzü kararmış, kaskatı kesilmişti.

—Bağışlayın, prensesim, dedi. Kendimi unutup fazla ileri gittim. Gereksiz bir öfkeye kapılmış olmalıyım.

Suçlu suçlu öksürdü, şapkasını giymeyi bile unutarak prensesin yanından hızla uzaklaştı.

Yıldızlar ışıldamaya başlamıştı. Manastırın öbür yanından ay epeyce yükselmiş olacak ki, gökyüzü şıkır şıkır aydınlıktı. Yarasalar beyaz manastır duvarları boyunca bir oraya, bir buraya sessizce gidip geliyorlardı.

Kilise saatinin gongu alçak sesle üç çeyrek saati vurdu, vakit 9'a çeyrek kala olmalıydı. Prenses oturduğu sıradan kalktı, ana kapıya yöneldi. Gücendirildiği, hep ağladığı için ağaçlar, yıldızlar, yarasalar ona acıyorlarmış gibi geliyordu. Saat gongunun tatlı bir ezgiyle vurması da onun acısına katılmak içindi sanki. Bir yandan ağlıyor, bir yandan da, «Dünyadan elimi eteğimi çekip manastıra kapansam ne güzel olurdu! İnsanlarca anlaşılmamış, gücendirilmiş, incitilmiş olarak bahçe yollarında tek başıma gezer, acı çeken kulunu yalnız Ulu Tanrı görürdü, bir de gökyüzü...» diye düşünüyordu. Akşam ayini bitmemişti henüz. Prenses durarak söylenen ilahilere kulak kabarttı. Kımıltısız, karanlık havada kulağa ne güzel geliyordu sesler! İlahiler söylenirken ağlamak, acısını içine atmak ne güzeldi!

Odasına dönünce aynaya baktı, ağlamaktan kızarmış yüzüne pudra sürdü, akşam yemeğine oturdu. Keşişler onun tuzlanmış çığa balığını, küçük küçük mantarları, üzüm şarabını, ağızda selvi yaprağı kokusu bırakan ballı kurabiyeleri sevdiğini bildikleri için her gelişinde yemekte bunları verirlerdi. Prenses mantarlardan yiyip şarabını yudumlarken çevresindekilerin onu iflas ettireceklerini, sonra tümüyle kendi başına bırakacaklarını kuruyordu. Çiftliklerindeki yöneticiler, kahyalar, işletmelerinin bürolarında çalışanlar, bir dediklerini iki etmediği, konağındaki hizmetçiler ona ihanetin yanında yapmadıklarını bırakmayacaklardı. Karşısına çıkan bütün insanlar ona saldıracak, alay edip ağız dolusu söveceklerdi. Bunun üzerine kendisi de prenseslik ünvanını bırakacak, debdebeli yaşantısını tepip dünyadan elini-eteğini çekecek, kimseye herhangi bir sitemde bulunmadan manastıra kapanacaktı. Orada düşmanlarının mutluluğu için dua edecekti. İşte o zaman onun değerini anlayacaklar, ondan özür dilemeye kalkacaklardı, ama iş işten geçmiş olacaktı...

Yemekten sonra köşede kutsal tasvirlerin önünde diz çöküp İncil'den iki parça okudu. Bunun ardından hizmetçisi yatağını serdi, o da uyumak üzere yattı. Kar beyazı yatak örtüsünün altında gerinerek derinden, tatlı tatlı içini çekti, gözlerini kapadı, uyumaya başladı.

Sabahleyin uyanıp saatine baktığında 8.30'tu. Karyolasının dibinde halının ucuna parlak bir gün ışığı demeti düşmüştü. Pencereden düşen bu ışık odasını hafifçe aydınlatıyordu. Kapkara perdelerle pencerenin camı arasında vızır vızır eden sinekler vardı.

«Daha erken,» diyerek gözlerini yumdu.

Yatağında gevşek gevşek gerinirken doktorla dünkü karşılaşmaları, uyumadan önceki düşünceleri geldi aklına. Mutsuz bir kadın olduğunu düşündü. Petersburg'da yaşayan kocası, çiftliğinin yöneticileri, komşuları, doktorlar, tanıdığı memurlar geldi hatırına... Yakından tanıştığı birçok erkek yüzü gelip geçti zihninden. Kendi kendine gülümsedi, bütün bu insanların, onu anlayıp ruhunun derinliklerine inseler önünde yere kapanacaklarını düşündü.

On ikiye çeyrek kala çıngırağı çalıp hizmetçisini çağırdı. Uykulu uykulu;

—Daşa, giyinmeme yardım edin, dedi. Hayır, önce haber verin de arabayı koşsunlar. Klavdiya Nikolayevna'ya gideceğim.

Kupasına binmek üzere odasından çıktığı zaman parlak gün ışığından gözleri kamaştı. Hava öylesine güzeldi ki! Onu karşılamak için konuklar bölümünün merdiveninde toplanan keşişlere gözlerini kısarak baktı, başıyla selam verdi.

—Dostlarım, şimdilik hoşça kalın! Yarın değil öbür gün gene görüşeceğiz.

Aynı anda hoş bir sürprizle karşılaştı: Merdivende bekleşen keşişler arasında doktor da vardı. Ancak yüzü asık, solgundu.

Doktor suçlu suçlu gülümseyip şapkasını çıkararak;

—Prensesim, sizi çoktan beridir burada bekliyorum, dedi. Beni bağışlamanızı dilerim. Kötü düşüncelerin etkisiyle hınç çıkarırcasına dün size gereksiz bir sürü şey söyledim... saçmaladım... Özür diliyorum.

Prenses tatlı tatlı gülümsedi, elini doktorun dudaklarına uzattı. Doktor uzatılan eli öptü, kızardı.

Sanki minik bir kuşmuş gibi prenses dört bir yana başını sallayarak arabasına koştu. Tüy hafifliğindeydi; yüreği aydınlanmış, içi ısınmıştı. Gülümsemesinin ne derece tatlı, cana yakın olduğunu kendisi de hissediyordu. Arabası manastırın kapısından çıkıp tozlu yolda bahçelerin, köylü evlerinin, art arda dizilmiş kirli tüccar arabalarının, manastıra sürü sürü gelen gezginci duacıların arasından ilerlerken hâlâ göz süzüyor, gülümsüyordu. İçinde hoş düşünceler kıpır kıpırdı. Gittiğin her yere sıcaklık, ışık, sevinç götürmek, kabalıkları unutmak, düşmana bile gülümsemek kadar büyük bir zevk yoktu yeryüzünde. Karşıdan gelen köylüler şapkalarını çıkarıp selam veriyorlar, arabası hafif hafif gıcırdıyor, tekerlerin altından kalkan toz bulutları altın rengi çavdar tarlalarına doğru uzanıyordu. Prenses bir an arabadaki yastıklar üzerinde değil, bulutlar üzerinde salınarak uçtuğunu, kendisinin de bu saydam, ince bulutlara benzediğini düşündü. Gözlerini yumarak;

—Ne kadar mutluyum! dedi. Ne kadar mutluyum!

ÖYLESİNE BİR ÖYKÜ

Yaşlı bir adamın güncesinden

I

Rusya'da Nikolay Stepanoviç adında, en üst dereceden devlet memuru olan, Rus ve yabancı birçok nişanın sahibi, saygıdeğer bir profesör vardır. Törenlerde göğsü nişanlarla donanınca üniversiteliler onu aziz tasvirlerine benzetirler. Profesör yakın çevresini hep kalburüstü kimselerden seçmiştir, en azından şu son 25-30 yıl içerisinde Rusya'da tanınmış bütün bilim adamlarıyla sıkı ilişkileri vardı. Her ne kadar şimdilerde arkadaşlık edeceği pek kimse kalmamışsa da, geçmişe dönüp bakacak olursak, ünlü dostlarının listesinde Pirogov[1], Kavelin[2], ozan Nekrasov[3] gibi adlara raslarız. Hepsi profesöre en içten, en sıcak duygularla bağlıydılar. Profesör bütün Rus üniversitelerinin, ayrıca üç Avrupa üniversitesinin bilim üyesidir... vbg. vbg...

İşte bunları ve benzeri pek çok şeyi art arda sıralarsanız benim özelliklerimi tanımlamış olursunuz.

Adım geniş çevrelerce bilinir. Rusya'da okuma-yazması olan herkes adımı tanır, dış ülkelerde ise kürsü sahipleri adımın başına «ünlü», «saygıdeğer» sıfatlarını eklemeden benden söz etmezler. Taşıdığım bu ad pek az talihliye nasip olmuştur;

---

1 Nikolay İvanoviç P. (1810-1881): Ünlü bir operatör.
2 Konstantin Dmitriyeviç K. (1818-1885): Eleştirmen, filozof.
3 Nikolay Al. N. (1821-1878): Yoksulların yaşamını dile getirdi.

bu bakımdan toplum içinde ya da basında beni haksız yere diline dolayanlara, çamur atmaya kalkanlara pek iyi gözle bakmazlar. Aslında böyle olması gerekir, çünkü adım anılınca herkesin zihninde ünlü, çeşit çeşit yetenekleri olan, topluma yüzde yüz yararlı bir adam canlanır. Çalışkan bir adamım, deve gibi dayanıklıyım. Bunlar az şeyler mi? Yetenekli oluşum da çok önemli. Sırası gelmişken belirteyim: Efendi, alçakgönüllü, dürüst bir insanım. Burnumu edebiyata sokmadığım gibi, siyasete de bulaşmadım; cahil adamlarla dalaşarak ucuz şöhret peşinde koşmadım. Şölenlerde, arkadaşlarımın mezarı başında söylev çekmedim. Kısacası, bilgin olarak taşıdığım bu ad tertemizdir, adımın benden hiçbir yakınması olamaz. Ne mutlu böyle bir ad taşıyana!

Bu adı taşıyan bendeniz, altmış iki yaşında, takma dişli, tiki geçmek bilmeyen, dazlak kafalı bir adamım. Adımın parlak, gösterişli olması yanında aslında çirkin mi çirkin biriyim, başkalarının yanında silik kalırım. Zayıflıktan başım, ellerim titrer; boynum Turgenyev'in kadın kahramanlarının biri gibi armut sapını andırır. Göğsüm içeri çökük, sırtım daracıktır. Konuşurken, bir şey okurken ağzım çarpılır; gülerken bütün yüzümü yaşlı insanlarınki gibi ölü buruşukları kaplar. Zavallı bedenim göz doldurucu olmak şöyle dursun, tikim başlayınca yüzümün görünüşü daha bir değişir. O anda beni görenlerin aklından, «Adam yakında yolcu olacağa benzer» gibi bir düşünce geçse gerek...

Kürsüden ders verişim eskisi gibi etkileyicidir, dinleyicilerimin dikkatini iki saat boyunca ayakta tutabiliyorum. Coşkum, nüktelerim, edebi anlatım tarzım sesimin kusurlarını örtmeye yetiyor; oysa sesim kurudur, softalarınki gibi makamlı, insanları irkilten bir konuşmam vardır. Öte yandan yazdığım yazılar da hiç etkili değil. Beynimdeki yazı yazma yeteneğini yöneten bölüm epeyce hasar görmüş olmalı. Belleğim hayli zayıfladı, düşüncelerimin akışında tutarlılık kalmadı, düşündüklerimi kağıda dökerken aralarında bağlantı kuramıyorum.

Yazılarımın kuruluşu gitgide tekdüzeleşti, tümcelerim yoksullaşıp dağınık bir durum aldı. Sık sık kalemimden asıl söylemek istediklerimden başka şeyler çıkıyor, yazının sonuna gelince başında neler dediğimi anımsamıyorum. Çoğu kez en basit sözcükleri bile unutuyorum, uzun deyişlerden, dolambaçlı anlatımlardan kaçınmak için büyük çaba harcamam gerekiyor. Bu da gösteriyor ki, beynim artık eski gücünü yitirmiş. İşin garibi, konu ne denli sade olursa benim onu yazıya dökmem o derece zorlaşıyor. Bilimsel bir makaleyi kaleme alırken kendimi bir kutlama mektubu ya da kısa bir rapor yazdığım zamandan daha rahat hissediyorum. Bir şey daha var: Almanca ya da İngilizce yazmak Rusça yazmaktan daha kolay geliyor bana.

Bugünkü yaşama tarzıma gelince, en başta, bir türlü yakamı kurtaramadığım uykusuzluktan söz etmeliyim. Birisi yaşamımın belli-başlı, en temel özelliği nedir, diye sorsa, çekinmeden «Uykusuzluk!» derim. Eskiden beri alıştığım üzere tam gece yarısı soyunarak yatağıma giriyorum. Çabucak uyuyor, ama 2'ye doğru, sanki hiç uyumamış gibi bir duyguyla gözlerimi açıyorum. Kalkıp lambayı yakmaktan başka çarem kalmıyor. Bir-iki saat odayı bir köşeden öbürüne arşınlayıp duvarlarda çoktandır ezberlediğim resimleri, tabloları seyrediyorum. Dolaşmaktan usanınca yazı masama geçiyorum. Kıpırdanmadan, hiçbir şey düşünmeden, hiçbir istek duymadan oturuyorum. Oradan elime bir kitap geçerse önüme çekiyorum, ilgi duymadan okuyorum. Geçenlerde «Kırlangıç Nice Öter» diye garip bir ad taşıyan, koskoca bir romanı açıp okumuşum da farkında değilim. Bazen zihnimi oyalamak için bine dek saymaya başlarım ya da arkadaşlarımdan birini düşünerek yüzünü gözümün önüne getirmeye çalışırım. Arkadaşımın hangi yıl, ne gibi koşullarda işe girdiği gelir hatırıma. Şuradan-buradan gelen seslere kulak kabartmak da bana zevk verir. Kah iki oda ötede kızım Liza uyku arasında çabuk çabuk bir şeyler mırıldanır, kah karım elinde mum, salondan geçerken kibriti düşürür. Arada bir dolabın kuru tahtaları çıtırdar, lambanın fitili ansızın vızıldamaya başlar. Bütün bu sesler nedense bende heyecan uyandırır.

Gece uyumamak demek her an normal olmadığımı hissetmek demektir. O yüzden uyumamayı hak saydığım gündüz ışığını iple çekerim. Horozların ötüşüne değin üzüntülü, bitmek-tükenmek bilmez bir zaman geçer. Horoz sesi ilk müjdecimdir. Bir saat sonra aşağıda kapıcımızın uyanacağını, öfkeli bir öksürmeyle iş için üst katlara çıkacağını bilirim. Daha sonra yavaş yavaş ortalık ağarır, sokaktan sesler duyulmaya başlar...

Benim için günün başlangıcı karımın odama girdiği andır. İç etekliğiyle, saçı-başı dağınık, ama yüzünü yıkamış, çevresine çiçek kolonyası kokusu saçarak, sanki öylesine uğramış gibi girer. Her zaman;

—Kusura bakma, bir dakika uğrayayım dedim, diye başlar. Gene mi uyumadın?

Sonra lambayı söndürüp masanın yanına ilişerek lafı açar. Falcı değilim ama ne söyleyeceğini önceden kestiririm. Her sabah aynı nakarat. Sağlığımla ilgili meraklı sorulardan sonra birdenbire Varşova'daki oğlumuz gelir hatırına. Her ayın yirmisinden sonra ona 50 ruble göndeririz. Konuşmamızın baş konusu neredeyse yalnız budur. Karım içini çekerek;

—Doğallıkla bu, bizim için kolay değil, der. Fakat çocuk kendini kurtarana dek ona yardım etmek boynumuzun borcu... Yavrucak yaban ellerde, aylığı kendine yetmiyor. Ama istersen öbür ay 50 yerine 40 göndeririz. Ne dersin?

Yaşadığımız olaylar masraflarımız üzerinde her gün çene yormanın bunları azaltmadığını göstermeye yetmeliydi. Gelgelelim karım bunu kabul etmez; her sabah subay oğlumuzdan, çok şükür ekmeğin ucuzladığından, ama şekerin iki kapik fırladığından konuşur durur. Bunları bilmediğim bir şeyi haber verircesine söyler.

Onu dinler, kurulmuş bir makine gibi söylediklerini onaylarım. Gece uyumadığımdan olacak, tuhaf, gereksiz düşünceler doldurur zihnimi. Karıma bakıp bakıp çocuk gibi şaşarım. O şaşkınlık içinde kendi kendime derim ki: «Bu yaşlı, şişko, hantal kadın, durgun bakışlarından yalnız ıvır zıvır şeyler için kaygı, borç korkusu, yokluk üzüntüsü okunan, hep masraflarımızdan konuşan, yüzü yalnız ucuzluk duyduğunda gülen, vaktiyle canım gibi sevdiğim o incecik, zarif Varya mı? Kafalı, iyi düşünen, temiz ruhlu, güzel bir kadın olduğu için Otello'nun Desdemona'yı sevdiği gibi bilim adamlığım üzerinde titremesi yüzünden gönül verdiğim kadın bu mu? Bir zamanlar bana erkek evlat doğuran Varya aynı Varya mı?..»

Pelteleşmiş, iri gövdeli kocakarının yüzünü olanca dikkatimle incelerken eski Varya'mı arıyorum. Geçmiş günlerimizden yalnız sağlığımla ilgili korkusu, bir de konuşurken aylığım yerine «aylığımız», şapkama «şapkamız» demesi kalmış. Morali bozulmasın diye dilediği gibi konuşmasına göz yumuyorum. Hatta başkaları hakkındaki haksız yargılarına; muayenehane açmadığım, okul kitapları yazmadığım için beni azarlamalarına sesimi çıkarmıyorum. Konuşmalarımız hep aynı tarzda sona eriyor. Çay içmediğimi anımsayarak karım birdenbire telaşlanıyor.

—A, burada ne diye oturup duruyorsun? Hadi kalk, kalk! Semaver ne zamandır masada bekliyor. Ben de oturmuş, gevezelik ediyorum... Vallahi, kafa kalmadı bende artık.

Çıkarken kapıda duruyor.

—Yegor'a beş aylık borçluyuz, haberin var mı? Hizmetkarların aylıklarını ihmal etmemeli, kaç kere söyledim sana! Her ay on ruble vermek, biriktirip biriktirip beş ay sonra elli ruble birden ödemekten daha kolaydır.

Dışarı çıkınca bir daha duraklıyor.

—Şu bizim zavallı Liza'ya acıdığım kadar kimseye acımıyorum. Yavrucak konservatuvara gidiyor, iyi insanlarla temas ediyor. Halbuki üstü-başı yürekler acısı... Sırtındaki palto sokakta insanı utancından yerin dibine geçirir. Başka bir genç kız olsa gene neyse, ama onun babasının ünlü bir profesör, en üst dereceden devlet memuru olduğunu bilmeyen yok...

Ünümü, rütbemi başıma kaktıktan sonra çeker gider. Günümün başlangıcı böyledir işte, devamı da bundan daha iyi değildir.

Çayımı içerken kızım Liza girer. Paltosunu, şapkasını giymiş; elinde notalarla konservatuvara gitmek üzeredir. Yirmi iki yaşındadır Liza, ama daha küçük gösterir. Güzel kızdır, karımın gençliğini andırır. Beni elimden, yanağımdan öptükten sonra;

—Günaydın, babacığım. Nasılsın? diye hatırımı sorar.

Küçükken dondurmaya bayılırdı. Onu sık sık dondurmacıya götürürdüm. Sevdiği her şeyi dondurmaya benzetirdi. Beni bile, «Benim kaymaklı dondurma babacığım!» diye severdi. Parmaklarına şamfıstıklı, kaymaklı, ahududulu... diye ad takmıştı. Sabahları günaydına gelince kucağıma oturtur, parmaklarını bir bir öperken sayardım:

—Bu kaymaklı... şu şamfıstıklı... şu da limonlu...

Geçmiş günlerin anısıyla hâlâ kızımın parmaklarını öpüyor; «Şamfıstıklı... kaymaklı... limonlu...» diye mırıldanıyorum. Ama eski tat kalmadı artık. Dondurma gibi bir soğukluğum var, kendimden utanıyorum. Kızım yanıma gelerek dudaklarını yanağıma değdirdiğinde arı sokmuş gibi ürperiyor, yüzümü öteye çevirip zoraki gülümsüyorum.

Uykusuzluk illetine tutulduğumdan beri beynime çivi gibi bir düşünce saplandı: Kızım ben ihtiyarın, tanınmış bir adam olan babasının, uşağa olan borcu yüzünden nasıl üzüntüden kıvrandığımın farkındaydı yüzde yüz. Ufak tefek borçların etkisiyle işimi-gücümü bırakıp saatlerce odamda bir köşeden öbürüne gidip geldiğimi bilmekteydi. Acaba annesinden gizli olarak bana gelip, «Baba, işte saatimle bileziklerim, küpelerim, giysilerim... Paraya gereksinmen varsa bunları rehine koy...» diyemez miydi? Boş bir gurura kapılarak annesiyle benim, durumumuzu herkesten sakladığımızı bildiği halde, neden müzik gibi pahalı bir zevkten vazgeçmek istemiyordu! Aslında ne saatini, ne bileziklerini kabul ederdim, ne de ondan başka bir özveri beklerdim. Tanrı korusun, istemem öyle şey!

Bu arada Varşova'daki subay oğlum gelir aklıma. Zeki, dürüst bir gençtir; ağzına içki koymaz. Gelgelelim bu kadarı yetmez bana. Öyle sanıyorum ki, yaşlı bir babam olsa, onun sıkıntı çektiğini, bu yüzden kimsenin yüzüne bakamadığını bilsem subaylıktan vazgeçer[1], başka bir işe girerdim. Çocuklarımla ilgili bu çeşit düşünceler sanki beni zehirliyor. Neden böyle düşünüyorum, dersiniz? Sıradan insanlara birer kahraman olmadıkları için kin beslemek ancak dar görüşlü, dünyaya küskün insanların harcı değil midir? Öyleyse bırakalım bunları.

10'a çeyrek kala sevgili gençlerimizin dersine girmek üzere yola çıkmam gerek. Giyinirim, otuz yıldır ezberlediğim, benim için anısal değeri olan yollardan geçerek üniversiteye giderim. İşte altında eczane bulunan büyük boz apartman. Eskiden onun yerinde birahane olarak kullanılan küçük bir ev vardı. Doktora tezimi, Varya'ya gönderdiğim aşk mektuplarını hep bu birahanede yazdım. İlk mektubumu «Historia morbi»[2] başlıklı bir kağıda kurşunkalemle döktürmüştüm. Şu da bakkal dükkanı... O zamanlar bana veresiye sigara satan bir Çıfıt işletirdi. Sonra «hepsi ana kuzuları olduğu için» üniversitelileri seven şişman bir kadının eline geçti. Şimdi kızıl saçlı, dünyayı umursamayan bir adam tezgahın başında oturur; boş vaktini bakır çaydanlıkta çay demleyip içmekle geçirir.

İşte üniversitenin çoktan boya yüzü görmemiş, insana keder veren giriş kapısı. Yalnızlıktan canı sıkılan, sırtı gocuklu avlu bekçisi, kar yığınları, süpürgeler... Bu bilim yuvasını hayalinde tapınak gibi canlandıran taşralı toy bir genç üzerinde böyle bir kapının nasıl bir etki bırakacağını Tanrı bilir. Genellikle üniversite binalarının köhneliği, koridorların iç karartıcılığı, isli duvarlar, ışığın yetersizliği, merdivenler ile vestiyerin,

1 Subaylık geliri gösterişine yetmeyen bir meslek olarak düşünülüyor.(Ç.N.)
2 Hastalığın tarihçesi.

sıraların hüzün verici görüntüsü Rus karamsarlığının oluşmasında başlıca yeri tutar.

İşte bahçemiz. Benim öğrenciliğimden beri ne iyileşmiş, ne de daha kötüye gitmiştir. Hiç sevmem burayı. Şu cılız ıhlamurlar, sarı akasyalar, seyrek, güdük leylaklar yerine upuzun çamlar, gürbüz meşeler yetiştirilseydi daha akıllıca bir iş yapılmış olurdu. Ruhsal durumu çalıştığı yerin dekoruyla erginleşen her üniversiteli, öğrenim gördüğü yerde adım başı yalnız yüksek, güçlü, zarif şeylerle karşılaşmalıdır. Tanrı onu sıska ağaçlardan, camları kırık pencerelerden, boz duvarlardan, muşamba kaplaması yırtık kapılardan saklasın!

Bizim bölümün girişine yaklaşır yaklaşmaz kapı açılır, eski dostum, yaşıtım, adaşım Nikolay beni karşılar. Ben içeri girince boğazını temizleyerek;

—Hava çok soğuk, beyefendi! der.

Paltom ıslaksa söylediği tümce;

—Yağmur yağıyor, beyefendi! dir.

Daha sonra önüm sıra koşarak yolumun üstündeki bütün kapıları açar. Çalışma odama girince özenle paltomu alır, o kısa arada üniversite haberlerini yetiştirmeyi becerir. Üniversite kapıcılarıyla, bütün hamedemelerle sıkı fıkı olduğu için dört fakültede, kalemde, rektörün odasında, kütüphanede olan-biteni herkesten iyi bilir. Kırk dereden haber getirir. Örneğin rektörün ya da dekanın istifası günün konusu olduğu zamanlar Nikolay'ın genç hademelerle konuşması kulağıma çalınır. Bizimki bir yandan yeni adayları sıralar, bir yandan da bakanın filancayı onaylamayacağını, falancanın kendisinin görevi kabul etmeyeceğini ayrıntılarıyla anlatır. Sonra kaleme gelen birtakım gizemli belgeler, bakan ile üniversite mütevelli kurulu başkanı arasındaki gizli konuşmalar konusunda şaşırtıcı açıklamalar yapar. Ufak tefek ayrıntılar dışında söyledikleri çoğu zaman doğru çıkar. Rektör adaylarıyla ilgili tahminleri de... Üniversitede kimin hangi yolla doktorasını verdiğini, hangi koşullarda göreve başladığını, ne zaman emekliye ayrıldığını ya da öldüğünü öğrenmeniz gerekiyorsa bizim kıdemli odacının yaman belleğine başvurun! Size yalnız yılıyla, ayıyla tarihini söylemekle kalmaz, olayın tüm ayrıntılarını anlatır. Ancak mesleğini seven biri olayları böyle incelikleriyle belleğinde saklı tutabilir.

Nikolay üniversite söylencelerinin saklayıcısıdır. Kendisinden önceki odacılardan ona üniversite yaşamıyla ilgili bir sürü menkıbe miras kalmıştır. Uzun hizmet yıllarının bu serveti daha da zenginleştirdiği bir gerçek. İstediğiniz zaman Nikolay size uzunlu, kısalı bir sürü öykü anlatabilir. Hem de ne öyküler! *Her şeyi* bilen olağanüstü zekalardan, haftalarca göz kırpmayan eşi bulunmaz, hamarat bilginlerden, bilim yolunda acı çekenlerden, sayısız bilim kurbanlarından, kimlerden, kimlerden söz etmez ki!.. Onun öykülerinde iyilik kötülüğü, zayıf güçlüyü, akıllı aptalı, alçakgönüllü kibirliyi, genç yaşlıyı alt eder. Bütün bu söylenceler ile masallara tümüyle inanmak gerekmez; ancak anlatılanları biraz elerseniz geriye işe yarar şeyler kalır. Bunlar bizim güzel geleneklerimiz, herkesçe kabul gören gerçek bilim kahramanlarının adlarıdır.

Toplumumuzda genelde bilginler dünyasıyla ilgili olarak yaşlı profesörlerin olağanüstü dalgınlığı hakkında birkaç fıkra ile kah Gruber'e, kah bana, kah Babuhin'e mal edilen iki-üç nükte anlatılır, hepsi o kadar. Aydın bir çevre için bunlar yetmez. İnsanlarımız bilimi, bilginleri, öğrencileri Nikolay kadar sevmiş olsaydılar onun anlattığı türden menkıbe, öykü ve bilgilerden oluşan koca bir edebiyat zenginliği ortaya çıkardı.

Haberleri verdikten sonra Nikolay'ın yüzünde ciddi bir anlam belirir, hemen iş konusuna geçeriz. Iş konuşmalarımız sırasında birisi onun kullandığı bilimsel terimleri duysa Nikolay'ı odacı kılığına girmiş bir bilim adamı sanırdı. Sırası gelmişken belirteyim: Üniversite hademelerinin bilgileri hakkındaki öyküler hayli şişirilmiştir. Gerçi Nikolay yüzden fazla Latince terim bilir, iskelet kemiklerini bir araya getirmesini becerir, bazen preparat hazırlar, herhangi bir konuyla ilgili bilimsel bir konuşma yaparak öğrencileri gülmekten kırar, gelgelelim yirmi yıl önce neyse şimdi de hâlâ kan dolaşımının özünü kavramış değildir.

Çalışma odama girdiğimde masa başında kamburunu çıkararak kitap okuyan ya da bir preparat hazırlayan asistanım Piyotr İgnatyeviç'i bulurum. Çalışkan, kendi halinde, yeteneği kıt bir adamdır. Henüz otuz beşinde olduğu halde saçı dökülmüş, göbek salmıştır. Sabahtan gece yarılarına değin çalışıp çabalar, durmadan okur, okuduklarının hepsini eksiksiz aklında tutar. Bu bakımdan paha biçilmez bir arkadaştır, ama başka bakımlardan yük beygirinden bir farkı yoktur. Kalın kafalı araştırmacının biridir aslını sorarsanız. Böyle bir yük beygirini yetenekli bir kişiden ayıran belli-başlı özellikler dar görüşlü olmaları, yalnız konularıyla sınırlı kalmalarıdır. Konunun dışına çıkınca bebek gibi saftırlar.

Hiç unutmam, bir gün çalışma odama girince;

—Kara haberi duydunuz mu? Skobelev'in[1] öldüğünü söylüyorlar, dedim.

Nikolay istavroz çıkardı, Piyotr İgnatyeviç ise bana dönerek;

—Kimmiş bu Skobelev? diye sordu.

Başka bir gün de profesör Perov'un[2] öldüğünü haber verdim. Sevimli Piyotr İgnatyeviç;

—Ne dersi verirdi? diye sormasın mı?

Kulağının dibinde Patti[3] şarkı söylese, Çin orduları Rusya'ya saldırsa, ülkemiz depremden yerle bir olsa bizimki kılı kıpırdamadan gözlerini kısarak mikroskobuna bakmayı sürdürürdü. Kısacası, «Bana ne el oğlunun girdisinden-çıktısından?» diye düşünürdü. Bu ruhsuz adamın geceleyin karısının koynunda nasıl yattığını görmek için neler vermezdim!

---

1 Ünlü bir general.
2 Ünlü bir Güzel Sanatlar Fakültesi profesörü.
3 Adelina Patti: Zamanın ünlü İtalyan opera sanatçısı.

Piyotr İgnatyeviç'in başka bir özelliği de bilimin kusursuzluğuna, Almanların yazdığı her şeye sarsılmaz inancıdır. Gerek kendisinden, gerekse hazırladığı preparatlardan son derece emindir. Deha, yetenek sahiplerinin saçlarını ağartan kuşkuculuğu, hayal kırıklığını tanımaz. Ünlülere karşı kölece bir hayranlık duyar, kendi kendine bağımsız düşünme diye bir şeyden haberi yoktur. Onunla tartışmak, kafasına koyduğunun tersine inandırmak olanaksızdır. Tıbbın geleneklerinin yüceliğine, hekimliğin üstünde başka bilim bulunmadığına, doktorların insan üstü varlıklar olduğuna körü körüne inanmış bir adamla tartışabilir misiniz? Oysa hekimliğin pek de parlak olmayan geçmişinden günümüze şu beyaz kravat geleneğinden başka ne kalmıştır? Aslında bir bilgin için ya da herhangi bir aydın için tıp, hukuk vd. ayrım yapmadan genel üniversite gelenekleri varlıklarını sürdürmelidir. Ama siz gelin de bunu Piyotr İgnatyeviç'e anlatın. Sizinle kıyamete dek tartışmaya hazırdır herifçioğlu.

Onun geleceği apaçık gözümün önündedir: Yaşadığı sürece birkaç yüz eli-yüzü düzgün preparat hazırlayacak, temizce ama kuru raporlar yazıp beş-on çeviri yapacaktır, işte hepsi o kadar... Bundan ötesi için hayal gücü, buluş yeteneği, leb demeden leblebiyi anlama yetisi gerekir. Oysa Piyotr İgnatyeviç'te bunların hiçbiri yoktur; kısacası o, bilimin yaratıcı efendisi değil, uşağıdır.

Ben, Piyotr İgnatyeviç ve Nikolay pes perdeden konuşuyoruz. İçimiz pek rahat değil. Kapının öbür yanından, yani öğrencilerin beklediği ders salonundan denizin uğultusu gibi sesler geldikçe insan bir tuhaf oluyor. Otuz yıldır bu duruma bir türlü alışamadım, her sabah yüreğimde aynı tedirginlik var. Redingotomu sinirli sinirli ilikliyor, Nikolay'a gereksiz sorular sorup boşu boşuna kızıyorum. Görünüşte korkuyor gibiyim, ama aslında bu, korku değil, adını veremeyeceğim, betimlenmesi zor bir duygu.

Hiç gereği yokken saate bakıp;

—Eh, gitmeli artık, diyorum.

Art arda dizilerek yürüyoruz. Önde preparatları ya da atlasları taşıyan Nikolay, arkasından ben, en arkadan, başını uysalca eğmiş yük beygirimiz gidiyor. Bazen gerekliyse önden sedye üzerinde bir kadavra götürürler. Kadavrayı Nikolay izler vd... Biz ders salonuna girince öğrenciler ayağa kalkıp otururlar, deniz uğultusu birden kesilir. Ortalığı tam bir sessizlik kaplar.

Dersimizin konusunu, neler anlatacağımı bilirim, ama nasıl konuşacağımı, nereden başlayıp nerede bitireceğimi kestiremem. Kafamda tek bir hazır tümce yoktur. Gene de anfi biçimindeki salonda sıralara oturmuş öğrencilerime bakar bakmaz, «Geçen derste filan konuda kalmıştık...» diye basmakalıp bir giriş yaparım. Eh, ondan sonrası kolaydır. Tümceler ağzımdan ardı arası kesilmeden öyle hızlı dökülmeye başlar ki, durdurana aşkolsun! Çok da coşkulu konuşurum. Bir kere başladıktan sonra sözlerimin akışını durduracak hiçbir güç yoktur, diyebilirim. Kürsüden iyi, başka bir deyişle öğrenciyi sıkmayacak, yararlı bir konuşma yapmak için yeteneğin yanında deneyim, ustalık ister. Hem kendi gücünüzü, hem karşınızdakilerin anlayış derecesini, hem de dersin konusunu tam anlamıyla kavramış olmalısınız. Ayrıca son derece uyanık, tetikte durarak, dikkatinizi bir an bile öğrencilerden ayırmayacaksınız.

İyi bir orkestra şefi bestecinin düşüncesini dinleyicilere aktarırken aynı anda yirmi çeşit iş yapar. Partisyonu okur, deyneğini sallar, solistin sesini izler, yerine göre davula, üflemeli çalgılara dönerek işaretler verir. Kürsüdeyken ben de orkestra şefi gibi davranırım. Önünde birbirine benzemeyen yüz elli çehre, yüzüme dikilmiş üç yüz göz vardır. Amacım bu çok başlı canavarı altetmektir. Ders verirken onun dikkatini, anlayış derecesini kesintisiz göz önünde bulundurursanız canavarı egemenliğiniz altına alırsınız. İkinci hasımım doğrudan doğruya kendi içimdedir. Bu, doğadaki olguların, yasaların, biçimlerin sonsuz derecede çeşitliliği, bunlardan kaynaklanarak kendimizin ve başkalarının ürettiği düşünce bolluğudur. Her zaman bu büyük yığından en can alıcı, en gerekli malzemeyi yakalayıp ortaya çıkarabilmeliyim. Ayrıca konuşmanın akışını bozmayacak bir hızla düşüncelerimi çok başlı canavarın anlayışına uygun, onun dikkatini çekecek bir kalıba sokmam gerekir. Öte yandan düşüncelerimi aklıma geldiği gibi, gelişigüzel bir biçimde değil, benim çizmekte olduğum tabloyu ortaya çıkaracak bir bütünlük içinde aktarmalıyım.

Konuşmamın edebi, betimlemelerimin kısa ve eksiksiz, tümcelerimin elden geldiğince sade, güzel olmasına çalışırım. Her an kendimi ayarlayarak önümde yalnızca bir saat kırk dakikalık bir ders süresi olduğunu aklımda tutarım. Kısacası, hayli uğraştırıcı bir iştir benim yaptığım. Aynı zamanda hem bilgin, hem öğretmen, hem de konuşmacı olduğunuzu unutmadan, bunlardan herhangi birinin ağır basmasına göz yummayacaksınız.

Bir çeyrek, yarım saat konuştuktan sonra bir de bakarsınız, öğrencilerin gözleri tavana ya da Piyotr İgnatyev'e kaymaya başlamıştır. Biri mendilini çıkarır, öbürü oturduğu yerde yayıldıkça yayılır, bir başkası aklından geçenlere gülümser durur. Bunlar dikkat yorgunluğunun belirtileridir. Hemen bir çıkar yol bulunmalıdır. İlk fırsatta araya bir sözcük oyunu sıkıştırıveririm. Yüz elli çehre ağzı kulaklarına vararak gülümser, gözler neşeyle parlar, ardından bildiğim kısa bir deniz uğultusu duyulur... Ben de kendimi tutamaz gülerim. Dikkatler tazelenmiştir, artık dersimi sürdürebilirim...

Hiçbir spor gösterisinde, eğlencede ya da oyunda kürsüden verdiğim dersin tadını bulamadım. Ancak derslerde kendimi tam bir tutkuyla yaptığım işe verebiliyorum, böylece esin denen şeyin ozanların uydurması olmadığını anlamış bulunmaktayım. Bana öyle geliyor ki, Herkül bile en hayranlık verici kahramanlıklarının sonunda benim her ders bitiminde duyduğum yorgunluğun tatlı gevşekliğini hissetmemiştir.

Ancak bütün bunlar eskidendi. Şimdi ders boyunca neredeyse azap çekiyorum. Yarım saat geçmeden omuzlarımda, dizlerimde dayanılmız bir halsizlik hissetmeye başlıyorum. Hemen arkamdaki koltuğa çöküyorum. Fakat oturarak konuşmaya alışmadığım için bir dakika sonra kalkıyor, ayakta sürdürüyorum dersi; çok geçmeden yeniden oturuyorum. Ağzım kuruyor, sesim pürüzlenip başım dönüyor... Öğrencilerden durumu saklamak için ikide bir su içiyor, öksürüyor, burnumu siliyorum. Sanki nezlem varmış da konuşmama engel oluyormuş gibi bir tavır takınıyorum. Yerli-yersiz birkaç sözcük oyunundan sonra süresi dolmadan dersi bitiriyorum. Bundan sonsuz bir utanç duyuyorum.

Vicdanım ile aklım bana bu durumda yapacağım en iyi davranışın çocuklara bir veda dersi ile son öğütlerimi verip mutlu yarınlar dileyerek yerimi benden daha genç, daha dinç bir meslektaşıma bırakmak olduğunu söylüyor. Ama günahımı itiraf edeyim ki, vicdanımın buyurduğu biçimde davranma yiğitliğini gösteremiyorum.

Yazık ki, ne filozofum, ne de dinbilimciyim. Altı aydan fazla ömrüm kalmadığını pek güzel biliyorum. Bu durumda beni en çok gömüt (mezar) ötesindeki karanlık ile gömüt uykusunun düşleri gibi konular ilgilendirmeliydi, değil mi! Ama nedense beynim bunların önemini kavradığı halde içime sindirmek olanaksız. Bir ayağım çukurdayken tıpkı yirmi-otuz yıl önceki gibi yalnızca bilimle ilgileniyorum. Ecel yatağımda bile bilimin insan yaşamının en güzel, en gerekli, en sevilmeye değer öğesi; insanoğlunun kendi nefsini ve doğayı yenmesi için biricik araç olduğuna inanacağım. Belki bu safça, aslında doğru olmayan bir inançtır, gelgelelim yapacak başka bir şey yok, buna inandığım için suç benim değil. Öbür türlü düşünmek elimden gelmiyor.

Ancak asıl konu bu değil. Ne olur, zayıflığımı anlayışla karşılayıp beni hoş görün! Benim gibi dünyanın ne amaçla kurulduğundan çok kemik iliğinin oluşumuyla ilgilenen bir adamı kürsüsünden, öğrencilerinden koparmanın onun ölmesini beklemeden diri diri tabuta çivilemeyle aynı anlama geldiğini anlatmak istiyorum.

Çektiğim uykusuzlukla, gittikçe artan halsizlikle çetin bir boğuşma içindeyken garip şeyler oluyor bana. Ders ortasında birdenbire boğazım tıkanıyor, gözlerim kaşınıyor, kollarımı ileri uzatarak bağıra bağıra sızlanmak geliyor içimden. Felek benim gibi tanınmış bir adamı ölümle yargıladığı için, belki altı ay sonra bu salonda benim yerime dersi başkası yöneteceği için acıyla haykırmaktan zor alıkoyuyorum kendimi. Bağırmak istiyorum, çünkü zehirlendiğimi, daha önceden bilmediğim yepyeni düşüncelerin ömrümün son günlerinde beni ağuladıklarını, beynime sivrisinekler gibi zehir akıttıklarını düşünüyorum. Böyle anlarda durumum bana o derece korkunç görünüyor ki, öğrencilerimin de ürküntü duyarak yerlerinden fırlamalarını, acı çığlıklarla kendilerini dışarı atmalarını bekliyorum.

Böyle anları yaşamak kolay değil.

II

Dersten sonra eve gelip çalışıyorum. Tıp dergilerini, doktora tezlerini okuyorum, bir sonraki dersi hazırlıyorum. Bazen de bir şeyler karaladığım oluyor. Gelip gidenler yüzünden çalışmama ara veriyorum.

Kapının çıngırağı çalıyor. İş görüşmeye gelmiş bir arkadaştır bu. Odama şapkasıyla, bastonuyla girip her ikisini birden bana uzatarak;

—Bir dakikalığına geldim, diyor. Bir dakikacık... Hiç rahatsız olmayın, meslektaşım! İki satır konuşacağım, hepsi o kadar.

En başta ikimizin de yaptığı, birbirimize elden geldiğince nazik davranmak, görüşmekten dolayı kıvançlı olduğumuzu belirtmek. Ben onu, o beni koltuğa oturturken birbirimizin sırtını sıvazlıyor, bu sırada elimizin yanmasından korkuyormuş gibi çekine çekine birbirimizin ceketinin düğmesine dokunuyoruz. Ortada gülünecek bir şey olmadığı halde ikimizin de yüzüne bir gülümseme yayılmıştır. Oturduktan sonra başlarımızı yaklaştırarak alçak perdeden konuşmaya başlıyoruz. Senlibenliliğimiz ne derece ileri olsa gene de konuşmalar arasında «haklı olarak buyurduğunuz gibi», «hani arzetmiştim» gibi doğu saygılılığını gösteren yaldızlı sözleri elden bırakmıyoruz. Birimizin ağzından pek de hoş olmayan bir nükte hemen çıksa kahkahayı basıyoruz. İş konusu bitince arkadaşım yerinden fırlıyor, şapkasını masanın üstündeki yazılarıma doğru sallayarak vedaya başlıyor. Yeniden birbirimize özenle dokunup gülüyoruz. Konuğumu kapıya dek geçiriyor, orada paltosunu giymesine yardım etmek istiyorum. Ama o, bu büyük onurdan kurtulmak için büyük çaba harcıyor. Daha sonra Yegor kapıyı açınca arkadaşım soğuk alacağım diye telaşlanırken ben onu sokağa dek uğurlayacakmışım gibi bir tavır takınıyorum. Bütün bunlar sona erip çalışma odama döndüğümde elimde olmadan gülmeyi sürdürüyorum.

Az sonra bir çıngırak sesi daha. Birisi evin girişinde uzun uzun öksürmektedir.Yegor bir öğrencimin geldiğini haber veriyor.

—İçeri al! diyorum.

Aradan bir dakika geçince sevimli bir genç çalışma odama giriyor. Onunla bir yıldır yıldızımız barışmamaktadır: O, sınavlarda sorduğum soruları berbat bir biçimde yanıtlıyor, ben de ona «1» vermekten bıkmıyorum. Sınavda döndürdüklerimin ya da öğrenci diliyle çaktırdıklarımın sayısı yılda altı-yedi kişiyi geçmez. Bunlardan zekâ yetersizliği, hastalığı yüzünden başaramayanlar sabırla boyunlarını bükerek benimle not pazarlığına kalkışmazlar. Pazarlık etmek için evime kadar gelen tipler ise her şeye boş vermiş tembellerdir, böyle değilse bile keyiflerine çok düşkündürler... Takıntılarının uzaması iştahlarını kaçırır, opera zevklerini bozar. Birincilere anlayışlı davrandığım halde ikincileri yıl boyunca döndürür dururum.

Yeni konuğuma;

—Buyurun oturun! derim. Ne var, ne yok?

Beriki yüzüme bakmadan kekelemeye başlar:

—Bağışlayın, ho... hocam, sizi rahatsız ediyorum. Ne diyecektim hele... şey... aslında buraya kadar gelmezdim. Ama beşinci keredir... sınava girdiğim halde... gene dönmüşüm. Ne olur bana... hımm... geçer bir not verseniz.

Bütün tembellerin sığındığı mazeret aynıdır: Öbür sınavların hepsini vermişlerdir, onları yalnız ben çaktırmışımdır. Bu işe kendileri de çok şaşırmışlardır, çünkü dersime öyle çalışmışlar, konuları öyle iyi biliyorlarmış ki, başarısızlıklarında anlaşılmaz bir terslik varmış...

Kendisine;

—Kusura bakmayın, oğlum, size geçer not veremem, derim. Derslere biraz daha çalışıp gelin, o zaman düşünürüz.

Bir sessizlik. Bira içmeyi, operayı bilimden çok seven öğrencime bir süre daha eziyet etmek gelir içimden. Göğüs geçirerek;

—Bence sizin yapacağınız en iyi iş tıp fakültesini temelli bırakmaktır, derim. Bu zekânızla sınavda başaramadığınıza göre ne doktor olma isteğiniz var, ne de yeteneğiniz...

Yanaklarından kan fışkıran delikanlının suratı asılır. Sonra gülümser.

—Beni bağışlayın, ama bunu yapmak biraz tuhaf olmaz mı, hocam? Beş yıl göz nuru döktükten sonra fakülteyi bırakmak...

—Orası öyle de ömür boyu sevilmeyen bir meslekte çalışmaktansa beş yılı gözden çıkarmak yeğlenmelidir.

O anda gence acıyor, hemen arkasından diyorum ki:

—Gene siz bilirsiniz. İsterseniz biraz daha çalışıp gene gelin.

Tembel öğrencim boğuk sesle;

—Ne zaman geleyim? diye soruyor.

—Ne zaman isterseniz. Yarın gelebilirsiniz.

Onun sevimli bakışından, «Gelmesine gelirim de beni gene çaktırırsın, hayvan herif!» diye içinden geçenleri okuyorum.

Ona;

—Elbette kırk kez üst üste sınava girseniz bundan dolayı bilginiz artmaz, ama hiç olmazsa iradeniz gelişir. Bu da sizin için bir kazançtır, diyorum.

Bir sessizlik çöküyor ortalığa. Ayağa kalkıp konuğumun gitmesini bekliyorum. O da ayakta, yeni bitmiş sakalını çekiştirerek derin düşüncelere dalıyor. Sıkıntıdan patlamak üzereyim.

Kanlı-canlı delikanlının gevrek, gür, hoş bir sesi, zeki, alaycı bakışları, sık sık bira içmekten, tembel tembel yatmaktan buruşmuş, babacan bir yüzü var. Herhalde bana operayla, yaşadığı aşk serüvenleriyle, arkadaşlarıyla ilgili epey meraklı şey anlatabilirdi. Ben kendi hesabıma onu zevkle dinlerdim, ama böyle şeylerden söz etmek adet olmamış nedense.

—Hocam! diyor. Eğer bana geçerli not verirseniz yemin ederim ki!..

Söz yemin etmeye gelince ellerimi sallayarak masaya oturuyorum. Benim için başka yapacak bir şey kalmamıştır. O zaman öğrencim kara kara düşünüyor, keyfi kaçmış bir halde kem küm ediyor:

—Eh, öyleyse hoşça kalın... Özür dilerim...

—Güle güle, delikanlı. Yolunuz açık olsun.

Kararsızca antreye gidip ağırdan alarak giyiniyor. Pek olasıdır ki, sokağa çıkınca gene uzun uzun düşünüyor. Sonra içinden bana, «Koca domuz!» diye bir küfür savurarak kötü bir meyhaneye uğruyor, orada bira içip yemek yedikten sonra evinin yolunu tutuyor. Uğurlar olsun, hamarat delikanlı!

Üçüncü çıngırak. Odama genç bir doktor giriyor. Sırtında gıcır gıcır bir takım giysi var, altın çerçeveli bir gözlük takmış, doğal olarak beyaz bir kravat bağlamış. Kendini tanıtması üzerine oturması için buyur ediyor, geliş nedenini soruyorum. Genç bilim hayranı oldukça heyecanlı bir sesle bu yıl doktor çıktığını, henüz tezini vermediğini anlatıyor. Benim gözetimimde çalışmak istermiş, kendisine bir tez konusu verirsem son derece minnettar kalırmış.

—Size yararlı olmayı çok isterdim, sayın meslektaşım, diyorum. Ancak önce tezin ne anlama geldiğini şöyle bir düşünelim. Tez, genellikle bir kişinin kaleminden çıkmış, bağımsız bilimsel çalışmaya verilen addır. Kendisine ait olmayan bir konu üzerinde başkasının yardımıyla yazılmış bir yapıt başka türlü adlandırılır.

Genç bilim adayı susuyor. Bunun üzerine ben parlayarak yerimden fırlıyor, sinirli sinirli bağırmaya başlıyorum:

—Ne diye hep bana geliyorsunuz? Dükkân mı açtık burada? Ben konu satıcısı değilim! Beni rahatsız etmemeniz için kaç kez yalvarıp dil dökeceğiz? Nezaketsizliğimi bağışlayın, ama bıktım artık!

Karşımdaki çıt çıkarmıyor, yalnız elmacık kemiklerinin çevresi hafifçe pembeleşiyor. Yüzünden adımın büyüklüğüne, bilim alanındaki ünüme derin bir saygı okunuyor. Fakat bakışlarından sesimi, bedenimin sıskalığını, sinirli sinirli el sallamalarımı küçümsediğini anlıyorum. Öfkeden titrememi gülünç bulduğu belli.

Ben öfkelenmeyi sürdürüyorum:

—Dükkân değil burası, anlaşıldı mı? Hem tuhaf, doğrusu, ne diye bağımsız çalışmak istemiyorsunuz? Niçin özgürlükten kaçıyorsunuz?

Uzun uzun konuşuyorum, o hep susuyor. Sonunda yatışıyor, yavaş yavaş teslim oluyorum. Genç aday benden beş para etmez bir tez konusu koparıyor, benim gözetimimde kimseyi ilgilendirmeyen bir tez yazıyor. Can sıkıcı bir bilimsel tartışma sonunda kimsenin işine yaramayan bilim doktorluğu ünvanını kazanıyor.

Bundan on sekiz yıl önce bir göz doktoru arkadaşım ölmüştü. Arkasında yedi yaşlarında kızı Katya ile altmış bin ruble bıraktı. Vasiyetnamesine göre kızının koruyucusu bendim. Katya on yaşına dek bizimle birlikte kaldı, sonra onu yatılı bir kız enstitüsüne yerleştirdik. Bize ancak yaz tatillerini geçirmeye gelirdi. Çocuğun eğitimiyle ilgilenecek hiç vaktim yoktu, kendisini pek az görüyordum. Bu yüzden çocukluğuyla ilgili pek bir şey söyleyemeyeceğim.

Onunla ilgili aklıma ilk gelen, anımsamayı en çok sevdiğim anım evimize girerken, hastalandığı zamanlar doktorlara duyduğu sonsuz güvendi. Yüzü her zaman bu güvenin ışığıyla parlardı. Diyelim dişi ağrıyor, yanağı sarılı bir halde bir köşede oturmaktadır. O anda masada çalışmamı, kitapları karıştırmamı tüm dikkatiyle izlerdi. Ben yoksam karımın ev işleriyle uğraşmasını, ahçı kadının mutfakta patates soymasını, köpeğin oyun oynamasını büyük bir ilgiyle seyredermiş. Yüzünde de değişmez bir anlatım: Bu dünyada yapılan her şey ne kadar güzel, ne kadar zekice! Öyle meraklı bir çocuktu ki, benimle konuşmaya bayılırdı. Masama yaklaşır, karşıma geçip soru sormaya başlardı. Neler okuyordum, üniversitede ne yapıyordum, kadavralardan korkuyor muydum, aylığımı nerelere harcıyordum?.. Her şeyi öğrenmek isterdi.

—Söyler misiniz: Üniversitede öğrenciler dövüşürler mi?

—Dövüşürler, güzelim.

—Onları diz üstü köşede oturtur musunuz?

—Oturturum, ya...

Üniversitelilerin dövüşmesini, benim ceza verip onları diz üstü oturtmamı pek gülünç bulduğu için gülmekten katılırdı. Yumuşak huylu, sabırlı, iyi bir çocuktu. Elinden bir şeyi zorla aldıkları, haksız yere cezalandırdıkları ya da sorduğu sorulara karşı merakını gidermedikleri zaman görürdüm de, yüzündeki güven duygusunun yanına bir de hüzün eklenirdi. Onu korumayı beceremiyordum. Ancak yüzünün durgunlaştığını görünce içimden küçük kızı bağrıma basmak, yaşlı dadılar gibi, «Zavallı öksüzüm benim!» diye sızlanmak gelirdi.

Güzel giyinip lavanta sürmeyi sevdiğini de anımsıyorum. Bu bakımdan tıpkı bana benziyordu. Ben de güzel giysileri, güzel kokuları severim.

Katya 14-15 yaşlarına girdiği sırada birdenbire ona egemen olan tutkunun nasıl doğup geliştiğini izleyemediğim için üzgünüm. O zaman bunu yapmak için ne vaktim vardı, ne de isteğim. Tiyatroya karşı duyduğu tutkulu aşkı söylemek istiyorum. Yaz tatillerinde yatılı okuldan bize geldiğinde piyeslerden, oyunculardan öyle zevkle, öyle coşkuyla söz edişi vardı ki, hepimize bir bıkkınlık geldi, onu dinlemekten yaka silkmeye başladık. Karım ile çocuklar onu hiç dinlemiyorlardı, yalnız ben kıyamıyordum. İçindeki taşkınlığı paylaşmak isteği duyunca odama girer, yalvaran bir sesle;

—Nikolay Stepanıç, ne olur, biraz tiyatrodan söz edelim! derdi.

Saati göstererek;

—Ama yarım saat, fazla değil, diye karşılık verirdim. Hadi başla!

Daha sonra büyük hayranlık beslediği kadın-erkek oyuncuların resimlerini yanında getirmeye başladı. Bir aralık amatör topluluklarda temsile çıkmayı denedi. Enstitüyü bitirince de bana kesinlikle oyuncu olmak için yaratıldığını bildirdi.

Katya'nın tiyatroya duyduğu ilgiyi onunla tam anlamıyla paylaştığımı söyleyemem. Bana öyle geliyor ki, piyes güzelse onun insanlar üzerinde iyi bir izlenim bırakması için oyuncuları zahmete sokmanın hiç gereği yoktur. Piyesi okuyarak aldığınız zevk size yeter. Ama piyes kötüyse hiçbir oyuncu onu güzelleştirmeye yetmez.

Gençliğimde sık sık tiyatroya giderdim. Şimdi de ailem yılda bir-iki kere loca tutup «kafamı dinlendirmem için» beni tiyatroya götürüyor. Tiyatro konusunda kesin yargılara varmam için bunlar yetersizdir kuşkusuz, ben de fazla bir şey söylecek değilim zaten. Bence bugünkü tiyatromuz 30-40 yıl öncekinden daha iyi bir durumda değildir. Eskisi gibi ne tiyatro koridorlarında, ne de fuayede içecek bir bardak temiz su bulamam. Paltomla salona girdim diye görevliler eskisi gibi 20 kapik ceza kesmekten bıkmadılar, kışın kalın giymek suç sanki. Eskisi gibi perde aralarında gereksiz yere müzik çalarak piyesin bıraktığı etkiye kimsenin istemediği, yeni bir etki katmaya çalışıyorlar. Erkekler gene büfeye gidip alkollü içki içiyorlar. Ayrıntılarda ilerleme olmadıktan sonra bunu esasta aramak boşunadır. Bir oyuncu tiyatroculuğun köhneleşmiş geleneklerine, kör inançlarına uyarak «Olmak ya da olmamak» gibi sade bir monoloğu mutlaka tıslayan bir sesle, ispazmoza tutulmuş gibi bütün bedeni sarsılarak okursa; bir sürü budalayla durmadan konuşan ve aptal bir kızı seven Çatski'nin çok zeki bir insan, «Akıldan Bela»nın[1] ise sıkmayan bir yapıt olduğuna inandırılmak istenirsem tiyatro sahnesini kırk yıl önceki gibi eski hamam eski tas olarak görmekte haklı sayılırım. Kırk yıl önce de izleyicilere bol bol klasik ulumalar, göğüs yumruklamalar sunulurdu. Tiyatroya her girişimde girdiğimden daha tutucu olarak çıkmaktayım.

Duygulu, kolay kanan halk kütlesini bugünkü durumuyla tiyatronun bir okul olduğuna inandırabilirsiniz, ama okulun gerçek anlamını bilenler buna kesinlikle kanmazlar. Bundan 50-100 yıl sonra ne olacağını bilmem, ama bugünkü koşullarda tiyatro yalnız eğlence aracıdır. Ama bize pek pahalıya patlayan bir eğlence aracı. Ülkemizin binlerce gürbüz, yetenekli genci kadını-erkeğiyle kendini tiyatroya adamıştır. O insanlar bu yola girmeseler yetkin birer doktor, tarım uzmanı, öğretmen, subay olabilirlerdi. Beyniyle çalışanlar için en verimli, arkadaş söyleşileri için en yararlı sayılan akşam saatleri bu yüzden boşa harcanmaktadır. Tiyatro için dökülen paradan, sahnede cinayet, zina ya da iftiranın yalan yanlış yorumlanması dolayısıyla izleyicinin uğradığı moral zarardan söz etmeyeceğim artık.

---

1 Griboyedov'un klasikleşmiş oyunu, Çatski oyunun baş kahramanı.

Halbuki Katya başka türlü düşünüyordu. Tiyatronun bugünkü durumuyla bile konferanslardan, kitaplardan, yeryüzünde her şeyden daha üstün olduğuna beni inandırmaya çalışıyordu. Tiyatro bütün sanatların birleşmesinden doğan bir güç, oyuncular bir çeşit misyonermiş. Hiçbir sanat, hiçbir bilim yalnız başına insan ruhuna sahne kadar güçlü, olumlu etkide bulunamazmış. Hoş, ülkemizde orta kıratta bir oyuncunun en büyük bilgin ya da ressamdan daha çok ün sağlaması ondan ya... Bu yüzden toplumsal alanda hiçbir etkinlik sahne çalışması kadar zevk verici, doyurucu değildir.

Derken, günün birinde Katya bir kumpanyaya girip, sanırım, Ufa'ya gitti. Yanında epeyce para, bir yığın parlak umut, mesleğiyle ilgili pek soylu düşünceler götürdü.

Yoldayken gönderdiği iki mektup olağanüstüydü, okurken hayranlık içinde kaldım. Bu kağıt parçalarına böyle bir ruh temizliği, gençlik, kutsal saflık, aynı zamanda erkek zekâsına taş çıkartacak bir işbilirliğin nasıl sığdığına şaşıyorum. Volga'yı, doğayı, gezdikleri kentleri, arkadaşlarını, başarılarını, başarısızlıklarını öyle bir betimleyişi vardı ki, sanki mektup değil, destan yazıyordu. Mektuplarının her satırında yüzünde görmeye alıştığım güven seziliyordu. Yalnız yazısı bir yığın dilbilgisi yanlışıyla doluydu, noktalama da hak getire!..

Altı ay geçmeden son derece şiirsel, coşku dolu bir mektup aldım. «Seviyorum» diye başlıyordu. Başında geniş kenarlı şapkası, omzunda aşağı sarkmış ekose atkısıyla sinek kaydı tıraşlı, genç bir erkek fotoğrafı vardı mektubun içinde. Ondan sonra gelen mektuplar da birbirinden güzeldi; bunun yanında tek tük noktalama işaretleri ortaya çıktı, dilbilgisi yanlışları azaldı, içlerinden erkek kokusu gelmeye başladı. Katya, Volga kıyısında bir yerde büyük bir tiyatro binası yaptırmak düşüncesinden söz ediyordu. Tiyatro zengin tüccarlar, gemi sahipleriyle ortak kurulacaktı. Sağdan-soldan katılımlarla büyük paralar sağlanacak, oyuncular da pay alacaklardı. Sonuçta büyük gişe geliri elde edeceklerdi. Tasarı akla yatkın gözüküyordu, gelgelelim böyle bir düşünce ancak erkek kafasından çıkardı.

Her neyse, bir buçuk, iki yıl kadar her şey yolunda gitti. Katya seviyor, işine güveniyor, mutluluk içinde yüzüyordu. Ancak zaman geçtikçe mektuplarının coşkulu havası azalmaya başladı. Bu, ilkin Katya'nın, arkadaşlarıyla ilgili sızlanmalarında kendini gösterdi. Genç bir bilgin ya da edebiyatçı da meslek yaşamının ilk adımlarında başka bilgin ya da edebiyatçılardan dolayı sızlanmaya başlarsa, onun şimdiden yorulup işe yaramaz bir duruma düştüğünü anlayabilirsiniz. Katya mektuplarında arkadaşlarının provalara gelmediklerini, rollerini ezberlemediklerini yazıyordu. Saçma sapan piyesler sahneye konuyor, oyuncular sahnedeki duruşlarıyla seyirciyi hiçe saydıklarını açıkça gösteriyorlardı. Ağızlarından düşürmedikleri «büyük gelir» uğruna anlı-şanlı dram aktrisleri sokak şarkıları söylüyor, ünlü ağlatı (trajedi) oyuncuları boynuzlu kocaları konu alan, kocalarını aldatan kadınların gebeliğiyle vd. alay eden güldürü oyunlarına çıkıyorlardı. Hem de taşrada böyle bir tiyatronun nasıl batmadığı, pamuk ipliğine bağlı olarak nasıl ayakta kaldığı şaşılacak şeydi.

Katya'ya uzun, doğrusunu söylemek gerekirse, hayli can sıkıcı bir yanıt verdim. Mektubumda şöyle satırlar vardı: «Benden ilgilerini esirgemeyen, yüce ruhlu, deneyimli aktörlerle hoşbeş ettiğim zamanlar olmuştur. Bu konuşmalardan öğrendiğime göre onları çalışmalarında zekâları ile özgür arzularından çok günün modası, toplumun içinde bulunduğu ruhsal durum yönlendiriyormuş. En iyileri bile zaman zaman ağlatıların yanı sıra operetlerde, Paris farslarında, cin-peri masallarında rol almışlar. Adamlar ne oynarlarsa oynasınlar doğru yolda yürüdüklerine, yararlı bir hizmette bulunduklarına inanıyorlardı. Görüyorsun ya, kötülüğün kökünü oyuncularda değil, daha derinde, sanatın kendisinde, toplumun sanata yaklaşımında aramak gerekir.»

Mektubum Katya'yı kızdırmaktan öteye geçmedi. Yanıtında, «Sizinle anlaşamıyor, ayrı türküler çağırıyoruz,» diyordu.

«Ben, size ilgilerini esirgemeyen, son derece soylu insanlardan değil, soyluluğun fersahlarca uzağından geçen ilkel bir güruhtan söz ediyorum. Bunlar hiçbir yerde dikiş tutturamadıkları için sahneye geçmiş, toplumla alay edercesine oyuncu adını almış kimselerdir. İçlerinde tek yetenekli insan yok; aralarında bol bol beceriksiz, ayyaş, entrikacı, dedikoducu bulursunuz. Bunca sevdiğim sanatın böylesine tiksindirici bir sürü yaratığın eline geçmesine nasıl üzüldüğümü anlatamam!.. Ne yazık ki, en iyi insanlar bile kötülüğü uzaktan seyreder, biraz olsun yakınına sokulmak istemezler. Bunun yerine sıkıcı bir biçemde (üslupta) basmakalıp sözler, gereksiz öğütler sıralamakla yetinirler...» Mektup bu tarzda sürüp gidiyordu.

Az zaman sonra şöyle bir mektup aldım: «İnsafsızca aldatıldım. Artık yaşayamayacağım. Paramı gerekli gördüğünüz biçimde kullanın. Sizi babam ve biricik dostum olarak seviyorum. Esen kalın!»

Anlaşılan *o adam* da «ilkel güruha» giriyordu. Sonraları bazı dokundurmalardan Katya'nın intihara kalkıştığını anladım. Zehir içmiş, sanıyorum. Tahminime göre bunu ağır bir hastalık izledi. Çünkü bir sonraki mektubu Yalta'dan[1] geldi. Oraya doktorların tavsiyesiyle gitmiş olmalıydı. Son mektubunda en çabuk yoldan kendisine bin ruble göndermemi istedi. Mektubunun sonunda, «Bu kadar karamsar olduğum için beni bağışlayın. Dün çocuğumu toprağa verdim.» diyordu. Kırım'da aşağı-yukarı bir ay kaldıktan sonra bizim kente döndü.

Dört yıla yakın bir süreyi dışarlarda geçirmişti. Bu dört yıl içerisinde ona karşı tutumum, itiraf edeyim ki, oldukça garipti. Gerek bana oyuncu olacağını haber verdiği zaman, gerekse daha sonraları bir adamı sevdiğini yazarken, israf buhranlarına tutularak istediği biner, iki biner rubleyi gönderdiğim sıralar, ölmek istemesinin ardından çocuğunu toprağa verişini öğrendiğim zaman şaşkına döndüğümü belirtmeliyim. Ona karşı

---

1 Hastaların o zamanlar dinlenmek için gittikleri yazlık kent.(Ç.N.)

gösterdiğim bütün ilgi yalnızca onu çok çok düşünmek, uzun, sıkıcı, yazılmasına hiç gerek olmayan mektuplar göndermekti. Oysa babasının yerini almıştım, onu öz kızım gibi seviyordum.

Katya şimdi bizim evden yarım fersah uzakta oturuyor. Beş odalı bir apartman dairesi tuttu; burayı kendi zevkine uygun, oldukça konforlu döşedi. Birisi evinin resmini yapsa tablodaki egemen hava tembellik olurdu. Uyuşuk bir beden için yumuşak koltuklar, puflar, tembel ayaklar altına halılar, amaçsız bakışları rahat ettirmek için uçuk, donuk renkler... Duvarlara asılmış ucuz yelpazeler ile konularından çok yapılış tarzlarıyla özgünlük taşıyan ufak tefek tablolar; üzerleri değersiz ıvır zıvırla tıklım tıklım dolu sehpa, raf kalabalığı; pencerelerde perde yerine asılmış biçimsiz bez parçaları hep onun ruhunun tembelliğini yansıtıyordu. Canlı renklere, simetriye, ferahlığa karşı açık bir korku ruh tembelliğinin yanı sıra tam bir zevk yozluğunu da ortaya koyuyordu.

Katya kanepede uzanarak günlerce kitap okur, okudukları ise çoğu zaman romanlar ile uzun öykülerdir. Evden günde bir kere, öğleden sonraları, onu da benimle görüşmek için çıkar.

Ben çalışıyorum; Katya ise yanıbaşımdaki kanepede, hiç konuşmadan, üşüyormuş gibi şalına sarınarak oturuyor. Onu sevdiğimden mi, yoksa küçüklüğünden beri alıştığım için mi, odamda bulunuşu çalışmama hiç engel olmaz. Ara sıra dalgınca ona bir şeyler sorarım. Katya kısacık yanıtlar verir. Bazen dinlenmek için yüzümü ona döner, düşünceli düşünceli bir tıp dergisine ya da gazeteye göz gezdirişine bakarım. O sırada yüzündeki o eski kendine güvenin kalmadığını görürüm. Yüzü uzun süredir tren bekleyen yolcularınki gibi bezgin, soğuk, kayıtsızdır. Giyinişi eskisi gibi güzel, sade, ama özensiz. Günlerce kanepede, salıncakta yatmaktan giysilerinin buruş buruş olduğu, saçlarının örselendiği belli. Artık hiçbir şeye merakı kalmamış. Yaşamda her şeyi tatmış, yeni bir şey işitmekten umudunu kesmiş gibi bana sorular sormuyor.

Saat 4'ü vurduğunda salonda, oturma odasında bir kıpırdanma başladı. Liza arkadaşlarıyla birlikte konservatuvardan döndü. Piyano tıngırtıları, ses denemeleri, kahkahalar duyuluyor. Yegor'un yemek odasında çatal, bıçak, tabak şıngırtıları arasında sofrayı kurduğu belli.

Katya;

—Hoşça kalın, diyor. Bugün içeriye, sizinkilere uğrayamayacağım. Kusura bakmasınlar. Vaktim yok. Siz de bana gelin.

Antreye kadar onu uğurluyorum. Katya beni sert bir bakışla tepeden tırnağa süzdükten sonra;

—Durmadan zayıflıyorsunuz, diyor. Ne diye tedavi olmuyorsunuz sanki! Gidip Sergey Fiyodoroviç'i çağırayım da size bir baksın.

—İstemez, Katya.

—Ailenizin nasıl bu denli kayıtsız kalabildiğini anlamıyorum. Gamsızlıklarına diyecek yok, doğrusu!

Mantosunun düğmelerini koparırcasına giyinirken gelişigüzel toplanmış saçlarından iki-üç firkete düşüyor. Saçlarını yeniden toplamaya vakti yok. Üstelik üşeniyor da. Dökülen perçemlerini şapkasının altına tıkıştırarak yola koyuluyor.

Yemek odasına girdiğim zaman karım;

—Katya senin yanındaydı, değil mi? diye soruyor. Niye bize uğramadı? Garip, doğrusu!

Liza sitemli bir sesle söze karışıyor:

—Aman anne! İstemiyorsa yalvaracak değiliz.

—Orası öyle de tenezzül etmemek gibi bir şey bu. Çalışma odasında tam üç saat otur, ondan sonra da sanki biz evde yokmuşuz gibi kalk git! Canı nasıl isterse...

Karım Varya ile kızım Liza, Katya'dan nefret ederler. Bu nefretin nedenini bir türlü anlamam, herhalde anlamam için kadın olmam gerekirdi.

Ders verdiğim sınıfta hemen hemen her gün gördüğüm yüz elli genç ve her hafta karşılaştığım yüz kadar yaşlı-başlı adam arasında Katya'nın geçmişine karşı, yani nikah dışı gebeliği ile yasal olmayan çocuğuna karşı nefret, tiksinti duyacak birini bulursam kellemi keserim. Öte yandan tanıdığım kadınlar, genç kızlar arasında ister bilinçli olsun, isterse içinden geldiği gibi, kızcağıza karşı yüreğinde kötü duygular beslemeyecek tek kişi düşünemiyorum. Bu, kadının erkeğe göre erdemli, iffetli olduğundan değildir. Kötü duygulardan arınmamış erdem, iffet bence ahlaksızlıkla at başı gider. Bunu salt kadınların geriliğiyle, yetişmemişliğiyle açıklayabiliriz. Zamanımız erkeğinin bir felaket karşısında acıma duyması, vicdan azabı çekmesi, onun nefret, tiksinti duymasından daha çok kültürünün gelişkinliğini, ahlakının yüceliğini gösterir. Zamanımız kadını sulu gözlülükte, katı yüreklilikte ortaçağ kadınına taş çıkartır. O bakımdan kadınlarımızın erkek gibi yetiştirilmesinden yana olanlara hak veriyorum.

Karımın Katya'yı sevmemesi bir zamanlar onun tiyatroda oynayışı, iyilik bilmezliği, burnu büyüklüğü, gariplikleri, kadınların birbiririne yakıştırdığı sayısız kusurlar yüzündendi.

Sofiamızda ben ve ailemden başka kızımın birkaç kız arkadaşı ile Aleksandr Adolfoviç Gnekker var. Gnekker, Liza'ya kur yapan, onunla evlenmek isteyen, otuz yaşlarında, sarışın, orta boylu, geniş omuzlu, şişmanca bir genç. Kulağına kadar uzanan kızıl-sarı favorileri, kozmetikli bıyıkları, ışıl ışıl tombul yüzüyle tıpkı oyuncak bir bebeğe benziyor. Gayet kısa bir ceket ile renkli yelek giyer; iri damalı, yukarısı bol, aşağısı inadına dar bir pantolonu ile topuksuz sarı kunduraları vardır. Gözleri yengeç gözleri gibi fırlak, boyunbağı ise yengeç kuyruğunu andırır. Hatta bana kendisi de yengeç çorbası kokuyormuş gibi geldi. Gece-gündüz bizden çıkmaz, bununla birlikte hiçbirimiz bu adamın kimin nesi olduğunu, hangi okulu bitirdiğini, neyle geçindiğini bilmeyiz. Şarkı söylemez, hiçbir çalgı çalmaz, gelgelelim hem müzikle, hem şanla ilgilidir. Orada-burada birilerinin piyanolarını satar, sık sık konservatuvara uğrar, bütün ünlüleri tanır, konser düzenleme kurullarında boy gösterir, müzik alanında yetkiye sahipmiş gibi konuşur. Onun düşüncelerine karşı çıktıklarını pek görmemişimdir.

Zengin adamların olduğu gibi bilim ve sanatın da dalkavukları bulunur. Yeryüzünde herhangi bir bilim ya da sanat tanımıyorum ki, bay Gnekker gibi bir «yabancı madde»den arınmış olsun. Hepsinin böyle katışıklığı vardır. Kendim müzisyen değilim, o bakımdan pek az tanıdığım Gnekker konusunda yanılmış olabilirim. Ancak onun müzik alanındaki uzmanlığından, birisi piyano çalarken ya da şarkı söylerken piyanonun yanında ciddi, kendinden emin duruşundan bayağı kuşkuluyum.

İstediğiniz kadar görgülü bir adam olun, isterseniz devlet memurluğunda en üst dereceye yükselin, eğer kız babasıysanız basit birtakım kur yapmaların, nişanlanma, evlenme oyunlarının evinize, iç dünyanıza kadar girmesini önleyemezsiniz. Örneğin Gnekker'in bize her gelişinde karımın yüzünün, sanki bir törendeymişiz gibi, azametli duruşunu içime sindiremiyorum. Zengin, gösterişli bir yaşam sürdüğümüzü herifin gözüne sokarcasına soframıza konulan Lafitte, Porto, Xeres şaraplarını da... Liza'nın konservatuvara başlayalı beri kesik kesik gülmeleri, evimize gelen erkeklere göz süzerek bakması da içime oturuyor. Fakat en çok, alışkanlıklarıma, bilim adamlığıma, yaşayış tarzıma tümüyle yabancı, sevdiğim insanlara hiç benzemeyen bu yaratığın her gün evime gelmesi, sofrамda boy göstermesi sinirlerime dokunuyor. Karım, hizmetçilerimiz ondan gizemli tavırlarla «güvey» diye fısıldaşarak söz ediyorlar; gene de ben onun evimde bulunmasına bir türlü alışamıyor, soframıza bir Zulu oturtmuşlar gibi yadırgıyorum. Hep çocuk gibi görmeye alıştığım kızımın onun boyunbağını, gözlerini, tombul yanaklarını beğenmesini de tuhaf karşılıyorum.

Eskiden evdeki yemeği ya severdim, ya da umursamaz görünürdüm. Oysa şimdi yalnız can sıkıntısı duyuyor, hırçınlaşıyorum. Beyefendilik payesine erdikten, fakültede dekanlık yaptıktan sonra ailem ne hikmetse yediğimiz yemekleri, sofra düzenimizi kökünden değiştirmeye gerek duydu. Üniversitede öğrenciyken, doktorluğumun ilk yıllarında alıştığım sade yemekler yerine beni, içinde beyaz beyaz parçacıklar yüzen püre çorbaları, şaraba yatırılmış böbreklerle doyuruyorlar. Generallik rütbesi ile eriştiğim ünün ardından lahana çorbasından, nefis böreklerden, elmalı kaz dolması ile lapalı çapakbalığı kızartmasından tümüyle yoksun kaldım. Konuşkan, güleç yüzlü yaşlı hizmetçimiz Agaşa'yı da onlar elimden aldılar. Sofra hizmetimizi Agaşa'nın yerine şimdi sağ eli beyaz eldivenli, bön, burnu havada Yegor görüyor. Yemek aralıkları uzun sürmediği halde boşluğu doldurmayı beceremediğimiz için sofra başı oturmalarımız geçmek bilmiyor. Eski neşe, tatlı tatlı konuşmalar, şakalaşıp gülüşmeler, yemek odasında birleştiğimiz zaman çocukları, karımı, beni saran sevinç dolu heyecan hepten yok oldu. Benim gibi çalışan bir adam için yemek yemek hem dinlenme, hem de ailemle buluşma zamanıydı. Karım ile çocuklarım bilimsel çalışmalara, öğrencilere değil de yalnız onlara ait olduğum o yarım saati kısa da olsa tatlı, neşeli bir bayram sayarlardı. Artık bir kadehle sarhoş olamıyorum. Agaşa yok, lapalı çapakbalığı kızartması yok, yemekteyken masanın altında kediyle köpeğin hırlaşması ya da Katya'nın yanağındaki sargının torba tabağına düşmesi gibi gülünecek olaylar yok...

Şimdiki yemekleri anlatmak da insana yemesi kadar tatsız geliyor. Karımın yüzünden resmi, yapmacık bir azamet, sürekli bir kaygı anlatımı eksik olmuyor. Tabaklarımızı merakla gözden geçirip, «Kızartmayı beğenmediniz galiba... Doğru söyleyin, beğenmediniz mi?» diye sormadan edemiyor. İster istemez yanıtlamak durumundayım. «Boşuna üzülüyorsun, canım. Kızartma pek nefis olmuş.» diyorsam da o hemen sesini yükseltiyor: «Sen de hep bana arka çıkarsın, Nikolay Stepanıç, hiç doğruyu söylemezsin. İyi olmuşsa Aleksandr Adolfoviç niye bu kadar az yedi?» Yemek boyunca sürer gider bu.

Liza kesik kesik gülerek göz süzer. Karımla ona baktıkça

ancak şimdi sofrada ikisinin iç dünyalarının bana ne kadar yabancılaştığının farkına varıyorum. İkisinde de belirgin değişiklikler var, değişiklik sürecini izleyemedim. Onları anlayamamamın nedeni bu olmalı. İçimde gerçek ailem geçmişte kalmışçasına bir duygu var. Karşımdaki kadın gerçek karım değil sanki, Liza da eski kızım değil. Bu değişikliğin neden ileri geldiğini bilmiyorum. Belki bütün felaket Tanrı'nın bana verdiği gücü karımla kızımdan esirgemesinden doğuyor. Ben küçüklüğümden beri her türlü dış etkiye karşı kendimi korumaya alıştım, zorluklara karşı tavlanarak büyüdüm. Ünlenmek, generallik rütbesine yükselmek, kendi yağımızla kavrulurken olanaklarımızın üstünde bir yaşam tarzına geçmek, kalburüstü insanlar arasına karışmak bana fazla dokunmadan yanımdan geçip gitti. Aslımı yitirmeden kaldım, hiç bozulmadım. Ama ruhça zayıf, zorlukların pişirmediği karım ile kızım tepelerine çığ düşmüş gibi ağırlığın altında ezildiler.

Liza ile kız arkadaşları, Gnekker füglerden, kontpuanlardan, solistlerden, piyanistlerden, Bach'tan, Brahms'tan söz ediyorlar. Karım müzik konusunda cahil görünmemek kaygısıyla gülümseyerek bütün konuşulanları onaylıyor: «Ya, ne güzel söylediniz! Gerçekten doğru! Öyle, öyle...» Gnekker ağırbaşlı bir tavırla yemeğini yiyor, nükteler savuruyor, kızların söylediklerini lütfen dinliyor. Arada bir kötü Fransızca'sıyla konuşmaya yelteniyor, o zaman nedense bana «beyefendi hazretleri» diye hitap etmek gereği duyuyor.

Keyfim yerinde değil, gençleri sıktığımı biliyorum, onlar da beni sıkıyor. Eskiden insanlar arasında ayrılık-gayrılık bilmez, sınıf ayrımı gözetmezdim, oysa şimdi buna benzer bir duygu içimi kemiriyor. Gnekker'de yalnız kötü özellikler bulmaya çalışıyor, kolayca da buluyorum. Karşımda kızımla evlenecek bir genç olarak kendi çevremin dışından birisi oturduğu için kendi kendimi yiyorum. Aramızda bulunuşu başka bir bakımdan da bende kötü etki bırakıyor. Genellikle yalnız başıma kaldığım ya da sevdiğim kimseler arasında bulunduğum zaman kendi değerimi hiç düşünmem. Düşünsem bile topluma yararlarım önemsiz gözükür, bilim payesini daha dün almışım gibi gözümde büyütmem. Ancak Gnekker gibilerin yanında başarılarımı, doruğu bulutlara yükselen bir dağ gibi görürüm. Bu dağın eteğinde Gnekker gibi ufacık insanlar kaynaşıp durur.

Yemekten sonra çalışma odama geçip pipomu tüttürüyorum. Eskiden sabahtan akşama değin duman savururdum. Şimdi bu kötü alışkanlığımdan yalnız yemekten sonra bir kerecek pipo içmek kaldı. Ben pipomu tüttürürken içeri karım girer, konuşmak için karşıma oturur. Sabahki gibi şimdi de hangi konuyu açacağını bilmekteyim.

—Ciddi konuşmamız gerek, Nikolay Stepanıç, diye başlar. Liza'dan söz ediyorum... Umurunda bile değil...

—Ne dedin?

—Hiçbir şeyin farkında değil gibi gözüküyorsun, ama olmaz bu. Böylesine kayıtsız davranamazsın. Gnekker, Liza ile ilgileniyor... Ne dersin?

—Onun kötü bir adam olduğunu söyleyemem, çünkü tanımıyorum. Ama hoşuma gitmediğini binlerce kez söyledim.

—İyi ama olmaz bu. Olmaz!

Yerinden kalkarak odamda heyecanla dolaşmaya başlıyor.

—Ciddi bir iştir bu, şakaya gelmez. Ortada kızımızın mutluluğu varken kişisel duygularını bir yana bırakman gerekir. Adamdan hoşlanmadığını biliyorum. Peki, geri çevirip bu işi bozarsan Liza'nın ömrünün sonuna dek bizi bağışlamayacağı aklına geliyor mu hiç? Evlenmek isteyen erkeği arada bul bu zamanda. Başka biri çıkmazsa ne yapacaksın? Gnekker Liza'yı seviyor, kızımız da onu beğeniyor, sanırım. Gerçi ahım-şahım bir mevkisi yok çocuğun ama... zamanla bir yere girmesi için kayırılır. İyi aile çocuğu, varlıklı da...

—Nereden biliyorsun?

—Kendisi söyledi. Babasının Harkov'da iyi bir evi, Harkov yöresinde de çiftlikleri varmış. Sözün kısası, Harkov'a gitmen gerekiyor, Nikolay Stepanıç.

—Neden?

—Gidip soruşturursun. Orada tanıdığın profesörler var, sana yardım ederler. Ben giderdim, ama kadınım, beceremem.

—Gitmem ben Harkov'a.

Karım birden irkiliyor. Yüzünü dayanılmaz derecede acı duyduğunu gösteren bir anlatım kaplıyor. Hıçkırıklar arasında yalvarmaya başlıyor.

—Tanrı aşkına, Nikolay Stepanıç!.. Tanrı aşkına! Ne olur, beni bu yükten kurtar!.. Azap içindeyim.

Durumuna baktıkça acımamak elden gelmiyor. Yumuşayarak;

—Peki, Varya, diyorum. Bu kadar istiyorsan olur, Harkov'a gider, dediklerini yaparım.

Mendilini gözlerine bastırarak ağlamak için odasına gidiyor. Yalnız kalıyorum.

Az sonra kalpaklı lambayı getirirler. Koltuklardan, lambanın kalpağından duvarlara, yere gölgeler uzanır. Bildiğim, çoktandır bıkkınlık veren gölgeler... Bütün bunlar gecenin, başımın belası uykusuzluğun başladığını anımsatır bana. Yatağıma uzanır, sonra kalkıp odada dolaşır, ardından gene yatarım... Genellikle öğle yemeğinden sonra, akşama doğru sinirlerim iyice ayağa kalkar. Durup dururken ağlamaya başlar, başımı yastığın altına sokarım. O anda birisi odama giriverecek, öleceğim diye öyle kokarım ki! Göz yaşlarımdan utanırım, dayanılmaz duygular doldurur yüreğimi. Artık ne lambayı, ne kitaplarımı, ne yerdeki gölgeleri görecek durumdayımdır. Oturma odasından gelen sesleri de duymaz olurum. Görünmez, anlaşılmaz bir güç beni evden dışarı itmektedir. Kalkıp çabuk çabuk giyindikten sonra evdekilere işittirmemeye çalışarak yavaşça sokağa çıkarım.

Şimdi nereye gitmeli?

Bunun yanıtı kafamın köşesinde çoktan hazırdır: Katya'ya gideceğim.

III

Katya'yı her zamanki gibi divana ya da kanepeye uzanmış, bir şeyler okurken bulurum. Beni görünce tembel tembel başını kaldırır, oturarak elini uzatır.

Dinlenmem sırasında geçen kısa bir sessizlikten sonra;

—Hep yatıyorsun, derim. Sağlıklı bir şey değil bu. Kendine bir uğraş bulmalısın.

—Efendim?

—Bir şeylerle uğraşmalısın, dedim.

—Neyle? Kadından ya basit bir işçi olur ya da artist.

—İşçi olmadığına göre artistlik yap bari.

Susuyor. Yarı ciddi, yarı şaka;

—Evlensen e! diyorum.

—Evlenecek adam nerede! Hem bir gereği var mı?

—Böyle de yaşanmaz ama.

—Kocasız mı? Tek tasam oydu sanki! İstedikten sonra erkekten bol ne var?

—Çok çirkin!..

—Neymiş çirkin olan?

—Şimdi söylediğin.

Üzüldüğümü görünce kötü etkiyi gidermek için;

—Gelin, size bir şey göstereyim, diyor. Şurada, işte...

Beni ufak, çok sevimli bir odaya sokarak yazı masasını gösteriyor.

—Bakın... Sizin için hazırladım. Burada çalışırsınız. Her gün çalışmanızı alarak buraya gelin. Evinizde rahat vermiyorlar. Çalışır mısınız burada? Ister misiniz?

«Hayır» diyerek onu üzmemek için dediğini yapacağımı, odayı çok beğendiğimi söylüyorum. Sonra şirin odada oturup konuşmaya başlıyoruz.

Sıcak, sevimli oda, candan bir insanın varlığı içimde eskisi gibi haz, kıvanç duyguları değil, sızlanma, yerinme isteği uyandırıyor. Sızlanır, içimi dökersem ferahlarım gibi geliyor.

İç çekerek;

—Işler kötü, kızım, diye başlıyorum. Çok kötü...

—Neymiş kötü olan?

—Bak, sana anlatayım... Kralların en iyi, en kutsal haklarından biri bağışlama hakkıdır. Bir zamanlar ben de bol bol bağışladığım için kendimi kral gibi hissederdim. Kimseyi suçlamazdım, herkesi hoş görürdüm, sağa-sola seve seve af dağıtırdım. Başkalarının isyana kalkıştığı, çileden çıktığı zaman ben aşağıdan alır, karşımdakini yatıştırmaya çalışır, öğüt verirdim. Ömrüm boyunca aralarında bulunduğum insanlara yararlı olmaya çalıştım; ailemin bireylerinin, öğrencilerimin, arkadaşlarımın, evdeki hizmetçilerin suyuna gittim. Çok iyi biliyorum, insanlara bu tür yaklaşımım yakınımda bulunanları eğitmiştir. Ama artık kral değilim ben. Kölelere yaraşır bir şey oluşuyor ruhumda. Kafamın içinde gece-gündüz kötü düşünceler dolaşıyor, içimde şimdiye dek bilmediğim duygular yer etmiş durumda. İnsanlardan nefret ediyor, küçük görüyor, öfkeleniyor, isyan ediyor, korkuyorum. Başkalarına aşırı derece katı, kuşkucu davranıyorum; sinirli, hırçın, geçimsiz bir adam oldum. Eskiden güldüren bir söz oyununa, zararsız bir takılmaya vesile olan şeyler şimdi içimde yalnız ağır, ezici duygular uyandırıyor. Mantığımın işleyişi de değişti. Vaktiyle yalnız parayı küçümserdim, şimdi, sanki bir suçları varmış gibi, öfkem paradan zenginlere döndü. Eskiden zorbadan, kaba güçten nefret ederdim, oysa artık zorbalık edenden iğreniyorum. Sanki bunda birbirimizi eğitmesini bilmeyen hepimiz değil, yalnız onlar suçluymuş gibi... Niye böyle oldum? Kafamda oluşan düşünceler, içimdeki duygular kanılarımın değişmesinden ileri geliyorsa kanılarımın değişmesinin sebebi ne? Dünya kötüleşti de ben mi iyiye gittim, yoksa önceleri kör, aşırı bir umursamazlık içinde miydim? Yok, eğer bu değişiklik bedensel ve zihinsel gücümdeki genel düşüşten ileri geliyorsa –çünkü hastayım, günden güne kilo kaybediyorum– acınacak bir durumdayım demektir; yeni düşüncelerim normal değil, marazlı saymam, onlardan utanmam gerek...

Katya sözümü kesiyor:

—Hastalığınızın bununla bir ilgisi yok. Gözünüz açıldı, hepsi o kadar. Eskiden nedense görmek istemediğiniz şeylerin farkına vardınız. Bence her şeyden önce ailenizle bütün bağlarınızı koparıp onlardan uzaklaşmalısınız.

—Saçmalama!

—Zaten onları sevmiyorsunuz, kendinizi kandırmmaya kalkışmayın! Aman ne aile! Bugün köklerine kıran girse yarın yokluklarını fark edecek kimse çıkmaz!

Karımla kızım Katya'dan ne kadar nefret ederlerse Katya da onları o derece küçümser. Bilmem, zamanımızda insanların birbirlerini küçümseme hakkından söz edilebilir mi? Katya'nın bakış açısından böyle bir hakkın varlığını kabul edersek onlar Katya'dan nefret ettikleri kadar Katya'nın da karımla Liza'yı küçümseyebileceğini kabul etmeliyiz.

—Aman ne aile! diye yineliyor. Yemek yediniz mi bugün? Nasıl oldu da sizi sofraya çağırmayı akıl ettiler? Şimdiye dek varlığınızı unutmamalarına şaşmak gerek.

Sert bir sesle sözünü kesiyorum:

—Rica ederim, bunları bırak, Katya!

—Durmadan onlardan konuşmaya bayıldığımı mı sanıyorsunuz? Keşke hiç tanımamış olsaydım! Kuzum, ne olur, sözümü dinleyin: Her şeyi yüz üstü bırakıp gidin buradan! Avrupa'ya gidin. Hem bir an önce gidin!

—Saçma! Üniversite ne olacak?

—Onu da bırakın. Üniversite neymiş sanki! Kimsenin bir kaybı olmaz. Otuz yıldır ders veriyorsunuz, hani nerede o okuttuğunuz öğrenciler? Aralarında çevreye ün salmış bilginler var mı? Düşünün, bakalım! Cahilliklerinden yararlanıp insanların sırtından yüz binler kazanan doktorların sayısını artırmak için ne fazla yeteneğe, ne de iyi bir insan olmaya gerek var. Böyleleri için mi çalışacaksınız?

Ürpererek;

—Aman, Tanrım! Ne kadar da acımasızsın! diyorum. Böyle konuşmayı sürdürürsen kalkar giderim. Bu tarz konuşmalara gelemem ben!

Hizmetçi girip çayın hazır olduğunu söylüyor. Semaver başındaki konuşmamız değişiktir, çok şükür. İçimi döktükten sonra sıra başka bir yaşlılık zaafıma, anılara geliyor. Katya'ya geçmiş günlerden söz ediyorum. Çoktandır belleğimden silindiğini sandığım şeyleri öyle ayrıntılarıyla anlatıyorum ki, kendim de şaşıyorum. Soluğunu tutarak beni dinleyen Katya duygulanıyor, sanki göğsü kabarıyor. En çok ruhban okulunda okuduğum yıllarla ilgili anılarımı anlatmaktan, üniversiteye girmek için kurduğum düşleri aktarmaktan hoşlanıyorum.

—Bazen okulun bahçesinde dolaşırdım. Birdenbire rüzgâr uzak bir meyhaneden kötü bir akordeon ya da şarkı sesi getirir veya bir kızak çıngıraklarını şıngırdata şıngırdata bahçe duvarının yanından uçarcasına geçerdi. Bu sesler bile yalnız göğsünü değil, karnını, bacaklarını, kollarını mutlulukla doldurmaya yeter! Akordeonu ya da çıngırakları dinlerken hayalimde kendimi doktor olarak görür, gözümün önünde birbirinden güzel tablolar canlanırdı. Görüyorsun ya, düşlerimin hepsi gerçekleşti. Hatta hayalimden geçirmeye cesaret edemediğim şeyleri bile elde ettim. Otuz yıldır herkesin sevdiği bir profesör oldum, olağanüstü değerde arkadaşlarım, göğüs kabartan bir ünüm var. Çılgınca severek evlendim, iki çocuğum dünyaya geldi. Sözün kısası, geriye dönüp bakacak olursam yaşamımı baştan başa güzel, eşsiz bir ustalıkla düzenlenmiş bir kompozisyon olarak görüyorum. Şimdi bana kalan, sonunu bozmadan bitirmek. Bunun için insanca ölmem gerek. Ölüm istediği kadar korkunç olsun, onu bir öğretmene, bilgine, Hıristiyan'a yaraşacak biçimde, yiğitçe, dingin bir ruhla karşılamalıyım. Ama ben sonumu çirkinleştiriyorum. Dibe batarken sana koşuyor, yardımını diliyorum. Sen de, «Boğulursanız boğulun, böyle gerekliydi zaten!» diyorsun.

Antrede çıngırak çalıyor. Bu sesi ikimiz de biliyoruz. Bir ağızdan;

—Galiba Mihail Fiyodoroviç geldi, diyoruz.

Gerçekten de biraz sonra odaya arkadaşım filolog Mihail Fiyodoroviç giriyor. Elli yaşlarında, boylu boslu, düzgün yapılı biri olan arkadaşımın kırlaşmış gür saçları vardır, yüzü sürekli tıraşlıdır. Onun gibi iyi kalpli bir insan yeryüzünde az bulunur. Talihin yüzüne güldüğü, zengin, yetenekli, eğitim ve edebiyat tarihimizde epey hizmetleri dokunmuş köklü bir sülaleden gelir. Öte yandan zeki, yetenekli olduğu, gayet iyi bir öğrenim gördüğü halde kendine göre tuhaflıkları vardır. Hoş, bunlar azçok hepimizde vardır ya... Bir dereceye kadar hepimiz acayip tipler sayılırız. Fakat onunki benzerine pek raslanmayan, arkadaşları için çok da tehlikeli olan tuhaflıklardır... Ahbaplarından kimileri bu tuhaflıklar yüzünden Mihail Fiyodoroviç'in hiç de az olmayan erdemlerini görmezlikten gelirler.

Odaya girince ağır ağır eldivenlerini çıkardıktan sonra kadife yumuşaklığındaki kalın sesiyle;

—Merhaba, diyor. Çay içiyorsunuz, ha? Çok güzel. Dışarda dondurucu bir soğuk var.

Masaya oturarak bir bardak çay dolduruyor, hemen konuşmaya başlıyor. Mihail Fiyodoroviç'in konuşmasındaki başlıca özellik sözlerinde sürekli güldürü havası bulunması, Shakespeare mezarcılarının konuşmaları gibi felsefeyi laf cambazlığıyla karıştırmasıdır. Hep ciddi şeylerden söz ettiği halde konuşma tarzı hiç de ciddi değildir. İleri sürdüğü düşünceler katı, kavgacıdır, ama bunları öyle yumuşak, dingin, şakacı bir sesle dile getirir ki, yadırgamaz, hemen alışırsınız. Her ziyaretinde üniversite yaşamıyla ilgili beş-altı öykü getirir, masaya oturur oturmaz anlatmaya koyulur.

Kara kaşlarını alaycı bir anlatımla oynatarak;

—Aman Tanrım, dünyada ne gülünç insanlar var! diye içini çeker.

Katya ilgilenir:

—Ne oldu, Mihail Fiyodoroviç?

—Bugün dersten çıkınca bizim bunak N.N. ile karşılaşmayayım mı? Herif her zamanki gibi beygir çenesini ileri uzatmış, gidiyor. Aklı-fikri birini bulup çektiği yarım baş ağrısından, karısından, derslerine girmek istemeyen öğrencilerden dert yanmak. Beni görüp lafa tutacak diye ödüm koptu...

Böylece anlatır da anlatır. Bazen de şöyle başlar:

—Dün bizim Z.Z.nin halka açık konferansına gitmiştim. Şu *alma materimiz*[1] Z.Z. gibi dangalakları bilim adamı diye halkın karşısına çekinmeden nasıl çıkarıyor, anlamıyorum! Adam düpedüz aptal, ahmaklığı yüzünden akıyor. Böylesini bütün Avrupa'da mumla arasalar bulamazlar. Sü-sü-sü diyerek öyle bir konuşması var ki, ağzında akide şekeri emiyor sanırsınız. Kalabalık karşısında korkusundan elindeki notları doğru-dürüst okuyamıyor, düşüncelerinde ancak bisikletle giden papazın hızı kadar işlerlik var. En kötüsü, ne demek istediği anlaşılmıyor. Can sıkıntısından patladık. Yıl sonu toplantılarında dinlemekten bıktığımız çalışma raporunun okunmasından daha berbat değilse kellemi atarım!

Buradan başka bir konuya geçer:

—Çalışma raporu dedim de aklıma geldi. Nikolay Stepanoviç de çok iyi anımsar, üç yıl önce böyle bir raporu ben okumuştum. Salonda boğucu bir sıcak var, redingotum da koltuk altlarından sıkıyor... Başladım okumaya. Yarım saat, bir, bir buçuk, iki saat okudum. Bir aralık, «Hele şükür, galiba on sayfa kaldı,» diye düşünüyordum. Son dört sayfa oldukça önemsizdi, okumasam da olurdu. Fakat bakın, ne oldu! Ön sırada yan yana oturan, göğsü nişan kurdeleli bir general ile bir başpapaz

1 Latince: Beslenen ana. Üniversite için kullanılan eski bir deyim.

gözüme ilişti. Zavallılar can sıkıntısından sanki donmuş gibi kıpırtısızdılar. Uyumamak için gözlerini iri iri açmışlardı. Sözümona dikkatle dinlediklerini, okuduklarımı anladıklarını göstermeye çalışıyorlardı. İçimden, «Pekiyi, madem hoşunuza gidiyor, sonuna değin dinleyin, keratalar!» dedim. İnadına o dört sayfayı da okudum.

Konuşurken bütün alaycı adamlarda olduğu gibi yalnız gözleri ile kaşları gülerdi. O anda bu gözlerde kin, nefret ya da öfke değil, yalnızca bol bol nükte yapma zevki, dikkatinden hiçbir şey kaçmayan insanlarda raslanan, tilkilere özgü kurnazlık sezilirdi. Gözleriyle ilgili başka bir özelliği daha dikkatimi çekmişti. Mihail Fiyodoroviç, Katya'nın elinden çay alırken, onun söylediklerini dinlerken ya da Katya bir şey almak için dışarı çıktığı sırada gözleriyle onu izlerken bakışlarından uysallık, hayranlık, yalvarış okunurdu.

Hizmetçi semaveri kaldırıp masaya büyük bir parça peynir, meyve, bir şişe Kırım şarabı koyuyor. Bu berbat şaraba Katya, Kırımda'yken alışmış. Mihail Fiyodoroviç etajerden bir deste iskambil kağıdı alıp fal açıyor. İleri sürdüğüne göre kimi fallar son derece dikkat istermiş. Buna karşın fal açarken çenesini tutamayıp konuşur durur. Katya onun büyük bir özenle dizdiği kağıtları izler, sözden çok mimikleriyle fal açmasına yardım eder. Böyle bir akşamda Katya'nın içtiği iki kadehi geçmez, benimki ise çeyrek kadehtir ancak. Şişenin kalanı Mihail Fiyodoroviç'in payına düştüğü halde adam bir türlü sarhoş olmaz. Onun içki içişine şaşarım.

Fal açma sırasında çeşitli konulardan söz ederiz. Çoğunlukla yüksek konular üzerinde dururuz, doğallıkla en çok çekiştirdiğimiz alan hepimizin sevdiği bilimdir.

Mihail Fiyodoroviç tane tane konuşarak;

—Çok şükür, bilim çağı kapandı, diyor. Bilim son sözünü söyledi. Öyledir, efendim... İnsanoğlu onun yerini başka bir şeyle doldurma gereksinimi duyuyor artık. Bilim kör inançlar ortamında doğmuş, kör inaçlarla beslenip gelişmiştir; şimdi de kör inançların ağababaları olan simyanın, metafiziğin, felsefenin özünü oluşturmaktadır. Oysa bunların çağı geçeli çok oluyor. Gerçekten bilim ne verdi insanoğluna? Okumuş Avrupalılar ile bilim nedir bilmeyen Çinliler arasındaki fark çok önemsiz olup yalnız görünüştedir. Çinliler bilime ulaşamadılar, peki, bundan dolayı bir eksikleri var mı?

—Sineklerin de bilimden haberi yok, yanıtını veriyorum.

—Bana boş yere kızıyorsunuz, Nikolay Stepanoviç. Bunu burada, aramızda söylüyorum. Sandığınızdan daha çok temkinliyimdir. Bu düşüncelerimi herkesin ortasında açıklayacak değilim. Tanrı koruya! İnsanların şöyle köhne bir inanışı vardır: Bilim ve sanat hem tarımdan, hem tecimden (ticaretten), hem de zanaattan üstündür. Bizim meslektekiler de bu inançtan doyurur karnını. Böyle bir inancı yıkmak ne size düşer, ne de bana... Tanrı göstermesin!

Fal açma sırasında gençlerimizi de hırpalamayı unutmazdık. Mihail Fiyodoroviç iç çekerek;

—Bugünkü gençlik beş para etmez! diyor. Ülkücülüğü filan bırak şimdi bir yana! Hiç olmazsa tam anlamıyla çalışmasını, düşünmesini bilseler! Hani, nasıl demiş ozan: «Hüzünle bakıyorum şu yeni nesle...»

Katya da katılıyor ona:

—Evet, değersiz bir gençlik yetişiyor. Söyler misiniz, son beş-on yıl içerisinde parlak bir öğrenciniz çıktı mı?

—Vallahi, başka profesörleri bilmem, ama bende öyle birini anımsamıyorum.

Katya sürdürüyor sözünü:

—Yaşadığım sürece epey üniversiteli, birçok genç bilgin, artist gördüm. Ne diyeyim, bir kerecik olsun bir dahiye, üstün bir yeteneğe, hatta ilginç bir insana raslamadım. Hepsi donuk, Tanrı vergisinden yoksun, cakasından yanına varılmayan tipler...

Genç neslin değersizleşmesi üzerine yapılan bu konuşmalar bende her seferinde kendi kızımla ilgili kötü sözler dinliyormuşum gibi bir izlenim bırakır. En çok da toptan suçlamalara içerliyorum. Gençliğin değersizleşmesi, ülkü yokluğu gibi basmakalıp karalamalar ya da geçmiş günlerin güzelliklerini anmalar... Herhangi bir suçlama, kadınların bulunduğu bir ortamda bile yapılsa, mümkün olduğunca belirli temellere dayandırılmalı; değilse suçlama olmaktan çıkar, aklı başında insanlara yakışmayan, zararlı bir gevezelik durumuna düşer.

Görmüş-geçirmiş bir adamım, otuz yıldır ders veriyorum; ne bir değersizleşme, ne de ülkü yokluğu fark etmiş değilim. Her şeyin eskisinden daha kötüye gittiğini de söyleyemem. Bu konuda gözlemlerine değer verdiğim odacım Nikolay'a göre bugünkü üniversiteli dünkünden ne daha iyi, ne de daha kötüdür.

Bana da şimdiki öğrencilerimin en çok hangi yönlerinin hoşuma gitmediğini sorsalardı bu soruyu hemen yanıtlayamazdım kuşkusuz, ama vereceğim yanıtlar kesin olurdu. Onların kusurlarını biliyorum, o bakımdan kafa karıştıran belirsiz laflar edecek değilim. Öğrencilerimin sigara içmeleri, alkollü içki kullanmaları, geç evlenmeleri hoşuma gitmiyor. Çevrelerinde olup bitenlere karşı öylesine vurdumduymazlar ki, açlarla hiç ilgilenmiyorlar, yoksul öğrenci yardım sandıklarına destekte bulunmuyorlar. Modern dilleri öğrenemedikleri gibi Rusça'yı da doğru-dürüst konuştukları yok. Daha dün hijyenci meslektaşım öğrencilerinin fizikten çok zayıf, meteorolijiden büsbütün habersiz oluşlarından dert yandı. Adamcağız derslerde iki kat uğraşmak zorunda kalıyormuş. Öğrencilerimin yeni dönem yazarlara öyle bir düşkünlükleri var ki, onlardan çok etkileniyorlar. Öte yandan Shakespeare, Markus Aurelius, Epictetos, Pascal gibi klasiklere karşı tümüyle ilgisizler. Bu konuda büyüğü küçükten ayırt etme beceriksizleri onların yaşam yolunda yaya kaldıklarını göstermektedir. Şöyle ya da böyle toplumsal bir özellik taşıyan (örneğin göç olayları gibi) konularda üniversiteliye daha çok yaraşan ve onlara açık olan bilimsel araştırma, deney yapma yolundan çok yardım toplayarak sorunları çözmeye çalışırlar. Hastanelerde bölüm başkanlığı, hekim yardımcılığı, laborantlık gibi başkasına bağımlı görevleri kırk yaşına değin dışardan gelip yürütmeye razıdırlar da bağımsız olarak bilimsel bir çalışmayı başlatmaya yanaşmazlar. Oysa bağımsızlık, kişisel özgürlük, girişimcilik sanatta ve tecimde olduğu kadar bilim alanında da gereklidir. Öğrencilerim, dersimi dinleyenlerim var ama yerimi bırakacağım yardımcılarım yok. Bu yüzden hepsini sevdiğim, hepsine karşı iyi duygular beslediğim halde hiçbirinden gurur duymuyorum...

Sayıları çok da olsa bu gibi kusurlar ancak tabansız, ödlek insanlarda karamsarlık, hırçınlık yaratabilir. Hepsi de yaşam koşullarının sonucu olan bu pürüzlerden aradan on yıl geçince eser kalmayacaktır. Ancak kusursuz toplum olmayacağı için gidenlerin yerine yenileri peydah olacak, bu sefer bunlar ödlekler için dert kapısı açacaktır. Öğrencilerimin kusurları, eksikleri beni de öfkelendiriyor. Bununla birlikte kızgınlığım otuz yıl boyunca onlara ders vermenin, onlarla tatlı tatlı söyleşmenin, aralarındaki ilişkileri gözlemleyip onları öğrenci çevresi dışındaki kişilerle karşılaştırmanın verdiği zevk yanında önemsiz kalır.

Mihail Fiyodoroviç zehir saça saça konuşmasını sürdürüyor. Katya da onu dinliyor. İkisi de yakınlarındaki insanları kınamak gibi masum bir eğlencenin onları nasıl derin bir uçuruma sürüklediğinin farkında değiller. Basit bir konuşmanın yavaş yavaş çirkin bin alaya dönüştüğünden, ikisinin de yerine göre yalana, kara çalmaya baş vurduklarından haberleri yok.

Mihail Fiyodoroviç bir ara;

—Öyle gülünç tiplere rasladığımız oluyor ki! diyor. Dün bizim Yegor Petroviç'e uğramıştım. Yanında bir öğrenci, tıbbiyeli, sizinkilerden. Üçüncü sınıfta mıymış neymiş... Yüzü tıpkı Dobroliyubov'un[1] yüzü gibi, zekâ fışkırıyor. Havadan-sudan

1 Tanınmış bir Rus düşünürü, eleştirmeni.

konuşmaya başladık. Dedim ki: «İşte böyle, delikanlı. Geçen gün okumuştum, adını unuttum, bir Alman, insan beyninden *idiotin* denilen yeni bir alkoloid elde etmiş. Ne dese beğenirsiniz? İnandı çocuk sözlerime. Yüzünde, «Bilim nasıl da ilerliyor!» gibilerden, icadı yapana karşı bir saygı anlatımı belirdi. Gene geçenlerde tiyatroya gitmiştim. Yerime oturuyorum. Bir de baktım, önümdeki sırada bizimkiler koltuklara kurulmuşlar. Biri hukukçu, öteki saçı-başı dağınık bir tıbbiyeli... Tıbbiyeli zil-zurna sarhoş, sahneye baktığı bile yok, yerinde uyuklayıp duruyordu. Oyunculardan biri konuşmaya başlayınca ya da sesini yükseltince tıbbiyeli birden silkinip, «Işittin mi? Ne diyor? Ne soylu sözler, değil mi?» diyerek arkadaşını dürtmeye başladı! Beriki onu onayladığı sırada birdenbire, «Bravo! Bravo! Soylu sözlere bravo!» diye haykırmaya başlamasın mı? Sarhoş budala, tiyatroya sanat için değil, soylu sözler dinlemeye gelmiş, anlaşılan. Soyluluk ona pek gerekliydi sanki!

Katya meslektaşımın anlattıklarını dinledikçe gülüyor. Gülüşü bir tuhaf, soluk alıp verişlerinde tıpkı akordeonun körüğünü açıp kapatır gibi hızlı yükselip alçalmalar var. Ayrıca yalnız burun delikleriyle gülüyor sanki. İyice moralim bozuluyor, öfkeyle yerimden kalkarak bağırmaya başlıyorum:

—Susun artık! Oturduğunuz yerde zehirli iki kurbağa gibi soluğunuzla temiz havaya mikrop saçıyorsunuz. Yeter!

Fesat dolu konuşmalarına son vermelerini beklemeden eve gitmeye hazırlanıyorum. Vakit çok geç zaten, 11'e geliyor.

Mihail Fiyodoroviç;

—Ben biraz daha oturacağım, diyor. İzin verir misiniz, Yekaterina Vladimirovna?

—Oturabilirsiniz.

—Bene![1] Öyleyse bir şişecik daha lütfedin!

---

1 İyi. (Lat.).

Katya'nın tuttuğu mum ışığında beni antreye değin geçiriyorlar. Paltomu giyerken Mihail Fiyodoroviç;

—Son zamanlarda iyice zayıflayıp çöktünüz, Nikolay Stepanoviç, diyor. Neniz var? Hasta mısınız yoksa?

—Evet, biraz hastayım.

Katya üzgün bir sesle;

—Tedavi olmak istemiyor, diye sözümü tamamlıyor.

—Nedenmiş? Niçin tedavi olmuyorsunuz? Böyle şey olur mu, canım? Kendini koruyanı Tanrı da korur. Sizinkilere çok selam söyleyin, uğrayamadığım için özür dilerim. Avrupa'ya gitmeden önce bugünlerde veda ziyaretine gelirim. Muhakkak! Öbür hafta yola çıkıyorum.

Hastalığımla ilgili konuşmalardan sonra korkmuş, canım sıkkın, sinirlenmiş olarak ayrılıyorum Katya'dan. Kendi kendime soruyorum: Gerçekten arkadaşlarımdan birine başvursam mı acaba? O anda gözümün önünde beni muayene eden arkadaşın görüntüsü canlanıyor. Beni dinledikten sonra sessizce yürüyecek, görmemem için yüzünü pencereye döndükten sonra kayıtsız bir tavırla, «Şimdilik tehlikeli bir durum görmüyorum, meslektaşım. Gene de hocalığı tümüyle bırakmanızı salık veririm...» diyecek. Son umutlarım da yok olup gidecek böylece.

Oysa umutsuz insan yaşamaz. Son zamanlarda kendi kendime tanı koyup tedavimi yaparken bilgisizliğimin beni aldattığını düşündüğüm oluyor. Kan incelemelerinde çıkan kolestrolde, şekerde, yürek ağrılarımda, iki kez farkına vardığım şişkinliklerde yanıldığım umuduna kapılıyorum. Hastalık hastası korkusuyla iç hastalıkları kitaplarını hatmederken, boyuna ilaç değiştirirken belki bir kurtuluş yolu bulurum avuntusu içindeyim. Düpedüz miskinlik benimkisi!

Gerek hava kapalıyken, gerekse gökyüzü ay ve yıldızlardan dolayı şıkır şıkır aydınlıkken eve her dönüşümde gözlerim yukarılara kayıyor, ölümün beni alıp götüreceğini düşünüyorum. Oysa bu sırada düşüncelerimin de gökyüzü gibi derin, aydınlık, olağanüstü güzel olması gerekmez miydi? Ama hiç de öyle değil! Kendimi, karımı, Liza'yı, Gnekkker'i, öğrencilerimi, genelde bütün insanları aklımdan söküp atamıyorum. Düşüncelerim kötülük, basitlik, kendime karşı ikiyüzlülükle dolu. O sırada dünyaya bakış açım ünlü Arakçayev'in[1] özel mektuplarından birinde belirttiklerine nasıl da uyuyor! «Yeryüzündeki iyi şeylerin hiçbiri kötülüklerden tümüyle sıyrılmamıştır. Üstelik kötü şeyler iyilerden çok daha fazladır,» diye yazıyor Arakçayev. Kısacası her şey tiksinti verici, yaşamaya değer bir şey yok, geride bıraktığım altmış iki yıl boşa harcanmış gibi... Kendimi bu düşünceler içinde yakalar yakalamaz bunların öylesine aklıma gelmiş, geçici, içimde kökleşmemiş olduklarına inanmak istiyorum. Fakat hemen, «Madem öyle, neden her akşam o iki kurbağaya gitmeden edemiyorsun?» diye geçiriyorum içimden.

Katya'ya bir daha uğramamaya yemin ediyorum. Halbuki hemen ertesi gün oraya yeniden koşacağımı adım gibi biliyorum.

Aşağıda kapının çıngırağını hızlı hızlı çekip merdivenlerden çıkarken artık ailem kalmadığını, onları yeni baştan kazanmanın içimden gelmediğini hissediyorum. Anlaşılan, Arakçayev tarzı düşünceler bende ne raslantısal, ne de geçicidir; benliğime sinmiş bunlar. Hasta bir vicdanla, keyifsiz, uyuşuk bedenim sanki dört batmanlık bir ağırlık altındaymışçasına güçlükle kımıldanarak yatağıma girip hemen uyuyorum.

Az sonra uykusuzluk saatleri başlıyor...

IV

Yaz gelince yaşam değişiyor.

Bir sabah Liza odama girip şakacı bir sesle şöyle diyor:

—Buyurun, beyefendi hazretleri! Her şey hazır, gidiyoruz.

---

1 Çar I. Aleksandr döneminde orduyu sıkı bir disiplin altına alan savaş bakanı.

Beyefendi hazretlerini sokağa çıkarıyorlar, arabaya bindirdikten sonra alıp götürüyorlar. Yolda can sıkıntısından gözüme ilişen dükkân tabelalarını tersinden okumaya başlıyorum. «Traktir»[1] «ritkart» oluyor. Tam baroneslere uygun bir soyadı: Barones Ritkart! Kırlara çıkınca yolumuz bir gömütlüğün önünden geçiyor. Burası bende hiç de iyi bir etki bırakmıyor, oysa yakında ben de oraya gideceğim. Ormanı geçtikten sonra yeniden düzlüğe çıkıyoruz. İlgi çekici bir şey göremiyorum çevrede. İki saatlik yolculuktan sonra beyefendi hazretlerini yazlık bir evin alt katında duvarları mavi kağıtla kaplı, ufak, şipşirin bir odaya yerleştiriyorlar.

Geceleri her zamanki uykusuzluk. Yalnız sabahları horoz gibi dikilmeden yatağımda kalıyorum, böylece karımın dırdırlarından kurtulmuş oluyorum. Uyumadığım halde son derece uyuşuk, dalgınım; sanki düşteymişim gibi hissediyorum kendimi. Öğleyin kalkıp alışkanlığın etkisiyle yazı masasının başına geçiyorum. Ama çalışmıyorum, Katya'nın yolladığı sarı kaplı Fransızca kitapları okuyarak oyalanıyorum. Kuşkusuz Rus yazarlarının yapıtlarını okumak daha yurtseverce bir davranış olurdu, ama ne yalan söyleyeyim, gönlüm çekmiyor onları. Birkaç eski kuşak yazarı saymazsak günümüz yazını bana sanattan çok el zanaatlarını anımsatıyor. Hani şu, sürekli desteklenen, ama rağbet görmeyen el zanaatları var ya, onlar işte. El zanaatı işlerinin en iyilerini bile mükemmel olarak nitelemek olanaksız, övmeye kalktığınız zaman bir «ama» demeniz gerekiyor. Son 15-20 yıl içerisinde okuduğum yazınsal yapıtların hepsi böyle. Hepsinde zekâ, soyluluk, yetenek gibi erdemlerden birinden biri kesinlikle eksik. Bunlardan ikisini bulursanız üçüncüsü için «ama» demek zorundasınız.

Fransızca yapıtlarda da yüksek bir zekâ, soyluluk, yetenek bulduğumu söyleyemem. Onlar da beni doyurmuyor. Fakat hiç olmazsa bizimkiler kadar sıkıcı değil. Rus yazarlarında bulama-

1 Aşevi.

dığımız, yaratıcılığın baş öğesi olan kişisel özgürlük duygusuna onlarda sıklıkla raslayabilirsiniz. Kendini daha yapıtının ilk sayfalarında türlü türlü vicdan sorumluluklarıyla sımsıkı bağlamayan tek genç yazarımız yoktur. Kendilerini bir ülküye adamış gibidirler. Biri çıplak bedenden söz etmeye çekinir, öteki ruhsal irdelemeler yapmayı başlıca görevi sayar, bir başkası «insanlarla kucak kucağa sıcak ilişkiler»i zorunlu görür, dördüncüsü de bir şeye eğilimli olduğu kuşkusundan kurtulmak için sayfalar dolusu doğa betimlemeleri sıralar. Kimisi, yapıtlarında sade gözükmek kaygısındadır, kimisi de tam tersine soyluluğa özenir. Sinsilik, tedbirlilik, içten pazarlılık alabildiğine.... Içinden geldiği gibi yazmayı hiçbiri göze alamaz. Bu yüzden gerçek yaratıcılık yoktur.

Bunlar edebiyat üzerine düşüncelerim.

Toplumbilimle, sanatla vd. ilgili ciddi yazılara gelince, bunları okumaktan korkuyorum. Çocukluğumda, hatta ilk gençliğimde kapıcılardan, tiyatrolarda görev yapan yer göstericilerden korkardım. Hoş, şimdi bile korkuyorum ya... Derler ki, biz yalnız anlamadığımız şeylerden ürkermişiz. Gerçekten de kapıcıların, tiyatrodaki salon görevlilerinin neden bu kadar gururlu, kibirli, küstahlık derecesinde kaba olduklarını anlamak güçtür. İşte ağır makaleler okurken de aynı belirsiz korkunun etkisinde kalırım. Olağandışı bir böbürlenme, oynak bir general tavrı, yabancı yazarlara karşı senlibenli tavır, boştan alıp doluya koyarken ustaca şişinmeler; bütün bunlar benim için anlaşılmaz, ürkütücü şeylerdir. Hekim, doğabilimci yazarlarımızın ağırbaşlı, durmuş-oturmuş biçemine alıştıktan sonra bunlar bana son derece yadırgatıcı gözüküyor. Bizdeki ciddi araştırmacıların yalnız kendi yazdıklarını değil, çevirdikleri yapıtları okurken de irkilmekten kurtulamıyorum. Önsözlerin ağdalı dili, okura tepeden bakan tavır, çevirenin koyduğu notların bolluğu dikkatimi dağıtıyor. Çevirenin makale ya da kitap boyunca cömertçe sıraladığı çıkmalar, açıklamalar bence hem yazarın kişiliğine, hem de okuyucunun özgüvenine kasıttan başka bir şey değildir.

Bir keresinde bölge mahkemesine bilirkişi olarak çağrılmıştım. Benim gibi bilirkişilik yapan bir arkadaşım duruşma sırasında savcının sanık iskemlesindeki kültürlü iki kadına ne kadar kaba davrandığına dikkatimi çekti. Ona, bu davranışların ciddi makale yazarlarının birbirlerine karşı takındığı tavırdan daha kaba olmadığını söylerken abarttığımı sanmıyorum. Gerçekten karşılıklı ilişkilerde sergilenen kabalık derecesine üzülmemek elden gelmiyor. Birbirlerine ya da eleştirdikleri yazarlara karşı ya onurlarını ayaklar altına alarak aşırı saygı gösterirler, ya da tam tersine, gelecekteki güveyim Gnekker hakkında geçmiş sayfalarda kullandığım, çoğu kez içimden geçirdiğim dilden daha beterini kullanırlar. Cezai sorumluluk taşımamakla, kötü niyetli olmakla, hatta ağır suçlarla suçlamalar ciddi makalelerin alışılmış öğeleridir. Genç doktorlarımızın çiziktirdikleri makalelerde çoğu kez başvurdukları yöntem budur. Bu tür davranışların yeni nesil yazarlarımızın kalemine yansıması elbette kaçınılmazdı. Son 10-15 yılın yazınsal yapıtlarında erkek kahramanların boyuna votka içen, kızların ise oldukça iffetsiz gözükmeleri hep bu yüzdendir.

Fransızca kitapları okurken arada bir başımı çevirir, açık pencereden dışarı bakarım. Bahçemizi çevreleyen çitin üstündeki sivri çıkıntılar, iki-üç cılız ağaç, çitin arkasındaki yol gözükür. Daha ötelerde tarlalar, geniş bir şerit gibi uzayıp giden orman... Bazen mısır püskülü saçlı, üstü-başı yırtık bir kız ile bir erkek çocuğun çite tırmandıklarını görürüm. Yumurcaklar dazlak kafamla dalga geçerler. Işıl ışıl parlayan gözlerinde, «Dazlak kafalı moruğa bak!» diyen alayı okurum. Şöhretimin, generalliğimin vız geldiği tek iki insan belki de onlardır.

Artık her gün kapımı çalan konuğum yok. Ama Nikolay ile Piyotr İgnatyeviç'in ziyaretlerinden söz etmeden geçemeyeceğim. Nikolay yalnızca tatil günlerinde, bir iş bahane ederek, aslında salt beni görmek için gelir. Çoğu zaman çakırkeyiftir, oysa kış günleri böyle bir alışkanlığı yoktur.

Onu karşılamak için antreye çıktığımda;

—Ne var, ne yok? diye sorarım.

Nikolay gönülden sevenlerin hayranlığıyla yüzüme bakar, elini göğsüne bastırır.

—Beyefendiciğim, Tanrı cezamı versin ki, beyefendiciğim... Şuradan sağ çıkmayayım ki, gaudeamus igitur juvenetus![1]

Beni sımsıkı kucaklayıp omuzlarımdan, kollarımdan, ceketimin düğmelerinden öper.

—E, fakülteden ne haber? Her şey iyi gidiyor mu?

—Vallahi, beyefendi hazretleri! Tanrı cezamı versin ki!

Onun gerekli gereksiz durmadan yemin etmesi beni kısa sürede bıktırır, karnını doyurması için hemen mutfağa yollarım.

Piyotr İgnatyeviç de tatil günleri, salt beni yoklayıp kafasından geçenleri paylaşmak için gelir. Tertemiz giyinmiş olarak masanın yanına sokulur, uysal uysal, ağırbaşlı bir tavırla oturur. Bacak bacak üstüne atmaya ya da rahatça ileri abanmaya hiçbir zaman cesaret edemez. Odamda kaldığı sürece usul usul, sesini yükseltip alçaltmadan, kitap okur gibi hep aynı tonda konuşur. Kitaplardan, dergilerden devşirdiği, aklınca gayet ilgi çekici, heyecan verici haberler anlatır. Bütün bu haberler tıpatıp birbirinin aynısı olup bir konuda toplanır: Fransızlardan birinin bilimsel bir buluşu varmış, bir Alman bunun daha 1870'te bir Amerikalı tarafından ortaya konulduğunu berikinin yüzüne çalmış; üçüncü bir Alman ikisinden de baskın çıkmış, mikroskopta gördükleri hava küreciklerini pigment sanmalarıyla alay etmiş...

Piyotr İgnatyeviç beni güldürmek istediği zaman bile ayrıntılara dalarak, uzun uzun konuşur. Sanki tez savunuyormuş

---

1 Aslı Latince «Gaudeamus igitur, juvenes dum sumus!: Eğlenelim, madem ki genciz!» olan eski üniversite marşının ilk dizesi.

gibi, yararlandığı kaynakların hiçbirini unutmamaya çalışarak bilimsel dergilerin tarih ve numaralarını doğru vermeye dikkat eder. Petit'den[1] söz ederken mutlaka Jean Jacques Petit der. Bazen yemeğe kalınca ona göre son derece ilginç, aslında herkesin neşesini kaçıran öyküler anlatır. Gnekker ile Liza füglerden, kontpuanlardan, Brahms'tan, Bach'tan laf açınca Piyotr İgnatyeviç'in yüzü kızarır, gözlerini ağırbaşlı bir tavırla önüne indirir. Benimle kendisi gibi ciddi insanların böyle zırtabozca şeylerden konuşmasının yakışık almayacağını düşünmektedir.

İçinde bulunduğum ruhsal durum dolayısıyla adamı beş dakika dinlemek onu yıllardır görüp dinliyormuşum gibi beni canımdan bezdirmeye yeter de artar bile. Bir nefret kabarır içimden. Ağır aksak, tekdüze sesinden, kitap okur gibi konuşmasından bunalırım; anlattıkları beni serseme çevirir. Adamcağız bana en iyi duygularla bağlıdır, beni hoşnut etmekten başka düşüncesi yoktur. Gelin görün ki, ben onu ipnotize etmek istercesine gözlerimi yüzüne dikmiş, içimden «Git! Git! Git!» diye söylenir dururum. Ama bizimki bu telkinin etkisine girmeden oturdukça oturur...

Bizde kaldığı sürece, «Ben ölünce belki yerime onu getirirler,» düşüncesinden kurtaramam kendimi. O zaman zavallı dersanemi suyu çekilmiş vaha gibi görür; aklımdan geçenlerden dolayı Piyotr İgnatyeviç suçluymuş gibi ona surat asar, konuşmaz, nezaketsiz davranırım. Adamcağız her zamanki gibi Almanları övmeye kalkınca eski zararsız takılmalarımın yerine;

—Bırakın şu eşek Almanları! diye çıkışırım.

Bir zamanlar Nikita Krılov diye bir profesör vardı, toprağı bol olası Reval'de[2] Progov'la birlikte denize girip suyu soğuk

1 Bir fransız bilim adamı.
2 Almanya'da kaplıca kenti.

bulunca, «Hay namussuz Almanlar!» diye sövmüş. Benim de ondan pek farkım yok galiba.

Piyotr İgnatyeviç böylece epey zılgıt yedikten sonra evden ayrılırken penceremden gözüken ve gittikçe uzaklaşan şapkasına bakarak, «Bağışlayın beni, iki gözüm!» diye bağırmak gelir içimden.

Yemek faslı kıştan daha sıkıcıdır. Şimdi daha çok küçümsediğim, nefret ettiğim Gnekker efendi her gün soframdan eksik olmuyor. Eskiden ona ses çıkarmadan katlanırdım, ama şimdi onu, karımla Liza'yı renkten renge sokan bir biçimde iğnelemekten kendimi alamıyorum. Bu zehirli duyguya kendimi kaptırarak bazen farkına varmadan anlamsız şeyler söylüyor, davranışımın nedenini kendim de anlamıyorum. Örneğin bir keresinde Gnekker'i küçümser bir bakışla uzun uzun süzdükten sonra damdan düşercesine;

Kartalların bazan tavuklara kadar alçaldığı olur,
Ama tavukların göğe yükseldiği
görülmemiştir...[1]

diye bir şiir okuyuverdim.

İşin garibi şu ki, tavuk Gnekker kartal profesörden daha üstün durumdaydı. Karımla kızımın kendinden yana olduklarını bildiği için beni pek umursadığı yok. «Moruk, ne olacak! İyice bunadı!» diye düşünüyor olmalı ki, iğnelemelerimi hoşgörülü bir suskunlukla geçiştiriyor. Bazen de babacan bir tavırla bana takılıyor. Bir insanın bu derece basitleşmesi şaşılacak şey, doğrusu! Yemek boyunca Gnekker'in sonunda bir madrabaz çıktığını, Liza ile karımın yanlışlarını anladıklarını, benim de onlarla alay ettiğimi kuruyorum. Bir ayağım çukurdayken uğraştığım saçmalıklara bakın!

Bugüne değin yalnızca adını duyduğum anlaşmazlıklarla

1 Krılov'un «Kartal ile Tavuklar» adlı masalından.

da karşı karşıya kaldığım oluyor. Size aktarmaktan utanç duyacağım böyle bir durum geçenlerde yemekten sonra başıma geldi.

Odamda oturmuş, pipomu içiyordum. Bir ara her zamanki gibi karım yanıma geldi. Havaların sıcaklığından, henüz boş vaktim varken Harkov'a gidip Gnekker'imizin nasıl bir kişi olduğunu araştırmamın yerinde olacağından dem vurmaya başladı.

—Hay, hay! Ne yapalım, gideriz, dedim.

Karım memnun oldu, kalktı. Çıkarken kapıdan döndü:

—Şey... Senden bir ricam daha var. Kızacağını biliyorum, ama seni uyarmak bana düşer. Kusura bakma, Nikolay Stepanıç, fakat eş-dost, komşular Katya'ya pek sık gittiğinden söz etmeye başladılar. Biliyorum, okumuş bir kızdır... Onunla hoş vakit geçirilebilir. Gene de senin yaşında, senin mevkiinde bir adamın onunla içli-dışlı olması biraz tuhaf kaçmıyor mu? Çevrede onun hakkında söylenenlere bakılırsa...

Birden kan beynime sıçradı, gözlerimden ateş saçarak yerimden fırladım. Başımı ellerimle tutarak avazım çıktığı kadar haykırmaya başladım:

—Bırakın beni, bırakın! Yalnız kalmak istiyorum!

Yüzüm korkunç, sesim tuhaf olmalıydı, çünkü karım birdenbire sarardı. O da bambaşka, acı bir sesle haykırdı. Bağrışmalarımızı duyan Liza ile Gnekker, sonra Yegor koşa koşa geldiler.

—Bırakın beni! Defolun! Çekilin karşımdan! diye bağırmayı sürdürdüm.

Birden bacaklarım uyuştu, birisinin kollarının arasına düştüğümü hissettim. Bir an için bir ağlama sesi duyar gibi oldum, sonra tümüyle kendimi yitirdim. Baygınlığım iki-üç saat sürmüş...

Şimdi de gelelim Katya'ya. Artık her akşam üstü beni yoklamak üzere bize uğruyor. Doğallıkla bu durumu komşularımızın, ahbaplarımızın görmezlikten gelmesi olanaksız. Katya bize gelince oturmuyor, hemen beni alıp gezmeye götürüyor. Bu yaz bir at ile iki tekerlekli, yesyeni, küçük bir binek arabası aldı. Genelde bol paralı yaşıyor. Büyük bir bahçe içinde, bağımsız, pahalı bir yazlık tuttu. Kentteki bütün eşyasını buraya taşıdı. Iki hizmetçisi ile arabacısı var.

Sık sık ona;

—Babandan kalan para bittiğinde neyle yaşayacaksın, Katya? diye sorduğumda;

—O zaman düşünürüz, karşılığını veriyor.

—Paranı çarçur etmek doğru değil, yavrum. İyi bir insanın alın teriyle kazanılmış bir paradır bu.

—Biliyorum. Bunu kaçıncı kez söylüyorsunuz!

İlkin kırlardan, sonra penceremden gördüğüm çam ormanından geçiyoruz. Doğayı eskisi gibi güzel buluyorum. Oysa şeytanın kulağıma fısıldadığına göre bu çamlar, kuşlar, beyaz bulutlar, ben iki-üç ay sonra öldüğümde yokluğumun farkına bile varmayacaklar.

Katya araba sürmekten hoşnut; havanın güzel olması, yanında benim oturmam neşesini artırıyor. Keyfi yerinde olunca da hırçınlaşmıyor.

—Çok iyi bir insansınız, Nikolay Stepanıç, diyor. Az raslanan bir tipsiniz. Sahnede sizi canlandıracak bir oyuncu bulunacağını sanmıyorum. Beni ya da Mihail Fiyodoroviç'i kötü bir aktör de oynayabilir, ama sizi hiç kimse canlandıramaz. Sizi kıskanıyorum, dehşetli kıskanıyorum. Şimdi dönüp bir de bana bakın? Sizin yanınızda benim ne değerim var?

Bir an düşünüp;

—Ben karamsar bir insanım, değil mi? diye soruyor.

—Öyle...

—Hımm... Bu durumda ne yapmalıyım?

Tutsam kendisine, «Çalış!», «Varını yoğunu yoksullara dağıt!» ya da «Kendini tanı!» desem kolay. Ama bunların hepsi ancak sözde kolay olduğu için ona ne karşılık vereceğimi bilemiyorum. «Tedavi yöntemleri» dersini veren meslektaşlarım,

«Her olgunun kendi başına değerlendirilmesi»ni tavsiye ederler. Bu tavsiyeye uymak gerekir. Neden derseniz, kitapların bir tür hastalığa en uygun gelir diye tavsiye ettiği iyileştirme yönteminin kimi özel durumlarda bir işe yaramadığı ortaya çıkmıştır. Bu, ruhsal sorunlar için de geçerlidir.

Gene de ona bir karşılık vermem gerektiği için;

—Sen işsiz-güçsüz oturuyorsun, Katya, diyorum. Bir işle uğraşmalısın. Sahnede yeteneğin olduğuna göre ne diye bir tiyatroya girmiyorsun?

—Yapamam.

—Haksızlığa uğramış, hakkın yenmiş gibi bir görünüşün var. Bunu hiç beğenmiyor, bunda seni suçlu buluyorum. Şunu hiç unutma, kızım: Sen insanlara, yaşamın kurallarına küsmekle başladın. Ama bunların düzelmesi için hiçbir şey yapmadın. Kötülüklerle boğuşmak yerine kendi derdine düştün, bana kalırsa sen kendi güçsüzlüğünün kurbanısın. Neyse, o zaman gençtin, deneyimsizdin, ama şimdi durum değişik. Gerçekten, dön tiyatroya! Çalışırsın, kutsal sanata hizmet edersin...

Katya sözümü kesiyor.

—Beni kandırmaya çalışmayın, Nikolay Stepanıç. Gelin, sizinle bir anlaşmaya varalım: Oyunculardan, piyes yazarlarından söz edelim, ama sanat konusuna dokunmayalım. Mükemmelsiniz, eşsiz bir insansınız, orası öyle, ama sanatı içten duyacak, kutsallığını kavrayacak kadar tanımazsınız. Bu duyarlılık, anlayış gelişmedi sizde. Kendi işlerinizle uğraşırken bu duyarlığı elde etme olanağına kavuşamazdınız zaten. Sanat üzerine konuşmayı bırakalım, bu konuşmalardan zevk almıyorum.

Katya sinirleniyor birden.

—Sevmiyorum üstelik. Çünkü yeter derecede bayağılaştırdılar bu konuyu.

—Kim bayağılaştırdı?

—Kimileri sarhoşluğuyla, gazeteler laubali yaklaşımıyla, akıllı insanlar felsefeleriyle.

—Felsefenin bununla bir ilgisi yok.

—Var. İşin felsefesine sapmak konuyu anlamamaktan ileri gelir.

İşi kavgaya vardırmadan konuyu değiştiriyor, konuşmadan oturuyorum. Ancak ormandan çıkıp onun evine yaklaşırken deminki konuya dönüyorum:

—Ama sen bana tiyatroya niçin dönmek istemediğini söylemedin.

Katya birden kızarak;

—Ne kadar insafsızsınız, Nikolay Stepanıç! diye bağırıyor. İlle gerçeği bütün çıplaklığıyla söylememi istiyorsunuz, değil mi? Pekiyi, madem ki bunu istiyor... madem ki hoşunuza gidiyor, hay hay, söyleyeyim: Yeteneğim yok, anladınız mı? Yeteneğim yok, ama gururum dağlar kadar! İşte gerçek bu!

Bu itiraftan sonra yüzünü benden kaçırıyor, ellerinin titremesini saklamak için dizginleri hızla çekiyor.

Evine yaklaşırken, ta uzaktan kapının önünde gezinerek bizi sabırsızlıkla bekleyen Mihail Fiyodoroviç'i görüyoruz.

Katya öfkeyle;

—Aman, gene Mihail Fiyodoroviç! diye söyleniyor. Ne olur, defedin şunu başımdan! Bıktırdı artık, canımdan bezdirdi... Öff!..

Mihail Fiyodoroviç'in Avrupa yolculuğunun zamanı çoktan gelmiş, geçiyor. Ama o, her seferinde hareketini bir hafta sonrasına erteliyor. Son zamanlarda epey değişti: Bedence çöktü, gür kara kaşları kırlaşmaya başladı, eskisinin tam tersine, şaraptan sarhoş oluyor... Arabamız kapıda durunca sevincini, sabırsızlığını saklayamıyor. Telaş içinde Katya ile bana arabadan inmemiz için yardım ediyor, çabuk çabuk bir şeyler soruyor, gülerek ellerini oğuşturuyor. Eskiden yalnız bakışlarında gördüğüm uysal, temiz yalvarış şimdi bütün yüzüne yayılmış. Hem seviniyor, hem de sevincinden utanıyor. Katya'-

ya her akşam uğrama tutkusu da, belli ki, rahatsız ediyor onu. O yüzden her gelişini, «Bu yörede bir işim vardı... Gelmişken bir dakikacık uğrayayım, dedim...» gibisinden göze batacak kadar anlamsız bir bahaneyle açıklama yoluna sapıyor.

Üçümüz içeri giriyoruz. Sonra çay içiyoruz. Ardından alıştığımız iki deste iskambil kağıdı, kocaman bir peynir parçası, meyveler ile Kırım şarabı geliyor. Konuştuğumuz konularda bir yenilik yok, kışın konuştuklarımızın hemen hemen aynısı. Üniversite, öğrenciler, edebiyat, tiyatro sırayla payını alıyor. Odanın havası zehirli laflardan iyice ağırlaşıp boğucu bir hal alıyor; kışın olduğu gibi havayı iki kurbağa değil, artık üç kurbağa zehirliyor. Soframızda hizmet eden kız kadife sesli bir baritonun gülüşünden, armonik sesine benzeyen kahkahalardan başka vodvillerdeki generallerin kikirtisine benzeyen, tatsız, çatlak «kih-kih-kih»ler duyuyor...

V

Halkımızın «serçeler gecesi» dediği gök gürültülü, şimşekli, fırtınalı, korkunç geceler vardır. Buna benzer bir serçeler gecesini ben de yaşadım.

Gece yarısından sonra uyanıp birdenbire yatağımdan fırlıyorum. Nedense hemen oracıkta ölecekmişim gibi geliyor. Neden böyle bir duyguya kapılıyorum? Oysa bedenimde böyle ansızın ölümü gösteren bir belirti yok. Korkunç bir yangının alevlerini görmüşüm gibi ruhum dehşet içinde...

Çabucak ışığı yakıp doğrudan doğruya sürahiden su içiyor, kendimi açık pencerenin önüne atıyorum. Bahçeden kuru ot kokusu ile başka güzel kokular geliyor. Bahçe çitinin sivri çıkıntılarını, pencerenin ilerisindeki uykulu, cılız ağaçları, daha ilerde yolu, koyu orman şeridini seçebiliyorum. Gökte sakin, parlak bir ay var, tek bulutçuk gözükmüyor. Çepeçevre sessizlik içinde, yaprak kıpırdanmıyor. Sanki her şey gözlerini bana dikmiş, nasıl öleceğimi dinliyormuş gibi...

İçim ürperiyor. Pencereyi kapattığım gibi yatağa atıyorum kendimi. Nabzımı yokluyorum; bileğimde bulamayınca şakaklarımda, çenemin altında, sonra yeniden bileğimde arıyorum. Nereye dokunsam her yanım soğuk, terden vıcık vıcık... Soluğum sıklaşıyor, bedenimi bir titremedir alıyor. İçim kıpır kıpır; yüzüme, saçsız kafama örümcek ağı yapışmış gibi bir his içindeyim.

Ne yapsam? Bizimkileri çağırsam mı? Hayır, gerekmez! Karımla Liza'nın odama girince ne yapacaklarını gözümün önüne getiremiyorum. Başımı yastığın altına sokuyor, gözlerimi yumup bekliyor, bekliyorum... Sırtım üşüyor, derimin sanki içeri çekildiğini hissediyorum. Ölümün arkamdan sincise yaklaşıp üzerime çullanacağı gibi bir duygu içindeyim.

Gecenin sessizliğinde birdenbire «Kivi-kivi!» diye incecik bir cırıltı yükseliyor. Bunun sokaktan mı, göğsümün içinden mi geldiğini kestiremiyorum.

—Kivi-kivi!

Nasıl korkuyorum, bilseniz! Biraz daha su içmek isterdim, ancak gözlerimi açıp başımı kaldırmaktan ürküyorum. Bilinçsiz, hayvanlara özgü bir ürküntü kaplıyor yüreğimi. Neden korktuğumu da bir türlü anlamıyorum. Daha yaşamak istediğimden mi, yoksa yeni, henüz tatmadığım bir acıdan çekindiğim için mi?

Tepemden, üst kattan birisinin inliyormuş, gülüyormuş gibi seslendiğini işitiyorum. Az sonra merdivenden ayak sesleri geliyor. Birisi hızla aşağı inip sonra yukarı çıkıyor. Bir an sonra ayak sesleri gene aşağıdan duyuluyor, kapının önünde durup dinleyen biri var sanki.

—Kim o? diye bağırıyorum.

Kapı açılıyor. Bir an duyduğum bir cesaretle gözlerimi açınca karşımda karımı görüyorum. Yüzü sapsarı, gözleri yaşlı.

—Uyuyor musun, Nikolay Stepanıç?

—Bir şey mi var?

—Tanrı aşkına git de Liza'ya bak. Bir şeyler oluyor ona.

—Peki, hay hay! diye mırıldanıyorum. Hemen geliyorum. Artık yalnız olmadığım için bir sevinçliyim.

Karımın arkasından yukarı çıkarken söylediklerinden hiçbirini anlamıyorum. İşte böylesine heyecanlıyım! Mum ışığından basamaklara düşen aydınlık lekeler zıplıyor, upuzun gölgelerimiz titreşiyor. Bacaklarım sabahlığımın eteklerine dolaşıyor, soluğum daralıyor, arkamdan kovalayan biri sırtıma yapışacakmış gibi ürperiyorum. «İşte şimdi, şuracıkta, merdiven başında ölüvereceğim. Şimdi...» diye düşünüyorum.

Sonunda merdiven bitiyor. İtalyan tarzı penceresinin bulunduğu karanlık koridoru geçip Liza'nın odasına giriyoruz. Kızım sırtında geceliği, çıplak ayaklarını aşağı sarkıtmış, yatağında oturarak inliyor. Karımın elindeki mumun ışığından gözlerini kısarak;

—Aman Tanrım! Ah, aman! Dayanamayacağım artık! diyor.

—Liza, yavrum! Sana ne oldu, bakayım? diyorum.

Karşısında beni görünce bir çığlık atıp boynuma sarılıyor. Hıçkırıklar arasında;

—Babacığım, benim şeker babacığım! diyor. Benim iyi, tatlı babacığım!.. Bir şeyler oluyor bana. Bilmiyorum, çok kötü durumdayım.

Sarılıp öpüyor, küçükken beni severken sıraladığı çocuklara özgü tatlı sözleri yineliyor.

—Sakin ol, kızım, diyorum. Tanrı yardımcın olsun! Ağlama, ben de pek iyi değilim.

Yatırıp üstünü örtmeye çalışıyorum. Karım da bir bardak su veriyor. İkimiz kızın yatağının önünde dolanıp duruyoruz. Dolaştıkça omuzlarımız tokuşuyor, küçükken birlikte çocukları banyo yaptırdığımız geliyor aklıma.

Karım yalvarıyor durmadan:

—Ne olur, bir şeyler yap onun için! Yardım et!

Ben ne yapabilirim? Elimden gelen bir şey yok ki... Çocuğun ruhunda bir ağırlık var, ama ben bunu anlamıyor, bilmiyorum. Elimden yalnızca;

—Bir şey değil... Şimdi hepsi geçer... Sen uyumana bak, kızım, diye mırıldanmak geliyor.

Terslik bu ya, tam o sırada bizim avludan bir köpek uluması duyuluyor. Önceleri alçaktan, çekingen, sonra gitgide yükselen, iki ayrı perdeden... Köpek uluması, baykuş ötmesi gibi şeylere eskiden kötü bir anlam vermezdim. Fakat bir anda yüreğim acıyla burkuluyor, kendi kendime bu ulumaya bir anlam vermeye çalışıyorum.

«Saçma!» diye düşünüyorum az sonra. «Canlı bir varlığın öteki üzerindeki etkisi. Sinirlerimin şiddetli gerginliği benden karıma, ondan da Liza'ya, köpeğe geçti. Ancak böyle açıklanabilir. Önceden sezmeler, hissetmeler sinirsel gerginliklerin canlıdan canlıya aktarılmasıyla gerçekleşiyor.»

Az sonra reçete yazmak için odama dönünce artık yakında öleceğimi düşünmüyorum. Ama içimde öyle bir eziklik, bunaltı var ki, birdenbire ölüvermediğim için üzülüyorum. Odanın ortasında uzun süre kıpırtısız dikiliyor, Liza'ya yazacağım ilaçları düşünüyorum. O sırada yukardaki iniltiler kesiliyor, bunun üzerine reçete yazmaktan vazgeçiyorum. Ancak durduğum yerden kıpırdamıyorum.

Ortalıkta bir ölü sessizliği, bir yazarın dediği gibi, insanın kulaklarını sağır eden bir sessizlik var. Vakit geçmek bilmiyor. Ayın pencerenin pervazına vuran ışıltısı oracıkta donup kalmış gibi hiç değişmiyor. Tan vaktine daha epeyce zaman olmalı...

Birdenbire bahçe kapısının gıcırtısı işitiliyor, birisi çıt çıkarmamaya çalışarak bahçeye giriyor. Sonra sıska ağaçlardan bir dal kopararak, usulcacık pencereme vuruyor. Bir sesin;

—Nikolay Stepanıç! Nikolay Stepanıç! diye fısıldadığı duyuluyor.

Pencereyi açınca bir düş gördüğümü sanıyorum. Pencerenin dibinde duvara iyice sinmiş, kara giysileri ay ışığında parlayan bir kadın iri gözlerini bana dikmiş, bakıyor. Soluk, ciddi yüzü ay ışığında sanki gerçek değil, mermerden yontulmuş gibi. Çenesi titriyor.

—Benim, diyor, ben... Katya!

Ay ışığında bütün kadınların gözleri iri, koyu gözükür. İnsanlar genellikle daha uzun, solgun benizlidir. Besbelli, bu yüzden Katya'yı ilk anda tanıyamadım.

—Ne istiyorsun?

—Bağışlayın, diyor. Evde birdenbire üzerimde bir ağırlık hissettim, dayanamayıp buraya geldim. Pencerenizde ışık görünce... vurayım dedim. Kusura bakmayın, nasıl kötü bir durumda olduğumu bilseniz. Ne yapıyorsunuz?

—Şey... Her zamanki uykusuzluk...

—Içimde bir önsezi var. Gerçi saçmalık ama...

Kaşlarını kaldırıyor, gözleri yaştan ışıl ışıl, bütün yüzünü bildik ama çoktandır görmediğim saf bir güven duygusu aydınlatıyor. Yalvarırcasına ellerini bana uzatarak;.

—Nikolay Stepanıç! diyor. Kuzum, ne olur, çok rica ederim, yalvarırım... Size olan dostluğumu, saygımı hor görmezseniz bu ricamı kabul edin.

—Nedir o?

—Bu parayı alın!

—Daha neler? Ne yapacağım senin paranı?

—Tedaviniz için bir yere gidersiniz. Tedavi olmanız gerekiyor. Alacaksınız, değil mi? Alın, hadi, iki gözüm!

Gözleri yüzüme çakılmış sanki.

—Alacaksınız, değil mi? diye soruyor bir daha.

—Hayır, kızım, alamam. Teşekkür ederim.

Bana sırtını dönerek başını önüne eğiyor. Pek olasıdır ki, önerisini geri çevirirken sesimin aldığı ton para konusunu bir daha açmamasını anlatmıştır ona.

—Hadi, eve dön, Katya. Yarın görüşürüz.

Hüzünle;

—Anlaşıldı, dostluğumu kabul etmiyorsunuz, diyor.

—Hayır, bunu demek istemedim. Paranın bana bir yararı yok.

Sesini bir perde daha alçaltıyor.

—Özür dilerim... Haklısınız. Benim gibi eski bir aktristten yardım kabul etmek... Neyse... Hoşça kalın!

Öyle hızlı uzaklaşıyor ki, ona güle güle demeye bile vakit bulamıyorum.

VI

Harkov'dayım.

Bugünkü ruhsal durumumda aileme karşı direnmek bir yarar sağlamayacağı gibi buna gücüm de yetmez. O bakımdan son günlerde yaşantımın dışa dönük yönüyle kusursuz geçmesini istiyorum. Karımla kızıma karşı anlayışsızlıklarım olmuşsa –böyle olduğunun bilincindeyim– bundan sonra pürüzleri ortadan kaldırmaya çalışacağım. Harkov'a mı gitmem gerekiyor, peki, onların istediği gibi olsun! Zaten son zamanlarda her şeye karşı öyle kayıtsızım ki, gideceğim yer Paris de olsa, Harkov da, Berdiçev de; bir şey fark etmez.

Harkov'a öğle vakti geldim, katedralin karşısındaki bir otele yerleştim. Yolculuk boyunca tren tutmuş, cereyanda kalmıştım. Başım ellerimin arasında yatakta oturuyor, tikin başlamasını bekliyorum. Hemen kalkıp tanıdığım profesörlere gitsem iyi olur, ama isteğim de yok, halim de...

Odaya giren yaşlı bir uşak yatak takımı getirip getirmediğimi soruyor. Adamı birkaç dakika yanımda alıkoyuyor, buraya gelişimin asıl sebebi olan Gnekker hakkında birkaç soru soruyorum. Uşak Harkov'un yerlisiymiş, kenti avcunun içi gibi bilirmiş. Bununla birlikte Gnekker soyadını taşıyan bir aile tanımadığını söyledi.

Koridordaki saat çatlak sesiyle 1'i, sonra 2'yi, 3'ü vurdu... Ölümümü beklediğim yaşamımın son ayları bütün ömrümden uzun geliyor. Saatlerin yavaş geçmesine bu derece uysallıkla katlandığımı kesinlikle anımsamıyorum. Eskiden istasyonda tren beklerken ya da sınava girdiğimde çeyrek saat geçmek bilmezdi. Halbuki şimdi bütün gece yatağın üstünde kıpırdanmadan, tam bir umursamazlık içinde otururken önümde yarın da, öbür gün de bunun gibi uzun, renksiz geceler olacağını rahatça düşünebiliyorum.

Koridorda saat 5'i, 6'yı, 7'yi çaldı... Hava kararıyor.

Yanağımda kunt bir ağrı var; bu, tikim başlayacak demektir. Bir şeyler düşünerek oyalanmak için, her şeye böylesine umursamaz olmadığım zamanki bakış açımla kendi kendime soruyorum: Benim gibi tanınmış bir kişinin, general rütbesindeki bir profesörün şu küçük otel odasında, boz renkli battaniyeyle örtülü, başkasına ait yatakta ne işi var? Ne diye oturup şu ucuz teneke el yıkama leğenine bakıyor, koridordaki külüstür saatin tiktaklarını dinliyorum? Bütün bunlar yaygın ünüme, toplumdaki yüksek mevkiime yakışır mı?

Sorular karşısında ister istemez gülüyorum. Tıpkı gençlik günlerimdeki saflığıma güldüğüm gibi. O zamanlar ün sahiplerine gereğinden fazla değer verir, olağanüstü durumlarından bol bol yararlandıklarına inanırdım. Evet, ünlüyüm, adım saygıyla anılıyor. Fotoğrafım «Niva»da, «Resimli Dünya»da çıktı. Yaşam öykümü bir Alman dergisinde bile okudum. Ama sonu ne? İşte, yabancı bir kentte yapayalnız, yadırgadığım bir yatakta oturmuş, ağrıyan yanağımı oğuşturuyorum... Aile dırdırları, alacaklıların insafsızlığı, trendeki hizmetlilerin kabalığı, adım başı nüfus kağıdı denetimi, istasyon büfelerindeki yemeğin pahalı, üstelik sağlığa aykırı oluşu, her yerde insanların birbirine karşı davranışındaki hımbıllık, saygısızlık ve daha saymakla bitmeyecek bir sürü aksaklık yalnız kendi sokağında tanınan sıradan bir adam kadar bana da dokunuyor. Öyleyse durumumun olağanüstülüğü nerede? Benim bin kat daha ünlü, yurtaşlarımın göğsünü kabartan bir kahraman olduğumu varsayalım. Bütün gazeteler hastalığım üstüne haberler yayınlasın, arkadaşlarımdan, öğrencilerimden, halktan «geçmiş olsun» mektupları alayım... Bütün bunlar beni yabancı bir yatakta, üzüntü içinde bir başına ölmekten kurtarır mı? Kuşkusuz bunda kimsenin suçu yok, ama ne yalan söyleyeyim, şu ünlü adımı hiç sevmiyorum. Ey, günahkar adam, ün konusunda biraz yanıldım mı ne?

Saat 10 olunca uyku bastırıyor, tikime karşın derin bir uykuya dalıyorum. Eğer uyandırmamış olsalar uzun süre uyuyabilirdim. Ancak gece yarısından sonra kapımı çalıyorlar.

—Kim o?

—Telgrafınız var.

Telgrafı alırken koridor görevlisine;

—Yarın veremez miydin? Şimdi bir daha gözümü uyku tutmaz, diye çıkışıyorum.

—Bağışlayın, odanızda ışık yandığını görünce uyanıksınız sandım da...

Telgrafı açınca önce kimden geldiğine bakıyorum. Karımdan. Ne istiyor acaba?

«Gnekker ile Liza dün gizlice evlendiler. Gel.»

Kısa süren bir korkuya kapılıyorum. Korkmam Liza ile Gnekker'in davranışlarından değil, evlilik haberine karşı duyduğum ilgisizlikten dolayı. Filozoflar ile gerçek bilginlerin her şeye ilgisiz olduğunu söylerler. Yalan! Ilgisizlik bir ruh felci, zamanından önce ölümdür.

Yeniden yatağa girip oyalanacak düşünceler aramaya koyuluyorum. Şimdi ne düşünmeli? Öyle sanıyorum ki, her şeyi enikonu düşündüm, beynimi harekete getirecek hiçbir şey kalmadı.

Gün ağarırken yatağa oturmuş, dizimi kollarımla sararak kendimi tanımaya çalışıyorum. Başka yapacak bir şey yok çünkü. «Kendini tanı!» Çok yararlı, güzel bir öğüt! Yazık ki eskiler bu öğütten yararlanmanın yolunu göstermemişler.

Önceleri, başkasını ya da kendimi tanımak istediğim zaman anlamı kişiden kişiye değişen (görece) davranışları değil, istekleri göz önüne alırdım. Bana ne istediğini söyle, sana kim olduğunu bildireyim.

Şimdi kendi kendimi sınava çekiyorum: İstediğim nedir? İstediğim, karılarımız, çocuklarımız, dostlarımız, öğrencilerimizin bizde ad, etiket, yafta değil, sıradan insanı sevmesi... Başka? Geride yardımcılarımın, mesleksel ardıllarımın kalması... Daha başka? Şöyle yüzyıl sonra uyanıp bilimin hangi durumda olduğunu görmek... On yıl kadar daha yaşamak da kötü olmazdı... Ondan sonra?

Sonrası hiç... Düşünüyorum, uzun uzun düşündüğüm halde aklıma bir şey gelmiyor. Ne kadar düşünürsem düşüneyim, düşüncelerim nerelere uzanırsa uzansın, isteklerimde gene de önemli bir eksiklik bulunduğu benim için gün gibi açık. Bilime düşkünlüğümde, yaşama tutkumda, şu yadırgadığım yatakta oturuşumda, kendimi tanımak için çırpınmamda, düşüncelerimde, duygularımda, çevremdekileri kavramada her şeyi bir araya toplayan, bütünleştiren bir şey eksik. Her düşünce, her duygu içimde ayrı ayrı yaşamakta. Bilim, tiyatro, edebiyat alanındaki 'düşüncelerimde, öğrencilerimle ilgili tasarılarımda, düş gücümün çizdiği tablolarda en usta irdeleyici bile asıl amacımı, insanoğlunun tapındığı ülküyü bulamaz.

Bunlar olmayınca da hiçbir şey yok demektir.

Böyle bir düşünce sığlığında bugüne değin dünya görüşüm saydığım, yaşamın anlamı, sevinci olarak gördüğüm her şeyin bir anda tepetaklak olması, parçalanıp dağılması için ciddi bir rahatsızlık, ölüm korkusu, çevremdeki olaylar ile insanların baskısı yeter de artar bile. O bakımdan yaşamımın son aylarını bir köleye, bir barbara yakışacak düşünce ve duygularla karartmamda, tam bir umursamazlık içinde şafağın aydınlığını göremez oluşumda şaşılacak bir şey yok. Bir insanın ruhunda dış etkilere baskın çıkacak, daha yüksek, daha güçlü duygular yoksa onun pes etmesi için hatırı sayılır bir nezle bile yeterlidir. Hemen dengesini yitirir; her kuştan baykuş ötüşü, her seste köpek uluması duymaya başlar. Bir insanın iyimserliği ya da kötümserliği ile bunlara bağlı irili-ufaklı düşünceler hepsi bir hastalığın belirtisi olup, asıl hastalık daha derindedir.

Ben de pes ettim. Durum böyle olduğuna göre düşünmeyi sürdürmemin, konuşmanın bir anlamı yok artık. Oturup sessizce ne olacağını bekleyeceğim.

Koridor görevlisi sabahleyin bir fincan çay ile kentte yayımlanan bir gazete getiriyor. Dalgın bir halde ilk sayfanın başlıklarını, başyazıyı, çeşitli gazete ve dergilerden seçmeleri, günün olaylarını okuyorum... Günün olayları arasında şöyle bir haber gözüme çarpıyor: «Dünkü ekspresle Harkov'a tanınmış bilgin, değerli profesör Nikolay Stepanıç bilmem kim gelerek falanca otele inmiştir...»

Anlaşılan, büyük adlar sahiplerinden ayrı yaşamak üzere yaratılırlar. Şu anda adım Harkov'da korkusuzca dolaşıyor, iki-üç ay sonra bir mezar taşında yaldızlı harflerle ışıldayacak. Halbuki ben o sırada otlarla, yosunla örtülü olacağım...

Hafif bir kapı tıkırtısı. Birisi beni arıyor.

—Kim o? Giriniz!

Kapı açılıyor, şaşkınlık içinde bir adım gerileyerek, aceleyle sabahlığımın eteklerini kavuşturuyorum. Karşımda Katya duruyor. Merdivenden çıktığı için ağır ağır soluyarak;

—Merhaba! diyor. Beklemiyordunuz, değil mi? İşte ben de... ben de buradayım...

Oturuyor; yüzüme bakmaksızın, kekeleyerek sürdürüyor konuşmasını:

—Niye bana hoş ge-geldin demiyorsunuz? İşte karşınızdayım. Bu-bugün geldim. Bu otelde kaldığınızı öğrendim, göreyim, dedim.

Omuzlarımı silkerek;

—Çok memnun oldum, diyorum. Fakat şaşırdım, doğrusu. Gökten düşer gibi, birdenbire... Ne işin var burada?

—Benim mi? Hiç... Öylesine geliverdim işte...

Ortalığa bir sessizlik çöküyor. Katya yerinden koparcasına

sıçrayarak bana yaklaşıyor. Sapsarı bir yüzle, ellerini göğsüne bastırarak;

—Nikolay Stepanıç! diyor. Böyle yaşayamam artık! Dayanamayacağım! Tanrı aşkına, ne yapmam gerekiyorsa söyleyin, Nikolay Stepanıç! Söyleyin, ne yapayım?

—Ne söyleyebilirim sana? Elimden bir şey gelmez ki.

Tıkanarak, bütün bedeni titreyerek konuşmasını sürdürüyor:

—Bir şey söyleyin, yalvarırım size! Yemin ediyorum, böyle yaşayamam artık! Dayanacak gücüm kalmadı!

Sandalyeye çöküp hıçkırıklarla ağlamaya başlıyor. Başını geriye atmış, ellerini birbirine kenetleyerek sıkıyor, ayakları yeri dövüyor. Başından kayan şapkası lastiğine asılı olarak sallanıyor, saçları darmadağınık.

—Yardım edin bana! Dayanamıyorum! Yardım edin!

Çantasından mendilini çıkarırken birkaç mektup fırlıyor. Mektuplar dizlerinden kayarak yere düşüyor. Toplarken Mihail Fiyodoroviç'in el yazısını tanıyorum, ister istemez «tutkuyla» sözcüğünü okuyorum.

—Ben hiçbir şey söyleyemem, Katya, diyorum.

Hıçkırarak yakaladığı elimi öpüyor.

—Yardım edin, ne olur! Babamsınız, biricik dostumsunuz. Zekisiniz, bu kadar okudunuz, uzun bir ömür yaşadınız. Herkese hocalık ettiniz. Söyleyin, ne yapmam gerekiyor, söyleyin!

—Doğrusunu söylemek gerekirse bir şey bilmiyorum.

Gerçekten afallamış, ne diyeceğimi şaşırmış durumdayım. Ağlaması içime dokunuyor, güçlükle ayakta durabiliyorum... Zoraki bir gülümsemeyle;

—Hadi, kahvaltı edelim, Katya; diyorum. Ağladığın yeter artık!

Arkasından kırık bir sesle;

—Yakında aranızda olmayacağım, diye ekliyorum.

O, ellerini bana uzatarak;

—Bir şey söyleyin, tek bir söz söyleyin! Ne yapmalıyım? diyerek ağlamasını sürdürüyor.

—Tuhafsın vallahi! Seni anlamıyorum. Bu kadar akıllı bir kız olduğun halde durmadan ağlıyorsun.

Yeniden susuyoruz. Katya saçlarını toplayıp şapkasını giyiyor. Sonra dağılan mektupları avcunda buruşturarak çantasının içine tıkıyor. Bütün bunlar sessizce, acele etmeden yapılmıştır. Yüzü, göğsü, eldivenleri göz yaşlarından sırılsıklam olmuş; yüz anlatımı gene de sert, soğuk. Kızcağıza bakarak ondan daha mutlu olduğumu düşünüyor, bundan dolayı utanıyorum. Bende filozof arkadaşlarımın «ana fikir» diye adlandırdıkları şeyin yokluğunu yaşamımın gurubunda, ölmeden az önce fark edebildim. Şu zavallı kızın ruhu ise ömrü boyunca huzur bulamamış, bulmayacak da...

—Hadi, kahvaltı edelim, Katya, diye yineliyorum.

Soğuk bir tavırla;

—Teşekkür ederim, istemem, diyor.

Sessizlik içinde bir dakika daha geçiyor.

—Beğenmedim şu Harkov'u diyorum. Her şey boz renkte. Sanki boz bir kent.

—Evet, öyle... Çirkin bir kent. Çok kalmayacağım burada zaten... Şöyle bir uğradım. Bugün ayrılıyorum.

—Nereye gidiyorsun?

—Kırım'a... şey... Kafkasya'ya.

—İyi, çok kalacak mısın?

—Bilmem...

Ayağa kalkıp yüzüme bakmadan soğuk bir gülümsemeyle elini uzatıyor.

Ona, «Demek, cenazemde bulunmayacaksın?» diye sormak istiyorum. Ama bana bakmıyor, eli soğuk, yabancı... Sessizce kapıya değin geçiriyorum. Işte odamdan çıktı, arkasına bakmadan uzun koridoru yürüyor... Arkasından baktığımı bildiği için dönerken başını çevirip bakacak sanıyordum.

Hayır, bakmadı. Siyah giysisi son kez görünüp gözden silindi, ayak sesleri duyulmaz oldu... Elveda, bir tanem!

HIRSIZLAR

Yortu günlerinden birinin akşam sularıydı. İlçede sarhoşluğu, boş kafalılığı, övüngeçliğiyle ün salan sağlık memuru Yergunov hastane için alışverişe gittiği Repino kasabasından dönüyordu. Geç kalmasın, hastaneye erkenden dönsün diye doktor ona en yiğit atlardan birini vermişti.

Başlangıçta hava bayağı durgundu, kar filan da yağmıyordu, ancak hastaneye yedi-sekiz fersah kala ansızın şiddetli bir tipi çıktı, sağlık memuru yolunu şaşırarak ne yöne gideceğini bilemedi.

At kullanmaktan pek anlamazdı, yol-iz de bilmiyordu, hayvanın yolu kendi başına bulup çıkaracağına güvenerek dizginleri saldı. Böylece aradan iki saat kadar geçti, at yoruldu, kendisi ayazdan buz kesti, bir yandan da hastaneye değil de gerisin geriye Repino'ya gidiyorlarmış gibi bir duyguya kapılmaya başladı. Ne var ki az sonra kar fırtınasının uğultusu arasından köpek havlamaları duyuldu, gittiği yöne doğru bulanık, kırmızı bir leke belirdi, biraz daha ilerleyince yüksek bir çatal kapı ile uzun bir duvar, bunun arkasından bir kuyu tapıncağı gözüktü. Duvarın üstüne boydan boya, sivri uçları yukarı doğru dizi dizi çiviler çakılmıştı. Dakikalar ilerledikçe rüzgâr kar bulutlarını dağıttı, önünde kamışla örtülü yüksek çatılı, basık bir ev gözüktü. Evin yola dönük üç penceresinden birinden kırmızı bir ışık sızıyordu.

Burası nasıl bir yerdi? Sağlık memuru düşününce hastanenin altı-yerdi fersah uzağında, yolun sağında Andrey Çirikov'un hanı bulunması gerektiğini anımsadı. Adam arabacılarla girdiği bir kavga sırasında öldürülmüş, geriye yaşlı karısı ile

Liyubka adında bir kızı kalmıştı. İki yıl kadar önce hastaneye muayeneye geldiğinden, Liyubka'yı tanıyordu. Gene de iyi bir ünü olmayan bir handı burası, böyle akşamın geç bir saatinde başkasının atıyla sığınılacak tekin bir yer değildi. Ancak yapacak başka bir şey kalmıyordu. Sağlık memuru torbasındaki tabancayı yokladı, sert sert öksürdü, aydınlık pencerenin camına kamçının sapıyla vurdu.

—Hey, kim var içerde? Hancı ana, kapıyı aç da girip biraz ısınalım!

Kapkara bir köpek topaç gibi dönerek ayaklarının altına atıldı, ardından beyaz bir tane, onun ardından kara bir tane, böylece on kadar köpek birbiri arkasından saldırdılar. Sağlık memuru bunlardan en irisini gözüne kestirdi, kamçıyı havaya kaldırdığı gibi olanca gücüyle hayvanın sırtında şaklattı. Saldıran köpekler arasından uzun bacaklı olanı kulak çınlatan ince sesiyle bir ulumadır tutturdu.

Yergunov pencereyi bir süre daha tıklattı. Neden sonra evin önündeki ağaçların dallarına yığılan karlar pembeleşti, kapı gıcırdayarak açıldı, kalın örtülere sarınmış eli fenerli bir kadın karaltısı avluya çıktı.

Sağlık memuru;

—Nineciğim, avlu kapısını açın da girip ısınalım! dedi. Hastaneye dönüyordum, yolumu şaşırdım. Havanın durumunu görüyorsun... Korkulacak bir şey yok, yabancı değiliz.

Kadın öfkeli bir sesle;

—Bu havada çoktan evli evine, köylü köyüne döndü, dedi. Sonra ne diye deminden beri pencereye vuruyorsun? Avlu kapısı orada açık duruyor...

Sağlık memuru atıyla avluya girdi, merdivenin önünde durdu.

—Nine, adamına söyle de hayvanı ahıra çekiversin.

—Ben nine değilim.

Gerçekten de yaşlı bir kadın değildi karşısındaki. Feneri

söndürüp karın aydınlığında yüzü belirginleşince sağlık memuru kara kaşlı Liyubka'yı tanıdı.

Genç kız evden içeri girerken;

—Bu vakitte işçiyi nereden bulacaksın? dedi. Kimisi Repino'ya yortuyu kutlamaya gitti, handa kalanlar da içip içip sızdılar. Bayram günü içmeyip de ne yapacaklar?

Sundurmanın altında atını bağlarken Yergunov karanlıkta başka bir atın kişnediğini işitti, eliyle eyerini yoklayınca bunun bir Kazak atı olduğunu anladı. Bu duruma göre han sahiplerinden başka biri daha vardı içerde. Her olasılığa karşı atının eyerini çözdü, içeriye satın aldığı öteberiyle birlikte eyeri de götürdü.

Sofadan sonra girdiği oda genişçe bir yerdi, sımsıcak ısıtılmıştı, döşemeler yeni yıkandığı için mis gibi kokuyordu. Aziz tasvirlerinin asılı olduğu duvarın dibindeki masada mavi mintanlı, ufak sarışın sakallı, orta boylu, zayıf yapılı, kırk yaşlarında bir köylü oturuyordu. Çevrede eline geçen her şeyi çalıp çırpmakla ün yapan, Kalaşnikov adındaki hırsızdı bu. Adamın babası ile amcası Bogalyovka köyünde han işletirler, kim getirirse çalıntı atları alır satarlardı. Kalaşnikov birçok kez hastaneye uğramıştı; ancak muayene olmak için değil, doktor bey hastanenin atlarından bir-ikisini satmak ya da doru kısrağını iğdiş bir atla değiştirmek ister mi diye onunla görüşmek için... Briyantinlenmiş saçları, kulaklarından birine takılı ışıl ışıl gümüş küpesiyle bayramlık bir havası vardı köylünün. Kaşlarını çatıp alt dudağını sarkıtarak, masanın üstündeki hayli eski, resimli, büyük bir kitabı ilgiyle inceliyordu. Sobanın yanında yere serilmiş yatan bir köylü daha vardı. Adamın yüzü, omuzları, göğsü bir gocukla örtülüydü; uyuyor olmalıydı. Bacaklarındaki, tabanlarına parlak nal çakılı çizmelerin ucunda karın erimesinden dolayı sular birikmişti.

Sağlık memuru içeri girince Kalaşnikov selam verdi. Üşüyen dizlerini avuçlarının içiyle ovalayan Yergunov;

—Bu hava ne berbat böyle? dedi. Tipi nasıl da savuruyor,

bilsen! Boynuma dolan kardan sırılsıklam ıslandım. Kim bilir, tabancam ne durumdadır!

Böyle diyerek tabancasını çıkardı, elinde evirip çevirdi, sonra yeniden torbaya soktu. Ancak tabanca adamın üzerinde herhangi bir etki bırakmadı, eskisi gibi merakla kitabın resimlerine bakıyordu.

—Tipi ki, ne tipi! O kargaşada yolumu şaşırdım, şuradaki köpekler olmasa ölüp gitmiştim. Durup dururken al sana bir olay! Peki, hanın sahipleri nerede?

—Kocakarı Repino'ya gitti, kızı da akşam yemeği hazırlıyor.

Ortalığa bir sessizlik çöktü. Sağlık memuru burnunu çekip titreyerek durmadan ellerine hohluyordu. Çok yorulduğunu, üşüdüğünü anlasın istiyordu karşısındaki adam. Avludaki köpeklerin ulumaları, havlamaları kesilmemişti. Sıkıntılı bir durum vardı.

Sonunda sağlık memuru dayanamayıp sertçe sordu:

—Nerelisin? Bogalyovkalı mısın?

—Evet, Bogalyovkalıyım.

Yapacak başka bir şey olmadığı için sağlık memuru adamın köyünü düşünmeye başladı. Burası çukurun dibine kurulmuş büyücek bir köydü. Gece ay aydınlığında büyük yoldan geçerken köyün bulunduğu karanlık çukura bakıp sonra başını gökyüzüne kaldırdın mı, aydedenin sonsuz bir uçurumun tepesinde asılı durduğunu, buranın dünyanın bitim noktası olduğunu düşünürdün. Daracık bir yol kıvrıla kıvrıla dik aşağı iner, arabayla giden biri dönemeçlerde durup haykırmaz, ıslık çalmazsa karşıdan gelen arabanın atlarıyla öyle bir çarpışırdı ki, iki arabanın atlarını birbirinden ayırana aşkolsun! Bogalyovkalı köylüler bahçecilikleriyle, bir de at çalmalarıyla ün yapmışlardı. Zengin vişne bahçeleri baharda bembeyaz çiçeklerle donanır, yaz geldiğinde iri iri vişneler kovası beş kapiğe alıcı bulamazdı. İstersen beş kapik öde, yiyemeyeceğin kadar vişne toplayıp götür... Heriflerin karıları karnı tok, sırtı pek, güzel yaratıklardı; işsizlikten gündüzleri bile süslenip otururlar, evlerinin önündeki toprak setlerin üzerinde vakit geçirirken birbirinin başında bit ayıklarlardı.

Yergunov bunları düşünürken birtakım ayak sesleri duydu, ardından yirmi yaşlarında bir genç kız, Liyubka girdi içeriye. Kızın başında kırmızı bir eşarp vardı, ayakları çıplaktı. İçeriye girince sağlık memurunu yan gözle süzerek odada birkaç kez dolandı. Memelerini ileri çıkara çıkara, küçük adımlarla yürüyordu. Tertemiz ovulmuş döşemelere yalın ayak şap şap basmak hoşuna gidiyor olmalıydı, belki de bu yüzden ayaklarını çıplatmıştı.

Kalaşnikov durup dururken kendi kendine gülerek Liyubka'yı işmarla yanına çağırdı. Genç kız masaya yaklaştı, beriki ona peygamber İlyas'ın üç atlı arabasıyla göğe yükselişinin resmini gösterdi. Liyubka masanın üstüne abanmıştı, ucuna kurdele bağlı kızıl saç örgüsü nerdeyse yere değiyordu. Kalaşnikov'un gösterdiği resme bakarak o da güldü.

—Ne güzel bir resim, değil mi? Bundan daha güzeli zor bulunur.

Kalaşnikov bunları söylerken İlyas peygamber yerine kendisi atların dizginlerini kavramak istercesine ellerini oynatıyordu.

Sobanın içinde bir uğultu koptu, köpekler birkaç tarla sıçanı boğazlıyormuş gibi çığlıklar, haykırışlar yükseldi.

—Şuna bakın, cinler eğleniyor! dedi Liyubka.

—Yok canım, rüzgarın uğultusu, karşılığını verdi Kalaşnikov.

Sonra gözlerini sağlık memuruna dikerek sordu:

—Siz ne dersiniz, Osip Vasilyiç? Bilime göre yeryüzünde cin denen yaratık var mıdır?

Sağlık memuru bir omzunu oynattı.

—Sana nasıl söylesem, bilmem ki... Bilimsel olarak açıklanacak olursa cin diye bir şey yok, bunların hepsi boş inanç, ancak kendi aramızda konuşursak vardır, hem de bal gibi vardır. Yaşadığım sürece onlarla birçok kez karşılaştım. Bakın, anlatayım: Sağlık okulunu bitirdikten sonra bir süvari alayına atandım, alayla birlikte katıldığım savaşta yararlıklar göstererek «Kırmızı Haç» kahramanlık nişanı aldım. Sanstefanos andlaşmasından sonra da Rusya'ya dönerek Çiftçiler Birliği hastanesindeki bu göreve verildim. İşte böyle, yaşadığım fırtınalı yıllarda başıma öyle şeyler geldi, öyle ilginç olaylarla karşılaştım ki, başkası düşünde zor görür. Dediğim gibi, cinlerin, şeytanların her türlüsüne rasladım. Ancak bu dediklerim boynuzlu, kuyruklu cinsinden değil, sözün gelişi öyle. Benim gördüklerim gene de iblisin ta kendisiydi...

—Nerede karşılaştın örneğin? diye sordu Kalaşnikov.

—Hangisini anlatsam, bilmem ki... Pek uzağa gitmeye gerek yok, bu hanın yöresinde karşılaştım bir keresinde. Gecenin geç vaktinde anmak uğursuzluk getirmesin ama, o gün Golışino köyüne çiçek aşısı yapmaya gidiyordum. Her zamanki gibi binek arabasına binmiş, yanıma takım taklavat, gerekli bütün malzemeyi almıştım. Yeleğimin cebinde değerli saatim de var. Bir yandan da korkuyorum. Hiç belli olmaz, çevrede bir sürü itkopuk dolaşıyor. Kahrolası Yılan deresine geldim, yokuş aşağı iniyorum, bir de baktım, karşıdan biri göründü. Saçları, gözleri kapkara, yüzü kurumla sıvanmış gibi... Doğrudan doğruya ata yaklaştı, sol dizgini kavrayarak, «Dur bakalım!» dedi. Gerçi kötü bir şey söylemedi ama atı, beni tepeden tırnağa süzdükten sonra dizgini bırakarak, «Nereye gidiyorsun?» diye sordu. Dişleri beyaz beyaz sırıtıyor, gözleri sanki kan çanağı... «Tüh, şeytanın ta kendisine çattık!» diye geçirdim içimden. «Çiçek aşısı yapmaya.» karşılığını verdim. Adam kolunu sıvadı, getirip burnuma dayayarak, «Öyleyse bana da bir aşı yap!» dedi. Onunla orada tartışacak değilim ya, bir an önce yakayı sıyırmak için aşısını yaptım. O sırada bir de baktım, neşter pas rengi almış...

Sobanın yanında uyuyan köylü yattığı yerde sağa-sola dönmeye başladı, üstündeki gocuğu attı ve sağlık memuru karşısında bir süre önce Yılan deresinde karşılaştığı yabancıyı gördü. Uyanan köylünün saçları, sakalı, gözleri kurum gibi kapkara, yüzü esmerdi; sağ yanağında da mercimek iriliğinde koyu bir ben vardı. Köylü sağlık memuruna alaylı alaylı baktıktan sonra;

—Dizgini elinden kaptığım doğru, ama aşı konusunda palavra atıyorsun! dedi. Çiçek aşısıyla ilgili aramızda konuşma bile geçmedi.

Sağlık memuru bozuldu.

—Burada senden söz eden mi var? Yat, yattığın yerde!

Köylü daha önce hastaneye hiç gelmemişti, o bakımdan sağlık memuru onun kim olduğunu bilmiyordu, ancak esmer yüzüne bakarak çingene olması gerektiğine karar verdi. Adam yattığı yerden doğruldu, gerinerek, esneyerek Liyubka ile Kalaşnikov'a yaklaşıp yanlarına oturdu, resimli kitaba bakmaya başladı. Uykulu yüzünde bir duygusallık belirdi birdenbire.

Liyubka;

—Bak, Merik, dedi. Bana böyle atlar getirirsen ben de göklere çıkarım.

—Yalnız ermişler çıkar gökyüzüne. Senin gibi günahkarlar değil.

Bunu sertçe söyleyen Kalaşnikov'du.

Liyubka sofrayı kurmaya başladı. Önce iri bir domuz yağı topağı, hıyar salatası ile tahta bir tabak içerisinde ince ince dilinmiş haşlama et koydu masaya, sonra tavada cızır cızır eden, lahanayla karışık sucuk parçaları getirdi. Ardından kristal bir sürahide votka geldi, kadehlere boşaltılan içkiden mis gibi portakal kokusu yayıldı çevreye.

Kalaşnikov ile esmer Merik'in hep kendi aralarında konuşmaları, sanki o hiç odada yokmuş gibi ona aldırış etmemeleri sağlık memurunun onuruna dokunuyordu. Oysa canı onlarla konuşmak, birlikte yiyip içmek, köylülere karşı övünüp caka satmak, fırsat bulursa Liyubka'yla biraz gönül eğlendirmek istiyordu. Genç kız yemek süresince birkaç kez gelip yanına oturmuş, farkında değilmiş gibi biçimli omuzlarıyla ona sürünmüş, elleriyle geniş kalçalarını sıvazlayıp durmuştu. Sağlıklı, civelek, oynak, kıpırdak bir yaratıktı. Oturduğu yerde bir dakika durmuyor; yanındakine sokularak göğsüyle, sırtıyla sürtünüyor; dirseğini, dizini değdiriyordu.

Adamların birer dubleden sonra içmeyi bırakmaları da hoşuna gitmedi sağlık memurunun, kendi başına içse o ortamda uygun kaçmazdı. Ancak dayanamadı, ikinci dubleyi içtikten sonra üçüncüyü de yuvarladı, tavadaki sucuğu sildi-süpürdü. İki köylünün uzak durmayıp onu da aralarına almaları için adamları ponpohlamaya karar verdi.

Başını iki yana sallayarak;

—Sizin Bogalyovkalılar yiğit adamlar vallahi! dedi.

—Ne bakımdan? diye sordu Kalaşnikov.

—Her bakımdan. İsterseniz atları ele alalım. At çalma konusunda kimse elinize su dökemez!

—Sen buna yiğitlik mi diyorsun? Heriflerin hepsi sarhoş, hırsızlıktan başka bir şey bilmezler.

Bir süre suskunluktan sonra Merik lafa karıştı:

—Bir zamanlar öyleydi, yiğit denecek adamlar vardı, ama şimdi Filya'dan başkası kalmadı. Onun da gözü görmüyor.

Kalaşnikov içini çekti.

—Öyle, Filya'dan başka kimse kalmadı. En azından yetmiş yaşındadır şimdi; bir gözünü Alman göçmenler çıkardılar, öbürü ise iyi görmüyor. Eskiden öyle miydi ya? Köy korucusu ona «Şeyh Şamil» adını takmıştı, herkes öyle derdi. Oysa şimdi «kırpık Filya» diyorlar da başka bir şey demiyorlar. Ben onun gibi bir adam tanımadım. Liyubka'nın babası rahmetli Andrey Grigoryiç ile ikisi bir gece Rojnovo kasabası yakınındaki suvari alayına baskın yaptılar, nöbetçilerden korkmayıp en iyisinden dokuz atı kaçırdılar, sonra da ertesi sabah götürüp çingene Afonka'ya hepsini yirmi çil altına sattılar. Gördünüz mü? Ya şimdikiler ne yapıyorlar? Tanrı'dan korkmadan uykudaki sarhoşların atını çalıyorlar, içip içip sızanların ayağındaki çizmeyi çekiyorlar. Korkudan kıçları sıkmadığı için de çaldıkları atı iki yüz fersah uzaktaki bir pazarda satmaya çalışırken, üstelik çıfıtlar gibi sıkı pazarlık yaparken yakayı ele veriyorlar. Bu salakların eğlenmeleri de ayrı bir rezillik. Eğlenmeyi bile beceremediklerine göre tükür gitsin suratlarına!

—Merik de öyle mi? diye sordu Liyubka.

—Merik, Bogalyovkalı değil, o Harkov'un Mijiriç köyündendir. Mertliğine, yiğitliğine gelince, o konuda üstüne yoktur. Bitirim adamdır kısacası.

Liyubka, Merik'in yüzüne sevinerek, kurnaz kurnaz baktıktan sonra;

—Onu buz deliğinin içine sokmaları boşuna değilmiş, dedi.

Sağlık memuru merakla sordu:

—Nasıl bir olay bu? Anlatsanız a...

Merik güldü.

—Şu şey, canım. Bir gün Filya, Samoylovkalı Malakan yarıcıların üç atını çalmış, onlar da bunu benim yaptığımı sanmışlar. Yarıcıların hepsi on kişiydi, yanlarına adamlarını da alarak otuz kişi toplanmışlar. Ben nereden bileyim? Bunlardan biri pazarda yanıma sokulup dedi ki: «Merik, gel de sana panayırdan getirdiğimiz yeni atları göstereyim.» Bilirsiniz, atlara meraklıyımdır. Adamların yanına gittiğimde otuzu birden tepeme çullandılar. Ellerimi arkaya kıvırıp ırmak kıyısına götürdüler. «Şimdi sana atları gösteririz!» dediler. Irmağın buz tutmuş yüzeyinde hazır bir delik vardı, birkaç metre ilerisinde bir delik daha açtılar. Sonra bir urganın ucuna ilmik attılar, getirip kollarımın altından geçirdiler. Urganın öbür ucuna iki deliğe ulaşacak uzunlukta bir sırık bağladılar. Sırığı bir delikten sokup öbüründen çıkardılar. Sonra beni tekmelerle, sopalarla itekaka birinci deliğe soktular. Üstümdeki gocukla, çizmelerimle cumburlop, buz gibi suyun içine daldım! Sırığın ucundan beni çeke çeke öbür delikten çıkardılar.

Liyubka ürperdi, sanki üşümüş gibi büzüştü.

—Ya, işte öyle... Önce buzun altında soğuktan her yerimi ateş bastı. Dışarı çıkardıklarında tüm gücüm tükendiği için karların üstüne serilip yattım. Malakanlar gene üzerime saldırdılar; sopalarla dirseklerime, dizlerime vur babam, vur! Kollarım, bacaklarım kırıldı sandım. Nasıl da acıdı! Bir süre sonra üstümdekiler dondu, kazık kesildim. Onlar gidince güçlükle ayağa kalkabildim. Neyse, oradan arabayla bir kadın geçiyormuş, bana acıdı da alıp eve götürdü.

Bu arada sağlık memuru beşinci ya da altıncı kadehini bitirmişti. Bunca içkiden sonra kafasının içi birden aydınlandı, o da olağanüstü şeyler anlatarak ötekilerden aşağı kalmadığını, onlar gibi gözü pek bir adam olduğunu göstermek istedi.

—Penza ilinde bir keresinde...

Böyle başlamıştı ki, fitil gibi sarhoş olduğunu ya da daha önce bir-iki kez yalanının ortaya çıktığını göz önüne alan adamlar onu dinlemek bile istemediler. Hatta sorduğu birkaç soruyu yanıtsız bıraktılar. Bu da yetmemiş gibi, onun yanında aralarında laubalice bir konuşmaya daldılar. Demek oluyor ki, onu adam yerine koymuyorlardı. Sağlık memuru buz gibi kaskatı kesildi, canı konuşmak istemedi.

Kalaşnikov'un davranışları ağır başlıydı. Değerini bilen, oturaklı adamlar gibi konuları can alıcı noktalarıyla anlatıyordu. Esnediği zaman da ağzının üzerinde istavroz çıkarıyordu. Onun bu davranışlarını görenler, onun yoksulları soyup soğana çeviren azılı bır hırsız olduğunu, iki kez hapse düştüğünü, mahkemenin verdiği Sibirya'ya sürgün cezasından ise son anda kendisi gibi soyguncu, yaramaz adamlar olan babası ile amcasının ödediği parayla kurtulduğunu akıllarına bile getirmezlerdi.

Merik'e gelince, anasının gözü, atik bir herifti. Liyubka ile Kalaşnikov'un kendisini hayranlıkla süzdüklerini gördükçe ortalıkta cakalı cakalı dolaşıyor, ellerini kurumla yanlarına dayıyor, göğsünü şişiriyor, oturduğu yerde çatır çatır geriniyordu...

Yemek bitince Kalaşnikov yerinden kalkmadan kutsal tasvire dönüp dua etti, Merik'in elini sıktı. Öteki de dua edip Kalaşnikov'un elini sıktı. Bunun üzerine Liyubka sofrayı toplayarak naneli kurabiyeler ile kavrulmuş fındık, kabak çekirdeği getirdi. Ardından iki şişe tatlı şarap koydu masaya. Kalaşnikov kadehini doldurup Merik'in kadehiyle tokuşturarak;

—Toprağı bol olası Andrey Grigoryiç nur içinde yatsın! dedi. Rahmetli daha sağken burada ya da kardeşi Martın'ın yerinde toplanır, aman ne eğlenirdik, ne eğlenirdik! Ah, aramızda geçen o güzel konuşmaları bir bilsen! İkisinden başka eğlenceye Filya, Stukotey Fiyodor da katılırdı. Ben eğlenmek diye buna derim!..

Dışarı çıkan Liyubka az sonra başında yeşil bir eşarp, boynunda boncuklarla geri döndü.

—Merik, bak, Kalaşnikov bana neler getirdi? dedi.

Gidip aynanın karşısına dikildi, boyundaki boncukların şıkırdaması için birkaç kez başını salladı. Sonra oradaki sandığın kapağını açarak içindeki giysileri art arda çıkarmaya başladı. Kırmızılı-mavili benekleri olan basma bir entari, elinde oynarken kağıt gibi hışır hışır eden kırmızı, kırmalı başka bir entari, parıltıyla harelenen lacivert bir eşarp gösterdi. Bunca güzel giysileri olmasından dolayı kendisi de inanamıyormuş gibi ellerini çırpıyor, sevinçle gülüyordu.

Kalaşnikov balalaykayı akord ederek bir şarkı çalmaya başladı. Çaldığı şey hüzünlü bir şarkı mıydı, yoksa neşeli mi, sağlık memuru bir türlü anlayamadı. Çünkü insanı ağlatacak derecede hüzünlü bir ezginin ardından neşeli bir ezgi geliyordu. Merik ansızın ayağa sıçradı, durduğu yerde ökçeleriyle döşemeyi dövmeye başladı. Sonra ellerinin parmaklarını açtı, masadan sobaya doğru topukları üzerinde hızla yürüdü, sobadan sandığa doğru sekti, oradan bir yerini ısırmışlar gibi havaya zıpladı, nal çakılı tabanlarını birbirine çarptı, çömelerek bacakları üzerinde yürümeye başladı. Liyubka her iki elini birden havaya kaldırdı, müthiş bir çığlık atarak Merik'in peşinden yürüdü... Önce sanki birisinin arkasından gizlice sokulup vurmak istercesine yan yan ilerledi, sonra Merik'in yaptığı gibi topuklarıyla döşemeyi takır takır dövmeye başladı, öyle bir an geldi ki, olduğu yerde topaç gibi dönerek yere çöktü, bu sırada kırmızı entarisi çan gibi açıldı. O böyle gösteri yapar da Merik durur mu? O da dizleri üzerine çöktü, korkunç gözlerini dikip dişleriyle sırıtarak sanki genç kızı ayakları altında tepelemek istercesine hızla ona doğru yürüdü. Bunun üzerine Liyubka ayağa fırladı, başını arkaya devirdi, kollarını havada kuşun kanatları gibi birkaç kez salladıktan sonra döşemenin üzerinde süzülürcesine odada birkaç tur attı.

Sandığın üstünde oturarak dans edenleri seyreden sağlık memuru, «Kız değil, ateş parçası, ateş! Böyle biri için elindekilerin hepsini versen gene yetmez!» diye düşündü.

Çok üzülüyordu: Niçin basit bir köylü olarak kalmayıp sağlık memuru olmuştu? Sırtına ceket giyip yeleğinin göğsüne ucunda yaldızlı küçük bir anahtar bulunan zincir iliştireceği yerde beli ip kuşaklı mavi bir mintanla dolaşırdı o zaman. Canının istediği kadar şarkı söyler, dans eder, içki içer, Merik'in yaptığı gibi Liyubka'nın beline sarılırdı...

Topukların döşemeyi dövmesinden, bağrışmalardan, çığlıklardan dolabın içindeki kap kacak şangırdıyor; mumun alevi hop hop zıplıyordu.

Liyubka'nın boynundaki gerdanlığın ipi koptu, boncuklar döşemeye saçıldı, başındaki yeşil yazma kayarak yere döştü. Liyubka değil, odada dönüp duran kırmızı bir buluttu sanki, yalnızca kızın kara gözleri ışıldıyordu. Merik'in kolları ile bacakları hani neredeyse kopacak gibiydi.

İşte Merik son kez ayaklarını yere vurarak döşemenin üstünde çakılmış gibi durdu. İyice yorgun düşen, soluk soluğa kalan Liyubka direğe yaslanırcasına gelip başını onun göğsüne dayadı. Bunun üzerine Merik genç kızı kucakladı, yüzüne dik dik baktı; yumuşak, tatlı bir sesle, şaka edercesine;

—Senin kocakarının paraları nerede saklı, çok iyi biliyorum, dedi. Ananı öldüreceğim, senin boğazını kesip hanı ateşe vereceğim. Herkes sizlerin yangında yok olduğunuzu düşünedursunlar; ben çaldığım paralarla Kuban'a gideceğim, at sürüsü besleyip koyun yetiştireceğim...

Liyubka karşılık vermedi, adamın yüzüne suçlu suçlu baktıktan sonra;

—Merik, Kuban iyi bir yer midir? diye sordu.

Beriki yanıt vermedi, sandığın yanına giderek üzerine oturdu, derin düşüncelere daldı. Belli ki, Kuban'ı düşlüyordu.

Kalaşnikov;

—Eh, artık ben gideyim! diyerek ayağa kalktı. Filya çoktandır yolumu gözlüyordur. Hoşça kal, Liyubka!

Kalaşnikov giderken atını da götürmesin diye sağlık memuru onun peşinden avluya çıktı. Tipi hızını azaltmamıştı. Beyaz kar bulutları avludaki çalı çırpıyı, yaban otlarını önüne katmış, kovalayıp duruyordu. Avlu duvarının dışında, kırlarda ise beyaz kefen giymiş devler geniş yenlerini savura savura ortalıkta dolaşıyorlar, birileriyle kavga ediyormuşçasına düşe kalka koşturuyorlardı. O ne şiddetli fırtınaydı öyle? Çıplanmış kayınağaçları, vişneler fırtınanın nobran okşamaları karşısında yere eğilip eğilip doğruluyorlar, sanki «Tanrım, bizleri niçin toprağa bağladın? Özgürlüğümüzü niçin elimizden aldın!» dercesine ağlaşıyorlardı.

Kalaşnikov;

—Tıprrr! diye bağırdıktan sonra atının üstüne sıçradı. Yürü, aslanım!

Avlu kapısının kanatlarından biri açıktı, öbür yarısının arkasına tepeleme kar yığılmıştı. Kalaşnikov'un kısa boylu, kısa bacaklı atı karnına değin karların içine gömüldü, binicisiyle birlikte az sonra beyazlıklar arasında gözükmez oldular.

Sağlık memuru odaya geri döndüğünde Liyubka'yı döşemeye saçılmış boncukları yerde sürünerek toplarken buldu. Merik ortalıkta yoktu.

Sıranın üstüne uzanıp gocuğunu başının altına koyan sağlık memuru; «Hoş kız! Şimdi Merik olmayacaktı ki!» diye geçirdi içinden.

Yattığı sıranın önünde yerde sürünen Liyubka onu büsbütün kışkırtıyordu. Şu çingene parçası olmasa hemen kalkar, kızın beline sarılırdı. Ondan sonra ne olacaksa olsun! Gerçi kızdı daha, ama anasının kızı olduğu belliydi. Bozulmamış olsa bile böyle bir batakhanede onun nasıl biri olduğunu kim arayıp sorardı? Liyubka boncukları topladıktan sonra odadan çıktı. Mum dibi sonuna dek yanıp bittiği için alev şamdanın içindeki kağıdı tutuşturdu. Bunun üzerine sağlık memuru tabanca ile bir kutu kibriti yanına koyduktan sonra mumu söndürdü. Kutsal tasvirin önündeki kandil ölgün ölgün göz kırpıyor, bundan dolayı insanın gözleri ağrıyordu. Kandilin alevi yalpaladıkça tavanda, döşemede, dolabın üstünde gölgeler oynaşıyor; iri memeli, taş gibi Liyubka ise ortalıkta dolaşıyordu. Genç kız danstan iyice yorgun düşmüştü.

«Ah, şu Merik olmayacaktı ki... Kahrolası!» diye düşündü sağlık memuru.

Kandil son kez göz kırptı, çıtırtılar çıkararak söndü. Bir süre sonra biri, belki de Merik odadan içeri girerek sıranın ucuna oturdu. Bir ara ağzındaki pipodan derin derin çekti, üzerinde koyu ben bulunan esmer yanağı bir an aydınlandı. Tütünün berbat bir kokusu vardı, sağlık memurunun boğazı gıcık yaptı.

—Piponun dumanı ne pis kokuyor, yere batası! dedi. Şuna bak, midem bulandı!

—Öyle deme! Pipo tütününün içine yulaf çiçeği karıştırıyorum. İnsanın göğsüne iyi gelir.

Piposunu sonuna dek içtikten sonra yere tükürdü, odadan çıktı. Aradan yarım saat kadar geçti-geçmedi, sofa birdenbire aydınlandı; sırtında gocuğu, başında şapkası ile Merik gözüktü; yanında da elinde mumla Liyubka vardı.

Liyubka yalvaran bir sesle;

—Gitme, Merik, bu gece burada kal! dedi.

—Hayır, Liyubka, beni yolumdan alıkoyma!

Genç kızın sesi daha bir yumuşadı.

—Beni dinle, Merik. Biliyorum, anamın parayı sakladığı yeri bulacaksın, beni de, onu da öldürdükten sonra başka kızları sevmek için Kuban'a gideceksin. Ama buna aldırdığım yok. Senden tek istediğim, bu gece yanımda kalman, bir tanem!

Merik gocuğunun kuşağını sararken;

—Hayır, beni tutma! dedi. Çıkıp biraz dolaşacağım!

—Neyle dolaşacaksın? Buraya yaya geldin, binip gideceğin bir şey yok ki...

Merik genç kızın kulağına eğildi, bir şeyler fısıldadı. Bunun üzerine Liyubka kapıya baktı, göz yaşları arasında bir kahkaha attı.

—Kör olası, kütük gibi sızmış, uyuyor!

Merik kızı kucakladı, öptü, kapıdan dışarı çıktı. Sağlık memuru tabancasını cebine soktuğu gibi yerinden fırladı, adamın arkasından yürüdü. Ancak Liyubka sofada önüne dikilerek dış kapıyı sürgüledi.

—Önümden çekil! dedi Yergunov. Bırak da dışarı çıkayım!

—Çıkıp da ne yapacaksın?

—Ata bakacağım.

Liyubka onu tepeden tırnağa kurnaz kurnaz süzdü, tatlı bir sesle;

—Ata bakıp da ne yapacaksın, bir tanem? dedi. Ata bakacağına bana bak!

Bunu söyledikten sonra adamın yeleğinin göğsündeki zincirin ucuna takılı yaldızlı anahtara dokundu.

—Bırak! Adam benim atı götürecek!

Kızın omzuna öfkeyle bir şaplak indirdi, onu kapının önünden uzaklaştırmak için göğsüyle itti. Ancak Liyubka sürgüye sımsıkı yapışmıştı, çelik gibi kenetlenmiş parmaklarıyla bırakmıyordu.

—Bırak diyorum sana! Adam atı götürecek.

—Bir yere götürmez!

Genç kız derin derin soluk alarak ağrıyan omzunu ovaladı, adamı kurnaz kurnaz, tepeden tırnağa bir daha süzdü, yüzü kızardı, gülmeye başladı.

—Gitme, şekerim! Yalnız canım sıkılır...

Sağlık memuru genç kızın gözlerinin içine baktı, bir an düşündükten sonra onu kollarının arasına aldı. Beriki karşı koymuyordu.

—Bırak da çıkayım! Hadi, yaramazlık etme! dedi yalvarırcasına.

Kızdan çıt yoktu.

—Ama demin Merik'le konuştuklarını işittim. Onu sevdiğini söylüyordun.

—Söylemişsem ne olmuş? Canım kimi isterse onu severim.

Böyle diyerek parmağıyla yeniden anahtara dokundu, alçak sesle;

—Bunu bana versen e! dedi.

Sağlık memuru anahtarı zincirinden çıkarıp verdi. Bu sırada genç kız boynunu ileri uzattı, kulak kabarttı, yüzü birden ciddileşti. Sağlık memuru onun bakışlarının soğuklaşıp sinsileştiğini anladı hemen, aklına atı geldi, kızı kolayca iterek dışarı çıktı. Uyuyan domuz sundurmanın altında tembel tembel horulduyor, inek boynuzunu tak tak duvara vuruyordu. Sağlık memuru bir kibrit çaktı, domuz ile inekten başka dört bir yandan ışığa doğru atılan bir sürü köpekle karşılaştı. Ama ortalıkta at yoktu. Ellerini sallayıp köpeklere bağırarak, kar yığınlarına bata çıka güçlükle yürüyerek avlu kapısının dışına çıktı, karanlığın derinliklerine bakmaya başladı. Ama ne kadar dikkatli bakarsa baksın uçuşan kar tanelerinin çeşit çeşit görüntüler oluşturmasından başka bir şey göremedi. Karanlığın içinden oradan bir ölünün beyaz suratı sırıtıyor, buradan beyaz tüller içinde amazon kız binmiş bir kır at şaha kalkıyor, şuradan sürüyle beyaz kuğular havalanıyordu. Öfkeden, soğuktan titreyen sağlık memuru ne yapacağını bilemeyerek tabancasını çekti, köpeklere birkaç el ateş etti, ama tekini bile vuramadan gerisin geriye eve koştu.

Sofaya girdiğinde ilk dikkatini çeken, birinin odadan dışarı fırladığı, kapıyı arkasından çarptığıydı. İçerisi zından gibi karanlıktı. Sağlık memuru odaya girmek için kapıya yüklendi, ama açamadı, kapı kilitlenmişti. Bunun üzerine kibrit üstüne kibrit çakarak mutfağa yürüdü, mutfaktan geçip küçük bir odaya girdi. Odanın duvarlarında etekler, entariler asılıydı, içerisi dereotu, peygamber çiçeği kokuyordu; köşede ise üzerinde bir yığın yastık bulunan bir karyola vardı. Burada Liyubka'nın annesi kalıyor olmalıydı. Sağlık memuru buradan geçip başka küçük bir odaya girince Liyubka ile karşılaştı. Genç kız bir sandığın üstünde, küçük basma parçalarından dikilmiş, alacalı bulacalı bir yorganla örtünmüş olarak yatıyor; uyuyor numarası yapıyordu. Başucunda bir kandil vardı.

Sağlık memuru sertçe;

—Atım nerede? diye sordu.

Genç kız istifini bile bozmadı. Bunun üzerine sağlık memuru kızın üstündeki yorganı çekerek daha sert bağırdı:

—Sana soruyorum, atım nerede? Hadi, yanıt versen e, şeytanın dölü!

Liyubka yataktan aşağı atladı, dizleri üzerine çöküp bir eliyle gömleğini, öbürüyle yorganı tutmaya çalışarak sırtını duvara dayadı. Sağlık memurunun yüzüne yakayı ele vermiş vahşi bir hayvan gibi korkuyla, tiksintiyle bakıyor; adamın her hareketini kurnaz bakışlarla kolluyordu.

—Çingenenin atımı nereye götürdüğünü çabuk söyle! Yoksa canını çıkaracağım!

—Git karşımdan, kahrolası herif!

Yergunov kızın gömleğini boynuna yakın yerden bütün gücüyle tutup çekti, gömlek yırtılınca dayanamayıp kızı kucakladı. Liyubka öfkeyle kıvranıyor, kolları arasından sıyrılmaya çalışıyordu. Bir fırsatını bulunca kolunun birini kurtardı –öbürü yırtılan gömleğin içinde kalmıştı–, yumruğuyla adamın tepesine vurdu. Bir an ağrıdan Yergunov'un gözlerinin önü karardı, kulakları çınladı, kafasının içi allak bullak oldu. Adım adım gerilerken bu sefer şakağına ikinci yumruğu yedi. Ayakta sendeleyerek, yere düşmemek için kapı pervazına tutunmaya çalıştı, bu sırada kendini eşyalarını bıraktığı birinci odada buldu. Oracıkta sıranın üstüne uzandı, biraz kendine gelince, gereği olmadığı halde kibrit üstüne kibrit çakmaya başladı. Kibriti yakıyor, üfleyip söndürüyor, sonra masanın üstüne fırlatıyordu. Böylece hepsini yakıp bitirdi.

Bu arada ortalık aydınlanmış, horozlar ötmeye başlamıştı. Başı eskisi gibi ağrıyor; sanki demiryolu köprüsünün altında duruyormuş gibi, tepesinin üstünde uğultular dolaşıyordu. Gocuğunu sırtına geçirdi, şapkasını giydi, gitmek için kalktığında atın eyeri ile hastane için satın aldıklarını yerinde bulamadı. Torbanın içi tamtakırdı. Az önce avludan odaya dönerken birinin dışarı fırlaması boşuna değildi, demek ki...

Köpeklere karşı kendini korumak için mutfaktan ocak demirini aldı, evin kapısını ardına değin açık bırakarak avluya çıktı. Kar fırtınası dinmiş, ortalık süt liman olmuştu. Avlu kapısından dışarı yürüdüğünde çepeçevre ölü sessizliğiyle karşılaştı. Sabahın durgun havasında tek bir kuş bile yoktu gökyüzünde. Yolun iki yanından başlayan seyrek orman bozararak enginlere doğru uzanıyordu.

Sağlık memuru hastanede nasıl karşılanacağını, doktorun neler söyleyeceğini aklına getirince canı sıkıldı. Bu konuyu enikonu düşünmeli, sorulacak sorulara önceden yanıt hazırlamalıydı. Ancak kafasını toparlayamıyordu, düşünceleri uçuşup gidiyordu. Aklında yalnız Liyubka ile geceyi birlikte geçirdiği iki köylü vardı, başka bir şey gelmiyordu. Liyubka kafasına ikinci kez vuruşunda yere kayan yorganı almak için eğilmiş, çözülen saç örgüsü yerlere saçılmıştı. Zihnine bu görüntü takılınca sağlık memurunun aklı başından gitti. Doktorların, sağlık memurlarının, tüccarların, yazıcıların, köylülerin ne işi vardı bu dünyada? Özgür kuşlar, vahşi hayvanlar, çingene Merik gibi insanlar da başına buyruk yaşayamaz mıydı? O zaman hiçbir şeyden korkmazlar, kimseden çekinmezlerdi. Sabahleyin kalkılacağını, öğlende öğle yemeği yeneceğini, akşamleyin yatılacağını, doktorun sağlık memurundan daha üstün olduğunu, herkesin kendi evinde yaşaması, kendi karısını sevmesi gerektiğini kim çıkarmış, böyle şeyleri kim uydurmuştu? Belki de bunun tam tersi daha doğruydu. İnsanlar geceleyin öğle yemeği yiyip gündüzleri uyuyamazlar mıydı? Ah, şimdi kimin olduğunu sormadan bir atın sırtına atlasa, rüzgârla yarışırcasına kırlarda, ormanlarda, dağlarda koştursa, kızlarla canının istediği gibi gezip tozsa, insanlarla çekinmeden alay etse ne güzel olurdu!

Sağlık memuru elindeki ocak demirini karların üstüne fırlattı, oradaki bir kayınağacının buz gibi beyaz gövdesine alnını dayadı, düşüncelere daldı. Tekdüze renksiz yaşantısı, aldığı ufacık aylık, başkalarına bağımlılığı, eczanenin işleri, hastalarla bitip tükenmeyen uğraşmaları tiksindirici, öğürtü verici geliyordu ona.

—Başka kadınlarla gönül eğlendirmenin günah olduğunu kim söylemiş? diye sordu kendi kendine. Bunu söyleyenler Merik gibi, Kalaşnikov gibi özgür yaşamamış, Liyubka diye bir kızı sevmemiş insanlardır. Böyleleri, yaşadıkları sürece azla yetinmişler, yaşamdan zevk almadan ömür tüketmişler, kurbağaya benzer karılarından başka kadın sevmemişlerdir.

Şimdi düşünüyordu da, eğer bugüne değin hırsız, soyguncu, hatta haydut olmamışsa ya beceremediği ya da uygun bir fırsatını bulamadığı içindi.

...Aradan bir buçuk yıl geçti. Hastanedeki işinden kovulmuş, boşta gezen Yergunov, Paskalya yortusundan sonraki bir bahar günü gece geç vakit Repino'daki bir meyhaneden çıkmış, sokaklarda sarsak sarsak dolaşıyordu.

Yürüye yürüye kırlara çıktı. Baharın kokusu sinmişti her yere; ılık, okşayıcı bir rüzgâr esiyordu. Yukarda yıldızları sönmüş, sessiz bir gökyüzü vardı. Tanrım, gökyüzü ne kadar derindi, dünyayı boydan boya nasıl da sarmıştı! Yeryüzünün kuruluşu bunca güzeldi de ne diye insanları ayıklar ile sarhoşlar, çalışanlar ile işsizler diye ikiye ayırmışlardı? Niçin ayıklarla çalışanlar huzur içinde kendi evlerinde yatıp kalkıyordu, ama öte yandan işsizler yurtsuz-yuvasız ortalıkta dolaşıyordu? Bir yerde çalışmayanlar neden aylık almıyorlardı, aç kalıyorlardı, istedikleri gibi giyinip kuşanamıyorlardı? Bu kuralları kim koymuştu? Kuşlar, ormanlardaki hayvanlar ne diye bir yerden aylık almadıkları halde kendi zevklerince yaşıyorlardı?

Uzaklarda, ufkun bir köşesinde gözlere hoş gelen bir kızıllık titreşiyordu. Yergunov durup uzun uzun bu kızıllığa baktı, sonra düşünmeye başladı: Bir gün önce akşamleyin başkasından çaldığı bir semaveri götürüp meyhaneye içkiye yatırmıştı. Günah mıydı bu yaptığı? Günahsa niçin günahtı?

O sırada önünden, yoldan iki araba geçmekteydi; birinde bir köylü kadını, öbüründe ise yaşlı, şapkasız bir adam vardı. Yergunov yaşlı adama dönerek sordu:

—Dede, karşıdaki şu yangın nerede çıktı, biliyor musun?

—Andrey Çirikov'un hanı yanıyor, oğul.

Yergunov bir buçuk yıl önce bir kış günü bu handa başından geçenleri, Merik'in övünüp çalım satmalarını anımsadı. Çingenenin boğazlarını kestiği Liyubka ile anasının yangında çatır çatır yanışı geldi gözünün önüne, Merik'i kıskandı. Geriye dönüp yeniden meyhaneye yollanırken, sokak boyunca gördüğü zengin meyhanecilerin, celeplerin, toptancıların, demircilerin evlerine bakarken şöyle düşünüyordu: Geceleyin kimse görmeden bunlardan birini soysa ne güzel olurdu!

GUSEV

I

Hava kararmıştı, gece bastırmak üzereydi.

Hava değişimine gönderilen er Gusev yattığı ranzadan doğrularak, alçak sesle;

—Beni dinliyor musunuz, Pavel İvanıç? diyor. Suçan'da bir askerin anlattığına göre bindikleri gemi kocaman bir balığa çarpmış, geminin dibi delinmiş.

Vapurun revirinde herkesin Pavel İvanıç diye çağırdığı, ama rütbesini, mesleğini kimsenin bilmediği adam söyleneni işitmemiş gibi susuyor.

Yeniden bir sessizlik çöküyor ortalığa... Rüzgâr vapurun güvertesindeki donanımların üzerinde uğuldayarak esiyor, uskurun gürültüsü duyuluyor, dalgalar hışırdıyor, ranzalar gıcırdıyor, ancak bütün bunlara kulak çoktan alışmış olduğu için, sanki vapurda herkes uyuyormuş, derin bir sessizlik varmış gibi geliyor insana. Hastalar için sıkıntılı bir durum. Koğuştaki öteki üç hasta –ikisi karacı er, birisi denizci– bütün gün iskambil oynadıktan sonra yataklarına uzanmışlar, uykularında sayıklıyorlar.

Vapur sallanmaya başlıyor. Gusev'in tepesindeki ranza kalkıp kalkıp iniyor, soluk alıyor sanki. Bu sallantıda yere takır tukur bir şey düşüyor, maşrapa olmalı.

Gürültüye kulak kabartan Gusev;

—Rüzgâr zincirlerinden boşandı, diyor.

Pavel Ivanıç bu sefer öfkelenerek karşılık veriyor:

—Sen de durmadan garip garip şeyler söylüyorsun. Bilmem, gemi balığa çarpmış, rüzgâr zincirden boşanmış... Rüzgâr vahşi hayvan mı ki, zincirinden boşansın?

—İnanmış Hırıstiyanlar öyle derler de...

—İnanmış Hıristiyanlar da senin gibi cahil de ondan... İnsanlar neler söylemez ki! Adamsan kafanı çalıştır, neyin doğru, neyin yanlış olduğunu düşün! Kafasız herif!

Pavel İvanıç'ı çok çabuk deniz tutuyor. Vapur sallanmaya başladığında her şeye sinirleniyor, en ıvır zıvır işlere bile kızıyor. Oysa Gusev'e sorarsanız ortada kızacak bir şey yok. Öyle ya, vapur kocaman bir balığa çarparak dibi delindi ya da rüzgâr zincirinden boşandı dediyse bunda kızacak ne var? Dağ iriliğinde bir balığın kaya gibi sert sırtı olamaz mı? Dünyanın bittiği yerde niçin kalın kayalık duvarlar bulunmasın, öfkeli rüzgârlar kayalara zincirlenmiş olmasın? Eğer rüzgârlar zincirinden boşanmıyorsa ne diye denizin üzerinde kudurmuş köpekler gibi uluyor, oradan oraya koşturuyorlar? Biri onları zincire vurmuyorsa hava dinginleştiğinde nerede duruyor bu rüzgârlar?

Gusev uzun süre dağ iriliğindeki balıkları, paslanmış kalın zincirleri düşünüyor. Bundan canı sıkılınca doğup büyüdüğü köyünü düşlemeye başlıyor. Uzak Doğu'da beş yıl askerlik görevinden sonra şimdi memleketine dönmektedir. Gözünün önünde karların dört bir yandan çevrelediği büyük gölet canlanıyor... Göletin bir yanında uzun bir bacası olan, tuğla rengi bir porselen fabrikası yükseliyor, fabrikanın tepesinde kapkara duman bulutu asılıdır. Göletin öbür yanında ise köy... Sokağın başındaki beşinci evden kızağa binmiş ağabeyi Aleksey çıkmaktadır. Kızağın arkasında iri keçe çizmeleriyle ağabeyinin oğlu Vanka ile gene keçe çizmeli kızı Akulka oturmakta. Aleksey fitil gibi sarhoş, Vanka gülüyor, iyice sarınıp sarmalandığı için Akulka'nın yüzü gözükmüyor.

«Bu havada çocukları soğuktan dondurmasa bari. Tanrım yavrucaklara akıl versin, analarını-babalarını saysınlar, büyüklerinin sözünden çıkmasınlar,» diye bir dua mırıldanıyor Gusev.

Hasta denizci uykusunda kalın sesiyle sayıklıyor o sırada:

—Bak, arkadaş, bu ayakkabıya yeni taban çaktırmak gerekir!

Gusev'in aklı karışıyor birden, gölet durup dururken gözleri olmayan kocaman bir dana kafasına dönüşüyor, at ile kızak bir yere gitmeksizin koyu bir duman içinde dönmeye başlıyor. Ancak Gusev yakınlarını gördüğü için gene de kıvançlıdır. Duyduğu sevinçten soluğu daralıyor, sırtı ürperiyor, parmakları titriyor.

—Ulu Tanrım akrabalarımla görüşmeyi nasip etti, diye sayıklamaya başlıyor.

Ama hemen gözlerini açarak karanlıkta içecek su arıyor. Suyu bulup içtikten sonra yatağına yatıyor; gene kızak, gözsüz dana başı, duman, bulutlar canlanıyor zihninde. Böylece ortalık aydınlanana dek sürüp gidiyor...

II

Karanlığın ortasında önce mavi bir yuvarlak belirginleşiyor; bu, vapurun lombozudur. Sonra Gusev yavaş yavaş yanındaki ranzada yatan Pavel İvanıç'ı seçiyor. Adam yatağında oturarak uyumaktadır, çünkü yatsa hemen soluğu daralacak... Adamın yüzü toprak rengini almış, burnu sivrilip uzamış, gözleri zayıflıktan irileşmiş, şakakları çökmüş, saçları uzamış. Seyrecik bir sakalı var. Onun yüzüne bakarak hangi sınıftan geldiğini anlamak olanaksız: Beyefendi takımından mı, tüccar mı, köylü mü? Ama duruşuna, saçlarının uzunluğuna bakılırsa dindar bir adam, manastır çömezi filan olabilir. Konuşmasına göre de keşişten başkası değildir. Çektiği hastalıktan, sürekli öksürmekten, boğucu sıcaktan tükenmiş, zorlukla soluk alıyor, durmadan kuruyan dudaklarını oynatıyor. Gusev'in kendisine baktığını fark edince yüzünü ona çevirerek;

—Artık anlamaya başladım... Evet, evet, şimdi her şeyi anladım, diyor.

—Neyi anladınız, Pavel İvanıç?

—Sizin gibi ağır hastaların bir köşeye çekilip dinlenecek yerde boğucu sıcağın, susuzluğun, sürekli sallantının bulunduğu, kısacası ölümün hazır beklediği böyle bir vapura bindirilmenize şaşıp kalıyordum, ama şimdi her şey açıkça ortada... Doktorlar sizden kurtulmak için vapura koymuşlar hepinizi. Sizin gibi hayvanlarla uğraşmaktan bıkmışlar, besbelli. Para ödemezsiniz, adamları uğraştırır durursunuz, üstelik ellerinde ölürseniz hastanenin şanına leke sürersiniz; öyleyse hayvandan ne farkınız var? Ayrıca sizlerden kurtulmak öyle zor bir iş değil ki. Bunun için iki şey yeterli: Birincisi, insanda vicdan, insanlık denen nesne olmamalı; ikincisi, vapur işletmecilerini atlatmanın bir yolunu bulmalı. Birincisini göz önüne almasak da olur, neden dersen, bu konuda zaten üzerimize yoktur; ikinci duruma gelince, biraz becerikliysen kolayca işini yürütürsün. Dört yüz tane turp gibi sağlam erin, denizcinin arasına üç-beş hasta katsan göze çarpmaz nasıl olsa. Böylece sizleri sağlıklı yolcular arasında vapura bindirdiler, o kargaşada bir şeyin farkına varmaksızın sayıma girdiniz, ama vapur iskeleden ayrılıp güvertede felçlilerin, veremlilerin süründüğünü gördüklerinde çoktan iş işten geçmişti...

Gusev, Pavel İvanıç'ın neler söylediğini anlamıyor, adamın onu suçladığını sanıyor.

—Güvertede yatmamın nedeni, kalkıp yürüyecek gücüm yoktu da ondan... Bizi vapura bindirdiklerinde çok üşümüştüm, diye kendini savunmaya çalışıyor.

—Böyle rezillik görülmemiş! Uzun bir yolculuğa dayanamayacağınızı bile bile sizi vapura bindirdiler. Olacak şey mi? Belki Hint okyanusuna varırsınız, ya ondan ötesi? İnsan düşünmek bile istemiyor. Yurdunuza bağlılığınızın, onurlu hizmetinizin karşılığı böyle mi ödenmeliydi?

Pavel İvanıç'ın gözleri öfkeden ateş saçıyor, yüzünü tiksintiyle buruşturduktan sonra soluk almakta güçlük çekerek şöyle diyor:

—Böylelerini gazeteye yazmalı! Ayıplarını yüzlerine vurup rezil etmeli!

Hasta iki karacı er ile denizci uyanmışlar, gene iskambil oynuyorlar. Denizci ranzasına yarı uzanmış durumda, karacı erler ise denizcinin yanında rahatsız bir biçimde döşemede oturuyorlar. Erlerden birinin sağ kolu sargılar içinde, sargılı eli kolunun ucunda kocaman bir şapka gibi. Çocukcağız bu elini kullanamadığı için kağıtları sol eliyle sağ koltuğunun altına ya da dirseğinin büklümüne sokarak oynuyor. Vapurun sallantısı dayanılacak gibi değil. İnsan ne ayağa kalkabiliyor, ne çay içebiliyor, ne de ilaç yutabiliyor...

—Emireri miydin askerdeyken? diye soruyor Pavel İvanıç, Gusev'e.

—Evet, emireriydim.

Pavel İvanıç üzüntüyle başını sallıyor.

—Aman Tanrım! Düşünün ki, bir çocuğu baba evinden koparıyor, onu beş bin fersah uzağa gönderiyor, verem illetine teslim ediyorsunuz. Peki, bütün bunlar ne için? Yüzbaşı bilmem kim ya da teğmen falancaya hizmet etsin diye mi? Bunda nasıl bir mantık aramalı?

—Emirerilik zor değil ki, Pavel İvanıç... Sabahleyin kalkarsın, komutanın çizmelerini boyar, odasını toplarsın, ondan sonra yapacak bir iş kalmaz. Teğmen bütün gün plan çizmekle uğraştığı için istersen evde otur dua et, kitap oku, istersen sokağa çıkıp dolaş. Herkesin askerliği böyle kolay olsa...

—Ya, ya, pek güzel! Teğmen plan çizmekle uğraşsın, sen de bütün gün mutfakta otur, memleket özlemi çek! Önemli olan plan çizmek değil, insanca yaşamaktır! Herkesin tek bir yaşamı vardır, onu iyi kullanmak gerekir.

—Orası öyle de kötülük yapmazsan kimse sana bir şey demez ki... Kötüler ise ne kendi evlerinde, ne de asker ocağında rahat yüzü görmezler. Düzgün yaşadığın sürece sana kim ne yapacak? Subaylarımız okumuş adamlar, bizleri anlarlar. Beş yıl boyunca bir gün olsun disiplin odasına girmedim. Yalnız bir kerecik teğmenimden dayak yedim.

—O da neden?

—Kavga çıkardığım için. Benim elim çok ağırdır, Pavel İvanıç. Kaldığımız eve dört Çinli gelmiş, odun taşıyorlardı. Nasıl oldu, şimdi pek anımsamıyorum, canım mı sıkıldı, nedir?.. Adamlarla kavgaya tutuştum, dördüne birden sopa çektim, birinin burnundan şarıl şarıl kan geldi. Teğmen pencereden bizi gözlermiş. Öyle kızdı ki, gelip beni patakladı.

—Sen budalanın birisin! Hiçbir şeye aklının erdiği yok! Senin gibilere acımak gerekir!

Andrey İvanıç vapurun sallamasından ötürü iyice yorulmuş durumda, gözlerini kapayarak susuyor. Başı bazen arkaya devriliyor, bazen de göğsüne düşüyor. Rahat etmek için ranzaya uzanmayı deniyorsa da nefes darlığı buna engel oluyor.

Bir süre sonra;

—Dört Çinli'yi neden dövdün? diye soruyor.

—Ne bileyim. Odun taşımak için eve geldiler diye herhalde...

Ortalığa bir sessizlik çöküyor. İskambil oyuncuları iki saat kadar hevesle, birbirlerine sövüp sayarak oynamayı sürdürüyorlarsa da sonunda vapurun sallamasından dolayı yoruluyorlar, kağıtları atarak yataklarına uzanıyorlar. Gusev'in gözlerinin önünde gölet, fabrika, doğduğu köy canlanıyor yeniden. Ağabeyi kızakla gidiyor, Vanka gülüyor, Akulka kürkünün önünü açmış, ayaklarını dışarı çıkarmış. Sanki, «Ey insanlar, bakın, benim keçe çizmelerim Vanka'nınkilerden daha yeni!» dercesine.

—Altı yaşına girdin, ama hâlâ akıllanmadın! Soğukta ayaklarını dışarı çıkaracağına amcana su getir de kana kana içsin! Sana şeker veririm, diye sayıklıyor Gusev.

Şimdi de köylüsü Andron omzunda çakmaklı tüfek, elinde vurduğu tavşanla yolda gidiyor. Arkasında ise yaşlı çıfıt Isayçik, bir kalıp sabun verip tavşanı almak için onu kandırmaya çalışıyor. Evlerinin girişinde kara bir dana, ağabeyinin karısı Domna bir yandan gömlek dikiyor, bir yandan da ağlıyor. O sırada gözsüz dana başı ile koyu duman geliyor gözünün önüne...

Vapurun üst katında birisinin bağırdığı, birkaç kişinin rap rap koştuğu duyuluyor. Ya güvertede ağır bir şey taşıyorlar ya da bir patlama filan oldu. Yeniden koşuşturuyorlar. Kötü bir olay mı geçti yoksa? Gusev başını dikleştiriyor, kulak kabartıyor, iki asker ile denizcinin iskambil oynadıklarını görüyor. Pavel İvanıç ise yatağında oturmakta, dudaklarını kıpırdatmakta. Hava öldüresiye sıcak, soluk almak güç, insanın canı su içmek istiyor, ama su kan gibi sıcak, iğrenç... Sallantı dersen, bitmek bilmiyor.

İskambil oynayan askerlerden biri tuhaf hareketler yapmaya başlıyor birdenbire. İspatilere karo diyor, sayıları şaşırıyor, kağıtları elinden düşürüyor. Sonra korku içinde, aptal aptal gülümsüyor; herkesi dikkatle süzerek;

—Durun, ben biraz yatayım, dedikten sonra döşemeye uzanıyor.

Öteki karacı er ile denizci bundan bir şey anlamıyorlar. Askere sesleniyorlar, ama ondan yanıt gelmiyor.

Eli sargılı asker;

—Yoksa kendini iyi hissetmiyor musun, Stepan? diye soruyor. İstersen papazı çağıralım. Ne dersin, çağıralım mı?

Denizci de;

—Stepan, su iç biraz. İşte su, diyor.

Gusev yattığı yerden öfkeyle bağırıyor:

—Maşrapayı dişlerine ne vurup duruyorsun, odun kafa ? Çocuğun durumunu görmüyor musun?

—Ne olmuş durumuna?

—Görmüyor musun, soluk almıyor, ölmüş! Nah, kalın kafalı! Öyle cahilsiniz ki, şaşıyor insan!..

III

Vapurdaki sallanma durdu. Pavel İvanıç'ın keyfine diyecek yok, artık sağa-sola çatmıyor. Yüzünün canlı, alaycı, meydan okuyan bir anlatımı var, «Şimdi size öyle gülünç şeyler anlatacağım ki, gülmekten kırılacaksınız!» demek istiyor sanki. Yuvarlak pencere açık, Pavel İvanıç'ın üzerine ılık bir meltem esiyor. Dışardan insan sesleri, kürek şıpırtıları geliyor. Tam lombozun dibinde birinin incecik, berbat sesiyle şarkı söylediği işitiliyor, vapura yanaşan Çinlilerden biri olmalı.

Pavel İvanıç alaylı alaylı gülerek;

—İskele açıklarında demir attık, diyor. Önümüzde topu topu bir ay kaldı, ondan sonra ver elini Rusya! Evet, değerli askercikler! Odessa'ya varır varmaz doğruca Harkov'a geçeceğim. Harkov'da edebiyatçı bir arkadaşım var. Onu görünce diyeceğim ki, «Bak dostum, sen şimdi şu vıcık vıcık aşk konularını, doğa güzelliklerini anlatmayı bırak da iki ayaklı rezillerin ne haltlar karıştırdığına bak biraz! Sana öyle konular vereceğim ki!»

Bir an düşündükten sonra;

—Gusev, herifleri nasıl atlattığımı biliyor musun? diyor heyecanla.

—Kimi atlattın, Pavel İvanıç?

—Vapur işletmecilerini, canım... Anlıyor musun, vapurda yalnız birinci mevki ile üçüncü mevki bulunuyor. Köylüleri, yani aşağı tabakadakileri üçüncü mevkiden başkasına bindirmiyorlar. Öte yandan üstün-başın biraz düzgün, efendi kılıklı, memur görünüşlü oldun mu, hadi bakalım, birinci mevkiye! Acından gebersen de beş yüz rubleyi verip oraya bineceksin. «Bu düzen neyin nesidir, kimin işine yarar? Yoksa Rus aydınlarının onurunu böyle mi yüceltiyorsunuz?» diye soruyorum. Öyle bir şey de değil.... Neymiş efendim? Aklı başında insanlar üçüncü mevkiye yakışmazlarmış, orası berbat bir yermiş. Aklı başında insanları düşündükleri için onlara teşekkür etmeliyim. Ama bende beş yüz ruble yoksa ne yapabilirim? Devleti yağmalamadım, yabancıları sömürmedim, kaçakçılık yapmadım, zorla kimsenin parasına el koymadım... Ayrıca birinci mevkide yolculuk yapacak adam mıyım ben? Rus aydın sınıfından mı sayılıyorum yani? Bunları adamlara anlatmak mümkün değil! Ben de ister istemez aldatmaca yoluna saptım. Sırtıma partal bir ceket giydim, ayaklarıma hantal çizmeler geçirdim, suratımı sarhoşlarınki gibi çarpıtarak vapur acentasının yolunu tuttum. «Beyefendi hazretleri, bana bir bilet!» dedim.

—Aslında siz hangi sınıftansınız, Pavel İvanıç?

—Ruhban sınıfından. Babam dürüst bir papazdı. Ülkemizin ileri gelenlerine karşı gerçekleri çekinmeden savunduğu için zamanında çok eziyet çekti.

Konuşmaktan yorgun düştüğü, soluk almada zorluk çektiği halde konuşmasını sürdürüyor:

—Ben de gerçekleri insanların yüzüne karşı söylemeyi severim... Hiç kimseden, hiçbir şeyden korkum yoktur. Bu bakımdan seninle aramızda dağlar kadar fark var. Sizler kara cahil, kör, sinmiş insanlarsınız; gözünüz bir şey görmez, gördüklerinizi de anlamazsınız. Size bir zamanlar rüzgârın zincirlerinden boşandığını söylemişler, onu öyle bellemişsiniz. Çünkü ilkelsiniz, hayvandan bir farkınız yok. Size kötek atanın eline sarılırsınız. Sırtı kürk paltolu bir zibidi sizin gibileri cascavlak soyar, sonra da önünüze birkaç kuruş atınca, «Beyim, elinizi öpeyim!» diye yalvarırsınız. Paryasınız hepiniz, acınacak durumdasınız. Ama ben başkayım. Bilinçli yaşarım. Bir kartalın, atmacanın uçarken gördüğü şeylerin hepsini tek tek görür, anlarım. Kötülüklere karşı durmayı kendime amaç edindim. Birinin başına buyruk davrandığını, ikiyüzlülük ettiğini, yalan söylediğini, boş yere böbürlendiğini gördüm mü, hemen karşı çıkarım. Bu konularda benimle kimse baş edemez, İspanyol engizizyonu gelse susmam! Dilimi kesseler mimiklerimle bağırırım, toprağın altına gömseler bir mil öteden duyulacak bir sesle haykırırım. Daha olmadı, aç kalır, öldürürüm kendimi; kara vicdanlarına gülle gibi otururum. Beni öldürürlerse bu sefer de gölgem peşlerini bırakmaz. Tanıdıklarım bana «Siz çekilmez bir adamsınız, Pavel İvanıç!» derler. Böyle bir ün yaptığım için ne kadar övünsem azdır. Uzak Doğu'da üç yıl görev yaptım, ama arkamda yüz yıla yetecek kadar anı bıraktım. Çatışmadığım kişi kalmadı. Rusya'daki dostlarım, «Sakın buraya gelme!» diye yazıyorlar. Yazsınlar, inat olsun diye gidiyorum işte! Yaşamın asıl anlamı bence budur! Ben ancak böyle yaşamaya değer veririm.

Gusev onu dinlemeksizin lombozdan dışarıya bakıyor. Firuze rengi duru suların üzerinde, güneşin göz kamaştırıcı, yakıcı ışıklarının altında bir kayık salınıp duruyor. Kayığın içinde belden yukarısı çıplanmış Çinliler kafesler içindeki kanaryaları yukarı uzatarak;

—Ötüyor! Ötüyor! diyerek satmaya çalışıyorlar.

Sandala başka bir sandal çarpıyor, buharlı bir çatana yanlarından geçip gidiyor. Derken, üçüncü bir sandal yanaşıyor vapura, sandalda oturan şişman Çinli elindeki küçük sopalarla pirinç pilavı yiyor. Denizin suları tembel tembel yükselip iniyor, beyaz martılar sandalın üstünden ağır ağır süzülerek geçiyorlar.

Gusev şişman Çinli'ye bakıyor, «Elime geçse de şu şişkoya bir güzel sopa çeksem!» diye düşünerek tembel tembel esniyor. Bütün doğa uykuya yatmış gibi bir duygu içindedir, o gevşeklikle uyuklamaya başlıyor. Zaman hızla akıp gitmektedir. Farkına varmadan gün sona eriyor, farkına varmadan karanlık bastırıyor. Vapur artık limanın açığında değildir, yoluna devam etmektedir.

IV

Aradan iki gün daha geçiyor. Pavel İvanıç oturmuyor

artık, sürekli yatıyor. Gözleri kapalı, burnu daha bir sivrilmiş gibi.

—Pavel İvaniç! Hey, Pavel İvanıç! diye sesleniyor Gusev.

Pavel İvanıç gözlerini açıyor, dudaklarını kıpırdatıyor.

—Hasta mısınız?

Adamcağız güçlükle soluk alıyor.

—Önemli değil... Hatta... daha iyiyim şimdi... Görüyorsun... yatabiliyorum... Hastalığım azaldı...

—Tanrı'ya şükürler olsun, Pavel İvanıç.

—Kendimi sizlerle karşılaştırınca siz zavallılara acıyorum. Ne de olsa ciğerlerim sağlam... benim öksürmem mideden... Kızıl Deniz değil cehennem olsa vız gelir bana! Ayrıca kendi hastalığıma, içtiğim ilaçlara eleştirel bir gözle bakıyorum. Ya siz? Hepiniz cahilsiniz. Durumunuz güç sizin, çok güç!

Deniz sallamıyor, ama hava boğucu sıcak, sanki her yer hamam gibi. Yalnız konuşmak değil, başkasını dinlemek bile zor. Gusev dizlerini kucaklayıp başını kolunun üzerine koyuyor, memleket düşlerine dalıyor. Böyle sıcak havada karları, soğuğu düşünmek ne hoş! Kışın kızakla gittiğinizi gözünüzün önüne getirin, atlar ansızın ürkerek gemi azıya alıyorlar. Yol, hendek, yar demeden kudurmuşçasına koşuyorlar. Köyü baştan başa geçtikten sonra donmuş göletin üstünden, fabrikanın önünden kırlara yöneliyorlar. Fabrikadaki işçiler, karşıdan gelenler, «Tutun! Tutun!» diye bağırıyorlar, ama atları tutup da ne olacak? Bırakın, soğuk rüzgâr yüzünüzü bıçak gibi kessin, ellerinizi dondursun; at nallarının yerden kopardığı kar kümeleri şapkanıza düşsün, ensenize dolsun, göğsünüze çarpsın, koşumlar kopsun, falakalar parçalansın, kızak vın vın inlesin! Hele sonunda kızak tepetaklak olunca o hızla yüz üstü kar yığınlarına kapaklanmak ne büyük zevk! Ayağa kalkarsın, üstün-başın kara bulanmıştır, burnundan buz salkımları sarkar. Başında şapkan, ellerinde eldiven yoktur, kuşağın çözülmüştür. Herkes güler, köpekler havlar...

Pavel İvanıç gözlerini aralıyor, Gusev'e bakarak alçak sesle;

—Senin komutanın çalıp çırpması mıydı? diye soruyor.

—Ben nereden bilirim, Pavel İvanıç? Böyle şeylerden haberimiz olmazdı.

Uzun bir süre suskunluk içinde geçiyor. Gusev dalıp gittiği sırada arada bir sayıklıyor, su içiyor. Hem konuşmak, hem dinlemek zor geliyor ona, bu yüzden konuşmanın uzayıp gitmesini istemiyor. Birbiri ardından saatler geçiyor, önce akşam, sonra gece oluyor, ancak o, bunların fakına varmadığı için oturduğu yerde hep kışın ayazını düşlüyor.

Revire birilerinin girip çıktığı anlaşılıyor, öksürmeler duyuluyor, ancak birkaç dakika sonra her şey sessizleşiyor. Eli sargılı hasta;

—Tanrı rahmet eylesin, nur içinde yatsın, diyor. Çok huzursuz bir adamdı.

—Kimden söz ediyorsun? diye soruyor Gusev.

—Ölen adamdan. Az önce alıp yukarı götürdüler.

—Ha, evet... Nur içinde yatsın.

Gusev böyle diyerek esniyor.

Eli sargılı asker kısa bir suskunluktan sonra;

—Gusev, sence cennete gider mi? diye soruyor.

—Kim?

—Pavel İvanıç, canım...

—Gider, gider... Çok eziyet çekti. Sonracığıma, ruhban sınıfındanmış, papazlardan epeyce akrabası vardır. Onun için duayı eksik etmezler.

Sargılı asker kalkıp Gusev'in yanına, ranzaya oturuyor, alçak sesle;

—Gusev, sen de bu dünyada kalıcı değilsin, diyor. Rusya'ya kadar dayanabilir misin, bilmem...

—Yoksa doktor ya da hemşire böyle bir şey mi söyledi?

—Onların söylemesine gerek var mı? Açıkça gözüküyor. Ölecek adam duruşundan belli olur... Ne yiyorsun, ne içiyorsun; korkunç derecede zayıfladın. Veremin sonu böyledir işte. Seni işkillendirmek değil amacım, dinsel gereklerini yerine getiresin diye söylüyorum. Koynunda paran varsa subaylara teslim et.

Gusev içini çekiyor.

—Geleceğimi eve de yazmamıştım. Öldüğümden kimsenin haberi olmayacak.

Hasta denizci kalın sesiyle;

—Haberleri olur, diyor. Öldüğün zaman nöbet defterine kaydederler, Odessa'ya varınca da askerlik şubesine bilgi verirler. Oradan bağlı olduğun bucağa pusulan gider.

Böyle bir konuşma Gusev'in içine korku salar, yaşama isteğiyle yanıp tutuşmaya başlar. Ancak ne içtiği kan gibi ılık sudan, ne açık lombozdan ciğerlerine doldurduğu sıcak havadan, ne de memleketiyle, soğuk kışla ilgili hayallerden zevk alır... Sonunda öyle bir duruma girer ki, revirde bir dakika daha kalsa öleceğini sanır.

—Oh, dayanamıyorum, arkadaşlar! der. Yukarı çıkmak istiyorum. İsa aşkı için götürün beni!

Eli sargılı asker razı olur.

—Peki, ben seni götürürüm. Boynuma sarıl.

Gusev askerin boynunu kucaklar, beriki onu sağlam koluyla belinden tutarak güverteye götürür. Hava değişimine gönderilen askerler, denizciler güvertede üst üste yatmaktadırlar. Öyle çoklar ki, aralarından geçip gitmek neredeyse olanaksız.

Eli sargılı asker;

—Ayaklarını yere sıkı bas, der. Gömleğimden tutarak usul usul arkamdan yürü.

Hava karanlık. Ne güvertede, ne direklerde, ne de çepeçevre denizde tek ışık var. Vapurun tam ucunda bir nöbetçi heykel gibi kıpırtısız dikilmektedir, sanki ayakta uyuduğunu sanırsınız. Vapur ise kendi başına bırakılmış, istediği yere gidiyor gibidir.

Eli sargılı asker;

—Pavel İvanıç'ı denize atarlar, diyor. Çuvala koyarlar, sonra cumburlop suyun içine!

—Evet, düzen böyle.

—Memleketine götürüp toprağa gömseler daha iyi. Hiç olmazsa annesi gömütüne gelir, göz yaşı döker.

—Orası öyle...

Gübre ve kuru ot kokusu yayılıyor çevreye. Başları önlerinde, öküzler dikilmektedir vapurun bordasında. Bir, iki, üç... tam sekiz tane. Aralarında da ufak boylu bir at vardır. Yukarda parıldayan yıldızlarıyla, sessiz, dingin bir gökyüzü yükselir, tıpkı köydeki gibi. Aşağıda ise karanlık ve azgın deniz. Yüksek dalgaların niçin gürültüyle kalkıp kalkıp indikleri belli değildir. Dalgalardan hangisine baksanız önündekinden daha yükseğe çıkmak, onu bastırıp ezmek istercesine arkasından kovalar. Onun hemen ardından beyaz yelesi yakamozlanan, azgın, çirkin başka bir dalga gelir...

Denizin ne bir anlamı vardır, ne acıması. Vapur saçtan yapılmış, küçük bir tekne olsa dalgalar onu içindeki günahkar, günahsız insanlarla birlikte kaptığı gibi yutuverirdi. Vapurun görünüşü de öyle, anlamsız, acımasız... Bu uzun burunlu dev önüne çıkan milyonlarca dalgayı yararak ilerlemektedir. Ne karanlık, ne rüzgâr, ne uzaklık, ne yalnızlık, hiçbirine aldırmaz yürür. Okyanusun üstünde insanlar serili olsa bu acımasız dev günahkar, günahsız ayırt etmeden hepsini tepeler geçerdi.

—Neredeyizdir şimdi? diye soruyor Gusev.

—Bilmem, herhalde okyanustayız.

—Kara görünmüyor.

—Daha nerde? Yedi gün sonra görünecek kara.

İki asker fosfordan yakamozlanan beyaz köpüklere bakıyorlar; ikisi de suskun, düşünceler içinde. Sessizliği ilk bozan Gusev oluyor.

—Aslında korkulacak bir şey yok, gene de karanlık bir ormandaymışım gibi ürküyorum, diyor. Bununla birlikte denize bir filika indirseler, komutan denize yüz fersah açılıp balık yakalamamı buyursa çekinmeden giderdim. Ya da denize inanmış bir Hıristiyan düşse, onu kurtarmak için hemen arkasından atlarım. Bir Alman'ın ya da Çinli'nin düşmesine aldırmam, ama inanmış Hıristiyan'a acırım.

—Ölmekten korkuyor musun?

—Korkmaz olur muyum! Beni en çok evin durumu üzüp korkutuyor. Gerçi evde ağabeyim var, ancak kendini bilmezin biridir. Sarhoş gezer, karısını döver, anama-babama saygısızlık eder. Ben olmasam evin altı üstüne gelirdi, anam-babam dilencilik ederlerdi... Eh, arkadaş, ayakta duracak gücüm kalmadı, gidelim de yatalım.

Revire döndüklerinde Gusev hemen yatağına uzanıyor. Eskisi gibi birtakım isteklerle yanıp tutuşmaktadır, ancak ne istediğini kendi de bilmez. Göğsü sıkışır, başının içi güm güm eder, ağzı kurumuştur, dilini oynatamaz... Biraz uyuyunca hemen sayıklamaya başlar; öksürükten, sıcaktan, gördüğü karabasanlardan (kabus) yorgun düşerek ancak sabaha karşı uyuyabilir.

Düşünde asker ocağını, kışlasını görür.. Fırından taze taze ekmek çıkarmışlardır. Gusev fırına girmiş, ter atmak için kayınağacı kabuğundan yapılmış bir süpürgeyle her yerini dövmektedir.

İki gün hiç kıpırdanmadan uyur, üçüncü gün öğle vakti güverteden iki denizci inerek onu revirden alır götürürler.

Ağırlaşması için ölüsünü birkaç demir parçasıyla birlikte yelken bezine sarıp dört bir yanından dikerler. Yelken bezine sarılı cenaze havuç ya da turp biçimini almıştır: Başı geniş, ayaklara doğru dar... Güneş batımına doğru Gusev güverteye çıkartılarak bir tahtanın üzerine yatırılır. Tahtanın bir ucu vapurun bordasında, öbür ucu ise bir tabureye dik konmuş bir kutunun üstündedir. Cenazenin dört bir yanına hava değişimine giden erler ile şapkasız bir manga asker dizilmiştir.

Papaz;

—Ulu Tanrı bağışlayıcıdır, bizleri esirger, diye dua okur.

—Amin! diyerek üç denizci ilahi söylerler.

Hava değişimine gönderilen erler ile selam kıtasındaki askerler istavroz çıkarırlar, başlarını yana çevirip aşağıya, dalgalara bakarlar. Bir insanın yelken bezine sarılması, az sonra dalgaların arasına bırakılacak olması onlara tuhaf gelir. Ölünce onlara da böyle mi yapacaklar acaba?

Papaz Gusev'in üzerine bir avuç toprak serper, eğilerek selam verir. Ardından gene ilahi okunur.

Vardiya subayı tahtanın ucunu havaya kaldırır, Gusev yavaş yavaş kayarak baş aşağı denize uçar, havada bir takla attıktan sonra cump sulara gömülür. Köpükler kaplar her yerini, bir an dantellerle kuşatılmış gibi gözükür, sonra dalgalar arasında gözden kaybolur.

Hızla aşağıya doğru iner. Dibe varır mı acaba? Dediklerine göre okyanusun derinliği burada dört bin metreymiş. Sekiz-on kulaç indikten sonra ilerleyişi yavaşlar, aşağıya gittiğine pişman olmuşçasına sağa-sola yalpalamaya başlar, akıntıya kapılarak aşağı inmekten çok yana doğru kayar.

İlerlediği yolda kılavuzbalığı adı verilen bir sürü balıkla karşılaşır. Suların içindeki koyu nesneyi gören balıklar bir an ürkerek dururlar, sonra hep birlikte gerisin geriye kaçmaya başlarlar. Aradan çeyrek dakika bile geçmeden her biri ok hızıyla Gusev'in gövdesine yönelirler, zigzaklar çizerek yanından geçerler.

Tam o sırada başka koyu bir cisim ortaya çıkar. Bu bir köpekbalığıdır. Canavar isteksizce, sanki Gusev'i farketmemiş gibi, ağır ağır onun altından geçer; karnı yukarda ılık, saydam suların içinde keyifle döner, iki dizi sivri dişin bulunduğu ağzını tembel tembel açar. Kılavuzbalıkları heyecan içindedirler, «Ne olacak?» diye durup bakarlar. Köpekbalığı Gusev'in gövdesiyle bir süre oynadıktan sonra gene isteksizce ağzını açar, koyu nesneyi usulcacık ısırır, yelken bezi cart diye yırtılır, demir parçalarından biri dışarı fırlar, kılavuzbalıklarını ürkütüp köpekbalığının gövdesine çarptıktan sonra hızla dibe doğru süzülür.

O sırada yukarda, güneşin battığı yerde bulutlar üst üste yığılmaktadır. Biri zafer takına, öbürü aslana, üçüncüsü makasa benzeyen bulutlardır bunlar... Bu koyu kütlelerin arkasından göğün ortasına doğru uzanan geniş, yeşil bir ışık demeti parlıyor önce; bunun ardından altın rengi, pembe ışıltılar yansıyor... Ufkun batısı tatlı bir leylak rengine dönüşüyor. Gökyüzünün büyüleyiciliği, görkemi karşısında okyanus önce somurturken zamanla gönül okşayıcı, sevinçli, tutkulu, dile getirilmesi zor başka renklere bürünüyor.

KÖYLÜ KADINLARI

Raybuje köyünde tam kilisenin karşısında iki katlı, temeli taştan, çatısı saç kaplı bir ev vardır. Köyde daha çok Diyudya lakabıyla anılan ev sahibi Filip İvanoviç Kaşin alt katta çoluk çocuğuyla birlikte oturur. Üst katta ise yolu köye düşen memurlar, tüccarlar, çiftlik ağaları birkaç günlüğüne kalırlar. Burası yazın bunaltıcı derecede sıcak, kışın da çok soğuk olur. Diyudya işini bilen bir adamdır; yarıcı olarak tarla kiralar, ana yolda meyhane işletir, katran, bal, büyük baş hayvan alıp satar, isteyene saksağan bile sağlar. Bu yolla biriktirdiği sekiz bin ruble parayı kent bankasına yatırmıştır.

Diyudya'nın fabrikada makine ustası olarak çalışan büyük oğlu Fiyodor köylülerin dediğine göre becerikli bir adam olup dünyalığını şimdiden düzmüştür. Fiyodor'un karısı Sofya ise çirkin mi çirkin, hastalıklı bir kadındır. Karı-koca baba evinde otururlar, kadın her pazar hastaneye tedaviye gider, karşılaştığı herkese dert yanar. İkinci oğul kambur Alyoşka gene babasının yanında yaşar, babası onu geçenlerde yoksul bir ailenin kızı olan Varvara ile evlendirdi. Varvara eltisinin tersine genç, sağlıklı, güzel, giyinip kuşanmaya düşkün bir kadındır. Evin üst katında kalan memurlar, tüccarlar semaveri Varvara'nın getirmesini, yatağı hep onun sermesini isterler.

Bir temmuz akşamı Diyudya'nın evine basit bir köylü arabasıyla üç kişi indi. O sırada güneş batmak üzereydi; havaya kuru ot, taze gübre, mis gibi yeni sağılmış süt kokusu sinmişti. Gelenlerden 30 yaşlarında gösteren adam sırtına yelken bezinden bir takım giymişti. Yanında da iri iri kemik düğmeli uzun bir setre giymiş, yedi-sekiz yaşlarında bir oğlan ile kırmızı yelekli genç arabacısı vardı.

Arabacı atları koşumundan çözdükten sonra yorgunluğunu gidermek için dışarı dolaştırmaya çıkardı, adam ise yıkanıp temizlendi, yüzünü kiliseye dönerek dua etti, arabanın dibine bir yaygı serdikten sonra küçük oğlanla birlikte akşam yemeğine oturdu. Yemeğini hiç acele etmeden yiyordu, ağırbaşlı biri olduğu belliydi. Onun yemek yiyişini gözleyen Diyudya görmüş geçirmiş biri olarak konuğunun becerikli, değerini bilen, oturaklı bir adam olduğunda karar kıldı.

Diyudya sırtında yeleği, şapkasız, alt katın merdiven sahanlığında otururken kiracısının konuşmaya başlamasını bekliyordu. Evine kalmaya gelenler uykuya yatmadan önce çeşit çeşit öyküler anlatırlar, o da buna alıştığı için bayıla bayıla dinlerdi. Yaşlı karısı Afanasyeva ile büyük gelini Sofya sundurmanın altında inek sağıyorlar, öbür gelini Varvara ise üst katın açık penceresi önünde oturuyor, ayçiçeği çekirdeği çıtlatıyordu.

Diyudya lafı açmak için;

—Çocuk kendi oğlunuz olmalı, dedi.

—Hayır, evlatlığımdır. Yetim kaldı, sevaba girmek için yanıma aldım.

Böylece konuşmaya başladılar. Konuk, sözü, söyleşiyi seven, güzel konuşan bir adamdı. Diyudya'nın anladığı kadarıyla kentte evi barkı vardı, tecimle (ticaretle) uğraşıyordu, kendini Matvey Savviç diye tanıtırken yanındaki çocuğun adının Kuzka olduğunu söyledi. Alman göçmenlerden kiralayacağı bahçeye bakmak üzere bu yolculuğa çıkmıştı. Hava sıcak, dayanılmaz derecede nemli olduğu için kimsenin canı uyumak istemiyor, konuşma uzadıkça uzuyordu. Ortalık iyice kararıp gökte yıldızlar ıpıl ıpıl parlamaya başladığında Matvey Savviç çocuğu evlat edinişini anlatmaya başladı. Afanasyeva ile Sofya uzakta dikilerek anlatılanları dinliyorlardı, Kuzka o sırada avlu kapısının yanına oynamaya gitmişti.

—Bu öyle bir öyküdür ki, dedeciğim, ayrıntılarıyla anlatsam küçük dilinizi yutarsınız.. Ancak hepsini anlatmayacağım, çünkü sabaha dek bitmez. On yıl kadar önce bizim sokakta, tam evimizin bitişiğinde –şimdi o yerde mum ve sabun fabrikası bulunuyor– Marfa Simonovna Kapluntseva adında yaşlı bir dul kadın otururdu. Kadının oğullarından büyük olanı demiryollarında kondüktör olarak çalışır, küçük oğlu, benim yaşıtım Vasya ise anasının yanında kalırdı. Kadının kocasının zamanında beş atları vardı, bunları kentte faytonculara kiraya verirlerdi. Kocası ölünce Marfa aynı işi sürdürdü, üstelik faytoncuları çekip çevirmede kocasından geri kalmadı. Kimi günler beş rubleye para demezdi. Oğlu Vasya'nın da kendine göre kazancı vardı. Cins güvercinler yetiştirir, avcılara satardı. Ne zaman baksam onu evlerinin çatısında görürdüm, ıslık çalıp elindeki süpürgeyi havaya fırlatarak taklacı güvercinlerinin daha yükseklerde uçmasını isterdi sanki. Ayrıca kafes yapar, iskete, sığırcık yakalardı. Böyle ıvır zıvır işlerle para kazanılmayacağını sanırsınız, ama çocuk ayda on rubleyi kıvırırdı.

Bir zaman geldi ki, yaşlı ananın bacakları tutmaz oldu, kadıncağız yatağa düştü. Bir evin orta direği çökerse aile ne duruma düşer? Yaşlı kadın küçük oğlu Vasya'yı evermekten başka çıkar yol bulamadı. Eve çöpçatanlar çağırıldı, sağa-sola haber uçuruldu, sonunda gelin adaylarını görmek üzere bizim Vasya yollara düştü. Düşünülüp taşınıldıktan sonra gene bir dul kadının kızı olan Maşenka'yla söz kesildi. İki anne çocuklarını kutsadılar, bir hafta içinde gençleri başgöz ettiler. Maşenka on yedi yaşlarında, çıtı pıtı, ak tenli, eli yüzü düzgün, hanım hanımcık bir kızdı. Drahoması da yeterliydi; gelin gelirken beş yüz ruble para, bir inek, bir de yatak getirdi. Sanki önceden sezmiş gibi kocakarı düğünden üç gün sonra öldü, ruhu kutsal Kudüs'e çekildi gitti. Oysa görünürde ne başka bir hastalığı vardı, ne bir sıkıntısı. İki genç, anneleri için gereken cenaze törenini yaptıktan sonra normal yaşamlarına döndüler. Altı ay kadar gül gibi geçindiklerini söyleyebilirim, ama altıncı ayın sonunda beklenmedik bir bela çaldı kapılarını. Vasya kuraya katılacak, şansı yoksa askere gidecekti. Tam dediğim gibi oldu, çekilen kurada Polonya krallığındaki birliklere düştü. Çocukcağıza hiçbir kolaylık göstermeden, hemen saçlarını tıraş edip yola koydular. Bu bir çeşit Tanrı buyruğu gibiydi, başka ne yapılabilirdi? Vasya avluda karısından ayrılırken her şey normal gözüküyordu, ama güvercinliğe son kez bakarken göz yaşlarını tutamadı. Zavallı çocuk! O gidince Maşenka ilk günler yalnızlık çekmemek için anasını yanına çağırdı, doğum gününe, işte şu Kuzka doğuncaya dek annesi onun yanında kaldı. Sonra kadın Oboyan'a, öbür evli kızının yanına gitti; bebeğiyle Maşenka baş başa kaldılar. Atlar, evdeki araba bakım ister, devrilen çiti onarmak, kurum bağlayan bacayı temizlemek hepsi erkek işi. Bir de atlarını kiraya verdikleri paytoncular sarhoş, şirret olunca kızcağız komşusu olarak sık sık bana baş vurmaya başladı. Bilinen durum: Varırsın, tavsiyelerde bulunursun, gerekiyorsa yardım edersin. Eh, gidince çay içmeden, konuşmadan da olmuyor. Daha o zamandan her şeye aklı eren biriydim, değişik konulardan anlar, konuşmayı severdim; Maşenka da öyle, nazik, terbiyeli, okumuş bir kızdı... Tertemiz giyinir, yaz günleri şemsiyeyle gezerdi. Ben dinden, siyasetten söz açınca ağzımın içine bakardı; çay, reçel ikramının sonu gelmezdi...

Sözü fazla uzatmadan söyleyeyim ki, dedeciğim, aradan bir yıl bile geçmeden insan soyunun düşmanı olan şeytan yoldan saptırdı beni. Maşenka'nın evine gitmediğim günler canımın sıkıldığını, onu özlediğimi fark etmeye başladım. Nasıl etsem de onunla daha sık görüşsem, diye yollar arıyordum. Bir gün, «Kış için pencerelere çift çerçeve takılsa iyi olur.» diye iş çıkarıyorum, çerçevenin ikisi ertesi güne kalsın diye çabalıyorum. Başka bir gün, «Vasya'nın güvercinlerini sayalım, kaybolursa çocukçağız üzülür,» diye tutturuyorum. Bunları ona bahçelerimiz arasındaki çitin üzerinden söylüyordum, sonunda kolaylık olsun diye çite küçük bir kapı açtım. Hani, nasıl derler, kadın soyundan her türlü kötülük, pislik bulaşır. Biz günahkarları bırakın, Tanrı'nın en temiz kulları bile bundan kurtulamazlar. Maşenka da öyle, bile bile gidiş gelişlerimi kesmedi. Kocasını sayacağı, her an onun adını anacağı yerde beni sevdi. Onun da ben yokken canının sıkıldığını, gözünü çitin yarığına uydurup evimi gözlediğini görüyordum. O böyle yapar da benim gibi kanı kaynayan bir delikanlı hayallere kapılmaz mı?

Kutsal perhiz haftasının perşembe günüydü, sabah erkenden pazara gitmek üzere kalkmıştım. Şeytan dürttü işte, onun kapısının önünden geçerken üstteki parmaklıklı pencereden avluya şöyle bir göz attım. Maşenka da uyanmıştı, ördeklere yem veriyordu. Kendimi tutamayıp seslendim. Kapıya yaklaştı, parmaklık arasından bana baktı. Yüzü akça pakça, gözleri baygın, uykulu... Öyle hoşuma gitti ki, sanki kapının önünde değil de doğum gününü kutluyormuşum gibi ona iltifatlar yağdırmaya başladım. Yüzü kızardı, güldü, gözlerini gözlerimin içine dikti. Bakışlarını bir türlü benden ayıramıyordu. Aklım başımdan gitti bir anda, aşk sözleri sıralamaya koyuldum. Bunun üzerine kapıyı açtı, beni içeri aldı. O günden sonra karı-koca gibi birlikte yaşamaya başladık.

Matvey Savviç bunları anlatırken kambur Alyoşka sokaktan geldi, soluk soluğa, kimsenin yüzüne bakmaksızın doğruca eve girdi. Bir dakika bile geçmeden elinde akordeonla dışarı çıktı; cebindeki madeni paraları şıkırdatarak, ayçiçeği çıtlatarak avlu kapısından dışarı koştu.

—Kim bu? diye sordu Matvey Savviç.

Diyudya;

—Oğlum Aleksey, dedi. Kahrolası, gezmeye gitti gene. Ulu Tanrı ona kambur belası vererek gücendirdi diye kendisinden fazla bir şey beklemiyoruz.

Annesi Afanasyeva da şunları ekledi:

—İşi-gücü arkadaşlarıyla gülüp eğlenmek. Aklı başına gelir diye paskalyadan önce everdiysek de sonuç daha kötü çıktı.

—Ne yararı oldu ki! Boş yere elin kızına mutluluk sağladık, dedi babası da.

Kilisenin arkasından güzel bir şarkı duyuldu o sırada. Sözleri pek anlaşılmıyorsa da iki tenor bir de basın söylediği hüzünlü bir şarkıydı bu. Diyudya'nın avlusunun içi sessizleşti birden; herkes kulak kesilmiş, şarkıyı dinliyordu Aradan bir süre geçince iki ses kahkahayla gülerek sustu; üçüncü ses, tenor ise öyle ince bir perdeye yükseldi ki, avluda oturanlar elde olmaksızın başını yukarıya çevirerek sanki sesi yükseklerde aramaya başladılar. Varvara üst kattan avluya indi, gözünü güneşten siper edermiş gibi elini alnına koyarak kilise yönüne baktı.

—Papazın iki oğlu ile öğretmen söylüyorlar, dedi.

Üç ses yeniden başladılar şarkıya. Matvey Savviç içini çekti, öyküsünü anlatmaya koyuldu:

—İşte böyle, dedeciğim. İki yıl sonra Varşova'dan, Vasya'dan bir mektup aldık. Komutanlarının onu hava değişimine eve göndereceğini yazıyordu. Hastaymış. Benim bu arada kafamın içindeki bulanıklık dağılmış, ayrıca güzel bir kızla nişanlanmıştım. Ancak metresimden nasıl kopacağımı bilmiyordum. Her gün Maşenka'yla konuşmaya hazırlanıyor, bir yandan da konuyu nasıl açacağımı kestiremediğim için zırıltı koyvermesinden korkuyordum. İşte mektubun o sırada gelivermesi elimi-kolumu çözdü. Mektubu birlikte okumaya başladık, kızcağızın yüzü kireç gibi ağardı. Ona dedim ki, «Gördüğün gibi, bundan böyle davranışımıza çeki-düzen vermeliyiz, sen gene kocana döneceksin.» «Ben artık onunla yaşamak istemiyorum!» demez mi? Hemen sesimi yükselttim: «Nasıl olur, kocan o senin!» Bunun üzerine, «Sen öyle san. Onu hiçbir zaman sevmedim, gönülsüz vardım. Annemin üstelemesi üzerine evlendim onunla. Ben seni istiyorum!» diye tutturdu. «Aptallık etme, böyle kıvırtmanın yararı yok. Onunla kilisede nikahlanmadınız mı?» dedim. «Evet, kilisede nikahlandık, ama şimdi seni seviyorum, sonuna dek seninle yaşamak istiyorum. İsterlerse bana gülsünler. Vız gelir!» karşılığını verdi. «Tüh!» dedim, «Okumuş yazmış bir kadınsın, kutsal kitapta ne yazdığını bilmiyor musun?»

Diyudya;

—Kitapta kocaya varan onunla yaşamak zorundadır diye yazar, diye söze karıştı.

—Evet, öyle, karı-koca tek bedendir. Ona dedim ki: «Seninle bunca günaha battığımız yeter, bundan böyle vicdanımızın sesini dinleyelim, Tanrı'dan korkalım. Vasya gelince önünde diz çöker, kendimizi bağışlatırız. Yumuşak çocuktur, çekinir, seni öldürmez. Ayrıca bu dünyada kocanın elinden eziyet çekmek öbür dünyada Tanrı'nın gazabına uğramaktan yeğdir.» Kadın Nuh dedi, peygamber demedi, kendi bildiğini okudu. Beni seviyormuş, benden başkasını istemezmiş. Neyse, Üçler yortusunun arafesinde, cumartesi günü sabah erkenden Vasya çıktı geldi. Çitten her şeyi görüyorum. Vasya koşarak eve girdi, bir dakika sonra Kuzka'yı kollarına alıp dışarı çıktı. Bir yandan gülüyor, bir yandan ağlıyor; bir yandan Kuzka'ya bakarken gözlerini de güvercinlikten ayıramıyor. Oğlunu mu sevip okşasın, güvercinleriyle mi ilgilensin? Duygulu, uysal bir gençti. O günü kazasız belasız, kötü bir şey olmadan atlattık. Akşam ayini için kilise çanları çaldığı sırada bir de baktım, daha kapıları, çiti yeşillikle süslememişler. «Ertesi gün Üçler yortusu, işler iyiye gitmiyor!» diye düşündüm. Hemen evlerine koştum. Baktım, Vasya odanın ortasına oturmuş, sarhoş, iki gözü iki çeşme, armağan olarak ailesine ne getirdiyse hepsini çevresine saçıp savuruyor. Kuzka –o zamanlar üç yaşına yeni basmıştı– yerde emekleyerek babasının getirdiği kurabiyelerden birini kemiriyor. Maşenka ise sobanın yanında dikilmiş, yüzü solgun, bir yandan titrerken bir yandan da «Ben senin karın değilim, seninle yaşamak istemiyorum.» diye homurdanıyor. Vasya'nın önünde yerlere değin eğildim, «Biz ettik, sen etme! Sana karşı suçumuz büyük, Vasili Maksimıç, İsa aşkına bizi bağışla!» diye dil dökmeye başladım. Sonra doğrulup

Maşenka'ya dedim ki: «Bakın, Mariya Semyonovna, Vasili Maksimıç'a karşı boynunuz kıldan ince, her gün ayaklarını yıkayıp eve yavan çorba da getirse içeceksiniz. Bundan böyle kocanıza bağlı kalın, benim için gece gündüz Tanrı'ya yakarıp Vasya'nın beni bağışlamasını sağlayın!» Sanki bu sözleri bana gökteki melekler söyletmişti, ona bu öğütleri verirken öyle duygulanmıştım ki, gözlerimden yaşlar akıyordu. Aradan iki gün geçti geçmedi, bir de baktım, Vasya evime geldi. Bana dedi ki: «Matyuşa, seni de, karımı da bağışlıyorum. Tanrı sizleri kötü görmesin. Maşenka asker karısıydı, gençti, kendini tutmasını bilemedi. Böylesi ne ilktir, ne de son olacaktır. Senden dileğim, aranızda bir şey geçmemiş gibi davranman, hiç kimseye belli etmemen. Benim de bundan sonra tüm çabam, karıma yaranarak beni yeniden sevmesini sağlamak olacaktır.» Elimi sıktı, çayımı içti, neşeyle evine döndü. «Çok şükür, her şey yerli yerine oturdu!» diye seviniyorum. Ancak daha Vasya bizden yeni çıkmıştı ki, Maşenka dikildi karşıma. Öyle bir bela ki, hiç sorma! Hemen boynuma atılıp başladı ağlamaya, yalvarmaya. «Tanrı aşkına bırakma beni, sensiz yaşayamam!» diyor, başka bir şey demiyor.

Diyudya;

—Ne aşağılık karıymış? diye yeniden söze karıştı.

—Üzerine yürüyerek sövüp saydım, sofadan zorla çıkardıktan sonra kapıyı kilitledim, «Tanrı'dan kork, beni başkalarının yanında rezil ediyorsun! Kocanın yanına dön, seni bir daha gözüm görmesin!» diye bağırdım arkasından. Gün geçmiyordu ki, aynı sahne yinelenmesin. Bir gün ahırın yanında duruyor, atın kantarmasını onarıyordum. Bir de baktım, çitin kapısından girmiş, hıçkıra hıçkıra ağlayarak bana doğru koşuyor. Üstünde yalnız eteği, yalın ayak, başı kabak, üstü-başı katran içinde. «Bir miskinle yaşamak istemiyorum. Artık dayanacak gücüm kalmadı. Beni sevmiyorsan öldür daha iyi!» diyor bir yandan da. Kantarmayı kaptığım gibi birkaç kez patlattım. O sırada Vasya çitin kapısından içeri girerek, «Vurma! Sakın vurma!» diye haykırdı. Ama sonra karısının üzerine saldırdı, başladı yumruklamaya. Bununla da yetinmedi, tekme tokat girişti.. Ben kadını korumaya çalışırken bu sefer atın dizginlerini kaptığı gibi üstüne yürüdü. Bir yandan vuruyor, bir yandan at gibi kişniyordu.

Küçük gelin Varvara oradan atıldı:

—Ah, dizgini elime geçirsem de ben onu gebertseydim ya! Kızcağızı böyle dövmeye hakkı var mı?

Kaynatası bağırdı bu sefer:

—Sen bu işe ne karışıyorsun, kaltak! Kes sesini!

—Neyse, Vasya'nın evinden bir paytoncu çıktı geldi, ben de evdeki işçiyi çağırdım, üçümüz bir olup Maşenka'yı kocasının elinden zorla aldık, götürüp evine soktuk. Öyle bir rezillik ki, sormayın! O akşam evlerine yoklamaya gittim. Maşenka yatak yorgan serilmiş yatıyor, yüzü sargılar içinde, yalnız gözleri ile burnu gözüküyor, bakışları tavana çivilenmiş sanki. «Merhaba, Mariya Semyonovna!» dediysem de hiç ses çıkarmadı. Vasya ise öbür odada oturuyor, başı ellerinin arasında, zırıl zırıl ağlıyor. «Ben katilin biriyim. Her şeyi mahvettim. Tanrım bana ölüm gönder de kurtulayım!» diyor da başka bir şey söylemiyor. Maşenka'nın yanında yarım saat kadar oturup gene öğüt verdim, biraz da gözünü korkuttum. «Doğru yolda gidenler cennete kavuşurlar, senin gibi yoldan çıkmışların yeri cehennemdir. Niçin kocanı saymıyorsun? Git hemen ayaklarına kapan!» dedim. Sanki bunları ona söylememişim; karşımda put gibi duruyor, tüyünü bile kıpırdatmıyor. Ertesi gün Vasya ansızın hastalandı, akşama doğru bir de duyduk ki, ölmüş... Götürüp toprağa verdik zavallıyı. Maşenka gömütlüğe bile gelmedi. Besbelli, çürükler içindeki utanmaz yüzünü kimseciklere göstermek istememişti. Çok geçmeden esnaf arasında bir söylenti yayıldı, sözde Vasya kendi eceliyle ölmemişti, onu karısı öldürmüştü. Hükümet bu işe el koydu hemen. Vasya gömütten çıkarıldı, karnı yarıldı, midesinde sıçan zehiri bulundu. İşlenen cinayet apaçık ortadaydı. Polis eve gelip Maşenka'yı oğluyla birlikte götürdü, hapishaneye tıktılar. Kadının yaptıkları sonunda ayağına dolaşmıştı...

Aradan sekiz ay geçtikten sonra yargılamaya başladılar. Sanki bugünmüş gibi, hiç unutmam: Başında beyaz yazma, sırtında boz gömlek, sanık sandalyesinde oturuyor. Bedeni öyle zayıf, yüzü öyle solgun, bakışları öyle dik ki, insanın acıyası gelir. Arkasında da tüfekli bir asker. Suçlamayı kesinlikle kabul etmedi. Tanıkların kimisi kocasını onun zehirlediğini, kimileri de adamcağızın üzüntüden zehir içtiğini ileri sürdüler. Tanıklardan biri de bendim. Sorgulanma sırası bana gelince elimi vicdanıma koyup doğruyu söyledim. «Suç onun. Saklamaya gerek yok, kocasını sevmiyordu, huysuz bir kadındı,» dedim. Sabahleyin başlayan duruşma gün boyunca sürdü, o gece hüküm verdiler: On üç yıl Sibirya'ya sürgün! Hüküm verildikten sonra Maşenka'yı bizim kent hapishanesinde üç ay daha tuttular. Ziyaretine gidiyor, insanca çay, şeker filan götürüyordum. Ama o beni görür görmez titremeye başlıyordu. Ellerini sallayarak, «Git, git! Bir daha gelme!» diye homurdanıyordu. Bir yandan da çocuğu elinden alacakmışım gibi sarılıyordu oğluna. «Ah, Maşa, Maşa! Yaptıklarını gördün mü? Dediklerimi dinlemedin, verdiğim aklı yabana attın, şimdi çek bakalım cezanı! Kimseyi de suçlama!» diyordum. Sanki kötü bir şey söylemişim gibi beni yanından kovuyor, oğluyla birlikte duvara büzülerek tir tir titriyordu. İl hapishanesine gönderecekleri sırada istasyona onu uğurlamaya gittim, bohçasının içine sevaptır diye bir ruble sıkıştırdım. Ancak Sibirya'ya kadar dayanamamış, il hapishanesinde hastalanıp hummadan ölmüş...

—Köpeğe de köpekçe ölüm yaraşır! diye söylendi Diyudya.

—Kuzka'yı baba evine gönderdiler daha sonra. Düşündüm taşındım, baktım ki olmayacak, aldım onu yanıma. Ne yaparsınız? Hapishaneye düşmüş birinin çocuğu, ama insan yavrusu ne de olsa. Üstelik Hıristiyan... Acıdım oğlana. Benim yanımda tezgahta çalışır, kendi çocuğum olmazsa onu zamanla tüccar yaparım. Gittiğim her yere onu da götürüyorum, şimdiden her bir şeyi öğrensin diye...

Matvey Savviç öyküsünü anlattığı sürece Kuzka avlu kapısının yanında başını ellerine dayayarak taşın üstünde oturmuş, hep gökyüzüne bakmıştı. Karanlıkta uzaktan küçük bir kütüğe benzetilebilirdi.

Matvey Savviç;

—Kuzka, git de yat artık! diye seslendi çocuğa.

Diyudya yerinden doğrulurken;

—Evet, yatma zamanı geldi, dedi. Kadınlar böyledir, kimseyi dinlemez, hep kendi bildiklerini okurlar; sonuç da ona göre olur.

Aydede avlunun tepesinde süzülüyordu. Gökyüzünde o bir yana giderken onun altındaki bulutlar öbür yana kaçıyor gibiydi. Ancak bulutlar gitgide uzaklaştıkları halde ay hep aynı yerde ışıldayıp duruyordu. Matvey Savviç yüzünü kiliseye dönüp dua etti, herkese iyi geceler diledi, geldikleri arabanın altında yere uzandı. Kuzka da dua etti, arabanın üstüne çıktı, kuru otların arasında rahat uyumak için kendine bir çukur açtı, dirsekleri dizlerine değecek biçimde kıvrılıp yattı, üzerine setresini çekti. Avludan Diyudya'nın alt kattaki odasında mum yaktığı, gözlüğünü taktığı, eline bir kitap alarak köşeye dikildiği görülüyordu. Orada uzun süre İncil okudu, eğilip eğilip selam verdi.

Konuklar uyumuşlardı. Afanasyeva ile Sofya arabaya yaklaştılar, Çocuğun yüzüne bakmayla başladılar.

Yaşlı kadın;

—Yetim mışıl mışıl uyuyor, dedi. Nasıl da sıska, bir deri bir kemik kalmış. Öz anası olmazsa onu kim doyuracak?

—Benim Grişutka'm bundan iki yaş büyük olmalı. Şimdi fabrikada anasız ne zorluklar çekiyordur! Kim bilir, fabrika sahibinden dayak bile yiyordur. Demin şunun yüzüne baktım da Grişutka'm geldi aklıma. Yüreğim kan ağladı.

Sofya'nın bu sözlerinin ardından ortalığa bir sessizlik çöktü.

—Belki de annesini bile anımsamıyordur yavrucak, dedi yaşlı kadın.

—Anımsayabilir mi?

Böyle derken Sofya'nın gözlerinden yaşlar süzüldü. Bir yandan üzüntüden hıçkırıyor, bir yandan da duygulandığı, acıdığı için gülüyordu..

—Nasıl da kıvrılıp yatmış! Zavallı yetimim benim.

Kuzka birden irkilerek gözlerini açtı. Karşısında çirkin, buruşuk, ağlamaklı bir yüz; onun yanında dişsiz, sivri çeneli, burnu kemerli daha buruşuk bir yüz; bunların tepesinde sonsuz bir gökyüzü ile ay ve kayan bulutlar görünce korkusundan bir çığlık attı. Sofya da irkilerek çığlık attı. İkisinin çığlıkları avluda yankılanınca bir tedirginlik yaşandı, gece bekçisi yakında bir yerde sopasıyla taşlara vurdu, bir köpek havlamaya başladı. Bunun üzerine Matvey Savviç uykusunda bir şeyler mırıldandıktan sonra öbür yanına döndü.

Gece geç vakit Diyudya, yaşlı karısı, yakındaki bekçi uyuyunca Sofya avludan dışarı çıktı, evin önündeki sıraya oturdu. Hava boğucu sıcaktı, ağlamaktan başında bir ağrı vardı. Evlerinin önünden geçen sokak çok genişti, üstelik öylesine uzundu ki, iki yönden en azından ikişer fersah uzadıktan sonra görünmez oluyordu. Gökte parlayan aydede avlunun üzerinden ayrılıp kilisenin arkasına geçmişti. Sokağın bir yanı aydınlık, öbür yanı ise gölgelerden dolayı koyuydu. Direklerin tepesine çakılan sığırcık yuvaları ile kavakların gölgesi geniş sokağın bir yanından öbür yanına uzanıyor, kilisenin kapkara, korkunç gölgesi Diyudya'nın evinin avlu kapısı ile evin yarısını kaplıyordu. Ortalık sessiz, ıpıssızdı. Ancak sokağın bir ucundan belli belirsiz işitilen bir müzik sesi geliyordu. Alyoşka'nın çaldığı akordeon olmalıydı bu.

Kilise duvarının dibinden biri sinerek yürüyor gibiydi. Bu bir inek miydi, insan mıydı, yoksa kimse yoktu da ağaçlara konan iri bir kuşun hışırtısı mıydı, belli değildi. İşte gölgelerin arasından bir karaltı sıyrıldı, az ilerde durdu, kalın sesiyle bir şeyler söyledi, sonra kilisenin yanındaki ara sokakta gözden silindi. Biraz geçince kilise kapısının yanındaki gölgeden bir karaltı daha çıktı, Diyudya'nın evine doğru yürüdü, evin önünde sırada oturan Sofya'yı görünce durdu.

—Varvara, sen misin? diye sordu Sofya.

—Bensem benim. Ne olmuş yani?

Gerçekten Varvara'ydı gelen. Bir an durakladıktan sonra gelip sıraya oturdu.

—Nereden geliyorsun?

Varvara karşılık vermedi.

—Bu gezmelerinle başına bela açacaksın. Demin duydun, adam tekmelerle, dizginle Maşenka'yı kocasının nasıl dövdüğünü anlattı. Aynı şey senin de başına gelmesinden korkmuyor musun?

—Gelirse gelsin!

Varvara böyle dedikten sonra başındaki yazmayı çıkardı, bununla ağzını kapatarak gülmeye başladı.

—Papazın oğluyla hoş vakit geçirdik, dedi fısıltılı bir sesle.

—Yalan söylüyorsun.

—İki gözüm çıksın ki.

—Günah! Günah!

—Günahmış... Vız gelir bana! Böyle bir yaşama katlanmaktansa en iyisi yıldırım çarpsın! Gencim, güzelim, kocamsa kamburun, mıymıntının biri. Kahrolası Diyudya'dan beter! Kızken yiyecek ekmeği zor bulur, yalın ayak dolaşırdım; bunlardan kurtulmak için zenginliğine kanıp Alyoşka'ya vardım. Niye vardım ki? Şimdi ağa düşmüş balıklar gibi çırpınıyorum, Alyoşka uyuzuyla yatıp kalkmaktansa öleyim daha iyi. Peki, senin yaşantın neye benziyor? Onu bana hiç anlatmaya kalkma! Kocan olacak rezil seni fabrikadan kovup babasının evine gönderdi, çocuğu da elinden alarak çırak olarak verdi. Kendisi şimdi başkasıyla yaşıyor. Bu mu yaşantı dediğin? Eşek gibi çalışıyorsun, tek tatlı söz işitmiyorsun. Böyle yaşamaktansa keşke kız kalaydım, ekmek dileneydim, kendimi kuyuya ataydım. Ne yapalım, keyfimi düşünürüm ben de. Bir yandan da papazın oğlundan birkaç kuruş koparıyorum.

—Öyle deme, günah!

—Günah olursa olsun.

Kilisenin arkasından gene iki tenorla bir bas sesin söylediği hüzünlü şarkı duyulmaya başladı. Şarkının sözleri önceki gibi anlaşılmıyordu.

Varvara;

—Gece kuşları eğleniyorlar, diyerek güldü.

Bunları söyledikten sonra papazın oğluyla gezmelerini, onun kendisine söylediklerini, başka arkadaşlıklarını, üst katta kalan memurlarla, tüccarlarla düşüp kalkmalarını anlatmaya başladı. Hüzünlü şarkıdan bir çeşit özgür yaşam esintisi geliyordu. Sofya neşelenip gülmeye başladı. Eltisinin anlattıklarından bir yandan günah korkusuyla irkiliyor, bir yandan da onu kıskanıyor, zevkle dinliyordu. Gençken, güzelken keşke kendisi de gönül eğlendirse, gezip tozsaydı...

Mezarlıktaki eski kilisenin çanı gece yarısını vurdu. Sofya ayağa kalkarak;

—Yatma zamanı, dedi. Diyudya görürse bize demediğini bırakmaz.

İki gelin sessizce avludan içeri girdiler.

Varvara yatağı pencerenin dibine sererken;

—Adamın anlattıklarının sonunu dinleyemedim. Maşenka'ya ne olmuş? diye sordu.

—Hapiste ölmüş. Kocasını zehirlediği için...

Aynı yatağa yan yana uzandılar. Varvara biraz sonra;

—Fırsat geçse ben de Alyoşka'yı öldürürdüm, dedi.

—Hadi, canım! Neler saçmalıyorsun?

Sofya uyumaya başladığı sırada Varvara eltisine iyice sokularak kulağına şöyle fısıldadı:

—Gel, seninle Diyudya'yı da, Alyoşka'yı da zehirleyelim!

İrkilerek uyanan Sofya bir şey söylemedi; gözlerini kırpmadan, uzun uzun gökyüzüne baktıktan sonra;

—Öğrenirlerse sonumuz ne olur? diye sordu.

—Kimse bir şey öğrenemez. Diyudya kocadı artık, ölme zamanı çoktan geldi. Alyoşka'nın da içkiden geberdiğini sanırlar.

—Sen böyle dedikçe tüylerim diken diken oluyor. Cezamızı öbür dünyada çekeriz.

—Çekersek çekelim...

İkisi de suskun, düşüncelere daldılar. Sofya titremeye başladı.

—Üşüyorum, çok soğuk. Sabah olmak üzere herhalde. Uyuyor musun?

—Yok... Şey... sen benim söylediklerime aldırma.. Kahrolasılara kızdığım için saçmaladım. Kendim de ne dediğimi bilmiyorum. Hadi, uyu artık, neredeyse şafak sökecek... Uyu...

İkisi de seslerini kestiler, sakinleştiler, uyudular.

Kocakarı herkesten önce uyandı. Kalkıp Sofya'yı uyandırdı, ikisi birlikte sundurmanın altına inekleri sağmaya gittiler. O sırada Alyoşka geldi. Zil-zurna sarhoştu, okordeonu yanında değildi; yolda düştüğü için olacak, göğsü, dizleri toz-toprak, saman içindeydi. Sallana sallana sundurmanın altına yürüdü, soyunmadan oradaki kızağın üzerine devrildi, hemen horlamaya başladı. Kilise kulesinin haçları yükselen güneşin ışıklarıyla alev alev yanmaya başlamıştı; ağaçların, kuyu tapıncağının gölgesi üzeri çiyle kaplı otların üzerinden kayarak pencerelere ulaştığı zaman Matvey Savviç yattığı yerden telaşla sıçradı.

—Kuzka! Kuzka! Kalk hadi! Arabayı koşup hemen yola çıkacağız!

Sabah kargaşası başladı az sonra. Suvarmak için getirdiği atla birlikte genç bir Yahudi kadını girdi avluya, sırtında eteği kırmalı kahverengi bir entari vardı. Kuyunun tapıncağı acıklı acıklı gıcırdadı, kova duvara çarpa çarpa kuyudan aşağı indi.

Henüz uykusunu alamayan yetim çocuk yavaş yavaş toparlanıyor, tembelce setresini giyiyor, soğuktan büzüşürken kuyudan çıkan suyun şakırtısını dinliyordu. Üstü-başı çiy içindeydi.

O sırada Matvey Savviç yaşlı kadına;

—Nine, şu bizim arabacıyı dürt de kalkıp atı arabaya koşsun! dedi.

Diyudya da pencereden seslendi:

—Sofya, çıfıt karısından suvarma parası almayı unutma sakın! Kötü dadandılar buraya!

Meleyen koyunlar sokakta ileri-geri koşturuyor, kadınlar çobana bağırıyorlardı. Çobansa kavalını çalıyor, kırbacını şaklatıyor, kadınlara boğuk, kalın sesiyle karşılık veriyordu.. Üç koyun Diyudya'nın avlusuna girmek için geri kaçtılarsa da kapıyı bulamayarak çite sıkışıp kaldılar. Bu gürültüler üzerine Varvara uyandı, yatağını toplayarak içeri yürüdü.

Yaşlı kadın;

—Bari koyunları sürüye katsaydın! diye bağırdı. Hanımefendi, hiçbir işe elini sürmez.

Varvara eve girerken;

—Başka iş mi yok? Sizin gibi yezitlere çalışacağımı mı sanıyorsunuz? diye homurdanıyordu.

Arabanın dingili yağlandı, at koşuldu. Elinde hesap tahtasıyla Diyudya çıktı evden, merdivene oturdu; gece yatısı, yulaf, suvarma ücreti olarak kaç para alacağını hesaplamaya koyuldu.

Matvey Savviç yulaf parasına itiraz etti:

—Dedeciğim, çok alıyorsun!

—Pahalıysa koydurmasaydın sen de! Biz bu işin ticaretini yapıyoruz, bedava veremeyiz.

Yolcular binip gitmek üzere arabaya doğru yürümüşlerdi ki, bir sorun çıktı. Kuzka'nın şapkası kaybolmuştu. Matvey Kuzmiç öfkeli bir sesle;

—Domuzun dölü, şapkanı nereye soktun! Çabuk bul onu! diye bağırdı.

Korkudan çocukcağızın suratı çarpıldı, ne yapacağını şaşırarak arabanın çevresinde döndü, avlu kapısına, oradan sundurmanın altına koştu. Yaşlı kadın ile Sofya ona yardıma koştular.

Matvey Savviç;

—Kulaklarını koparırım senin! Pis velet! diye haykırıyordu.

Şapka arabanın dibindeki kuru otların arasında bulundu. Kuzka şapkasını koluyla temizleyerek giydi, sonra sanki arkasından birinin patlatmasından korkuyormuş gibi çekine çekine arabaya bindi. Matvey Savviç istavroz çıkardı, sürücü dizginleri çekti, araba hareket ederek avludan dışarı doğru yürüdü.